LA LEXICOLOGIE DES ÉCOLES

COURS COMPLET
DE
LANGUE FRANÇAISE ET DE STYLE

RÉDIGÉ
SUR UN PLAN ENTIÈREMENT NEUF

PAR

P. LAROUSSE

AUTEUR DE LA LEXICOLOGIE DES ÉCOLES

> On a comparé l'éducation du perroquet à celle de l'enfant : il y aurait souvent plus de raison de comparer l'éducation de l'enfant à celle du perroquet. — BUFFON.

Première Année
GRAMMAIRE ÉLÉMENTAIRE LEXICOLOGIQUE
GUIDE DU MAITRE

NOUVELLE ÉDITION
Enrichie de Notes historiques, scientifiques, philosophiques et littéraires.

PARIS
LIBRAIRIE LAROUSSE ET BOYER
AUG. BOYER ET Cie, SUCCESSEURS
RUE SAINT-ANDRÉ-DES-ARTS, 49.

GRAMMAIRE ÉLÉMENTAIRE
LEXICOLOGIQUE

PRÉFACE DE LA PREMIÈRE ÉDITION.

« *On n'apprend pas à raisonner aux enfants,* » nous disait au milieu de nos élèves un inspecteur général, en nous conseillant de persévérer dans notre système d'enseignement. Ces paroles ont fait naître en nous l'idée de réunir et de publier les différents devoirs qui composent notre cours tout particulier de langue française.

Un professeur qui suit sa propre méthode a l'esprit naturellement porté à l'exclusion ; comme le *Philosophe* de Rousseau, « il préfère l'erreur qu'il a trouvée à la vérité découverte par un autre. » Ces considérations nous avaient toujours tenu envers nous-même dans une prudente réserve, car nous n'avons jamais ambitionné le titre d'auteur. Mais l'approbation d'un juge si compétent et si éclairé (1) a levé tous nos scrupules ; et, nous l'avouons franchement, ce n'est pas sans quelque confiance que nous livrons cet essai au jugement de nos confrères. Si leur arrêt devait être sévère, nous trouverions un adoucissement à l'amertume de nos regrets, dans l'intention toute désintéressée qui a présidé à nos travaux, et dans notre dévoûment bien connu aux progrès de l'éducation et de l'instruction primaire en France.

A tort ou à raison, la grammaire est le premier livre que l'on met entre les mains des enfants ; on en fait le critérium de leur intelligence. Il importe donc de choisir avec discernement cette première compagne de leurs études, afin de la leur faire aimer. Voué depuis douze années à l'enseignement, nous avons soumis à un examen consciencieux la plupart des livres didactiques qui traitent de la science grammaticale ;

---

(1) M. Dutrey, auteur d'ouvrages latins très-estimés.

et nous avons trouvé partout de quoi justifier la critique : deux catégories bien tranchées d'ouvrages qui se touchent et se ressemblent par les extrêmes, qui disent trop ou trop peu, trop bien ou trop mal ; en un mot, des traités trop abstraits ou trop puérils.

Les premiers, composés par des grammairiens très-savants, trop savants peut-être, sont remplis de développements obscurs, et presque toujours stériles, alors même qu'ils sont compris ; véritables grimoires qui consument sans profit cette précieuse activité du premier âge, et qui ne laissent en l'esprit d'autre souvenir que celui du temps précieux que l'on a perdu à les apprendre, nous devrions dire à les feuilleter. Les ouvrages qui forment cette classe sont peu nombreux ; ils se recommandent aux professeurs, mais aux professeurs seulement, par un mérite littéraire incontestable.

Les autres ont été composés par des hommes pratiques, la plupart instituteurs, qui, s'étant aperçus qu'en général les enfants ne comprennent pas la grammaire, ont accepté sans conteste, comme un fait irrémédiable, ce qui n'était que le résultat d'un mauvais enseignement. Ils se sont dit : « Les enfants n'entendent pas la métaphysique de la langue ; prenons-les comme ils sont, et tirons-en le meilleur parti possible. » C'est-à-dire : « Matérialisons, résumons, enveloppons dans une recette la démonstration théorique ; ils appliqueront les règles sans les comprendre ; la fin justifie les moyens. »

De cette idée fausse naquirent une foule de grammaires où le raisonnement fit place aux moyens mécaniques, aux questions officieuses ; et tout cela fut si ingénieusement échafaudé, que l'on vit des intelligences ne plus être que des machines, et ces machines fonctionner presque comme des intelligences : en un mot, l'élève parvint à faire de la grammaire comme certaines boîtes font de la musique (1).

Le résultat de ce système désastreux était infaillible : l'in-

---

(1) Interrogez-le, il vous dira que le *sujet* d'un verbe est le terme qui répond à la question *qui est-ce qui*, qu'un mot devant lequel on peut placer *personne* ou *chose* est *adjectif*, que *tout* est *adverbe* quand il signifie *entièrement*, *tout-à-fait*, et ainsi du reste. Quant à l'essence, à la nature du *sujet*, de l'*adjectif*, de l'*adverbe*, il n'en a pas la moindre idée.

telligence de l'enfant, toujours paresseuse quand il s'agit d'un travail abstrait, laissa agir en sa place ce fatal mécanisme; la réflexion devint superflue, et l'instruction perdit en elle son moteur principal et son maître le plus habile. Or, nous le demandons à tous les professeurs de bonne foi, est-ce à cette conséquence funeste que devait aboutir l'étude de notre langue, cette langue si belle, si méthodique, que, hormis les gallicismes, il n'est peut-être pas une locution, pas une tournure, pas une phrase, qui ne reconnaisse les lois sévères de la logique et du raisonnement?

Entre ces deux systèmes, notre marche se trouva toute tracée : rester également étranger à l'un et à l'autre; amener l'élève à distinguer les éléments du discours, non par un simple effort de mémoire locale, en se rappelant la place que les mots occupent dans son livre, mais par le rôle qu'ils jouent, la fonction qu'ils remplissent dans la phrase; nous garder soigneusement de ces dissertations oiseuses, de ces théories vagues qui n'apprennent rien, et qui, par leur aridité, dégoûtent de l'envie d'apprendre ; enfin, si nous étayons parfois la théorie de quelque moyen pratique, présenter celui-ci comme un corollaire rigoureux de la définition raisonnée, comme un accessoire qui doit corroborer le principe et non le régir, lui aider et non l'absorber. Telle est la pensée qui nous a dirigé dans toute la partie grammaticale de notre travail.

Nous disons la *partie grammaticale;* car nous avons voulu faire tout autre chose qu'une grammaire proprement dite. Soyons plus explicite : nous ne nous sommes servi de la grammaire qu'incidemment, parce qu'elle nous offrait le moyen de classer nos devoirs, de les présenter dans un ordre qui permît aux instituteurs de faire de la Lexicologie le complément orthographique, analytique et logique de toute grammaire, quelle qu'elle soit (1).

---

(1) Nous parlions ainsi à la première édition. Aujourd'hui, cet ouvrage présente tout à la fois une grammaire élémentaire complète et un recueil d'exercices lexicologiques. Ces améliorations successives prouveront à MM. les Instituteurs que nous avons à cœur de rendre la *Lexicologie des Écoles* digne de l'accueil bienveillant qu'ils lui ont fait.

Il s'est élevé depuis longtemps un doute dans notre esprit...; mais les livres dont s'écarte notre enseignement sont si généralement estimés, si vénérables par leur âge, si respectables par leurs succès, que nous avons hésité à quitter la voie qu'ont suivie nos devanciers; et aujourd'hui encore que notre méthode est sortie saine et sauve du creuset de l'expérience, nous savons la routine si opiniâtre dans ses errements, si habile à dicter un jugement sévère sur tout ce qui se fait en dehors d'elle, que nous prions MM. les Instituteurs de bien peser avant de conclure, persuadé qu'ils deviendront nos défenseurs, s'ils veulent d'abord être nos juges.

La Grammaire est l'*art de parler et d'écrire correctement*, c'est-à-dire l'art de *bien exprimer ses pensées*, de les rendre avec *clarté*, avec *concision*, et même avec *élégance*, *grammaire* venant de *gramma*, mot grec qui signifie *littérature*. Eh bien, cette science dont le domaine est si étendu, qu'il embrasse à la fois la pensée et l'expression, on l'a rapetissée, on l'a défigurée au point de la rendre méconnaissable. La plupart de nos grammaires ont pour but unique l'*orthographe*. Il y a là quelque chose de très-incomplet.

Cette lacune une fois reconnue, il fallut la combler; or que pouvions-nous mettre à côté de la forme que revêt la pensée, si ce n'est le fond même de la pensée? à côté de l'orthographe qui traite du mot, si ce n'est le style qui traite de la chose?

C'est là, disons-le, le côté sérieux, la partie vraiment neuve de notre cours. Nous avons assigné une double fonction aux principes grammaticaux. Qu'on nous passe cette comparaison : la grammaire a été pour nous un fruit dont nous avons voulu extraire la chair et l'amande. Cette multitude de règles sans application immédiate, dont la grammaire fourmille, règles presque aussitôt oubliées qu'apprises, et que les maîtres ont l'habitude de faire passer à leurs élèves (1), nous ont fourni, à nous, le texte d'un devoir toujours utile, souvent attrayant, propre à mûrir le jugement

---

(1) Ainsi la formation des adverbes de manière, quelques parties de la théorie de l'emploi des temps, les figures de syntaxe, et, en général, les règles qui traitent de la construction grammaticale, question importante qui n'est rien moins que le génie de la langue française, et que nous exposons en détail dans notre Cours de deuxième année.

des enfants, à exercer leur jeune imagination, et à cultiver l'esprit sans fatiguer inutilement la mémoire.

De tout temps la *lexicologie* a été négligée dans les écoles. Les élèves passent des années entières à étudier les langues anciennes, les mathématiques, les sciences naturelles, toutes choses dont nous n'avons pas l'intention de mettre l'importance en doute; mais l'utile ne devrait pas faire proscrire l'indispensable, et l'art de bien rendre ses pensées, sans contredit le plus précieux de tous, mériterait, ce nous semble, de figurer en tête de toutes les branches de l'enseignement.

Malheureusement il n'en est pas ainsi; non que l'on conteste l'efficacité de la dissertation française, mais parce que l'on a toujours manqué jusqu'ici de livres où elle fût traitée au point de vue de l'instruction élémentaire.

Avec la *Méthode lexicologique*, l'élève apprendra, non plus seulement à orthographier les mots, mais aussi à en peser la valeur, à en reconnaître l'étymologie, à distinguer le sens propre du sens figuré, à déterminer les rapports d'opposition et de synonymie, etc.... Et cette double étude sera le fruit d'une règle de grammaire, qui n'avait eu jusque-là pour conséquence qu'un devoir de dictée ou d'analyse.

Voilà, selon nous, et cette conviction, c'est au milieu de nos élèves et non dans le cabinet que nous l'avons acquise, voilà la seule voie qui puisse conduire à la narration.

La composition n'est point un art qu'il soit possible d'assujettir à des préceptes, et pour ainsi dire de réglementer. La rhétorique a toujours été impuissante à créer et à polir; elle n'est ni l'instrument de l'idée ni l'auxiliaire de l'expression. Elle n'apprend rien, pas même à imiter, car, selon Buffon : « Les règles ne peuvent suppléer au génie. » C'est qu'en effet on n'enseigne pas le style par ses exceptions, ses originalités, ses hardiesses; il faut tout simplement écrire, écrire encore, écrire toujours. Les enfants apprendront à rendre leurs pensées comme ils ont appris à marcher.

Nous avons mis notre méthode à nu. Il nous reste à indiquer le plan général de notre cours.

Il comprend trois années :

Première année. — Grammaire élémentaire lexicologique;

Deuxième année. — Cours lexicologique de style;
Troisième année. — Grammaire complète. — Syntaxe lexicologique.

Nous donnons ici la première partie.

Si peu qu'il soit, cet ouvrage est cependant le produit d'une vaste collaboration plutôt qu'une œuvre individuelle. Depuis que nous professons, tous nos élèves y ont travaillé; collaborateurs de dix à douze ans, il est vrai, tout au plus, dont souvent les erreurs étaient des avis, mais qui nous ont fait parfois substituer le mot propre à une expression moins heureuse. Cette marche nous a fait nécessairement éviter un écueil contre lequel viennent échouer beaucoup de livres classiques, fort estimables d'ailleurs : donnant à appliquer aux enfants, à mesure que nous composions, nous avons dû travailler à leur taille ; et nous sommes persuadé que l'on n'aura pas à nous reprocher de ces devoirs impossibles, qui, comme les diamants de la Fable, sont

La plupart faux, mais très-brillants.

Le genre entièrement neuf de cette publication la rend susceptible de grandes améliorations ; loin de nous le dissimuler, nous faisons un appel sincère au concours éclairé de tous les instituteurs primaires. On trouvera peut-être des incorrections, certains devoirs à refondre, d'autres à supprimer, d'autres et peut-être même des chapitres tout entiers à introduire. Ces différentes remarques surgiront d'elles-mêmes aux yeux des professeurs intelligents qui appliqueront notre méthode. Nous accueillerons avec une profonde reconnaissance les communications qui nous seront faites, et nous adresserons *nominativement* l'expression de notre gratitude à leurs auteurs dans une prochaine édition.

NOTE DES ÉDITEURS

SUR CETTE NOUVELLE ÉDITION.

La *Méthode lexicologique* compte à peine cinq années d'existence, et cependant, grâce à l'accueil que lui ont fait MM. les Instituteurs, elle s'est assuré un succès aujourd'hui incontestable. Répandue dans la plupart des écoles de France, de Suisse et de Belgique, elle fait subir une transformation complète à l'enseignement grammatical, en substituant la méthode et le jeu de l'intelligence à des procédés qui aidaient, il est vrai, à développer la mémoire de l'enfant, mais qui avaient le tort immense de laisser dans l'inaction ses plus belles, ses plus précieuses facultés. L'étude de la langue se réduisait à l'étude exclusive de l'orthographe, qui n'en est que le côté purement matériel, que la *forme* arbitraire et changeante. En apprenant comment doit s'écrire un mot dans un cas donné, et en restant étranger aux sens, aux différentes acceptions des mots, aux tournures, aux locutions, en un mot, au génie, au *fond* même de la langue, l'enfant arrivait à la posséder à peu près de la même façon que l'on connaît le caractère d'un homme par la manière dont il s'habille.

Cet abus a malheureusement duré trop longtemps, et c'est à le faire disparaître que l'auteur de la *Lexicologie* n'a cessé de consacrer tous ses travaux. Aujourd'hui encore, loin de s'endormir sur les succès que lui ont valus ses efforts, et pénétré de cette vérité, qu'une œuvre ne sort jamais parfaite des mains de son auteur, comme Minerve sortit tout armée du cerveau de Jupiter, il vient d'apporter au *Cours de première année* une notable amélioration. Ce cours renferme une grande quantité de phrases faisant allusion à des faits historiques, de mots dont l'intelligence appelait des développements scientifiques ou littéraires, de noms propres quelquefois peu familiers à l'instituteur, etc.; tous ces passages viennent de recevoir des explications, et près de cinq cents notes, en fournissant aux maîtres un vaste répertoire, où ils pourront puiser les éclaircissements que provoque si souvent le développement d'une leçon, témoigneront du zèle qu'apporte M. Larousse à perfectionner ses ouvrages, et de son désir de justifier l'extrême bienveillance qu'ont eue MM. les Instituteurs pour ses premiers essais.

GRAMMAIRE ÉLÉMENTAIRE

LEXICOLOGIQUE

CHAPITRE PREMIER.

DU NOM.

PREMIÈRE LEÇON.

Nota. Dans mes cours de langue française, je prépare toujours mes élèves au devoir écrit par un exercice oral. La pratique m'a démontré que ce travail préliminaire est indispensable dans les premiers temps, pour les devoirs lexicologiques surtout.

Indiquer cinq noms de contrées :
Espagne, Turquie, Egypte, Chine, Mexique (1).
Cinq noms de provinces :
Le Dauphiné, la Touraine, l'Auvergne, l'Alsace, la Bretagne.
Cinq noms de villes :
Marseille, Londres, Berlin, Alexandrie, Alger.
Cinq noms de fleuves :
Le Nil, le Gange, l'Euphrate, le Rhône, le Danube.
Cinq noms de montagnes :
Les Pyrénées, les Alpes, l'Atlas, les Cordillières, l'Himalaya.
Cinq noms d'îles :
Irlande, Sicile, Madagascar, Cuba, la Guadeloupe.
Cinq noms de mers :
Archipel, Baltique, mer Rouge, mer de Behring, des Indes.
Cinq noms de peuples :
Italiens, Mexicains, Japonais, Arabes, Hollandais.

---

(1) Le nombre de *mots à indiquer* est une question que nous abandonnons entièrement à la discrétion du maître. Cette appréciation doit être basée sur le degré d'instruction des élèves. Pour beaucoup de nos devoirs, et dans la plupart des écoles élémentaires, *trois mots* suffisent.

Cinq noms de femmes :
Pauline, Geneviève, Marie, Rose, Caroline.
Cinq noms d'hommes :
Maurice, Henri, Jean, Didier, Félix.
Cinq noms de rois :
Numa, Clovis, Henri IV, Salomon, Cyrus.
Cinq noms de reines :
Frédégonde, Elisabeth (*reine d'Angleterre*), Marie-Stuart, Zénobie (*reine de Palmyre*), Marie-Antoinette.
Cinq noms d'empereurs :
Charles-Quint, Pierre-le-Grand, Marc-Aurèle, Charlemagne, Auguste.
Cinq noms de navigateurs :
Cook, Bougainville, La Peyrouse, Dumont-d'Urville, Magellan.
Cinq noms de guerriers :
Marlborough, Duguesclin, Judas-Macchabée, Witikind (*héros saxon*), Achille.
Cinq noms de prophètes :
Daniel, Jérémie, Elie, Elisée, Ezéchiel.
Cinq noms de dieux de l'Olympe :
Pluton, Neptune, Apollon, Mars, Vulcain.
Cinq noms de déesses de l'Olympe :
Junon, Vénus, Cérès, Proserpine, Diane.
Cinq noms de chiens :
Turc, Azor, Cerbère (*gardien des Enfers*), Brifaut, Mouflar (1).

DEUXIÈME LEÇON.

Indiquer cinq

métaux :	Fer, cuivre, fonte, or, platine.
parfums :	Musc, encens, camphre, ambre, benjoin.
bijoux :	Bracelet, anneau, diamant, collier, broche.
fruits à noyau :	Pêche, abricot, prune, cerise, olive.
fruits à pepins :	Poire, pomme, raisin, orange, citron.
fleurs des jardins :	Dahlia, tulipe, rose, iris, jasmin.
fleurs des champs :	Bluet, pâquerette, violette, coquelicot, marguerite.
plantes potagères :	Chou, navet, artichaut, asperge, salsifis.
céréales (2) :	Froment, orge, maïs, riz, avoine.

---

(1) Mon frère, sais-tu la nouvelle?
Mouflar, le bon Mouflar, de nos chiens le modèle,
Si redouté des loups, si soumis au berger,
Mouflar vient, dit-on, de manger
Le petit agneau noir, puis la brebis sa mère.

(FLORIAN. — *Le Chien coupable.*)

(2) De *Cérès*, déesse des moissons et des blés.

arbres fruitiers :	Amandier, figuier, pêcher, olivier, abricotier.
arbres sauvages :	Chêne, orme, érable, frêne, charme.
arbres exotiques :	Cocotier, cotonnier, dattier, bambou, bananier.
animaux domestiques utiles :	Bœuf, cheval, âne, chameau, chien.
animaux sauvages féroces :	Lion, tigre, panthère, hyène, jaguar.
animaux doux sauvages :	Girafe, cerf, écureuil, chevreuil, biche.
espèces de chiens :	Terre-neuve, barbet, boule-dogue, **carlin**, lévrier.
oiseaux :	Rossignol, loriot, pinson, linot, alouette.
oiseaux de passage :	Hirondelle, grue, bécasse, caille, cigogne.
poissons :	Brochet, truite, saumon, turbot, anguille.
volailles :	Poule, canard, pigeon, faisan, paon.
pièces de gibier :	Lièvre, daim, perdrix, chevreuil, bécassine.
amphibies (1) *:*	Crocodile, hippopotame, tortue, castor, grenouille.
reptiles :	Serpent, vipère, lézard, couleuvre, aspic.
insectes dangereux :	Guêpe, cousin, abeille, tarentule (2), frelon.
insectes doux :	Cigale, mouche, moucheron, hanneton, papillon.
insectes utiles :	Cochenille (3), ver-à-soie, abeille, cantharide (4).
monnaies de France :	Centime, décime, franc, louis, double-louis.
organes (sens) *:*	L'ouïe, le goût, l'odorat, la vue, le toucher.
liqueurs :	Rhum, kirsch, anisette, cognac, ratafia (5).
passions :	Du jeu, du vin, de la gloire, du travail, des armes.
fléaux :	Peste, guerre, famine, inondation, tremblement de terre.
maladies :	Fièvre, goutte, migraine, rougeole, coqueluche.

---

(1) Mot qui signifie *à double vie ;* se dit surtout des animaux qui vivent ordinairement dans l'eau, respirant au moyen de l'air qu'elle renferme, et qui, pendant un temps plus ou moins long, peuvent échapper à leur milieu habituel, comme les *grenouilles*.

(2) Petite araignée très-commune aux environs de Tarente ; sa piqûre passait autrefois pour être très-dangereuse ; il est reconnu maintenant qu'elle n'a rien de grave. La maladie réelle ou imaginaire qu'elle occasionnait était, dit-on, caractérisée par un désir extrême de danser au son des instruments. D'autres pensent que le *tarentisme* était une affection consistant en une somnolence qui ne pouvait être combattue que par la musique et la danse.

(3) Insecte extrêmement recherché pour sa belle couleur rouge. C'est lui qui fournit à la teinture les plus belles nuances d'écarlate et de pourpre.

(4) Réduite en poudre, la *cantharide* forme la base de ces emplâtres si utiles et si connus sous le nom de *vésicatoires*.

(5) Liqueur composée d'eau-de-vie, de sucre et de substances aromatiques ou de fruits. Il était d'usage, autrefois, de conclure un marché, un engagement quelconque, en terminant le repas par un petit verre de liqueur, qui était versée lorsque l'acheteur avait prononcé la formule : *Res rata fiat* (que la chose soit ratifiée). Dans la suite, on a francisé le mot *ratafiat*, devenu le nom de la liqueur, et, supprimant le *t*, on a écrit *ratafia*.

vices et défauts (1) :	Mensonge, ingratitude, calomnie, malpropreté, hypocrisie.
vertus et qualités (2) :	Politesse, obéissance, courage, bienfaisance, modestie.
jeux d'enfant :	Barres, marelle, colin-maillard, cheval-fondu, saut-de-mouton.
jouets d'enfant :	Bilboquet, sabot, balle, osselets, toupie.
mois :	Janvier, août, mars, avril, juin.
fêtes :	Pâques, Ascension, Pentecôte, Noël, Epiphanie.
parties de harnais :	Collier, selle, caparaçon, bride, rênes.
voitures :	Berline, cabriolet, calèche, carrosse, diligence.
meubles :	Lit, fauteuil, glace, tableau, guéridon.
chaussures :	Botte, escarpin, pantoufle, soulier, sabot.
armes à feu :	Mousquet, fusil, carabine, pistolet, escopette.
armes blanches :	Épée, sabre, espadon, dague, fleuret.
sciences :	Physique, chimie, mathématiques, grammaire, histoire.
arts :	Danse, dessin, peinture, musique, sculpture.
artisans :	Forgeron, menuisier, charpentier, maçon, charron.
instruments de musique :	Piano, hautbois, harpe, orgue, lyre.
instruments aratoires (3) :	Charrue, herse, bêche, hoyau, pioche.
outils :	Rabot, truelle, marteau, varlope, scie.

TROISIÈME LEÇON.

Un nom étant donné, indiquer l'espèce ou le genre auquel il se rattache.

Soleil,	astre.	*Bague,*	bijou.
Février,	mois.	*Casquette,*	coiffure.
Jeudi,	jour.	*Carpe,*	poisson.
Fa,	note de musique.	*Serpent,*	reptile.
Pantoufle,	chaussure.	*Moucheron,*	insecte.
Gilet,	vêtement.	*Colibri* (4),	oiseau.

---

(1) Le *vice* vient de la dépravation du cœur, le *défaut* marque une mauvaise qualité de l'esprit. Le *mensonge* est un vice, la *médisance* est un défaut.

(2) Les *qualités* sont naturelles et forment le caractère de la personne, comme la *bonté*, la *douceur* ; la *vertu* est une tendance habituelle de l'âme, dont les efforts sont constamment et efficacement dirigés vers le bien. Ainsi la *clémence*, l'*héroïsme* sont des vertus.

(3) *Aratoire*, qui concerne l'agriculture, vient du latin *arare*, labourer. Les instruments aratoires sont donc des instruments de labour.

(4) Oiseau d'Amérique, remarquable par sa petitesse et les couleurs brillantes de son plumage.

Peintre,	artiste.	(1)	Eau-de-vie,	liqueur.
Forgeron,	artisan.		Le nord,	point cardinal.
Hussard,	soldat.		L'ouïe,	organe.
Danse,	art.		Gramme,	poids.
Vilebrequin,	outil.		Violon,	inst. de musique.
Physique,	science.		Fusil,	arme.
Bilboquet,	jouet d'enfant.		Piastre (2),	monnaie.
Fève,	légume.		Étain (3),	métal.
Pomme,	fruit.		Violet,	couleur.
Seigle,	céréale.		Lèpre (4),	maladie.
Chêne,	arbre.		Générosité,	vertu.
Œillet,	fleur.		Poltronnerie,	défaut.
Eau de Cologne,	parfum.		Homicide.	crime.

QUATRIÈME LEÇON.

Dans ce devoir, les mots en italique sont en rapport de signification.

Le *Rhône* n'est pas le moins rapide des *fleuves*. Le *mensonge* est peut-être le plus honteux et le plus lâche de tous les *vices*. La *bienfaisance* est la *vertu* la plus estimable et la plus estimée parmi les hommes. De tous les *monuments* de la capitale, *Notre-Dame* (5) est le plus ancien. La *Russie* est la *contrée* la plus vaste de l'Europe. L'*Europe* est la *partie du monde* la mieux civilisée et la plus peuplée, eu égard à son

---

(1) L'*artisan* exerce un art mécanique, l'*artiste* les arts libéraux.

(2) Monnaie dont le nom est d'origine espagnole : elle vaut 5 fr. 43 cent.

(3) Le plus léger des métaux; 2 parties d'étain et 100 de cuivre donnent le bronze des canons et des statues ; avec 22 parties d'étain et 78 de cuivre, on fait le métal de cloche.

(4) Cette hideuse maladie, que le perfectionnement de la civilisation a fait disparaître, était le résultat de la malpropreté, de la mauvaise nourriture et des privations. Pendant fort longtemps les lépreux furent un objet d'horreur et de dégoût. Une loi de Moïse les séparait du reste du peuple. Au moyen âge les Croisés, qui avaient contracté la lèpre en Orient, la rapportèrent en Europe, où elle se répandit d'une manière effrayante. On fonda de toutes parts, pour les infortunés lépreux, des hôpitaux spéciaux appelés *léproseries*, *ladreries* ou *maladreries* (de *ladre*, corruption de Lazare). Dès qu'un cas de lèpre était signalé, le malade était conduit à l'église; on chantait sur lui l'office des morts, puis on le conduisait à l'enclos des lépreux. Chaque lépreux était obligé de porter une crécelle, pour avertir les passants d'éviter son contact. Xavier de Maistre, dans le *Lépreux de la cité d'Aoste*, a décrit admirablement la triste condition de ces malheureux. Il est reconnu, maintenant, que la lèpre n'est pas contagieuse, mais qu'elle peut être héréditaire, comme les *scrofules*, vulgairement appelées *écrouelles*.

(5) L'origine de Notre-Dame remonte aux premiers siècles du christianisme; mais elle ne fut complètement achevée qu'au commencement du treizième siècle. Ce monument, qui a la forme d'une croix latine, est d'une belle architecture gothique, et offre dans ses détails un mâle caractère uni à une grande élégance, ce qui donne à son ensemble un aspect des plus imposants.

Les victoires du maréchal de Luxembourg y firent chanter tant de *Te Deum*, et l'ornèrent de tant de drapeaux enlevés à l'ennemi, qu'on le surnomma *le tapissier de Notre-Dame*.

étendue (1). *Socrate* s'est montré le plus vertueux des *philosophes*. Les *Lapons* (2) sont les plus misérables de tous les *peuples*. Notre célèbre *La Peyrouse* (3) a été le plus infortuné des *navigateurs*. La rose est la plus belle et la *violette* la plus modeste de toutes les *fleurs*. Le *sens* du *toucher* est infiniment plus parfait chez l'homme que chez les animaux. *Février* est le plus court de tous les *mois* de l'année. *Homère* et *Virgile* (4) sont les deux plus grands *poètes* de l'antiquité. *L'aigle* est le plus fort de tous les *oiseaux de proie*. Après l'*abeille*, le *ver-à-soie* est le plus utile de tous les *insectes*. *Pâques* est la *fête* la plus solennelle de l'année. *L'or* est le plus rare, mais il n'est pas le plus précieux des *métaux*. *L'ananas* est un *fruit* et la *pomme de terre* un *légume* qui nous viennent d'Amérique. La *truite* est un *poisson* très-estimé. Le *lézard* et le *boa* (5), de mœurs si différentes, sont rangés l'un et l'autre dans

---

(1) Des cinq parties du monde, l'Asie est la plus vaste ; elle compte trois cent cinquante millions d'habitants ; l'Amérique, moins étendue d'un cinquième, n'en a que quarante millions ; vient ensuite l'Afrique, avec cent millions ; l'Europe, dont l'étendue diffère peu de celle de l'Océanie, en contient deux cent quatre-vingts millions ; celle-ci n'en possède que vingt-cinq millions.

(2) La Laponie, située au delà du cercle polaire, étant glacée pendant neuf mois de l'année, offre une végétation peu variée ; les céréales y sont presque inconnues. Cette contrée ne fournit donc à ses habitants, très-peu civilisés d'ailleurs, que des mousses, des lichens, des arbustes à baies pour nourriture. Le renne est leur grande ressource. Leur taille est très-petite : ils ont 1 mètre 33 centim. au plus.

(3) Chargé par Louis XVI d'un voyage de découvertes, La Peyrouse périt avec tout son équipage sur les récifs qui entourent les îles de l'Océanie (Vanikoro), qu'il venait de découvrir. On resta très-longtemps incertain sur le sort de La Peyrouse, et on désespérait de rien apprendre de positif, quand, en 1827, le hasard fit découvrir, au capitaine anglais Dillon, quelques débris de ses vaisseaux. En 1828, le capitaine Dumont-d'Urville visita les lieux, et obtint de nouveaux renseignements sur ce célèbre naufrage. — Dans ces derniers temps, l'Angleterre envoyait, avec la même sollicitude, à la recherche des vaisseaux de sir John Franklin, perdu dans les glaces des mers polaires.

(4) *Homère*, le plus ancien et le plus célèbre des poètes grecs, auteur de l'*Iliade* et de l'*Odyssée*, regardés de tout temps comme les chefs-d'œuvre de l'épopée. On ne sait rien de certain sur sa personne : la tradition rapporte qu'il ouvrit une école dans sa patrie, et que, dans sa vieillesse, il devint aveugle, tomba dans l'indigence, et se vit réduit à errer de ville en ville, récitant ses vers et mendiant son pain. — *Virgile*, le prince des poètes latins, naquit à Mantoue, ce qui, avec la douceur de son style, l'a fait surnommer le *Cygne de Mantoue*. Ses principaux ouvrages sont les *Géorgiques*, où il décrit les travaux des champs, et l'*Énéide*, poème épique où il chante le berceau de Rome et les antiquités de l'Italie. Ces chefs-d'œuvre lui méritèrent, de son vivant, l'admiration universelle, la protection de Mécène et les bienfaits d'Auguste. L'*Énéide* ne parut qu'après sa mort. Par son testament, il ordonnait, dit-on, de jeter au feu cette œuvre qu'il ne trouvait pas assez parfaite, et à laquelle la mort l'empêchait de mettre la dernière main ; mais Auguste s'y opposa.

(5) Les *boas* sont les plus grands et les plus forts de tous les serpents ; ils attaquent et domptent les lions. Mais ils ne sont si redoutables que par leur force, car ils n'ont pas de crochets à venin. Le plus célèbre des boas est le boa *devin*, qui habite les forêts de l'Amérique du Sud. Ce serpent atteint quelquefois une longueur de 15 mètres et la grosseur de l'homme. Il vit dans le creux des vieux arbres, où il se tient dans une immobilité complète, et roulé en spirale jusqu'à ce que la faim le fasse sortir. Il se glisse alors dans les roseaux ou se suspend aux branches d'un arbre, pour guetter les animaux dont il fait sa proie : il s'élance sur eux avec une violence extrême, les enlace de ses replis, les brise et les pétrit, pour ainsi dire, dans ses anneaux vigoureux, et les réduit ainsi en une masse informe, qu'il engloutit dans son

la classe des *reptiles*. Les conquérants sont des *fléaux* plus terribles pour les peuples que la *peste* et la *famine*. Dieu a voulu que tous les climats soient favorables à la culture du *blé*, la plus précieuse des *céréales*. Les personnes superstitieuses n'osent rien entreprendre le *vendredi*, qu'elles regardent comme un *jour* néfaste (1). Le *bleu* et le *rouge* sont les *couleurs* qui figuraient autrefois dans les armes de la ville de Paris (2). Certains *arbres exotiques*, comme le *dattier*, le *grenadier*, s'acclimatent volontiers en France; mais ils fleurissent seulement, sans jamais fructifier. Le *cheval* est l'*animal domestique utile* par excellence. La *fièvre* politique est une terrible *maladie*. La *musique* est un *art* que Dieu nous a donné pour calmer nos passions (3). Trouvez un *quadrupède* plus intelligent que l'*éléphant*, un *insecte* plus laborieux que la *fourmi*, un *reptile* plus dangereux que la *vipère*, un *oiseau* plus grand et un *poisson* plus gros que le *condor* et la *baleine*.

CINQUIÈME LEÇON.

Cri des animaux.

Le lion	rugit.	*La vache et le bœuf*	beuglent.
L'éléphant	barette.	*La brebis*	bêle.
Le cheval	hennit.	*Le crocodile* (4)	crie.
L'âne	brait.	*Le serpent*	siffle.
Le chien	aboie.	*La grenouille*	coasse.
Le loup	hurle.	*Le corbeau*	croasse.
Le renard	glapit.	*Le merle*	flûte.
Le chat	miaule.	*Le pigeon*	roucoule.
Le cochon	grogne.	*La tourterelle*	gémit.
Le taureau	mugit.		

énorme gueule. Sa digestion est lente et difficile; aussi, pendant tout le temps qu'elle s'opère, est-il dans un état complet d'engourdissement : c'est le moment que l'on choisit pour l'approcher sans danger et le tuer. On a pensé que l'énorme serpent tué en Afrique par l'armée de Régulus, et celui qui fut détruit dans l'île de Rhodes par le chevalier Gozon, étaient des *boas*.

(1) Se disait le plus souvent, chez les Romains, des jours de deuil et de tristesse, regardés comme funestes en mémoire de quelque disgrâce éclatante du peuple romain. L'anniversaire des journées de l'*Allia* et de *Cannes* était un jour *néfaste*.

(2) Ces deux couleurs sont l'origine de notre drapeau national. En 1789, pour cimenter la bonne intelligence entre le roi et la ville de Paris, dans la journée où, suivant le mot heureux de Bailly, *Paris reconquit son roi*, on réunit à la couleur *blanche*, qui était celle de la royauté, le *bleu* et le *rouge*, qui figuraient dans les armes de la ville de Paris.

(3) L'Histoire-Sainte montre David calmant, avec sa harpe, les transports furieux de Saül.

(4) Le crocodile fait entendre un cri qui ressemble aux vagissements d'un enfant, dans l'intention, dit-on, d'attirer les voyageurs pour en faire sa proie. On fait allusion à ces gémissements hypocrites, quand on appelle *larmes de crocodile* celles que répand une personne dans le dessein d'en tromper une autre.

Le coq	chante.	Le moucheron	bourdonne.
La poule	glousse.	L'homme et le perroquet	parlent.
Le petit poulet	piaule.		
Le dindon	glougloute (1).	La pie	jase.

SIXIÈME LEÇON.

Termes affectés au bruit que produisent les substantifs de choses.

Les feuilles	frémissent, bruissent.	La montre	marche.
		Le pouls	bat.
Le drapeau	flotte.	La scie	crie.
Les dents et le fouet	claquent.	Le pas	retentit.
		L'écho	répond.
La cloche et la trompette	sonnent.	Le feu	pétille.
		Le nez	ronfle.
Le tambour	résonne.	La flèche, le vent et les balles	sifflent.
La bombe	éclate.		
Le canon et le tonnerre	grondent.	Le ruisseau	murmure.

SEPTIÈME LEÇON.

Dans le devoir suivant, les mots en italique sont en rapport de signification.

Le *bruit* du *canon* et le *sifflement* des *balles* étaient la musique favorite de Charles XII (2). On n'entendait dans la grotte de Calypso que le *bruissement* léger des *feuilles*, le *gazouillement* des *oiseaux*, ou le *murmure* d'un *ruisseau* qui s'enfuyait au travers de la prairie. La nuit, dans les déserts, le *rugissement* du *lion* ressemble au *bruit* lointain du *tonnerre*. Le *son* le plus désagréable pour des collégiens qui jouent est celui de la *cloche*. Quand un avare est malade, ses héritiers écoutent avec avidité les *battements* de son *pouls*. Percé de mille lances, le *taureau* bondit dans l'arène, et pousse d'horribles *mugissements* (3). Le

---

(1) Le *glouglou*, onomatopée, ou nom imitatif de l'objet qu'il désigne.

(2) Au siége de Copenhague, Charles XII, âgé de dix-huit ans, et qui n'avait pas encore entendu de mousqueterie chargée à balles, demanda au major-général Stuart, qui se trouvait près de lui, ce que c'était que ce petit sifflement qu'il entendait à ses oreilles. « C'est le bruit que font les balles de fusil que l'on vous tire, » lui dit le major. « Bon! repartit le roi, ce sera là dorénavant ma musique. » (*Histoire de Charles XII.*)

(3) En Espagne, les combats de taureaux font partie de la plupart des réjouissances publiques. On nomme *toréadors* ceux qui combattent ces animaux. Parmi les toréadors, on distingue le *matador*, à qui seul appartient le privi-

hennissement de son *cheval* valut un trône à Darius (1). Le *chant* du *coq* matinal appelle à leurs travaux les habitants de la campagne. La *brebis* est si timide et si insensible, qu'elle se laisse enlever son agneau sans le défendre, sans s'irriter, et sans marquer sa douleur par un cri différent de son *bêlement* ordinaire. Je préférerais le *bourdonnement* d'une nuée de *moucherons* à celui de certaines assemblées. Les jeunes chiens frissonnent en entendant les *hurlements* du *loup*. Il y a des préjugés qui sont presque aussi forts que la nature : combien de gens frémissent et s'inquiètent encore aujourd'hui au bruit des *croassements* du *corbeau* (2)! Les chasseurs sont avertis de la présence du *renard* par des *glapissements* répétés, suivis d'un son triste semblable au cri du paon. Le *chien* annonce la présence des étrangers par des *aboiements* réitérés ; il donne l'alarme, s'élance et combat.

HUITIÈME LEÇON.

L'élève indiquera :

Cinq noms propres, masculins, de personnes :
Homère, Hérode, Condé, Socrate, Hercule.

Cinq noms propres, féminins, de personnes :
Ève, Esther, Débora, Clotilde, Latone.

Cinq noms communs, masculins, d'animaux :
Eléphant, condor, requin, lézard, papillon.

Cinq noms communs, féminins, d'animaux :
Girafe, autruche, baleine, couleuvre, fourmi.

Cinq noms propres, masculins, de choses :
Languedoc, Pérou, Sinaï, Tage, Pékin.

Cinq noms propres, féminins, de choses :
Méditerranée, Babylone, Belgique, Provence, **Asie**.

Cinq noms collectifs, masculins :
Peuple, régiment, troupeau, amas, archipel.

Cinq noms collectifs, féminins :
Nation, foule, armée, multitude, nuée.

---

lége dangereux de terminer le combat, en donnant au taureau le coup mortel. Ces combats sanglants et barbares ont quelque rapport avec ceux du cirque, en usage autrefois chez les Romains. (Voir, dans Florian — *Gonzalve de Cordoue* — la description d'un de ces combats.)

(1) A la mort de l'usurpateur Smerdis, les principaux seigneurs de Perse, ne pouvant s'accorder entre eux, convinrent de reconnaître pour roi celui dont le cheval hennirait le premier au lever de l'aurore. Darius, dit-on, obtint la couronne par l'artifice de son écuyer, qui avait laissé toute la nuit précédente, au lieu du rendez-vous, le cheval de son maître en compagnie d'une cavale.

(2) Le corbeau, à cause de sa couleur, de son odeur fétide, de son cri rauque et discordant, a été longtemps regardé par les anciens comme un oiseau de mauvais augure ; on lui a même attribué le don de présager l'avenir, mais surtout les événements sinistres. Chez les Juifs, cet oiseau était déclaré impur.

Cinq noms métaphysiques, masculins :
  Repos, bonheur, mérite, travail, jugement.
Cinq noms métaphysiques, féminins :
  Charité, bienfaisance, sagesse, gloire, industrie.
Cinq noms propres composés :
  Rio-de-la-Plata, Sixte-Quint, Champs-Elysées, Puy-de-Dôme, Chaperon-Rouge.
Cinq noms communs composés :
  Chat-huant, casse-noisettes, grand-papa, colin-maillard, ver-à-soie.
Cinq noms communs, masculins, singuliers, de personnes :
  Un enfant, mon ami, ce héros, son neveu, le général.
Cinq noms communs, féminins, pluriels, de choses :
  Les fleurs, des prairies, deux histoires, ces habitudes, nos mœurs.

NEUVIÈME LEÇON.

L'élève indiquera le genre et le nombre des noms suivants :

La vérité (*f. s.*). Ce héros (*m. s.*). Esaü (*m. s.*). Athalie (1) (*f. s.*). Deux images (*f. p.*). Les hirondelles (*f. p.*). Quelques fruits (*m. p.*). Le ciel (*m. s.*). La terre (*f. s.*). Les étoiles (2) (*f. p.*). Les noix (*f. p.*). Ces jardins (*m. p.*). Mon habit (*m. s.*). La Méditerranée (3) (*f. s.*). Ta patrie (*f. s.*). Le génie (*m. s.*). Ses habitudes (*f. p.*). Le Vésuve (4) (*m. s.*). Les Alpes (5) (*f. p.*). Le balai (*m. s.*). L'appartement (*m. s.*).

---

(1) Reine d'Israël, célèbre par ses crimes. Elle avait établi à Jérusalem le culte de Baal. Pour monter sur le trône, elle fit elle-même égorger tout ce qui restait de la race de David. Mais Joas, le plus jeune des fils d'Ochosias, ayant échappé au massacre, fut élevé dans le temple par le grand-prêtre Joad, qui le fit reconnaître roi à l'âge de sept ans, et renversa Athalie.

(2) Corps lumineux, séparés de nous par des distances incalculables. Quoique la lumière qu'elles nous envoient parcoure plus de 300,000 kilom. par seconde, cette lumière ne nous parvient pas en moins de neuf à dix années, en parlant de celles dont nous sommes le plus rapprochés. De temps en temps les astronomes aperçoivent au ciel de nouvelles étoiles. La science prétend que les rayons lumineux partis de ces corps depuis le commencement des choses, avec une vitesse de près de 400,000 kilom. par seconde, ne font qu'arriver jusqu'à nous. Il y a là de quoi effrayer l'imagination. Cette profondeur, on peut dire sans bornes, des cieux, est l'image la plus parfaite et la plus palpable de l'infini.

(3) Immense golfe de l'Océan Atlantique, qui se lie à cette mer par le détroit de Gibraltar. On donne, en général, le nom de *méditerranées* ou *mers intérieures* à toutes celles comprises entre les continents. Le mot *méditerranée* signifie *milieu des terres*.

(4) Célèbre volcan du royaume de Naples. Toutes ses pentes, cultivées avec soin, sont d'une prodigieuse fertilité : c'est là que se récolte le vin si renommé de *Lacryma-Christi*. Le Vésuve a eu plusieurs éruptions remarquables dans l'histoire : l'une des plus terribles fut celle qui eut lieu l'an 97 de notre ère ; elle ensevelit les villes d'Herculanum et de Pompéi, et coûta la vie au célèbre naturaliste Pline l'Ancien.

(5) Grand système de montagnes situé entre la France, l'Angleterre et l'Allemagne. Elles sont couvertes de neiges éternelles. Les pics les plus remarquables sont le mont Viso, le mont Cenis, le mont Saint-Bernard et le mont

Les oiseaux (*m. p.*). Le cerceau (*m. s.*). Les billes (*f. p.*). Un enfant (*m. s.*). Cette enfant (*f. s.*). La sentinelle (*f. s.*). Les incendies (*m. p.*). La nacre (1) (*f. s.*). Les couteaux (*m. p.*). Les serpents (*m. p.*). Les vipères (*f. p.*). L'argent (*m. s.*). Nos amis (*m. p.*). Le rivage (*m. s.*). Les rives (*f. p.*). Clovis (2) (*m. s.*). Les Macchabées (*m. p.*). L'écluse (*f. s.*). Le canal (*m. s.*). L'auteur (*m. s.*). La hauteur (*f. s.*). L'eau (*f. s.*). Les os (*m. p.*). Une serre (*f. s.*). Les dindes (*f. p.*). Les dindons (*m. p.*). La courroie (*f. s.*). Ces légumes (*m. p.*). Cinq centimes (*m. p.*). Les paraphes (*m. p.*). De la sandaraque (3) (*f. s.*). Les ongles (*m. p.*). Du chanvre (4) (*m. s.*)

DIXIÈME LEÇON.

Noms physiques traduits en noms métaphysiques ou abstraits.

Noms physiques.	N. métaphysiques.	N. physiques.	N. métaphysiques.
Père,	paternité (5).	*Etudiant,*	étude.
Mère,	maternité (6).	*Notaire,*	notariat.
Frère,	fraternité (7).	*Commerçant,*	commerce.
Homme,	humanité.	*Voleur,*	vol.
Enfant,	enfance.	*Commandant,*	commandement.
Vieillard,	vieillesse.	*Navigateur,*	navigation.
Magistrat,	magistrature.	*Bienfaiteur,*	bienfaisance.
Peintre,	peinture.	*Chasseur,*	chasse.
Sculpteur,	sculpture.	*Devin,*	divination (8).
Médecin,	médecine.	*Philosophe,*	philosophie.
Musicien,	musique.	*Joueur,*	jeu.
Architecte,	architecture.	*Cultivateur,*	culture.
Artiste,	art.	*Laboureur,*	labourage.
Poëte,	poésie.	*Guerrier,*	guerre.

Blanc, haut de 4,810 mètres ; c'est le point le plus élevé de l'Europe. Annibal, en 217 avant J.-C., et Bonaparte, en 1800, ont franchi les Alpes.

(1) Matière blanche et brillante qui forme l'intérieur de beaucoup de coquilles. Les perles ne sont qu'une *nacre* isolée et plus pure. On fait un grand usage de la nacre dans les ouvrages de tabletterie fine, de marqueterie et de bijouterie.

(2) Premier roi chrétien, fondateur de la monarchie française. Il mourut en 511.

(3) Substance résineuse produite par un arbre de l'Arabie. On la réduit en poudre très-fine, et on en frotte le papier gratté pour l'empêcher de boire.

(4) Plante, dont l'écorce est l'objet d'un commerce important, cultivée en France de temps immémorial, et dont la graine, nommée *chènevis*, sert de nourriture aux oiseaux et produit une huile assez estimée. Il y a deux espèces de chanvre, *mâle* et *femelle* ; celui-ci est toujours plus grand et vit plus longtemps, contrairement à un préjugé généralement répandu dans les campagnes, où l'on appelle chanvre *mâle* l'individu *femelle*, et réciproquement. Chanvre était autrefois du féminin ; on le trouve de ce genre dans La Fontaine : *La chanvre étant tout à fait crûe* (poussée).

(5) Du latin *pater*, père.
(6) De *mater*, mère.
(7) De *frater*, frère.
(8) De *divinatio*, prédiction.

Noms physiques.	N. métaphysiques.	N. physiques.	N. métaphysiques.
Avare,	avarice.	*Crucifix,*	crucifiment.
Prodigue,	prodigalité.	*Colonie,*	colonisation.
Escroc,	escroquerie.	*Pestiféré,*	peste.
Inventeur,	invention.	*Pain,*	panification (2).
Combattant,	combat.	*Gascon,*	gasconnade (3).
Batailleur,	bataille.	*Concurrent,*	concurrence.
Malheureux,	malheur.	*Pape* (4),	papauté.
Ami,	amitié.	*Prêtre,*	prêtrise.
Ennemi,	inimitié (1).	*Célibataire,*	célibat.
Héros,	héroïsme.	*Ivrogne,*	ivrognerie.
Esclave,	esclavage.	*Confident,*	confidence.
Serf,	servitude.	*Expert,*	expertise.
Roi,	royauté.	*Directeur,*	direction.
Monarque,	monarchie.	*Rival,*	rivalité.
Empereur,	empire.	*Brigand,*	brigandage.
Consul,	consulat.	*Assassin,*	assassinat.
Président,	présidence.	*Ferment.*	fermentation.

CORRIGÉ DES EXERCICES ORTHOGRAPHIQUES

SUR LE NOM.

Devoir à mettre au pluriel.

Singulier.	*Pluriel.*	*Singulier.*	*Pluriel.*
Le poisson.	Les poissons.	Le bourg.	Les bourgs.
La feuille.	Les feuilles.	Le crayon.	Les crayons.
L'enfant.	Les enfants.	Le bouvreuil.	Les bouvreuils.
La maison.	Les maisons.	La scie.	Les scies.
La forêt.	Les forêts.	Le fil.	Les fils.

---

(1) De *inimicitia,* haine.
(2) De *panis,* pain, et *facere,* faire.
(3) Fanfaronnade, vanterie outrée; trait d'esprit, subtilité propres au caractère gascon.
Un Gascon entra à la Comédie française, un jour que l'on représentait *le Cid.* Quand il entendit prononcer ces mots : *Rodrigue, as-tu du cœur?* il s'écria : *Demandez seulement s'il est gascon, cela suffit.* On rit longtemps de cette saillie, et, au sortir du spectacle, on entendait répéter de tous côtés: *Rodrigue, es-tu gascon?*
Un autre disait : J'ai l'air si martial, que, quand je me regarde dans un miroir, j'ai peur de moi-même.
Le quatrain suivant a été composé par un poète gascon, dans une circonstance où Louis XIV avait promis une récompense de 3,000 fr. à celui qui ferait les plus beaux vers sur la vie du grand Condé :

> Pour célébrer tant dé vertus,
> Tant dé hauts faits et tant dé gloire,
> Mille écus, *sandis !* mille écus,
> Cé n'est pas un sou par victoire.

(4) Du grec *pappas,* père.

DU NOM.

Singulier.	Pluriel.	Singulier.	Pluriel.
Le fils.	Les fils.	Mon gant.	Mes gants.
Le villageois.	Les villageois.	Ma canne.	Mes cannes.
L'engrais.	Les engrais.	Ton cadenas.	Tes cadenas.
La poix.	Les poix.	Sa plume.	Ses plumes.
La croix.	Les croix.	Son cahier.	Ses cahiers.
Le gaz.	Les gaz.	Ce pays.	Ces pays.
Une sarigue.	Des sarigues.	Cette orange.	Ces oranges.
Le velours.	Les velours.	Cet oranger.	Ces orangers.
Le lynx.	Les lynx.	Un congrès.	Des congrès.
La haie.	Les haies.	Notre professeur.	Nos professeurs.
La noisette.	Les noisettes.	Votre métairie.	Vos métairies.
L'amandier.	Les amandiers.	Leur almanach.	Leurs almanachs.
Une reine.	Des reines.	Un salsifis.	Des salsifis.
Un royaume.	Des royaumes.	Une armoire.	Des armoires.

Singulier.	Pluriel.
Le maître et le disciple.	Les maîtres et les disciples.
La chaumière du pauvre.	Les chaumières des pauvres.
Le palais du riche.	Les palais des riches.
Le discours de cet orateur.	Les discours de ces orateurs.
Le nid de la perdrix.	Les nids des perdrix.
La source de la montagne.	Les sources des montagnes.
La hure du sanglier.	Les hures des sangliers.

Devoir à mettre au singulier.

Pluriel.	Singulier.
Étoiles.	Étoile.
Fleurs.	Fleur.
Chiens.	Chien.
Brebis.	Brebis.
Nez.	Nez.
Riz.	Riz.
Les amis.	L'ami.
Des pupitres.	Un pupitre.
Ces paons.	Ce paon.
Ces os.	Cet os.
Ces abeilles.	Cette abeille.
Ses succès.	Son succès.
Mes billes.	Ma bille.
Tes croix.	Ta croix.
Nos rosiers.	Notre rosier.
Vos exploits.	Votre exploit.
Les œufs de mes poules.	L'œuf de ma poule.
Les plis de mes vêtements,	Le pli de mon vêtement.
Les surplis des prêtres.	Le surplis du prêtre.
Les enfants des campagnes.	L'enfant de la campagne.
Les propriétés des corps.	La propriété du corps.
Les cors des chasseurs.	Le cor du chasseur.
Les cadenas des portes.	Le cadenas de la porte.
Les taffetas, les cuirs et les velours.	Le taffetas, le cuir et le velours.
Les habitants de ces pays.	L'habitant de ce pays.
Les tapis de vos salons.	Le tapis de votre salon.
Les fils de ces tissus.	Le fil de ce tissu.
Les pères et les fils.	Le père et le fils.

14 GRAMMAIRE ÉLÉMENTAIRE LEXICOLOGIQUE.

Pluriel.	*Singulier.*
Les canevas sur les métiers.	Le canevas sur le métier.
Les procès des plaideurs.	Le procès du plaideur.
Les murs de mes jardins.	Le mur de mon jardin.
Les heures de nos repas.	L'heure de notre repas.
Les promenades dans les bois.	La promenade dans le bois.
Les lois des Etats.	La loi de l'Etat.
Les plans des architectes.	Le plan de l'architecte.
Les poids et les mesures.	Le poids et la mesure.
Les cabas et les paniers.	Le cabas et le panier.
Les tamis des maçons.	Le tamis du maçon.
Les outils de ces ouvriers.	L'outil de cet ouvrier.
Les noix et les noisettes.	La noix et la noisette.
Les semis et les récoltes.	Le semis et la récolte.
Les remords de ces méchants.	Le remords de ce méchant.
Les légumes de nos potagers.	Le légume de notre potager.

Devoir à mettre au pluriel.

Singulier.	*Pluriel.*
Le lieu.	Les lieux.
Le cerceau.	Les cerceaux.
Le filou.	Les filous.
Le bureau.	Les bureaux.
Le verrou.	Les verrous.
Le barreau.	Les barreaux.
L'adieu.	Les adieux.
Le château.	Les châteaux.
Le moineau.	Les moineaux.
L'aveu.	Les aveux.
Le caillou.	Les cailloux.
Le seau.	Les seaux.
Le cou.	Les cous.
Le cadeau.	Les cadeaux.
Le préau.	Les préaux.
Le cheveu.	Les cheveux.
Le bambou.	Les bambous.
Le hibou.	Les hiboux.
Le sapajou.	Les sapajous.
L'échalas et le pieu.	Les échalas et les pieux.
L'essieu du tombereau.	Les essieux des tombereaux.
L'eau de la mer.	Les eaux des mers.
Le renard et le corbeau.	Les renards et les corbeaux.
L'enfant dans son berceau.	Les enfants dans leurs berceaux.
Le feu du fourneau.	Les feux des fourneaux.
L'agneau sous l'arbrisseau.	Les agneaux sous les arbrisseaux.
Le joujou et le gâteau.	Les joujoux et les gâteaux.
Le licou du chameau.	Les licous des chameaux.
Le clou et le marteau.	Les clous et les marteaux.
Le trou de la souris.	Les trous des souris.
Le chou et le panais.	Les choux et les panais.
L'écrou de l'essieu.	Les écrous des essieux.
Le brou de la noix.	Les brous des noix.
Le cadeau de l'époux.	Les cadeaux des époux.

DU NOM.

Devoir à mettre au singulier.

Pluriel.	*Singulier.*
Les carottes et les poireaux.	La carotte et le poireau.
Les oiseaux dans les cages.	L'oiseau dans la cage.
Les sous et les centimes.	Le sou et le centime.
Les manteaux des sentinelles.	Le manteau de la sentinelle.
Les mâts de ces vaisseaux.	Le mât de ce vaisseau.
Les cousins et les neveux.	Le cousin et le neveu.
Les rideaux de vos fenêtres.	Le rideau de votre fenêtre.
Les coucous et les hiboux.	Le coucou et le hibou.
Les eaux de ces puits.	L'eau de ce puits.
Les lames de ces couteaux.	La lame de ce couteau.
Les noyaux de ces pruneaux.	Le noyau de ce pruneau.
Les fous et les insensés.	Le fou et l'insensé.
Les douleurs dans les genoux.	La douleur dans le genou.
Voici mes bijoux.	Voici mon bijou.
Les joujoux des enfants.	Le joujou de l'enfant.

Devoir à mettre au pluriel.

Singulier.	*Pluriel.*
Le canal.	Les canaux.
Le rival.	Les rivaux.
Le carnaval.	Les carnavals.
L'animal, le minéral et le végétal.	Les animaux, les minéraux et les végétaux.
Le portail.	Les portails.
Le vitrail.	Les vitraux.
Un épouvantail.	Des épouvantails.
Le gouvernail de ce vaisseau.	Les gouvernails de ces vaisseaux.
Le procès-verbal du gendarme.	Les procès-verbaux des gendarmes.
L'étoile du ciel.	Les étoiles des cieux.
Le total de l'addition.	Les totaux des additions.
Le bétail du fermier.	Les bestiaux des fermiers.
Le régal de l'enfant.	Les régals des enfants.
Le prix de ce corail.	Les prix de ces coraux.
Le piédestal de cette statue.	Les piédestaux de ces statues.
L'éventail de ma sœur.	Les éventails de mes sœurs.
L'épée du rival.	Les épées des rivaux.
Le poitrail de ce bœuf.	Les poitrails de ces bœufs.
Le soupirail de ma cave.	Les soupiraux de mes caves.
Le bal chez le général.	Les bals chez les généraux.
Le travail de cet ouvrier.	Les travaux de ces ouvriers.
Le camail du vicaire.	Les camails des vicaires.
La maison de mon aïeul.	Les maisons de mes aïeux.
La nuance de cet émail.	Les nuances de ces émaux.
La prunelle de l'œil.	Les prunelles des yeux.
Le soldat et le caporal.	Les soldats et les caporaux.
Le feu du fanal.	Les feux des fanaux.
Le mal du genou.	Les maux des genoux.
Le bonbon dans le bocal.	Les bonbons dans les bocaux.
Le filou devant le tribunal.	Les filous devant les tribunaux.
Le principal du collége.	Les principaux des colléges.
L'intérêt du capital.	Les intérêts des capitaux.
Le cri du chacal.	Les cris des chacals.

GRAMMAIRE ÉLÉMENTAIRE LEXICOLOGIQUE.

Devoir à mettre au singulier.

Pluriel.	Singulier.
Les victoires de nos généraux.	La victoire de notre général.
Les détails de mes aventures.	Le détail de mon aventure.
Les journaux des provinces.	Le journal de la province.
Les bateaux sur les canaux.	Le bateau sur le canal.
Les liqueurs dans les bocaux.	La liqueur dans le bocal.
Les pieds des chevaux.	Le pied du cheval.
Les sots et les originaux.	Le sot et l'original.
Les bestiaux de ces hameaux.	Le bétail de ce hameau.
Les aïeux de ces héros.	L'aïeul de ce héros.
Les larmes aux yeux.	La larme à l'œil.
Les bras vers les cieux.	Le bras vers le ciel.
Les directeurs de ces hôpitaux.	Le directeur de cet hôpital.

Récapitulation.

Devoir à mettre au pluriel.

Singulier.	Pluriel.	Singulier.	Pluriel.
La bourgade.	Les bourgades.	Une cerise.	Des cerises.
Le hameau.	Les hameaux.	Le ciseau.	Les ciseaux.
La bergerie.	Les bergeries.	Le tombereau.	Les tombereaux.
L'étendard.	Les étendards.	Une oasis.	Des oasis.
Le parrain.	Les parrains.	Le compas.	Les compas.
La marraine.	Les marraines.	L'ours.	Les ours.
Le tuyau.	Les tuyaux.	L'ourse.	Les ourses.
Le tabac.	Les tabacs.	Le clou.	Les clous.
Le biscuit.	Les biscuits.	L'étau.	Les étaux.
La science.	Les sciences.	Le chardon.	Les chardons.
La difficulté.	Les difficultés.	Le chardonneret.	Les chardonnerets.
Le cordial.	Les cordiaux.	Le coquillage.	Les coquillages.
Le royaume.	Les royaumes.	Le bluet.	Les bluets.
Le rossignol.	Les rossignols.	Le dahlia.	Les dahlias.
Le crucifix.	Les crucifix.	Le moyen.	Les moyens.
L'écheveau.	Les écheveaux.	L'œillet.	Les œillets.
Le hangar.	Les hangars.	Le canezou.	Les canezous.
Le neveu.	Les neveux.	L'amadou.	Les amadous.
Le chrétien.	Les chrétiens.	L'essieu.	Les essieux.
Le fou.	Les fous.	Le niveau.	Les niveaux.
Le caillou.	Les cailloux.	Le bal.	Les bals.
Le vieillard.	Les vieillards.	Le bail.	Les baux.
La grammaire.	Les grammaires.	Le cristal.	Les cristaux.
Ma servante.	Mes servantes.	Le cœur.	Les cœurs.
Ton serviteur.	Tes serviteurs.	Le métal.	Les métaux.
Un pantalon.	Des pantalons.	Le patois.	Les patois.
Un banc.	Des bancs.	Le berceau.	Les berceaux.
Un discours.	Des discours.	L'acajou.	Les acajous.
Un radis.	Des radis.	Le commensal.	Les commensaux.
Ce moyeu.	Ces moyeux.	Le vassal.	Les vassaux.
Cette plume.	Ces plumes.	Le cou.	Les cous.
Le chevreau.	Les chevreaux.	Le coup.	Les coups.
Le corail.	Les coraux.	Le camail.	Les camails.
Le numéro.	Les numéros.	Le boisseau.	Les boisseaux.
Le philosophe.	Les philosophes.	L'arsenal.	Les arsenaux.

DU NOM.

Singulier.	Pluriel.	Singulier.	Pluriel.
Le hanneton.	Les hannetons.	L'ognon.	Les ognons.
Le rosier.	Les rosiers.	La veille.	Les veilles.
Le poitrail.	Les poitrails.	La vielle.	Les vielles.
Le portail.	Les portails.	La vieille.	Les vieilles.
Le gâteau.	Les gâteaux.	Le rhinocéros.	Les rhinocéros.
Le lapin.	Les lapins.	Le mensonge.	Les mensonges.
Le chalumeau.	Les chalumeaux.	L'atlas.	Les atlas.
Le département.	les départements	Le louveteau.	Les louveteaux.
L'aïeul.	Les aïeux.	L'attirail.	Les attirails.
Le quintal.	Les quintaux.		

Devoir mis au pluriel.

Des frères sont des amis.
Des amis sont des trésors.
Mes sœurs sont mes amies et mes compagnes.
Des rois sont des hommes.
Des flatteries sont des mensonges (1).
Des revers sont des leçons.
Les souriceaux sont les petits des souris.
Ces potions sont des cordiaux.
Les bigarreaux sont des cerises.
Des volcans sont des soupiraux.
Des soupiraux sont des trous.
Les bambous sont des roseaux.
Les vertus de tes aïeux sont les héritages.
Des accusés ne sont pas des coupables.
Les bestiaux sont les richesses des fermiers.
Ces repas sont des régals.
Les éponges sont des animaux et les mousses des végétaux (2).
Les Français sont les rivaux plutôt que les ennemis des Anglais.
Les yeux sont des miroirs.
Les travaux sont des capitaux.
Les chevaux sont les serviteurs et les amis des Arabes.
Les chiens sont les compagnons des hommes.
Les coucous sont des oiseaux.
Ces locaux sont des bijoux.
Les chameaux sont les vaisseaux des déserts.
Les cals sont des durillons.
Les travaux sont des épouvantails pour les paresseux.
Des camails sont des vêtements.
Les cous des cygnes sont des proues et leurs queues des gouvernails.
Les sapajous sont des singes.
Ces minéraux sont des poisons.
Les cheveux sont des tuyaux.
Des sceptres sont des fardeaux.
Ces chats sont des matous.
Les Indous sont les habitants des Indes.
Des conquérants ne sont ni des héros ni des dieux ; ce sont des fléaux.
Les phares sont des sortes de fanaux.
Les flatteries sont des régals pour les sots.

---

(1)   Hé ! bonjour, monsieur du Corbeau !
    Que vous êtes joli ! que vous me semblez beau !

(2) Les éponges appartiennent au genre des zoophytes, sont ovipares, mais n'offrent les caractères les plus saillants de l'animalité que dans les premiers temps de leur vie.

Devoir mis au singulier.

Un talent est un protecteur.
Le sage est maître de son secret.
Le chou est un légume.
Ce général est un héros.
Le rossignol est un musicien.
Un crime est un remords.
Une aumône est une prière.
La guerre est un fléau.
Le chacal est une espèce de renard.
Le flatteur est un traître et un hypocrite.
Un hôpital est souvent un tombeau.
Une vertu est un joyau.
Le houx est un arbrisseau.

Devoir mis au pluriel.

On doit défendre aux *enfants* les *jeux* trop bruyants. Les petits *ruisseaux* font les grandes *rivières*. Dieu a donné des *plumes* aux *oiseaux*, de la *laine* aux *brebis*, des *fourrures* aux *bêtes* fauves; l'homme s'est composé des *vêtements* avec les *plumes*, les *laines* et les *fourrures* des *animaux*. Les *lynx* (1) sont des *espèces* de *chats* sauvages qui ont les *yeux* très-perçants. La terre tourne sur son axe comme les *roues* des *voitures* autour des *essieux*. Pour charger les *chameaux*, on leur fait plier les *genoux*. Les *hiboux* sont des *oiseaux* de nuit qui ont les *yeux* ronds. Les *rennes* sont des *animaux* si utiles aux *Lapons*, qu'ils leur tiennent lieu de *bœufs*, de *chevaux* et de *brebis*. Les *hommes* craignent la mort, qui finit tous leurs *maux*.

Devoir mis au pluriel.

A Paris, on traite les enfants comme de petits hommes : il y a des spectacles pour les enfants, des journaux pour les enfants, et jusqu'à des bals d'enfants. Deux élèves peuvent être rivaux dans les études et amis dans les récréations. Le fer est le plus utile des minéraux, le blé le plus utile des végétaux, et le cheval le plus utile des animaux. Les yeux des statues n'ont pas de prunelles. On place des épouvantails sur les cerisiers pour effrayer les moineaux. Les cheveux sont l'ornement de la tête, comme les feuilles sont l'ornement des arbres. La nature purge les eaux par les feux des volcans (2). Contre les filous, il n'y a jamais trop de verrous. Les coucous ont la réputation de pondre leurs œufs dans les nids des autres oiseaux. Tous les animaux craignent le serpent à sonnettes, excepté les cochons, qui s'en nourrissent. La plupart des oiseaux sont sujets aux poux. Les musées du Louvre (3) renferment de beaux émaux. Les genoux sont flexibles comme des ressorts.

---

(1) Vulgairement appelé *loup-cervier*, le lynx est un des animaux poétisés par les anciens, qui lui attribuaient une vue très-perçante, sans doute à cause de la vivacité de son œil. Ils avaient accrédité la fable que ses yeux pouvaient voir à travers les murailles.

(2) Cette opinion est de Bernardin de Saint-Pierre.

(3) Un des plus beaux monuments de Paris, qui vient d'être achevé et relié au palais des Tuileries. Le Louvre a été longtemps la résidence des rois de France. Sous l'empire, il devint un musée général, et il a depuis conservé cette destination. François Ier, Louis XIV et Napoléon III sont les princes qui ont le plus contribué à son embellissement. Les plus grands sculpteurs français de toutes les époques y ont appliqué leur talent.

ONZIÈME LEÇON.

Récapitulation lexicologique.

L'élève indiquera :

Cinq noms qui forment leur pluriel par l'addition d'un s :
L'homme, le bœuf, le serpent, la table, le livre.
Cinq noms terminés par s au singulier :
Le discours, le puits, le repas, le corps, le buis.
Cinq noms terminés par x au singulier :
Le courroux, la croix, le crucifix, le houx, la noix.
Cinq noms terminés en AU *au singulier :*
L'étau, le noyau, le marteau, le poteau, l'oiseau.
Cinq noms en EU :
Le neveu, le cheveu, le feu, le moyeu, l'enjeu.
Cinq noms en OU, *qui prennent* s *au pluriel :*
Le cou, le filou, le matou, le bambou, le trou.
Cinq noms en AL, *qui forment leur pluriel en* AUX :
Le cheval, le canal, le quintal, le rival, le caporal.
Cinq noms en AL, *qui prennent* s *au pluriel :*
Bal, cal, carnaval, chacal, régal.

CHAPITRE DEUXIÈME.

DE L'ARTICLE.

DOUZIÈME LEÇON.

Devoir sur l'article.

Le chardonneret. *Le* blaireau. *La* haine. *Le* cheveu. *L'*huître. *Le* hérisson. *Le* carnaval. *La* cornemuse. *L'*émail. *L'*aïeul. *Le* champignon. *Le* bouleau. *Le* caillou. *L'*abbaye. *La* tête. *L'*adieu. *Le* poitrail. *La* cathédrale. *L'*oisillon. *Le* hautbois. *L'*homme. *L'*aloyau. *Le* moyeu. *Le* bambou. *L'*hôpital. *L'*ombrage. *Le* groseillier. *L'*attirail. *L'*herbe. *Le* hareng. *L'*horloge. *L'*arsenal. *Le* hibou. *Le* ciel. *La* haie. *L'*auteur. *La* hauteur. *L'*éventail. *L'*honneur. *Le* poing. *L'*acajou.

TREIZIÈME LEÇON.

Devoir sur l'article.

La lecture nourrit *l'*esprit et forme *le* cœur. *Le* sommet *des* hautes montagnes attire *la* foudre (1). *Le* vent de *l'*ouest amène *la* pluie (2). *Les* fortes gelées ameublissent *la* terre et détruisent *les* insectes. *La* santé de *l'*esprit et *du* corps est *le* fruit de *la* tempérance. Evitez *le* mensonge, redoutez *la* colère, fuyez *l'*oisiveté et *les* mauvaises compagnies. *Au* bonheur *du* prochain ne portez pas envie. *Le* bonheur *du* prochain fait toujours *des* envieux. *La* pudeur est *le* coloris de *la* vertu. *La* nature a *des* charmes pour tous *les* cœurs sensibles. *L'*amour *du* sol natal ne s'éteint jamais dans *le* cœur de *l'*homme. *L'*ennui est entré dans *le* monde par *la* paresse. *L'*ambition cause souvent *le* malheur *des* hommes. *Le* travail et *la* patience surmontent bien *des* obstacles. *L'*addition est *la* première *des* opérations fondamentales de *l'*arithmétique. *Les* sciences sont *l'*aliment de *l'*esprit. *La* véritable supériorité est celle *des* vertus et *des* talents. *Le* cultivateur diligent part *aux* champs dès *le* point *du* jour. *L'*amitié fait *le* bonheur de *la* vie. *L'*amour de Dieu et *du* prochain est *l'*abrégé de *la* loi *des* chrétiens. On pardonne à *la* haine et jamais *au* mépris. *Les* fainéants savent toujours *l'*heure qu'il est. *L'*abandon dans *la* vieillesse est *le* sort *des* égoïstes. Tous *les* hommes ont leur part *des* misères humaines; *la* religion seule en allège *le* poids. Lycurgue (3) mit *la* loi sur *le* trône, et *le* magistrat *aux* genoux de *la* loi. Celui qui donne *aux* pauvres place son argent dans *le* ciel.

QUATORZIÈME LEÇON.

Devoir sur l'article.

Age.	L'âge, de l'âge, à l'âge.
Prairie.	La prairie, de la prairie, à la prairie.
Prairies.	Les prairies, des prairies, aux prairies.
Marbre.	Le marbre, du marbre, au marbre.
Hutte.	La hutte, de la hutte, à la hutte.
Spectacle.	Le spectacle, du spectacle, au spectacle.
Œil.	L'œil, de l'œil, à l'œil.
Ecale.	L'écale, de l'écale, à l'écale.
Journaux.	Les journaux, des journaux, aux journaux.
Dromadaire.	Le dromadaire, du dromadaire, au dromadaire.
Halte.	La halte, de la halte, à la halte.
Omelettes.	Les omelettes, des omelettes, aux omelettes.
Laie.	La laie, de la laie, à la laie.

---

(1) La *foudre* frappe de préférence les objets élevés, comme les arbres et les édifices : on doit donc, pendant un orage, redouter le voisinage d'un arbre et même d'un buisson, surtout au milieu des plaines.

(2) Parce que le vent d'ouest est chargé des vapeurs qui s'élèvent de l'océan Atlantique, et qui, arrivées dans des latitudes plus froides, se condensent et se précipitent en pluie sur la terre; le vent du midi est aussi très-pluvieux; le vent du nord est froid, et le vent d'est est sec.

(3) Célèbre législateur des Lacédémoniens. Ses lois avaient surtout pour but d'établir l'égalité entre tous, d'exciter au dernier point l'amour de la patrie, d'épurer les mœurs, et de former des guerriers indomptables. L'oracle lui ayant assuré que l'observation de ses lois ferait la grandeur de sa patrie, il partit pour un long voyage dont il ne revint jamais, après avoir fait jurer à ses concitoyens qu'ils ne changeraient rien à ses lois jusqu'à son retour.

DE L'ARTICLE.

Lait.	Le lait, du lait, au lait.
Itinéraire.	L'itinéraire, de l'itinéraire, à l'itinéraire.
Hanneton.	Le hanneton, du hanneton, au hanneton.
Hannetons.	Les hannetons, des hannetons, aux hannetons.
Baïonnette.	La baïonnette, de la baïonnette, à la baïonnette.
Maréchaux.	Les maréchaux, des maréchaux, aux maréchaux.
Balle.	La balle, de la balle, à la balle.
Existence.	L'existence, de l'existence, à l'existence.
Matous.	Les matous, des matous, aux matous.
Souricière.	La souricière, de la souricière, à la souricière.
Havre.	Le havre, du havre, au havre.
Harmonie.	L'harmonie, de l'harmonie, à l'harmonie.
Historiettes.	Les historiettes, des historiettes, aux historiettes.
Autruche.	L'autruche, de l'autruche, à l'autruche.
Genoux.	Les genoux, des genoux, aux genoux.
Attirails.	Les attirails, des attirails, aux attirails.
Fuseaux.	Les fuseaux, des fuseaux, aux fuseaux.
Fête.	La fête, de la fête, à la fête.
Faîte.	Le faîte, du faîte, au faîte.
Hotte.	La hotte, de la hotte, à la hotte.
Pins.	Les pins, des pins, aux pins.

QUINZIÈME LEÇON.

L'élève mettra :

L'article le devant cinq noms de personnes :
  Le père, le neveu, le professeur, le soldat, le général.

L'article le devant cinq noms d'animaux :
  Le cheval, le lion, le requin, le vautour, le chat.

L'article la devant cinq noms de personnes :
  La maîtresse, la nièce, la tante, la sœur, la cousine.

L'article la devant cinq noms de choses :
  La table, la plume, la route, la rivière, la forêt.

L'article les devant cinq noms masculins, pluriels, de personnes :
  Les musiciens, les capitaines, les chasseurs, les maçons, les matelots.

L'article les devant cinq noms féminins, pluriels, de choses :
  Les maisons, les prairies, les étoiles, les promenades, les exhortations.

SEIZIÈME LEÇON.

Emploi de l'apostrophe.

L'ignorance est sœur de *l'orgueil. L'automne* récompense les travaux du *laboureur.* Le travail *n'est* jamais dangereux ; on *n'en* meurt pas. Ne *t'avise* pas de mettre la faux dans la moisson *d'autrui.* La *lecture* est *l'antidote* (1) de *l'ennui*. La faim regarde à la porte de *l'homme laborieux*, mais elle *n'ose* pas entrer. Le vin est le *lait* des vieillards. *L'ambitieux* et *l'avare languissent* dans une extrême pauvreté. Qui juge *légèrement* se trompe *lourdement*. Un bon *livre* est un *legs* que *l'auteur* fait au genre humain. *L'égoïsme* est une *lèpre* morale. *Lave l'injure* que tu as reçue, non dans le sang, mais dans le *Léthé* (2). *L'adolescent* doit *s'attacher* au vieillard comme le *lierre* à *l'orme*. Un tyran est un *lion* en *liberté*. Le *lis* est *l'emblème* de *l'innocence*. *L'homme s'agite*, Dieu le mène (3). Tant *qu'on* travaille à *l'édifice* social, les habitants sont mal *logés*. Le plus grand mal que *l'on* puisse souhaiter à *l'avare* (4), c'est qu'il vive *longtemps*. Examinez bien *l'hypocrite* (5), vous trouverez le *loup* sous *l'enveloppe* de *l'agneau*.

CHAPITRE TROISIÈME.

DE L'ADJECTIF.

DIX-SEPTIÈME LEÇON.

Devoir sur les adjectifs démonstratifs.

Ce jardin, *cette* muraille, *cet* abîme, *cet* habit, *ces* arbres, *ces* estampes, *cette* statue, *ce* général, *cette* victoire, *ces* hiboux, *cette* hache, *cette* image, *cette* haine, *ce* hangar, *cet* auteur, *cette* hauteur, *cet* écolier, *ces* écoliers, *ce* hussard, *cet* oiseau, *ce* bel oiseau, *ces* oiseaux, *cet* enfant, *ce* joli enfant, *cette* jolie enfant, *ces* jolis enfants, *cet* encrier, *cette* écritoire, *cet* emploi, *cette* hallebarde (6), *cet* œillet, *ce* hanneton.

Cette prairie, *cet* étang et *ces* forêts dépendent de *ce* château. *Cet* ami, *ce* précieux ami, dont vous m'exaltiez le dévoûment, vous a indignement trompé dans *cette* circonstance malheureuse. *Cet* habit a été taillé sur *ce* patron. *Ce* ciel bleu, *cet* air pur, *ces* voûtes de verdure enchantaient mes regards.

---

(1) De deux mots grecs, *anti dotos*, donné contre.
(2) Le Léthé (du grec *lêthê*, oubli) était l'un des cinq fleuves infernaux. En arrivant aux enfers, les ombres étaient obligées de boire de ses eaux, qui avaient la vertu de faire oublier le passé. De même, l'âme qui, par l'ordre du Destin, devait revenir sur la terre pour animer un autre corps, buvait de l'eau du Léthé, afin d'oublier les délices et les charmes de l'autre vie; et tout s'effaçait de sa mémoire.
(3) Belle pensée de Fénelon, que l'on attribue souvent, à tort, à Bossuet.
(4) L'existence de l'avare étant, par ses inquiétudes et ses privations, un supplice de tous les instants, lui souhaiter de longs jours, c'est prolonger ses tourments.
(5) On veut dire, par cette figure, que l'hypocrite a toutes les apparences de la douceur, les dehors de la sincérité, alors même que son cœur pervers ne renferme qu'une pensée, un désir, celui de nuire.
(6) Ancienne arme offensive, composée d'une hampe ou manche, de deux mètres au plus de longueur, et d'un fer en forme de hache ou de croissant, adapté par une douille à l'extrémité de la hampe. Les Suisses, qui avaient adopté cette arme, la firent connaître en France vers 1460. Ceux qui en étaient armés s'appelaient *hallebardiers*.

DIX-HUITIÈME LEÇON.

Devoir sur les adjectifs possessifs.

Moïse disait à *son* peuple : Si vous honorez *vos* parents, *votre* vie sera longue. Heureux l'élève auquel *son* travail, *son* application et *sa* bonne conduite ont mérité l'affection de tous *ses* maîtres. Chaque âge a *ses* plaisirs. La tristesse a *ses* charmes, et la joie *son* amertume. La religion prodigue *ses* consolations aux infortunés qui versent *leurs* peines dans *son* sein. Un bon père aime *ses* enfants, mais il n'aime pas *leurs* défauts. Un bon père aime *son* enfant, mais il n'aime pas *ses* défauts. Aimez *vos* enfants, mais n'aimez pas *leurs* défauts. L'araignée vit de *ses* filets comme le chasseur de *sa* chasse. Dieu accorde *ses* biens à ceux qui glorifient *son* nom, et qui mettent *leur* confiance en *sa* providence et en *son* infinie miséricorde. L'avare qui se prive pour *ses* héritiers ressemble à un chien qui tourne la broche pour *son* maître. Le fils qui cultive la sagesse est la joie de *ses* parents, la lumière de *leurs* yeux, la consolation de *leur* vieillesse et l'espoir de *leur* postérité. Le lion a l'air noble ; la hauteur de *ses* jambes est proportionnée à la longueur de *son* corps ; l'épaisse et grande crinière qui couvre *ses* épaules et ombrage *sa* face, *son* regard assuré, *sa* démarche grave, tout semble annoncer *sa* fière et majestueuse intrépidité. *Sa* colère est terrible : il bat *ses* flancs avec *sa* queue, *sa* gueule s'entr'ouvre, *ses* yeux s'enflamment, *sa* crinière se hérisse, *ses* terribles griffes sortent de *leurs* gaînes ; il est prêt à tout dévorer. Les naturalistes comparent *ses* rugissements au bruit lointain du tonnerre. L'Ecossais est attaché à *son* pays ; il aime *sa* chaumière, *ses* forêts, *ses* montagnes, avec *leurs* sommets couverts de neige (1). Une bonne mère ne vit que pour *ses* en-

---

(1) L'auteur du *Génie du Christianisme* a écrit cette belle page sur l'amour et l'instinct de la patrie :

« La Providence a, pour ainsi dire, attaché les pieds de chaque homme à son sol natal par un aimant invincible. Les glaces de l'Islande et les sables embrasés de l'Afrique ne manquent point d'habitants. Demandez à un berger écossais s'il voudrait changer son sort contre le premier potentat de la terre. Loin de sa tribu chérie, il en garde partout le souvenir; partout il redemande ses troupeaux, ses torrents, ses nuages. Il n'aspire qu'à manger le pain d'orge, à boire le lait de la chèvre, à chanter dans la vallée ces ballades que chantaient aussi ses aïeux. Il dépérit s'il ne retourne au lieu natal. C'est une plante de la montagne, il faut que sa racine soit dans le rocher; elle ne peut prospérer si elle n'est battue des vents et des flots : la terre, les abris et le soleil de la plaine la font mourir. Avec quelle joie il reverra son toit de bruyère ! comme il visitera les saintes reliques de son indigence !

  Doux trésors, se dit-il, chers gages, qui jamais
  N'attirâtes sur vous l'envie et le mensonge,
  Je vous reprends; sortons de ces riches palais
  Comme l'on sortirait d'un songe.

« Nous doutons qu'il soit possible d'avoir une seule vraie vertu, un seul véritable talent, sans amour de la patrie. A la guerre, cette passion fait des prodiges; dans les lettres, elle a formé Homère et Virgile. Le poëte aveugle peint de préférence les mœurs de l'Ionie, où il reçut le jour, et le Cygne de Mantoue ne s'entretient que des souvenirs de son pays natal. Né dans une cabane et chassé de l'héritage de ses aïeux, ces deux circonstances semblent avoir singulièrement influé sur son génie.

« Si l'on nous demandait quelles sont donc ces fortes attaches par qui nous sommes enchaînés au lieu natal, nous aurions de la peine à répondre. C'est peut-être le sourire d'une mère, d'un père, d'une sœur; c'est peut-être le

fants; elle place *son* bonheur dans *leurs* succès. Le chien vient en rampant mettre aux pieds de *son* maître *son* courage, *sa* force, *ses* talents. Fénelon disait : J'aime *ma* famille plus que moi-même, *mon* pays plus que *ma* famille, et l'humanité plus que *mon* pays. Aristote (1) disait à *ses* disciples : *Mes* amis, il n'y a point d'amis. *Notre* vie est un champ qu'il nous faut cultiver. Dieu dit à Adam : Tu arroseras la terre de *tes* sueurs; ce n'est qu'en la dépouillant de *ses* ronces et de *ses* épines que tu arracheras de *son* sein *ton* pain de chaque jour. Obéis à *ton* père et à *ta* mère, si tu veux qu'un jour *tes* enfants t'obéissent. Un enfant doit obéir à *son* père et à *sa* mère, s'il veut qu'un jour *ses* enfants lui obéissent. J'obéis à *mon* père et à *ma* mère, afin qu'un jour *mes* enfants m'obéissent.

DIX-NEUVIÈME LEÇON.

Distinction entre l'adjectif possessif *ses* et l'adjectif démonstratif *ces*.

Ces livres sont instructifs. La lionne défend courageusement *ses* petits. Le singe amuse par *ses* tours. Jésus dit à *ses* disciples : Laissez venir à moi *ces* petits enfants. Le Nil (2) prend sa source dans *ces* contrées brûlantes de l'Afrique, où le soleil darde perpendiculairement *ses* rayons. *Ces* moissons dorées, qui couvrent *ces* riches campagnes, récompensent le laboureur de *ses* rudes travaux. La guerre a répandu *ses* ravages dans *ces* provinces jadis si florissantes. Il faut de *ses* amis endurer quelque chose. L'homme véritablement heureux est celui qui commande à *ses* passions. Votre fils compte parmi *ses* amis *ces* jeunes libertins, qui ne peuvent que pervertir *ses* penchants et corrompre *ses* mœurs. L'animal est d'autant plus parfait, que *ses* sens sont meilleurs. *Ces* forêts gigantesques, *ces* immenses cataractes de l'Amérique septentrionale,

---

souvenir du vieux précepteur qui nous éleva, des jeunes compagnons de notre enfance; c'est peut-être les soins que nous avons reçus d'une nourrice, d'un domestique âgé; enfin, ce sont les circonstances les plus simples, si l'on veut même, les plus triviales : un chien qui aboyait la nuit dans la campagne, un rossignol qui revenait tous les ans dans le verger, le nid de l'hirondelle à la fenêtre, le clocher de l'église que l'on voyait au-dessus des arbres, l'if du cimetière, le tombeau gothique : voilà tout ! »

(CHATEAUBRIAND, *Génie du Christianisme.*)

(1) Célèbre philosophe grec, surnommé *le prince des philosophes*, et le génie le plus vaste de l'antiquité. Philippe le pria de se charger de l'éducation de son fils Alexandre, en lui écrivant qu'il se félicitait moins de ce qu'il lui était né un fils que de ce que ce fils était né du temps d'Aristote. Pendant un grand nombre de siècles, ses écrits ont posé la borne du savoir humain et joui d'une autorité absolue. A la mort d'Alexandre, Aristote, resté en butte à la calomnie et aux attaques de ses envieux, se vit, comme Socrate, accusé d'impiété. Il sortit d'Athènes sans attendre le jugement, voulant, disait-il, épargner aux Athéniens une injuste condamnation.

(2) Grand fleuve d'Afrique, dont la source, ignorée des anciens, n'est pas encore bien connue. Il traverse la Nubie et l'Egypte, et se jette dans la Méditerranée. Ses débordements périodiques fécondent le pays et en font, en quelque sorte, le nourricier de l'Egypte. Dans cette contrée, où il ne pleut jamais, ces crues régulières tiennent lieu des pluies du ciel, indispensables, partout ailleurs, à la fertilité des terres.

étonnaient mes regards. Dieu a créé de *ses* mains puissantes *ces* innombrables soleils qui brillent dans l'espace. L'insensé Bocchoris avait, par *ses* violences, causé une révolte de *ses* sujets, et allumé la guerre civile dans *ses* Etats. Dans *ces* plages désertes, dans *ces* tristes contrées où l'homme n'a jamais dirigé *ses* pas, la terre, surchargée d'arbres rompus et pourris, semble gémir sous le poids de *ses* productions (1). Le chien annonce par *ses* mouvements et par *ses* cris l'impatience de combattre et le désir de vaincre.

VINGTIÈME LEÇON.

Devoir sur les adjectifs numéraux.

Ire PARTIE. Il y a *sept* jours dans une semaine. Le samedi est le dernier, c'est-à-dire le *septième* jour de la semaine. Il y a dans l'année *sept* mois qui ont *trente-et-un* jours; ce sont les mois de janvier, mars, mai, juillet, août, octobre, décembre. Il y a dans l'année *quatre* mois qui ont *trente* jours; ce sont les mois d'avril, juin, septembre, novembre. Février ne compte ordinairement que *vingt-huit* jours. Tous les *quatre* ans, c'est-à-dire à chaque année bissextile, février a *vingt-neuf* jours. Novembre est le *onzième* mois de l'année. Le mot novembre signifie *neuf* : autrefois l'année commençait au mois de mars (2). Le jour vaut *vingt-quatre* heures, l'heure vaut *soixante* minutes; l'heure est donc la *vingt-quatrième* partie du jour, et la minute, la *soixantième* partie de l'heure. Les baux trimestriels, semestriels et trisannuels sont des engagements de *trois* mois, de *six* mois et de *trois* ans. Nous avons *une* bouche, *deux* oreilles, *deux* yeux, *deux* mains, et *cinq* doigts à chaque main. On donne *cent* bouches à la Renommée (3). Les bottes de *sept* lieues firent la fortune du Petit-Poucet. On redoute généralement de se trouver *treize* personnes à table : c'est un préjugé. Il y a *sept* péchés capitaux et *trois* vertus théologales. Fontenelle (4) vécut un siècle; il mourut donc à l'âge de *cent* ans. Les mots Charles-

(1) Allusion que fait Buffon aux forêts vierges de l'Amérique. La contemplation de cette puissante nature élève l'âme vers la Divinité. Un vieux missionnaire, pénétrant dans les forêts qui bordent l'Amazone, s'écria, saisi d'enthousiasme : Quel beau sermon que ces forêts!
(2) De là viennent les mots *octobre*, *novembre* et *décembre*, c'est-à-dire huitième, neuvième et dixième mois, à partir du 1er mars. L'époque du commencement de l'année a varié chez tous les peuples. Chez nous, à l'avénement de Charles IX, elle commençait à Pâques. Un édit de ce prince, de 1564, ordonna que l'année commencerait le 1er janvier.
(3) C'était, chez les anciens, une divinité allégorique, que les poètes représentent sous les traits d'une jeune fille qui a cent bouches et cent oreilles, avec de longues ailes toutes garnies d'yeux. Elle était la messagère de Jupiter. De cette allégorie vient l'expression : *la Renommée aux cent voix*.
(4) Neveu de Corneille par sa mère, Fontenelle, littérateur et savant distingué, fut l'homme le plus universel de son siècle. Il se fit une grande réputation dans le monde par la finesse de son esprit et l'à-propos de ses reparties. Il disait que, s'il tenait toutes les vérités dans sa main, il se garderait bien de l'ouvrir. On lui a reproché de la sécheresse de cœur et de l'égoïsme; quelqu'un lui dit un jour, en lui touchant du doigt la poitrine : Ce n'est pas du cœur que vous avez là, monsieur de Fontenelle, c'est de la cervelle.

Quint (1), Sixte-Quint (2), signifient Charles V, Sixte V. A midi et à minuit les horloges frappent *douze* coups. Sur *douze* exagérés, on trouve *deux* fous, trois sots et *sept* hypocrites.

II° PARTIE. Il y eut à Rome le triumvirat et le décemvirat ; ces mots signifient le gouvernement de *trois* et de *dix* magistrats. Quand on veut caractériser l'extrême lenteur de quelqu'un, on dit qu'il fait *quatorze* lieues en *quinze* jours. L'année a *trois cent soixante-cinq* ou *trois cent soixante-six* jours, environ *cinquante-deux* semaines, *douze* mois et *quatre* saisons. Chaque saison comprend *trois* mois. Les appellations Louis XIV, Charles X, signifient que *treize* rois du nom de Louis et *neuf* rois du nom de Charles, avaient occupé le trône de France avant ces princes. Il y a *sept* notes en musique, *quatre* opérations fondamentales en arithmétique (la multiplication est la *troisième* opération), environ *cent mille* mots dans la langue française, *dix* espèces de mots dans le discours, et *vingt-cinq* lettres dans notre alphabet, savoir : *six* voyelles et *dix-neuf* consonnes. Le sou vaut *cinq* centimes. Le centime est la *cinquième* partie du sou. Le nombre trois se rencontre fréquemment dans la mythologie : il y a *trois* Grâces (3), *trois* Parques (4), *trois* Furies (5) ; Saturne eut *trois* fils (6) ; Cerbère (7) avait *trois* têtes ; mais on compte *neuf* Muses (8), et l'on attribue *douze* travaux à Hercule (9). Benjamin était le *douzième* fils de Jacob.

---

(1) Le plus grand empereur qu'ait eu l'Allemagne; il était aussi roi d'Espagne et des Pays-Bas. En 1525, il vainquit François I" à la bataille de Pavie, et le fit prisonnier. Après avoir été pendant longtemps l'arbitre de l'Europe, ce prince, dégoûté tout à coup des grandeurs, abdiqua le pouvoir, et alla se renfermer au monastère de Saint-Just, en Espagne, où il mourut, après s'être donné de son vivant le spectacle de ses funérailles. Il employa, dit-on, les derniers mois de sa vie à une singulière distraction, c'était de chercher à faire marcher exactement ensemble plusieurs horloges qu'il avait fait placer dans sa cellule. Un jour, ne pouvant y parvenir : Insensé ! s'écria-t-il, d'avoir prétendu gouverner les hommes, moi qui ne peux pas même accorder des machines.

(2) Le pape Sixte-Quint déploya de vrais talents pour le gouvernement. Il fut d'abord gardeur de pourceaux, ce qui le fait nommer souvent le *pâtre de Montalte*, lieu de sa naissance. Il avait coutume de dire : « Il n'y a que trois têtes en Europe capables de porter dignement la couronne : Moi, Henri IV et Elisabeth (d'Angleterre). »

(3) *Aglaé, Thalie* et *Euphrosine*, filles de Bacchus et de Vénus.

(4) *Clotho, Lachésis* et *Atropos*, dont la fonction était de filer la destinée des hommes : Clotho tenait le fuseau, Lachésis le tournait et Atropos coupait le fil.

(5) *Alecto, Tisiphone* et *Mégère*, filles de la Nuit et de l'Achéron. Ces divinités infernales étaient chargées de punir les crimes des hommes dans les Enfers, et quelquefois sur la terre. On les nommait aussi, par antiphrase, *Euménides* (bienveillantes).

(6) *Jupiter, Neptune* et *Pluton*.

(7) Chien qui veillait jour et nuit à la garde des Enfers. Orphée l'endormit par ses chants, en allant chercher Eurydice.

(8) Elles étaient au nombre de neuf, filles de Jupiter et de Mnémosyne : *Clio* présidait à l'histoire, *Thalie* à la comédie, *Melpomène* à la tragédie, *Erato* à l'élégie, *Calliope* à l'épopée, *Uranie* à l'astronomie, *Polymnie*, à l'éloquence et à la poésie, *Terpsichore* à la danse, et *Euterpe* à la musique.

(9) Hercule étouffa le lion de Némée, tua le sanglier d'Erymanthe et l'hydre de Lerne, perça de ses flèches les oiseaux de Stymphale, dompta le taureau de Crète et les chevaux de Diomède, enleva les pommes d'or du jardin des Hespérides, atteignit la biche aux pieds d'airain, nettoya les étables d'Augias, défit les Amazones, et traîna Cerbère hors des Enfers. Il s'illustra par une foule d'autres exploits brillants. C'est la reconnaissance des peuples qui a élevé Hercule, Thésée, Persée, etc., au rang des demi-dieux.

DE L'ADJECTIF. 27

La Fontaine appelle le maître de la maison l'homme aux *cent* yeux (1). La France est divisée administrativement en *quatre-vingt-neuf* départements; avant l'année *mil sept cent quatre-vingt-neuf*, elle était divisée en *trente-deux* provinces. Les naturalistes ont donné le nom de *mille*-pieds à certains animaux qui ont des pattes à tous les anneaux de leur corps. Un trident (2) est une fourche à *trois* dents. Les bipèdes sont des animaux à *deux* pieds, les quadrupèdes des animaux à *quatre* pieds, et les tricornes des chapeaux à *trois* cornes.

VINGT-ET-UNIÈME LEÇON.

Devoir sur les adjectifs indéfinis.

Sésostris écoutait *chaque* jour, à *certaines* heures réglées, ceux de ses sujets qui avaient, ou des plaintes à lui faire, ou des avis à lui donner. *Aucun* chemin de fleurs ne conduit à la gloire. *Tous* les peuples qui vivent misérablement sont laids ou mal faits. *Quels* préceptes que ceux de l'Évangile! *quelle* morale sublime on y trouve à *chaque* page! Rome adopta *tous* les dieux et *toutes* les superstitions des peuples qu'elle avait vaincus. *Chaque* instant dans la vie est un pas vers la mort. Pygmalion ne couchait jamais *plusieurs* nuits de suite dans la *même* chambre, de peur d'y être égorgé. L'orgueil étouffe *toutes* les vertus. *Certaines* gens étudient *toute* leur vie; à la mort, ils ont tout appris, excepté à penser.

Voyez avec *quel* soin et *quel* zèle nouveau
Les parents, à voler, forment le jeune oiseau.

Les canards dirent à la tortue : Nous vous voiturerons par l'air en Amérique; vous verrez *mainte* république, *maint* royaume, *maint* peuple. *Quelle* puissance a construit sur nos têtes une si vaste et si superbe voûte?

Certain rat de campagne, en son modeste gîte,
De *certain* rat de ville eut un jour la visite.

L'éléphant, n'ayant *aucun* goût pour la chair et ne se nourrissant que de végétaux, n'est pas né l'ennemi des *autres* animaux (3). La terre rajeunit *tous* les ans au printemps. La terre rajeunit *chaque* année au printemps. Il a tonné *plusieurs* jours de suite. *Tous* les hommes sont les enfants d'une *même* famille : *chaque* nation n'est qu'une branche de cette famille nombreuse, qui est répandue sur la surface de *toute* la terre.

Moi, disait un dindon, je vois bien *quelque* chose;
Mais je ne sais pour *quelle* cause
Je ne distingue pas très-bien.

---

(1) Fable de *l'Œil du maître*. Le poète fait allusion à la fable d'Argus, prince argien, à qui Junon confia la garde d'Io; il avait cent yeux, dont cinquante étaient ouverts pendant que le sommeil fermait les cinquante autres. La Mythologie en fait aussi le symbole de la vigilance.
(2) Sceptre de Neptune, dieu de la mer.
(3) Le caractère des animaux est toujours en rapport avec leurs goûts et leurs appétits; ainsi le lion, le tigre, le loup, l'aigle, le chat, qui, par leur conformation, ne peuvent se nourrir que de chair, sont les ennemis-nés des autres animaux; quand ils déchirent leur proie, ils ne font qu'obéir à leurs instincts. L'éléphant, l'hippopotame, le rhinocéros, le chameau, le cheval, qui ne se nourrissent, au contraire, que de végétaux, sont en paix avec toute la nature animée; ils ne combattent que pour se défendre.

EXERCICES ORTHOGRAPHIQUES SUR L'ADJECTIF.

FORMATION DU FÉMININ.

L'élève mettra au féminin les adjectifs suivants.

Joli.	Jolie.	Égal.	Égale.
Sensé.	Sensée.	Original.	Originale.
Bavard.	Bavarde.	Aimé.	Aimée.
Sourd.	Sourde.	Escarpé.	Escarpée.
Noir.	Noire.	Odoriférant.	Odoriférante.
Gris.	Grise.	Rusé.	Rusée.
Bleu.	Bleue.	Têtu.	Têtue.
Obscur.	Obscure.	Touffu.	Touffue.
Fertile.	Fertile.	Sucré.	Sucrée.
Prodigue.	Prodigue.	Tendre.	Tendre.
Sain.	Saine.	Aigre.	Aigre.
Saint.	Sainte.	Obtus.	Obtuse.
Brillant.	Brillante.	Perclus.	Percluse.
Solide.	Solide.	Reclus.	Recluse.
National.	Nationale.	Exquis.	Exquise.
Français.	Française.	Compacte.	Compacte.
Espagnol.	Espagnole.	Exact.	Exacte.
Honnête.	Honnête.	Intrépide.	Intrépide.
Mauvais.	Mauvaise.	Pointu.	Pointue.
Bizarre.	Bizarre.	Souple.	Souple.
Sincère.	Sincère.	Sale.	Sale.
Soumis.	Soumise.	Triste.	Triste.
Obéissant.	Obéissante.	Matinal.	Matinale.
Excellent.	Excellente.	Loyal.	Loyale.
Gai.	Gaie.	Zélé.	Zélée.
Brut.	Brute.	Charitable.	Charitable.
Certain.	Certaine.	Niais.	Niaise.
Parfait.	Parfaite.	Vert.	Verte.
Pauvre.	Pauvre.	Pervers.	Perverse.
Innocent.	Innocente.	Vain.	Vaine.
Délicat.	Délicate.	Divin.	Divine.
Vrai.	Vraie.	Circonspect.	Circonspecte.

L'élève mettra au féminin les adjectifs suivants.

Habituel.	Habituelle.	Replet.	Replète.
Chrétien.	Chrétienne.	Gras.	Grasse.
Muet.	Muette.	Italien.	Italienne.
Tel.	Telle.	Musicien.	Musicienne.
Coquet.	Coquette.	Mitoyen.	Mitoyenne.
Complet.	Complète.	Nul.	Nulle.
Bas.	Basse.	Annuel.	Annuelle.
Cruel.	Cruel.	Quotidien.	Quotidienne.
Mignon.	Mignonne.	Las.	Lasse.
Paternel.	Paternelle.	Pareil.	Pareille.
Païen.	Païenne.	Épais.	Épaisse.
Douillet.	Douillette.	Indiscret.	Indiscrète.

DE L'ADJECTIF.

Naturel.	Naturelle.	Incomplet.	Incomplète.
Mahométan.	Mahométane.	Concret.	Concrète.
Sujet.	Sujette.	Parisien.	Parisienne.
Bouffon.	Bouffonne.	Criminel.	Criminelle.
Superficiel.	Superficielle.	Poltron.	Poltronne.
Cagot.	Cagote.	Officiel.	Officielle.
Discret.	Discrète.	Véniel.	Vénielle.
Fluet.	Fluette.	Mensuel.	Mensuelle.
Nabot.	Nabote.	Gentil.	Gentille.
Mérovingien.	Mérovingienne.	Solennel.	Solennelle.
Inquiet.	Inquiète.	Aérien.	Aérienne.
Magicien.	Magicienne.	Mutuel.	Mutuelle.
Aigrelet.	Aigrelette.	Gros.	Grosse.
Européen.	Européenne.	Universel.	Universelle.
Musulman.	Musulmane.	Vieillot.	Vieillotte.
Manchot.	Manchote.	Paysan.	Paysanne.
Réel.	Réelle.	Courtisan.	Courtisane.
Secret.	Secrète.	Persan.	Persane.
Glouton.	Gloutonne.	Chananéen.	Chananéenne.
Violet.	Violette.	Citoyen.	Citoyenne.
Net.	Nette.		

L'élève mettra les adjectifs suivants au féminin.

Instructif.	Instructive.	Contigu.	Contiguë.
Heureux.	Heureuse.	Généreux.	Généreuse.
Meurtrier.	Meurtrière.	Cher.	Chère.
Affectueux.	Affectueuse.	Somptueux.	Somptueuse.
Aigu.	Aiguë.	Pensif.	Pensive.
Doux.	Douce.	Amer.	Amère.
Maladif.	Maladive.	Vertueux.	Vertueuse.
Sauf.	Sauve.	Victorieux.	Victorieuse.
Boiteux.	Boiteuse.	Laborieux.	Laborieuse.
Premier.	Première.	Fier.	Fière.
Capricieux.	Capricieuse.	Attentif.	Attentive.
Belliqueux.	Belliqueuse.	Fougueux.	Fougueuse.
Plaintif.	Plaintive.	Délicieux.	Délicieuse.
Curieux.	Curieuse.	Régulier.	Régulière.
Jaloux.	Jalouse.	Joyeux.	Joyeuse.
Dangereux.	Dangereuse.	Captif.	Captive.
Passager.	Passagère.	Peureux.	Peureuse.
Tardif.	Tardive.	Familier.	Familière.
Bref.	Brève.	Oisif.	Oisive.
Hideux.	Hideuse.	Sablonneux.	Sablonneuse.
Hâtif.	Hâtive.	Exigu.	Exiguë.
Faux.	Fausse.	Pieux.	Pieuse.
Soyeux.	Soyeuse.	Expressif.	Expressive.
Ambigu.	Ambiguë.	Altier.	Altière.
Orageux.	Orageuse.	Merveilleux.	Merveilleuse.
Rétif.	Rétive.	Hargneux.	Hargneuse.
Précieux.	Précieuse.	Affirmatif.	Affirmative.
Neuf.	Neuve.	Négatif.	Négative.
Naïf.	Naïve.	Paresseux.	Paresseuse.
Vénéneux.	Vénéneuse.	Coutumier.	Coutumière.
Grossier.	Grossière.	Juif.	Juive.
Poussif.	Poussive.	Guerrier.	Guerrière.

30 GRAMMAIRE ÉLÉMENTAIRE LEXICOLOGIQUE.

Superstitieux.	Superstitieuse.	Fugitif.	Fugitive.
Religieux.	Religieuse.	Carnassier.	Carnassière.
Grimacier.	Grimacière.	Industrieux.	Industrieuse.
Morveux.	Morveuse.	Lucratif.	Lucrative.
Harmonieux.	Harmonieuse.	Ménager.	Ménagère.
Roux.	Rousse.	Ambitieux.	Ambitieuse.

L'élève mettra les adjectifs suivants au féminin.

Querelleur.	Querelleuse.	Quêteur.	Quêteuse.
Majeur.	Majeure.	Radoteur.	Radoteuse.
Louangeur.	Louangeuse.	Dénonciateur.	Dénonciatrice.
Interlocuteur.	Interlocutrice.	Imitateur.	Imitatrice.
Usurpateur.	Usurpatrice.	Rapporteur.	Rapporteuse.
Voyageur.	Voyageuse.	Consolateur.	Consolatrice.
Causeur.	Causeuse.	Inférieur.	Inférieure.
Exécuteur.	Exécutrice.	Admirateur.	Admiratrice.
Meilleur.	Meilleure.	Rêveur.	Rêveuse.
Antérieur.	Antérieure.	Corrupteur.	Corruptrice.
Inspecteur.	Inspectrice.	Calomniateur.	Calomniatrice.
Cardeur.	Cardeuse.	Ultérieur.	Ultérieure.
Chanteur.	Chanteuse.	Opérateur.	Opératrice.
Extérieur.	Extérieure.	Directeur.	Directrice.
Enchanteur.	Enchanteresse.	Rieur.	Rieuse.
Inventeur.	Inventrice.	Fondateur.	Fondatrice.
Bienfaiteur.	Bienfaitrice.	Rôdeur.	Rôdeuse.
Pêcheur.	Pécheresse.	Voleur.	Voleuse.
Pêcheur.	Pêcheuse.	Libérateur.	Libératrice.
Parleur.	Parleuse.	Vengeur.	Vengeresse.
Emprunteur.	Emprunteuse.	Observateur.	Observatrice.
Flatteur.	Flatteuse.	Boudeur.	Boudeuse.
Supérieur.	Supérieure.	Vendangeur.	Vendangeuse.
Acteur.	Actrice.	Réparateur.	Réparatrice.
Lecteur.	Lectrice.	Moqueur.	Moqueuse.
Liseur.	Liseuse.	Pleureur.	Pleureuse.
Mineur.	Mineure.	Spectateur.	Spectatrice.
Glaneur.	Glaneuse.	Dormeur.	Dormeuse.
Grondeur.	Grondeuse.	Nouveau.	Nouvelle.
Donateur.	Donatrice.	Mou.	Molle.
Débiteur.	Débitrice.	Vieux.	Vieille.
Intérieur.	Intérieure.	Franc.	Franche.
Instituteur.	Institutrice.	Frais.	Fraîche.
Adulateur.	Adulatrice.	Turc.	Turque.
Accusateur.	Accusatrice.	Grec.	Grecque.
Créateur.	Créatrice.	Long.	Longue.
Danseur.	Danseuse.	Malin.	Maligne.
Joueur.	Joueuse.	Favori.	Favorite.
Conducteur.	Conductrice.	Coi.	Coite.

L'élève traduira le devoir suivant au féminin.

Masculin.	Féminin.	Masculin.	Féminin.
Beau.	Belle.	Obscur.	Obscure.
Paysan.	Paysanne.	Galiléen.	Galiléenne.
Anglican.	Anglicane.	Prussien.	Prussienne.
Sec.	Sèche.	Correct.	Correcte.

Masculin.	Féminin.	Masculin.	Féminin.
Bleu.	Bleue.	Gentil.	Gentille.
Vicieux.	Vicieuse.	Docile.	Docile.
Adoptif.	Adoptive.	Oisif.	Oisive.
Franc.	Franche.	Guerrier.	Guerrière.
Pâlot.	Pâlotte.	Boulanger.	Boulangère.
Sot.	Sotte.	Prêt.	Prête.
Idiot.	Idiote.	Scélérat.	Scélérate.
Gras.	Grasse.	Humain.	Humaine.
Ras.	Rase.	Bénin.	Bénigne.
Epais.	Epaisse.	Enfantin.	Enfantine.
Frais.	Fraîche.	Final.	Finale.
Mauvais.	Mauvaise.	Velu.	Velue.
Public.	Publique.	Diffus.	Diffuse.
Castillan.	Castillane.	Brun.	Brune.
Concitoyen.	Concitoyenne.	Défunt.	Défunte.
Caduc.	Caduque.	Impartial.	Impartiale.
Ingrat.	Ingrate.	Consolateur.	Consolatrice.
Plat.	Plate.	Menteur.	Menteuse.
Subtil.	Subtile.	Persécuteur.	Persécutrice.

Devoir mis au féminin.

La langue du cœur est la langue *universelle*. Une joie *secrète* n'est presque jamais une joie *complète*. Ma *chère* mère, je serai docile, *attentive, studieuse, aimante* et *obéissante*, afin que vous soyez toujours *satisfaite* de votre *petite* fille. Les hommes ont cru pendant longtemps que la terre était *plate*; nous savons maintenant qu'elle est *ronde* (1). La fauvette est *vive* et *légère*. Le cœur d'une *bonne* mère se remplit d'une *douce* joie, quand elle voit régner l'union *fraternelle* entre ses enfants. La tourbe est une substance combustible, *spongieuse* et noirâtre. Le travail est la *vraie* source du bonheur. Cette *jolie* feuille de papier si *blanche*, si *légère* et cependant si solide, est *faite* avec de vieux chiffons. L'éponge est une substance flexible, *molle* et *poreuse*, qui absorbe l'eau avec une très-*grande* avidité. La puissance *humaine* est bien *impuissante* quand elle ne s'appuie pas sur la vertu. Une *mauvaise* action rend la conscience *inquiète*. N'écoutez point une *première* pensée qui vous presse d'agir ; ce n'est souvent qu'une *fausse* lueur qui éblouit ; en la suivant, on risque de tomber dans une faute toujours *fâcheuse* et souvent irréparable. Ne vous liez jamais avec une personne d'une probité *suspecte*.

Devoir mis au féminin.

Une figure *douce* est une *bonne* recommandation. Dans les campagnes, les paysans attribuent faussement à la lune *rousse* (2) une *fâcheuse* in-

---

(1) La terre est un ellipsoïde renflé vers l'équateur et aplati vers les pôles ; son diamètre équatorial est de 12,754,863 mètres, son diamètre polaire de 12,712,251 mètres.

(2) On nomme ainsi la lune qui, commençant en avril, devient pleine vers la fin de ce mois ; suivant les jardiniers, elle *roussit* ou gèle les jeunes bourgeons exposés à sa lumière. Cet effet s'explique, sans l'intervention de la lune, par le rapide rayonnement qui refroidit les végétaux sous un ciel serein, quand la lune est brillante. Lorsqu'il y a des nuages au ciel et que, par conséquent, la lune est cachée, l'échange de calorique s'établit entre les jeunes plantes et les nuages, et le refroidissement est moins considérable que lorsque cet échange a lieu avec les espaces célestes. Ainsi la lune n'est que l'indice, et nullement la cause.

fluence. La langue est la *meilleure* et la pire des choses (1). Evitez la plaisanterie *personnelle* : plus elle est *ingénieuse* et *spirituelle*, plus la blessure qu'elle fait est *profonde*. Une personne *vaine* et *orgueilleuse* se fait toujours haïr. Une personne *médisante* est une véritable peste *publique*, qui divise les amis et trouble les membres de la famille la plus *unie* et la plus paisible. J'ai fait une *bonne* récolte, la tienne est *mauvaise* : soyons de moitié. La sagesse est plus *précieuse* que la science. La pièce de terre du paresseux est *improductive*. La joie est plus *vive* quand elle est *partagée* avec des amis. La charité est *patiente* ; elle est *douce* et bienfaisante ; elle n'est point *envieuse* ni *orgueilleuse*. Que la campagne est *belle* ! que l'herbe est *verte* ! Il était une dame riche et *puissante* ; son âme était aussi *belle* que sa fortune était *grande* ; elle passait sa vie *entière* à faire le bien. La *mauvaise* récolte qui suit la récolte *abondante* nous apprend la sagesse et la prudence. La poule est tendre et *soigneuse* pour sa *chère* couvée. Le commerce est une profession utile et *lucrative*. Sauce d'appétit est la *meilleure*. Nous devons à nos parents une obéissance *entière*, une *pleine* confiance et une *vive* reconnaissance. Comme cette rose *blanche* est *fraîche* et *odorante* !

Devoir sur l'adjectif.

L'exilé songe avec amour à son pays *natal*, à sa chambre *natale*. Le malheur est l'*instituteur* et l'expérience l'*institutrice* de la vie. Dieu a créé le *premier* homme et la *première* femme. Demandons à Dieu une âme *saine* dans un corps *sain*. Un *beau* fruit gâté représente un mauvais cœur sous une *belle* apparence. Avant le plus *ancien* historien, il y avait de quoi faire une histoire *ancienne*. L'aile d'un moucheron est mille fois plus *belle* que les plus *beaux* chefs-d'œuvre. Puisque l'homme appartient à la grande famille *humaine*, il doit être *humain* envers ses semblables. On ne doit être *honteux* que d'une action *honteuse*. Le monde est *menteur* ; il promet une félicité *menteuse*. L'éducation *publique* est nécessaire à celui qui doit être un jour un homme *public*. Il ne suffit pas d'être baptisé pour se dire *chrétien* ; il faut mener une vie *chrétienne*. Acquiers un *bon* ami, une *bonne* réputation, puis repose-toi. Je rencontre souvent des mots *nouveaux*, rarement une idée *nouvelle*. Un air *doux* n'annonce pas toujours une personne *douce* (2). On n'est point un homme *bas* pour avoir une *basse* origine. Le sens *commun* n'est pas chose *commune*. Les Turcs disent proverbialement : Dieu voit une fourmi *noire* qui marche sur du marbre *noir*. Nous ne rencontrâmes dans cette île déserte *aucune* trace, *aucun* vestige d'homme. *Telle* conduite, *tel* avenir.

FORMATION DU PLURIEL.

Devoir à mettre au pluriel.

Singulier.	Pluriel.	Singulier.	Pluriel.
Instruit.	Instruits.	National.	Nationaux.
Instruite.	Instruites.	Nationale.	Nationales.
Chétif.	Chétifs.	Rural.	Ruraux.
Chrétien.	Chrétiens.	Baptismal.	Baptismaux.
Universel.	Universels.	Amical.	Amicals.
Premier.	Premiers.	Beau.	Beaux.
Epais.	Epais.	Inquiet.	Inquiets.
Jaloux.	Jaloux.	Déloyal.	Déloyaux.

---

(1) Voir *Vie d'Esope*, dans La Fontaine : Esope chez le philosophe Xantus.
(2) *Le Cochet, le Chat et le Souriceau*. (La Fontaine.)

DE L'ADJECTIF.

Singulier.	Pluriel.	Singulier.	Pluriel.
Prudent.	Prudents.	Français.	Français.
Electoral.	Electoraux.	Royal.	Royaux.
Epars.	Epars.	Glacial.	Glacials.
Faux.	Faux.	Vicinal.	Vicinaux.
Filial.	Filials.	Confus.	Confus.
Complet.	Complets.	Serein.	Sereins.
Equilatéral.	Equilatéraux.	Dédaigneux.	Dédaigneux.
Fondamental.	Fondamentaux.	Social.	Sociaux.
Sournois.	Sournois.	Frileux.	Frileux.
Vieux.	Vieux.	Quel.	Quels.
Jovial.	Jovials.	Sentimental.	Sentimentals.
Grammatical.	Grammaticaux.	Brutal.	Brutaux.
Bas.	Bas.	Impérial.	Impériaux.
Gai.	Gais.	Doux.	Doux.
Méridional.	Méridionaux.	Matinal.	Matinals.
Musical.	Musicaux.	Médical.	Médicaux.
Gris.	Gris.	Vicieux.	Vicieux.
Sourd.	Sourds.	Original.	Originaux.
Légal.	Légaux.	Tiède.	Tièdes.
Principal.	Principaux.	Vaillant.	Vaillants.
Réel.	Réels.	Nouveau.	Nouveaux.
Nu.	Nus.	Semblable.	Semblables.
Mauvais.	Mauvais.	Pascal.	Pascals.
Provincial.	Provinciaux.	Pronominal.	Pronominaux.

Devoir mis au pluriel.

Des événements fatals.
Des nuits fatales.
Des tours grammaticaux.
Des tournures grammaticales.
Les belles matinées.
Des sols légers.
Les parfums orientaux.
Des terrains argileux.
Des soins assidus.
Des arbrisseaux résineux.
Les ponts suspendus.
Des juifs errants.
Des juives errantes et fugitives.
Les détails fastidieux.
Des baux ruineux.
Des travaux arides.
Des sentiments filials.
Des juges impartiaux.
Des végétaux prodigieux.
Des médecines végétales.
Des joies infernales.
Les monstres infernaux.
Des palais royaux.
Des maisons royales.
Des adieux déchirants.
Les sous rouillés.
Des chevaux ombrageux.
Des feux follets.
Ces vilains menteurs.

2.

Ces vieilles grondeuses.
Mes bons messieurs.
Voilà des vents glacials.
Quels hommes trivials !
Ces beaux livres nouveaux.
Tes beaux habits.
Ses chers frères.
Mes vieux amis.
Vos nouveaux appartements.
Les petits lapins blancs.
Mes seuls désirs.
Les coqs vigilants et matinals.
Les abeilles laborieuses et les frelons paresseux.
Leurs vieux murs croulés.
Quelques bons et discrets amis.
Certaines petites fleurs bleues.
Les cieux bleus et azurés.

Devoir mis au pluriel.

Nos journaux curieux et instructifs.
Ces jeunes personnes timides et embarrassées.
Ces jeunes généraux victorieux et modestes.
Les soupiraux obscurs et profonds.
Des nuits obscures et profondes.
Voilà des personnes franches et loyales.
Les provinciaux crédules, trompés par ces adroits filous.
Des frères vendus par leurs frères.
Les feux éblouissants des diamants précieux.
Ces droits féodaux abolis par des édits royaux.
Des sons musicaux produits par ces roseaux creux et desséchés.
De gros nez rouges, camus et très-originaux.
Ces combats navals glorieux et décisifs.
Ces batailles navales glorieuses et décisives.
Les beaux vaisseaux des amiraux victorieux.
Les basses flatteries, régals exquis des sots.
Les locaux spacieux de ces collèges communaux.
Les matous gourmands et paresseux.
Des vertus, bijoux précieux.
Les cheveux noirs, longs et soyeux.
Les brebis égarées des bons pasteurs.

Devoir mis au pluriel.

Les océans glacials explorés par ces navigateurs intrépides. Les acajous, arbres exotiques, très-utiles aux ébénistes. Les condamnés repentants, assistés à leurs derniers moments par les ecclésiastiques vertueux. Les travaux des cantonniers, indispensables aux chemins vicinaux et aux routes départementales. Les costumes originaux des petits arlequins enjoués, spirituels et jovials. Les gentilles hirondelles, messagères fidèles des belles saisons. Les chevaux, animaux nobles, fougueux et intrépides. Les ânes, animaux doux, patients, très-sobres, très-utiles aux habitants des campagnes, mais très-obstinés. Les hiboux, oiseaux nocturnes hideux, ennemis déclarés des rats carnassiers et des souris alertes. Les affreuses chenilles sur les belles fleurs. Les couleurs diaprées des gentils oiseaux-mouches. Les fils prodigues des pères avares. Les remords rongeurs des méchants. Les chiens des bergers, fidèles compagnons de leurs maîtres et gardiens vigilants des troupeaux.

DE L'ADJECTIF.

Devoir mis au pluriel.

Les sapajous, petits animaux amusants et joviaux. Ces livres moraux, cadeaux magnifiques offerts à mes neveux intelligents et studieux. Ces voyageurs matinals, partis par des trains spéciaux, pour des contrées méridionales très-éloignées. Les chênes colossals, altiers, orgueilleux, brisés par les vents violents. Les faibles roseaux courbés par les aquilons furieux. Les chevaux sauvages, plus beaux, plus nerveux, plus légers, mais beaucoup plus petits que nos chevaux domestiques. Les aveux francs et loyaux des jeunes écoliers repentants et soumis. Les poules, animaux craintifs et mères intrépides. Les verrous solides des portails principaux de ces vieux châteaux seigneuriaux. Les stupides corbeaux, victimes des renards rusés. Les jeunes levrauts, tués par les chasseurs, et apportés intacts par les chiens intelligents. Les choux verts, mets lourds et indigestes. Les hommes laborieux devenus riches; les hommes studieux devenus savants. Mes mains, ministres dociles et fidèles de mes volontés. Les pauvres petits agneaux dévorés par les loups voraces.

Devoir mis au pluriel.

Les alouettes sont très-matinales. Les adjectifs numéraux sont cardinaux ou ordinaux. Ces petites filles sont douces, modestes et candides. Ces jeunes garçons sont paresseux, niais, ignorants, vicieux et gourmands. Des vieillards ignorants sont de vieux enfants. Les rennes sont indispensables aux Lapons et aux Esquimaux. Les eaux sont tièdes et les bains agréables. Les plumes des oiseaux sont légères. Les coraux sont rouges. Les jeunes ormeaux sont les soutiens des vignes flexibles. Les jeux sont agréables aux écoliers. Des enfants vicieux sont semblables à des arbres stériles. Les sciences sont réservées aux hommes studieux, les richesses aux hommes vigilants, et les cieux aux vertus. De vieux amis sont des trésors précieux et toujours nouveaux. Les bœufs sont infatigables aux travaux champêtres. Les hommes les plus occupés sont les plus heureux.

Récapitulation générale.

Un homme *poli*, des hommes *polis;* une femme *polie*, des femmes *polies*.

Un esprit *infernal*, des esprits *infernaux*; une ruse *infernale*, des ruses *infernales*.

Un air *gai*, des airs *gais;* une chanson *gaie*, des chansons *gaies*.

Un mur *contigu*, des murs *contigus;* une maison *contiguë*, des maisons *contiguës*.

Un *beau* papillon, de *beaux* papillons; une *belle* fleur, de *belles* fleurs.

Un ton *majeur*, des tons *majeurs;* une gamme *majeure*, des gammes *majeures*.

Le vaisseau *turc*, les vaisseaux *turcs;* la flotte *turque*, les flottes *turques*.

Un livre *grec*, des livres *grecs;* une grammaire *grecque*, des grammaires *grecques*.

Un regard *malin*, des regards *malins;* une parole *maligne*, des paroles *malignes*.

Un conte *moral* des contes *moraux;* une histoire *morale*, des histoires *morales*.

Le garde *national*, les gardes *nationaux ;* la garde *nationale*, les gardes *nationales*.

Le vin *mousseux*, les vins *mousseux ;* la bière *mousseuse*, les bières *mousseuses*.

Le loir *dormeur*, les loirs *dormeurs ;* la marmotte *dormeuse*, les marmottes *dormeuses*.

Un abricot *vermeil*, des abricots *vermeils ;* une pêche *vermeille*, des pêches *vermeilles*.

Un ton *bref*, des tons *brefs ;* une parole *brève*, des paroles *brèves*.

Un génie *créateur*, des génies *créateurs ;* une force *créatrice*, des forces *créatrices*.

Un habit *violet*, des habits *violets ;* une robe *violette*, des robes *violettes*.

Le journal *quotidien*, les journaux *quotidiens ;* la lecture *quotidienne*, les lectures *quotidiennes*.

Devoir sur l'adjectif.

Les terres *grasses* et *humides* ne conviennent pas aux prairies *artificielles*. Les *hautes* montagnes sont *couvertes* de neiges *éternelles*. Cherchez les occasions de faire de *bonnes* œuvres. Les étoffes *bleues* et les étoffes *vertes* sont *sujettes* à pâlir à l'air. Les personnes *vieilles* sont presque toujours *souffrantes* et *caduques*. Les lectures sont *instructives* et *amusantes*. Les personnes *malignes* sont rarement *aimables*. Jésus pardonna à deux femmes *pécheresses repentantes*. Les dogmes *chrétiens* apprennent à l'homme ses *immortelles* destinées. Les consolations *indiscrètes* ne font qu'aigrir les *violentes* afflictions. Les *bons* exemples donnent de *bonnes* pensées aux personnes qui en sont *spectatrices*. Les *petites* filles sont *désireuses* de friandises *sucrées*. Les *grands bavards* sont *détestés*. Les *vieilles* églises *gothiques* sont *admirées* des *vrais connaisseurs*. Soyons *soigneux* dans les *petites* choses comme dans les *grandes*. Les *oisifs* et les *paresseux* sont *inutiles* à eux-mêmes et aux autres. Les *méchants*, quand ils sont *vieux* et *infirmes*, ont des pensées *noires* et *désolantes ;* il leur semble que toutes leurs *mauvaises* actions se dressent devant eux comme des furies *impitoyables* et *menaçantes*.

Devoir sur l'adjectif.

Tout le monde aime les manières *polies*, les airs *doux* et les paroles *affectueuses*. Mes *chers* amis, soyez *frugals* et *tempérants*, et vous aurez de *longues* années ; soyez *justes*, et vous ne craindrez point les peines *éternelles*. Dieu a fait de rien toutes les créatures *corporelles* et *spirituelles*, *visibles* et *invisibles ;* il connaît nos plus *secrètes* pensées. Jésus-Christ endura pour nous les plus *cruelles* souffrances. Il y a trois personnes *divines*, trois vertus *théologales* et sept péchés *capitaux*. Que nos mœurs *privées* et *publiques* soient toujours *pures* et *douces*. On trouve dans ces *charmantes* lettres des expressions *pleines* d'agrément, des tours *nombreux* et *variés*, des pensées *fines*, *délicates* et *ingénieuses*. Les personnes *paisibles* fuient les *vaines* rumeurs, les *bruyantes* frivolités, les *tumultueuses* distractions et les clameurs *orageuses*. On gagne beaucoup en perdant les ornements *superflus* du style pour se borner aux beautés *simples*, *faciles*, *claires* et *négligées*. Les terres *chaudes*, *légères* et *substantielles* sont celles qui conviennent le mieux au maïs ; cette plante ne se plaît nullement dans les terres *argileuses* et *fraîches*. Ne parlons jamais mal des personnes *absentes*. L'adversité est une *bonne institutrice* qui donne souvent d'*excellentes* leçons. La fortune est *inconstante*, et ses faveurs sont *fugitives* et *trompeuses*.

Devoir sur l'adjectif.

Dieu préfère les mains *pures* aux mains *pleines*. Les personnes d'une sensibilité *excessive* sont *sujettes* à de *grands* chagrins. Les *bonnes* actions rendent la vie *heureuse*. L'époque de la lune *rousse* est funeste aux *jeunes* plantes. La religion *mahométane* est plus *récente* que la religion *chrétienne*, mais celle-ci est moins *ancienne* que la religion *païenne*. Les personnes *ennuyées* sont toujours *ennuyeuses*. Une terre trop *sèche* n'est jamais *productive*. La langue *grecque* est *belle*, riche et *harmonieuse*. Notre *divine* religion est *consolatrice*. L'éducation *publique* est *supérieure* à l'éducation *particulière*. Les femmes *chinoises* sont très-*replètes*. Les fièvres *malignes* sont souvent *mortelles*. Les *jolies petites* prunes de mirabelle font de *bons* pruneaux et d'*excellentes* confitures. La soie *naturelle* est *blanche* ou *jaune*. J'ai mauvaise opinion de celui qui n'a *bonne* opinion de personne. La *vraie* religion est *douce, tolérante* et *conciliatrice*. L'instruction *religieuse* est *essentielle* dans nos écoles *communales*. Les perdrix *rouges* sont plus *grosses* et *meilleures* que les perdrix *grises*.

VINGT-DEUXIÈME LEÇON.

Récapitulation lexicologique sur l'adjectif.

L'élève indiquera :

Cinq adj. qui prennent la lettre e *au féminin :*
Violent, poli, confus, original, vrai.

Cinq adj. terminés par un e *muet au masculin :*
Aimable, docile, fidèle, ridicule, avare.

Cinq adj. en et, *qui doublent la lettre* t *au féminin*
Net, fluet, muet, coquet, douillet.

Cinq adj. terminés par el *au masculin :*
Habituel, cruel, universel, mutuel, paternel.

Cinq adj. en on :
Bouffon, fripon, poltron, mignon, glouton.

Cinq adjectifs terminés par f *au masculin :*
Actif, attentif, instructif, naïf, veuf.

Cinq adj. en x, *qui changent au féminin cette consonne en* se :
Courageux, vertueux, précieux, pieux, jaloux.

Cinq adj. en er :
Amer, régulier, cher, familier, altier.

Cinq adj. en eur, *qui changent au féminin cette finale en* euse :
Flatteur, rieur, trompeur, moqueur, railleur.

Cinq adj. en teur, *qui changent* teur *en* trice :
Protecteur, acteur, accusateur, créateur, conservateur.

Cinq adj. terminés au singulier par s :
Gris, pervers, épais, las, frais.

ACCORD DE L'ADJECTIF.

Devoir sur l'accord de l'adjectif.

L'histoire et la géographie *instructives*. La fraise et l'ananas *délicieux* et *sucrés*. La fraise et la framboise *délicieuses* et *sucrées*. Adam et Eve *trompés*, *désobéissants* et *chassés*. La colline et la vallée *ombragées*. L'orange et le citron *acides*, *mûrs* et *juteux*. La viande et le vin très-*fortifiants*. Didon et Cléopâtre, reines *malheureuses* et *fugitives*. Alexandre et Napoléon *victorieux*. La peste et la guerre *dévastatrices*. La paix et l'abondance, *amies inséparables*. Noé et ses enfants *sauvés* du déluge *universel*. La poule et l'alouette *matinales*. La poule et le coq *matinals*. Agar et son fils *errants*. Rome et Carthage *rivales*. Paris et Londres très-*populeux*. L'hypocrisie et le mensonge *odieux*. La miséricorde et la bonté de Dieu *infinies*. La France et l'Italie *voisines*. Le sirop et la liqueur *doux* et *sucrés*. Le désert et la plaine *étendus*. Avoir l'oreille et la voix *fausses*. Le puits et le fossé *comblés*. Une contrition et un repentir *sincères*, mais tardifs. La fortune et les flots *inconstants*. Le lion *cruel*. La lionne *cruelle*. Les lions *cruels*. Les lionnes *cruelles*. Le lion et la lionne *cruels*. Un lion *carnassier* et une lionne *cruelle*. Des lions *carnassiers* et des lionnes *cruelles*.

Exercice sur l'accord de l'adjectif.

Le temps et la mort sont *impitoyables*. La vertu et la justice sont *estimées* et *respectées*. La paresse et la pauvreté sont sœurs *jumelles*. L'ivrognerie et la gourmandise sont *viles* et *méprisables*. Le mensonge et la calomnie sont *odieux*. Le corbeau et la cigogne furent *trompés* par le renard. L'Ecosse et la Suisse sont *montagneuses* et *pittoresques*. La Bourgogne et la Champagne sont *fertiles* en vins *renommés*. Le juge et l'arbitre doivent être *impartiaux*. Le lion, la génisse, la chèvre et la brebis étaient *associés*. La génisse, la chèvre et la brebis étaient *associées* avec le lion. Ce jeune homme avait la bouche et les lèvres *vermeilles*, la barbe et les cheveux *longs*, les yeux et les sourcils *noirs*, le ton et la parole *brefs*, la démarche et les manières *nobles* et *distinguées*.

Exercice sur l'accord de l'adjectif.

L'éponge et la pierre-ponce sont *légères* et *poreuses*. La cerise et le bigarreau ne sont pas également *estimés*. Tyr et Sidon étaient *commerçantes* et agréablement *situées*. L'Egypte et l'Inde sont *fertilisées* par des inondations *périodiques* et *certaines* (1). Défendez aux enfants les jeux et les amusements *bruyants* et *dangereux*. On donne aux malades des boissons et des tisanes *pectorales*. Il faut éviter avec soin les expressions et les tournures *basses* et *triviales*. La poudre est *composée* de soufre, de salpêtre et de charbon *mélangés*. Le courage et la patience sont *victorieux* des plus *grands* obstacles. *Incertaines* et *capricieuses*, la fortune et la gloire sont *inférieures* à la *douce* et *constante* amitié. *Etrangères* à nos climats plutôt *froids* que *tempérés*, la datte et la grenade sont *naturelles* des contrées *méridionales*.

Exercice de récapitulation sur le nom et l'adjectif.

Les *jeunes chevaux* ont les mœurs *douces* et les qualités *sociales*. Les *journaux* doivent être les *échos* de l'opinion *publique*. Les *hommes*

---

(1) Les inondations du Nil en Egypte, et celles du Gange dans l'Indoustan.

comme les *oiseaux*, se laissent toujours prendre dans les *mêmes filets* et aux *mêmes gluaux*. Ce sont les *peuples* qui bâtissent les *maisons royales* et les *châteaux royaux*. Les *pyramides égyptiennes* sont des *monuments colossals*. Les *obélisques* (1) *égyptiens* sont des *pierres colossales*, *élevées* sur d'*énormes piédestaux*. Trop souvent les *charretiers* sont des *hommes brutaux* qui se font les *bourreaux* de leurs *chevaux*. Les *alouettes* sont *matinales*, mais les coqs sont plus *matinals* encore. Les *premiers rois francs* portaient de *longs cheveux* (2). Les *jeunes filles* sont mieux *parées* par leurs *vertus* que par leurs *bijoux*. Jeunes gens, respectez les *vieilles femmes* : vos *mères* seront *vieilles* un jour. Les *eaux* qui roulent sur des *cailloux* sont ordinairement *claires* et *limpides*. Les *Turcs* se coiffent de *turbans*, et nous de *chapeaux*; ils portent des *robes larges* et *flottantes*, et nous des *habits étroits* et *serrés*. Les *tremblements* de terre ne sont point *universels*; ils sont *locaux*. Tous les *papillons*, si *variés* et si *brillants*, ont été d'abord des *chenilles rampantes* et *hideuses*. Les *enfants* sont *semblables* à de *jeunes arbrisseaux*.

VINGT-TROISIÈME LEÇON.

Ire PARTIE.

Noms de personnes et d'animaux.	**Noms de choses.**
Auteur fécond.	Mine féconde.
Colombe blanche.	Neige blanche.
Criminel pâle.	Visage pâle.
Fonctionnaire public.	Autorité publique.
Cheval ardent.	Feu ardent.
Ours solitaire.	Lieu solitaire.
Courtisan souple.	Jonc souple.
Julien poli.	Marbre poli.
Julie modeste.	Violette modeste.
Soldat lâche.	Mensonge lâche.

IIe PARTIE.

Noms de choses.	**Noms de personnes et d'animaux.**
Temps précieux.	Ami précieux.
Affaire majeure.	Garçon majeur.
Naturel craintif.	Lièvre craintif.

---

(1) Monuments à la fois historiques et religieux, et particuliers à l'Egypte. Les *obélisques* étaient, pour la plupart, des *monolithes* (formés d'une seule pierre); ils sont couverts d'hiéroglyphes, c'est-à-dire d'inscriptions composées de figures d'animaux et de divers objets gravés ou sculptés, inscriptions dont les savants ont trouvé en partie la clé. On fait remonter leur origine aux temps antérieurs à Moïse. Les Romains en ont fait transporter beaucoup à Rome, et Paris en possède, depuis 1836, sur la place de la Concorde, un magnifique, qui date de Sésostris, et qui vient de Louqsor, village situé sur les ruines de Thèbes. Le mot obélisque vient du grec *obelos*, aiguille.

(2) C'était, chez les Francs, une marque de noblesse; c'est pourquoi l'histoire appelle souvent nos rois de la première race rois *chevelus*.

Blessure dangereuse. | Serpent dangereux.
Examen impartial. | Historien impartial.
Epoque célèbre. | Ecrivain célèbre.
Cloche matinale. | Coq matinal.
Visage sévère. | Maître sévère.
Style ambitieux. | Alexandre ambitieux.
Parole brève. | Pépin-le-Bref.

IIIe PARTIE.

Noms de personnes et d'animaux.   **Noms de choses.**

Maître rigoureux. | Froid rigoureux.
Chat sauvage. | Arbre sauvage.
Vieillard caduc. | Age caduc.
Loup glouton. | Appétit glouton.
Ouvrier actif. | Vie active.
Agneau doux. | Vent doux.
Ecolier vif. | Œil vif.
Papillon léger. | Liége léger.
Bœuf utile. | Travail utile.
Dieu éternel. | Vie éternelle.

VINGT-QUATRIÈME LEÇON.

Noms traduits en adjectifs.

Vertu.	Vertueux.	*Prince.*	Princier.
Victoire.	Victorieux.	*Péril.*	Périlleux.
Fable.	Fabuleux.	*Champ.*	Champêtre.
Misère.	Misérable.	*Folie.*	Fou.
Douleur.	Douloureux.	*Adresse.*	Adroit.
Originalité.	Original.	*Rigueur.*	Rigoureux.
Lenteur.	Lent.	*Eternité.*	Eternel.
Histoire.	Historique.	*Progrès.*	Progressif.
Paresse.	Paresseux.	*Délicatesse.*	Délicat.
Fécondité.	Fécond.	*Agrément.*	Agréable.
Fierté.	Fier.	*Neige.*	Neigeux.
Babil.	Babillard.	*Honte.*	Honteux.
Richesse.	Riche.	*Majorité.*	Majeur.
Vivacité.	Vif.	*Minorité.*	Mineur.
Candeur.	Candide.	*Inquiétude.*	Inquiet.
Difficulté.	Difficile.	*Amabilité.*	Aimable.
Promptitude.	Prompt.	*Dévotion.*	Dévot.
Audace.	Audacieux.	*Fausseté.*	Faux.
Loyauté.	Loyal.	*Rousseur.*	Roux.
Enthousiasme.	Enthousiaste.	*Publicité.*	Public.
Excès.	Excessif.	*Gentillesse.*	Gentil.
Vigueur.	Vigoureux.	*Salubrité.*	Salubre.
Saveur.	Savoureux.	*Pardon.*	Pardonnable.
Cruauté.	Cruel.	*Finesse.*	Fin.
Roi.	Royal.	*La fin.*	Final.
Royalisme.	Royaliste.	*Fils.*	Filial.

DE L'ADJECTIF.

La mort.	Mortel.	Grosseur.	Gros.
Vanité.	Vaniteux.	Grossièreté.	Grossier.
Appétit.	Appétissant.	Vieillesse.	Vieux.
Silence.	Silencieux.	Abord.	Abordable.
Haine.	Haineux.	Affabilité.	Affable.
Soin.	Soigneux.	Ancienneté.	Ancien.
Civilité.	Civil.	Minutie.	Minutieux.
Egypte.	Egyptien.	Miséricorde.	Miséricordieux.
Exactitude.	Exact.	Suc.	Succulent.
Excuse.	Excusable.	Caresse.	Caressant.
Ennui.	Ennuyeux.	Magnificence.	Magnifique.
Poète.	Poétique.	Somptuosité.	Somptueux.
Zèle.	Zélé.	Ferveur.	Fervent.
Caractère.	Caractéristique.	Faveur.	Favorable.
Sable.	Sablonneux.	Prodigalité.	Prodigue.
Merveille.	Merveilleux.	Prodige.	Prodigieux.
Monstre.	Monstrueux.	Asie.	Asiatique.
Drame.	Dramatique.	Bizarrerie.	Bizarre.
Sédition.	Séditieux.	Sincérité.	Sincère.
Tradition.	Traditionnel.	Verdure.	Vert.
Plainte.	Plaintif.	Blancheur	Blanc.
Lassitude.	Las.	Amitié.	Amical.
Souplesse	Souple.	Matin.	Matinal.
Valeur.	Valeureux.	Nerf.	Nerveux.
Vérité.	Véritable.	Evangile.	Evangélique.
Vraisemblance.	Vraisemblable.		

VINGT-CINQUIÈME LEÇON.

Adjectifs traduits en noms.

Fat.	Fatuité.	Excellent.	Excellence.
Absurde.	Absurdité.	Extrême.	Extrémité.
Allégorique.	Allégorie.	Fatal.	Fatalité.
Analogue.	Analogie.	Fougueux.	Fougue.
Câlin.	Câlinerie.	Horrible.	Horreur.
Capricieux.	Caprice.	Laid.	Laideur.
Captif.	Captivité.	Lâche.	Lâcheté.
Confus.	Confusion.	Long.	Longueur.
Acre.	Acreté.	Léger.	Légèreté.
Crédule.	Crédulité.	Libéral.	Libéralité.
Dangereux.	Danger.	Libre.	Liberté.
Dartreux.	Dartre.	Libertin.	Libertinage.
Débile.	Débilité.	Licencieux.	Licence.
Désastreux.	Désastre.	Magique.	Magie.
Avantageux.	Avantage.	Tragique.	Tragédie.
Honnête.	Honnêteté.	Magnanime.	Magnanimité.
Discret.	Discrétion.	Maladroit.	Maladresse.
Gracieux.	Grâce.	Pontifical.	Pontife.
Dur.	Dureté.	Papal.	Pape.
Durable.	Durée.	Médiocre.	Médiocrité.
Volumineux.	Volume.	Satirique.	Satire.
Enorme.	Enormité.	Mensonger.	Mensonge.

Menteur.	Menterie.	Charitable.	Charité.
Sévère.	Sévérité.	Banal.	Banalité.
Moelleux.	Moelle.	Tributaire.	Tribut.
Sobre.	Sobriété.	Sociable.	Sociabilité.
Caduc.	Caducité.	Social.	Société.
Montueux.	Mont.	Glouton.	Gloutonnerie.
Montagneux.	Montagne.	Doux.	Douceur.
Serein.	Sérénité.	Boudeur.	Bouderie.
Musculeux.	Muscle.	Net.	Netteté.
Solennel.	Solennité.	Réel.	Réalité.
Marécageux.	Marécage.	Divin.	Divinité.
Ducal.	Duc.	Amer.	Amertume.
Chaleureux.	Chaleur.	Bruyant.	Bruit.
Alimentaire.	Aliment.	Consciencieux.	Conscience.
Grammatical.	Grammaire.	Gai.	Gaîté.
Calamiteux.	Calamité.	Rare.	Rareté.
Incertain.	Incertitude.	Vieux.	Vieillesse.
Modeste.	Modestie.	Bénin.	Bénignité.
Sec.	Sécheresse.	Gourmand.	Gourmandise.
Gluant.	Glu.	Divers.	Diversité.
Adulateur.	Adulation.	Juste (arrêt).	Justice.
Boueux.	Boue.	Juste (coup d'œil).	Justesse.
Niais.	Niaiserie.		

VINGT-SIXIÈME LEÇON.

Noms traduits en adjectifs.

Abstraction.	Abstrait.	Liqueur.	Liquoreux.
Abjection.	Abject.	Maturité.	Mûr.
Atmosphère.	Atmosphérique.	Surdité.	Sourd.
Densité.	Dense.	Mutisme.	Muet.
Déclinaison.	Déclinable.	Mutinerie.	Mutin.
Ministre.	Ministériel.	Pied.	Pédestre (6).
Présomption.	Présomptueux.	Sinuosité.	Sinueux.
Chien.	Canin (1).	Partialité.	Partial.
Satan.	Satanique.	Une partie.	Partiel.
Diable.	Diabolique.	Nez.	Nasal (7).
Enfer.	Infernal (2).	Le midi.	Méridional.
Métropole.	Métropolitain.	Cristal.	Cristallin.
Fleuve.	Fluvial (3).	Métal.	Métallique.
Similitude.	Semblable.	Argent.	Argentin.
Eau.	Aquatique (4).	Lune.	Lunaire.
Etude.	Studieux (5).	Etoile.	Stellaire (8).

(1) Du latin *canis*, chien.
(2) De *infernalis*, dérivé de *inferi*, Enfers.
(3) De *fluvialis*, dérivé de *fluvius*, fleuve.
(4) De *aquaticus*, qui vit dans l'eau, dérivé de *aqua*, eau.
(5) De *studiosus*, qui aime l'étude, dérivé de *studium*, étude.
(6) De *pedestris*, qui est à pied, dérivé de *pes*, pied.
(7) De *nasus*, nez.
(8) De *stella*, étoile.

DE L'ADJECTIF.

Lion.	Léonin (1).	*Faim.*	Famélique (5).
Dent.	Dentaire.	*Majesté.*	Majestueux.
Angle.	Anguleux.	*Faste.*	Fastueux.
Horizon.	Horizontal.	*Solitude.*	Solitaire.
Air.	Aériforme (2).	*Paralysie.*	Paralytique.
Vapeur.	Vaporeux.	*Héros.*	Héroïque.
Siècle.	Séculaire (3).	*Science.*	Scientifique.
Equateur.	Equatorial.	*Pasteur.*	Pastoral.
Consul.	Consulaire.	*Probité.*	Probe.
Essence.	Essentiel.	*Iniquité.*	Inique.
Université.	Universitaire.	*Adverbe.*	Adverbial.
Univers.	Universel.	*Analyse.*	Analytique.
Patrimoine.	Patrimonial.	*Torrent.*	Torrentiel.
Lèpre.	Lépreux.	*Apoplexie.*	Apoplectique.
Pâques (4).	Pascal.	*Année.*	Annuel.
Viscosité.	Visqueux.	*Anneau.*	Annulaire (6).
Rhin.	Rhénan.	*Moïse.*	Mosaïque (7).
Instinct.	Instinctif.	*Monastère.*	Monastique.
Miracle.	Miraculeux.	*Fête.*	Férié (8).
Territoire.	Territorial.	*Féerie.*	Féerique.
Patriarche.	Patriarcal.	*Déluge.*	Diluvien (9).

VINGT-SEPTIÈME LEÇON.

Adjectifs traduits en noms.

Adoptif.	Adoption.	*Capillaire* (11).	Capillarité.
Aérostatique (10)	Aérostat.	*Dérisoire.*	Dérision.

(1) De *leo*, lion.
(2) De *aer*, air, et *forma*, forme, qui a les propriétés de l'air.
(3) De *seculum*, siècle.
(4) Syncope; on écrivait autrefois *pasques*.
(5) De *famelicus*, affamé.
(6) De *annulus*, anneau.
(7) Ce mot a deux sens : adjectif, il indique ce qui vient de Moïse; *loi mosaïque;* substantif, il désigne un ouvrage fait de pièces de rapport, composé de pierres dures, de petits morceaux d'émail, etc., de diverses couleurs, et assemblés de manière à former des figures, des paysages, etc., *peinture en mosaïque.* On l'emploie aussi au figuré : *mosaïque littéraire*, recueil de morceaux séparés, dont les sujets sont différents.
(8) De *feriæ*, jours de repos.
(9) De *diluvies*, débordement d'eau, déluge.
(10) Tout corps solide plongé dans un liquide est poussé de bas en haut avec une force égale au poids du volume de fluide qu'il déplace. Tel est le *principe d'Archimède*, dont la découverte causa, dit-on, tant de joie à ce grand homme, qu'il sortit précipitamment du bain où il était et courut tout nu dans les rues de Syracuse en criant : *Je l'ai trouvé! je l'ai trouvé!* Les aérostats ou *ballons*, appareils remplis d'un gaz plus léger que l'air, au moyen desquels on peut s'élever dans l'atmosphère, sont une application de ce principe; leur invention, due aux frères Montgolfier, date de la fin du dix-huitième siècle. L'aérostat militaire figura au siége de Mayence; depuis le Consulat, il a été abandonné. Un globe de 1,000 mètres cubes, rempli d'hydrogène, peut enlever un poids de 1,200 kilogr.
(11) Se dit des phénomènes d'ascension ou de dépression que présente la colonne d'un liquide dans lequel on plonge l'extrémité inférieure d'un tube de très-petit diamètre, selon que ce liquide est de nature à mouiller ou à ne pas

Démoniaque.	Démon.	*Superflu.*	Superfluité.
Exemplaire.	Exemple.	*Sphérique.*	Sphère.
Départemental.	Département.	*Diamétral.*	Diamètre.
Enigmatique.	Enigme.	*Forestier.*	Forêt (5).
Emphatique.	Emphase.	*Systématique.*	Système.
Eventuel.	Eventualité.	*Dogmatique.*	Dogme.
Monumental.	Monument.	*Monacal.*	Moine.
Emblématique.	Emblème.	*Véreux.*	Ver.
Pitoyable.	Pitié.	*Fastueux.*	Faste.
Pieux.	Piété.	*Planétaire.*	Planète.
Pluvieux.	Pluie.	*Scolaire* (6).	Ecole.
Pyramidal.	Pyramide.	*Solaire.*	Soleil.
Vocal (1).	Voix.	*Monétaire.*	Monnaie.
Mensuel (2).	Mois.	*Stomacal.*	Estomac.
Gigantesque.	Géant.	*Problématique.*	Problème.
Septentrional.	Septentrion.	*Ferrugineux.*	Fer.
Parlementaire.	Parlement.	*Sulfureux* (7).	Soufre.
Coupable.	Culpabilité.	*Asthmatique.*	Asthme.
Biblique.	Bible.	*Sanguin.*	Sang.
Prosaïque.	Prose.	*Duveteux.*	Duvet.
Colossal.	Colosse.	*Elémentaire.*	Elément.
Colonial.	Colonie.	*Bref.*	Brièveté.
Cadavéreux.	Cadavre.	*Infect.*	Infection.
Sépulcral.	Sépulcre.	*Vil.*	Vilenie.
Printanier.	Printemps (3).	*Cru.*	Crudité.
Hébraïque.	Hébreu.	*Vulgaire.*	Vulgarité.
Oriental.	Orient.	*Sanitaire.*	Santé.
Druidique.	Druide (4).	*Central.*	Centre.
Fantasque.	Fantaisie.	*Apte.*	Aptitude.
Sensuel.	Sens.	*Littéraire.*	Littérature.
Confidentiel.	Confidence.	*Littéral.*	Lettre (*alphab.*)
Venimeux.	Venin.	*Panée* (eau).	Pain.
Angélique.	Ange.	*Panique* (8).	Pan.
Virginal.	Vierge, virginité.		

mouiller la substance du tube. Ainsi, pour un tube de verre plongé dans l'eau, il y a ascension, et dépression s'il est plongé dans le mercure. La *capillarité* est la force de laquelle dépendent les phénomènes capillaires. C'est par elle qu'a lieu la marche de la sève dans les végétaux, l'ascension de l'huile dans les lampes, de la cire dans les bougies pour entretenir la flamme, l'action absorbante que les corps poreux exercent sur les liquides (ce qui explique l'extension subite d'une tache de graisse sur le drap), la filtration de l'eau à travers le sable et le charbon, etc.

(1) Du latin *vocalis*, sonore, dérivé de *vox*, voix.
(2) De *mensis*, mois.
(3) De *primum*, premier, et *tempus*, temps; première des quatre saisons de l'année. *Printemps* se prend aussi pour *jeunesse* et pour *année: le printemps de la vie commence à quatorze ans et finit à vingt-cinq*; avoir *seize printemps*, seize ans.
(4) Ministre de la religion chez les anciens Gaulois ou Celtes. Les *Druides* n'avaient point de temples, et se réunissaient dans de sombres forêts, principalement entre Dreux et Chartres. Dans les grandes calamités, ils immolaient des victimes humaines. Le druidisme attachait de mystérieuses vertus à certaines plantes, et surtout au gui. L'établissement du christianisme dans les Gaules mit fin à la religion des Druides.
(5) Syncope; autrefois on écrivait *forest*.
(6) De *schola*, école.
(7) De *sulfur*, soufre.
(8) *Pan* était le dieu des campagnes, des troupeaux, et particulièrement

VINGT-HUITIÈME LEÇON.

Récapitulation des quatre devoirs précédents.

Ciel azuré,	Azur céleste.
Diable méchant,	Méchanceté diabolique.
Roi clément,	Clémence royale.
Cyclope barbare (1),	Barbarie cyclopéenne.
Poète railleur,	Raillerie poétique.
Douleur mortelle,	Mort douloureuse.
Prince magnanime,	Magnanimité princière.
Grammaire difficile,	Difficulté grammaticale.
Enfant vif,	Vivacité enfantine.
Bruit nocturne (2),	Nuit bruyante.
Philosophe austère,	Austérité philosophique.
Pauvreté honnête,	Honnêteté pauvre.
Vieille expérience,	Vieillesse expérimentée.
Terreur mortelle,	Mort terrible.
Belle matinée,	Beauté matinale.
Grossière injure,	Grossièreté injurieuse.
Noble orgueil,	Noblesse orgueilleuse.
Beauté céleste,	Beau ciel.
Ignorance présomptueuse,	Présomption ignorante.
Mérite modeste,	Modestie méritoire.
Blâme excessif,	Excès blâmable.
Noblesse fière,	Fierté noble.
Tendre inquiétude,	Tendresse inquiète.
Fermeté douce,	Douceur ferme.
Manière polie,	Politesse maniérée.
Héros intrépide,	Intrépidité héroïque.
Gracieuse expression,	Grâce expressive.
Franchise louable,	Louange franche.
Soldat brutal,	Brutalité soldatesque.
Silence dédaigneux,	Dédain silencieux.
Sot orgueil,	Sottise orgueilleuse.
Prodige éclatant,	Eclat prodigieux.
Frère dévoué,	Dévoûment fraternel.
Bonté paternelle,	Bon père.
Docteur grave,	Gravité doctorale.
Inquiétude maternelle,	Mère inquiète.
Habitude perverse,	Perversité habituelle.
Lâche honte,	Lâcheté honteuse.
Son vocal,	Voix sonore.
Instrument musical,	Musique instrumentale.

des bergers. *Panique* se dit d'une frayeur subite et sans fondement réel, que les anciens croyaient inspirée par le dieu *Pan.*

(1) Géants, fils du Ciel et de la Terre, les *cyclopes* n'avaient qu'un œil au milieu du front. Ils habitaient la Sicile et travaillaient comme forgerons sous les ordres de Vulcain, à forger les foudres de Jupiter, dans les entrailles du mont Etna, en Sicile. Le plus célèbre des cyclopes était Polyphème.

(2) Du latin *nocturnus*, qui a lieu pendant la nuit, dérivé de *nox*, nuit.

VINGT-NEUVIÈME LEÇON.

Devoir sur les noms changés en adjectifs.

La véritable *amabilité* consiste à être *aimable* avec tout le monde. Peu de *vieillards* savent être *vieux*. On voit certains exaltés qui sont plus *royalistes* que le *roi*. Tous ceux qui pratiquent la *vertu* ne sont pas *vertueux* pour cela. La *matière* ne peut avoir que des qualités *matérielles* (1). Il y a en politique deux sortes de vérités dont l'une se nomme la *vérité vraie* (2). Comment me dire *docteur* quand tout le monde va devenir sans peine aussi *docte* que moi? La naissance *miraculeuse* de Louis XIV (3) promettait à tout l'univers une vie pleine de *miracles*. Ceux qui veulent toujours avoir *raison* sont des gens peu *raisonnables*. On s'infecte de *sottises* dans la société des *sots*. On a dit du *Contrat social* de Jean-Jacques Rousseau (4) qu'il était contraire à toute *société*. Voulez-vous mériter l'*amabilité* des autres? soyez *aimable*. Le *glorieux* est un sot qui méconnaît la *gloire*. Il n'y a pas de *malheur* plus grand que de n'avoir jamais été *malheureux*. Puisque tu es *homme*, tu dois être *humain*. Tous les hommes sont *égaux*, dit-on; cependant, ce n'est qu'aux portes du tombeau que commence la véritable *égalité*. Autrefois on classait les *animaux* suivant les lieux qu'ils habitaient : ainsi on les divisait en *terrestres*, *aériens* ou *aquatiques*, selon qu'ils habitaient la *terre*, l'*air* ou les *eaux*.

TRENTIÈME LEÇON.

Hasard,	hasardeux,	hasarder,	hasardeusement.
Abondance,	abondant,	abonder,	abondamment.
Humanité,	humain,	humaniser,	humainement.
Abus,	abusif,	abuser,	abusivement.

(1) C'est-à-dire que la matière, qui est une substance, un corps, ne peut avoir que des qualités qui tombent sous nos sens; que nous pouvons voir, goûter, toucher, sentir ou entendre : telles sont l'étendue, la couleur, la sonorité, l'odeur, etc. Quelques philosophes, appelés *matérialistes*, n'ont admis dans l'univers d'autre existence que celle de la *matière*, niant ainsi celle des esprits, c'est-à-dire de l'âme et de la divinité. Mais ils ont été combattus victorieusement à toutes les époques par les philosophes du caractère le plus élevé, Platon, Cicéron, Descartes, Bossuet, etc.

(2) S'il est vrai, dans la vie privée, que *toute vérité n'est pas bonne à dire*, c'est surtout en politique que ce proverbe trouve son application. Souvent il est malheureusement nécessaire, pour la faire accepter, de déguiser la vérité, de la parer de couleurs brillantes et quelquefois mensongères. De là ces expressions : *langage diplomatique*, c'est-à-dire équivoque; *faire de la diplomatie*, chercher à tromper. La plupart des bons mots du plus célèbre diplomate de notre siècle, Talleyrand, ont rapport à cette idée : *La parole a été donnée à l'homme pour déguiser sa pensée — Méfiez-vous du premier mouvement, c'est le bon*; etc.

(3) L'union de Louis XIII et d'Anne d'Autriche resta longtemps stérile; ce ne fut qu'après vingt-trois ans de mariage que naquit Louis XIV. De là, ce mot de *naissance miraculeuse*.

(4) Jean-Jacques Rousseau, fils d'un horloger de Genève, fut l'un des plus fameux écrivains du siècle dernier. Son *Contrat social* proclame l'égalité absolue, et suppose un pacte qui aurait été fait à l'origine des sociétés.

DE L'ADJECTIF.

Humilité,	humble,	humilier,	humblement.
Activité,	actif,	activer,	activement.
Identité (1),	identique,	identifier,	identiquement.
Merveille,	merveilleux,	émerveiller,	merveilleusement.
Légitimité,	légitime,	légitimer,	légitimement.
Admiration,	admirable,	admirer,	admirablement.
Importunité,	importun,	importuner,	importunément.
Aigreur,	aigre,	aigrir,	aigrement.
Alternation,	alternatif,	alterner,	alternativement.
Injure,	injurieux,	injurier,	injurieusement.
Ambition,	ambitieux,	ambitionner,	ambitieusement.
Habitude,	habituel,	habituer,	habituellement.
Avantage,	avantageux,	avantager,	avantageusement.
Lamentation,	lamentable,	se lamenter,	lamentablement.
Mollesse,	mou,	s'amollir,	mollement.
Scandale,	scandaleux,	scandaliser,	scandaleusement.
Lenteur,	lent,	ralentir,	lentement.
Brusquerie,	brusque,	brusquer,	brusquement.
Calomnie,	calomnieux,	calomnier,	calomnieusement.
Distribution,	distributif,	distribuer,	distributivement.
Certitude,	certain,	certifier,	certainement.
Civilité,	civil,	civiliser,	civilement.
Correction,	correct,	corriger,	correctement.
Dédain,	dédaigneux,	dédaigner,	dédaigneusement.
Damnation,	damnable,	damner,	damnablement.
Prophétie,	prophétique,	prophétiser,	prophétiquement.
Tyrannie,	tyrannique,	tyranniser,	tyranniquement.
Raison,	raisonnable,	raisonner,	raisonnablement.
Épouvante,	épouvantable,	épouvanter,	épouvantablement.
Légalité,	légal,	légaliser,	légalement.
Publicité,	public,	publier,	publiquement.
Régularité,	régulier,	régulariser,	régulièrement.
Poète,	poétique,	poétiser,	poétiquement.

TRENTE-ET-UNIÈME LEÇON.

Décisif,	décision,	décider,	décisivement.
Graduel,	gradation,	graduer,	graduellement.
Favorable,	faveur,	favoriser,	favorablement.
Démonstratif,	démonstration	démontrer,	démonstrativement.
Dur,	dureté,	durcir,	durement.
Honorable,	honneur,	honorer,	honorablement.
Diligent,	diligence,	diligenter,	diligemment.
Distinct,	distinction,	distinguer,	distinctement.
Grand,	grandeur,	grandir,	grandement.
Spécifique,	spécification,	spécifier,	spécifiquement.
Fraternel,	fraternité,	fraterniser,	fraternellement.

(1) *Identité* et ses dérivés, tirés du mot latin *idem* (le même), s'appliquent :
1° à deux ou plusieurs choses comprises dans la même idée : *Quoiqu'il y ait trois personnes en Dieu, il y a* IDENTITÉ *de nature et de divinité;*
2° aux objets qui ne changent pas : *l'*IDENTITÉ *du but est la preuve du bon sens des hommes;*
3° aux choses semblables, quoique de formes différentes : *propositions* IDENTIQUES.

Eternel,	éternité,	éterniser,	éternellement.
Douteux,	doute,	douter,	douteusement.
Affectueux,	affection,	affectionner,	affectueusement.
Économique,	économie,	économiser,	économiquement.
Effroyable,	effroi,	effrayer,	effroyablement.
Orgueilleux,	orgueil,	s'enorgueillir,	orgueilleusement.
Étourdi,	étourderie,	étourdir,	étourdiment.
Conforme,	conformité,	conformer,	conformément.
Exécrable,	exécration,	exécrer,	exécrablement.
Facile,	facilité,	faciliter,	facilement.
Faible,	faiblesse,	faiblir,	faiblement.
Familier,	familiarité,	familiariser,	familièrement.
Faux,	fausseté,	fausser,	faussement.
Affirmatif,	affirmation,	affirmer,	affirmativement.
Manuel,	main,	manier,	manuellement.

TRENTE-DEUXIÈME LEÇON.

Fertiliser,	fertilité,	fertile,	fertilement.
Flatter,	flatterie,	flatteur,	flatteusement.
Égayer,	gaîté,	gai,	gaîment.
S'opiniâtrer,	opiniâtreté,	opiniâtre,	opiniâtrément.
Généraliser,	généralité,	général,	généralement.
Glorifier,	gloire,	glorieux,	glorieusement.
Patienter,	patience,	patient,	patiemment.
Particulariser,	particularité,	particulier,	particulièrement.
Sécher,	sécheresse,	sec,	sèchement.
Égaler,	égalité,	égal,	également.
Nier,	négation,	négatif,	négativement.
Proportionner,	proportion,	proportionnel,	proportionnellement
Modérer,	modération,	modéré,	modérément.
Préciser,	précision,	précis,	précisément.
Mûrir,	maturité,	mûr,	mûrement.
Négliger,	négligence,	négligent,	négligemment.
Niaiser,	niaiserie,	niais,	niaisement.
Obscurcir,	obscurité,	obscur,	obscurément.
Offenser,	offense,	offensif,	offensivement.
Outrager,	outrage,	outrageux,	outrageusement.
Préférer,	préférence,	préférable,	préférablement.
Apaiser,	paix,	paisible,	paisiblement.
Pacifier,	pacification,	pacifique,	pacifiquement.
Peiner,	peine,	pénible,	péniblement.
Polir,	politesse,	poli,	poliment.
Savourer,	saveur,	savoureux,	savoureusement
Louer,	louange,	louable,	louablement.

TRENTE-TROISIÈME LEÇON.

Fortement,	force,	fort,	forcer.
Fructueusement,	fruit (1),	fructueux,	fructifier.

(1) Du latin *fructus,* fruit, on a fait *fructifier,* rapporter des fruits, et, par

DE L'ADJECTIF

Fixement,	fixité,	fixe,	fixer.
Divinement,	divinité,	divin,	diviniser.
Sensiblement,	sensibilité,	sensible,	sentir.
Soigneusement,	soin,	soigneux,	soigner.
Solennellement,	solennité,	solennel,	solenniser.
Subtilement,	subtilité,	subtil,	subtiliser.
Terriblement,	terreur,	terrible,	terrifier.
Triomphalement,	triomphe,	triomphal,	triompher.
Tristement,	tristesse,	triste,	attrister.
Utilement,	utilité,	utile,	utiliser.
Violemment,	violence,	violent,	violenter.
Perpétuellement,	perpétuité,	perpétuel,	perpétuer.
Visiblement,	vision,	visible,	voir.
Traîtreusement,	trahison,	traître,	trahir.
Complaisamment,	complaisance,	complaisant,	complaire.
Sympathiquement,	sympathie,	sympathique,	sympathiser.
Complétement,	complément,	complet,	compléter.
Mortellement,	la mort,	mortel,	mourir.
Fanatiquement,	fanatisme,	fanatique,	fanatiser.
Interrogativement,	interrogation,	interrogatif,	interroger.
Brutalement,	brutalité,	brutal,	brutaliser.
Simplement,	simplicité,	simple,	simplifier.
Respectueusement,	respect,	respectueux,	respecter.
Confidentiellement,	confidence,	confidentiel,	confier.
Exclusivement,	exclusion,	exclusif,	exclure.

TRENTE-QUATRIÈME LEÇON.

Animaux et personnes.   **Caractère.**

Singe,	adresse, adroit.
Chat,	méchanceté, méchant.
Chien (1),	fidélité, fidèle.
Renard,	ruse, rusé.
Lion,	force, fort.
Tigre,	férocité, féroce.
Perroquet,	bavardage, bavard.
Tourterelle,	tendresse, tendre.
Fourmi,	travail, laborieuse.
Cigale,	oisiveté, oisive.
Paon,	orgueil, orgueilleux.

analogie, *fructueux, fructueusement,* lucratif, utilement : *emploi fructueux, travailler fructueusement.*

(1) On lit dans Élien que le chien du poëte Eupolis se laissa mourir sur le tombeau de son maître ; le poëte anglais Dryden, attaqué par six voleurs, dut la vie à son chien ; ceux de Henri III faisaient sentinelle pendant la nuit, et se relevaient toutes les heures, comme auraient pu faire des hommes d'armes. On dit que *Céline*, l'un d'eux, au moment où Jacques Clément fut introduit dans la chambre du roi, se mit à aboyer et voulut mordre l'assassin. Le roi la fit retirer, mais elle revint à la charge et aboya plus fort. Ne semble-t-il pas qu'elle avait un pressentiment de ce qui allait arriver ?

En 1102, Bouchard de Montmorency, vaincu par Louis, fils de Philippe I*er*, vint à Paris avec un grand nombre de chevaliers, portant tous une médaille où se trouvait gravé un chien, comme symbole de la fidélité qu'ils voulaient garder au roi dans la suite.

Mouton,	douceur, doux.
Chameau (1),	sobriété, sobre.
Éléphant (2),	intelligence, intelligent.
Lièvre (3),	poltronnerie, poltron.
Biche,	timidité, timide.
Cerf,	légèreté, léger.
Loup,	gloutonnerie, glouton.
Tortue,	lenteur, lente.
Écureuil,	vivacité, vif.
Coq,	hardiesse, hardi.
Ane,	patience, patient.
Linotte,	étourderie, étourdie.
Mulet,	entêtement, entêté.
Castor et abeille (4),	industrie, industrieux.
Serpent (5),	prudence, prudent.
Oie,	stupidité, stupide.
Cheval,	noblesse, noble.

---

(1) La sobriété des chameaux, jointe à la facilité qu'ils ont de passer plusieurs jours sans boire, les rend de première utilité. Quoique pesamment chargés, ils peuvent faire dix lieues par jour pendant un mois entier. Ils broutent en trottant, sans s'arrêter, les buissons épars. Ils aiment la musique, dit Buffon ; car, si le chamelier entonne une chanson, la faim, la soif, la fatigue, sont oubliées ; le long cou des chameaux se redresse et leur allure reprend sa vivacité, hâtant ou modérant leur pas, selon que le chanteur presse ou ralentit la mesure.

(2) A Naples, un éléphant servait de manœuvre à un maçon, en lui apportant de l'eau dans une grande chaudière. Ayant remarqué qu'on la portait chez un chaudronnier toutes les fois qu'elle était percée, il l'y porta de lui-même un jour qu'il s'aperçut que l'eau fuyait, et attendit gravement qu'elle fût raccommodée.

(3) Un souffle, une ombre, un rien, tout lui donne la fièvre. (La Fontaine.)

(4) L'intelligence des castors est merveilleuse ; réunis en troupe, ils se construisent des huttes sur le bord de l'eau avec une admirable industrie, ayant soin d'établir une digue, si les eaux sont courantes, et par conséquent sujettes à hausser. La main de l'homme ne donnerait pas plus de solidité à ces ouvrages.

Tout le monde connaît la cire et ses usages, et sait apprécier la douceur du miel, que les anciens nommaient *nectar des dieux* et *présent du ciel.* C'est aux abeilles que nous devons ce précieux produit. Les abeilles vivent en société dans des ruches, sous un gouvernement qui présente l'image d'une monarchie. Chaque ruche ou essaim se compose d'environ vingt mille ouvrières, de seize cents bourdons ou mâles, et d'une femelle qu'on appelle la *reine.* Les premières exécutent les travaux, vont récolter le pollen des fleurs et bâtissent les alvéoles. Les bourdons, destinés à féconder la femelle, sont tués par les ouvrières, dès que les œufs sont pondus et que leur rôle est par conséquent terminé. La reine est l'âme de l'État et commande seule dans la ruche ; elle a des chefs qui punissent les fautes, activent les paresseuses, et lui servent de garde d'honneur quand elle se promène dans ses États. Vient-elle à périr, la république s'assemble, on délibère, et l'on choisit une femelle, que l'on élève à la dignité de chef de l'État.

(5) « Le serpent, dit Chateaubriand, s'associe naturellement aux idées morales ou religieuses, comme par une suite de l'influence qu'il eut sur nos destinées : la prudence le réclame, le mensonge l'invoque, l'envie le porte dans son cœur et l'éloquence à son caducée ; enfin la séduction l'appelle à son aide. » C'est sous la forme du serpent que le démon tenta la première femme. Dans la mythologie, le serpent arme le fouet des Furies et forme leur chevelure ; il est aussi l'attribut d'Esculape. Sa peau, qui se renouvelle, emblème de la santé, en a fait aussi le symbole de la médecine et de la pharmacie, arts où la prudence est d'ailleurs si désirable et si nécessaire. Le serpent avait, dans l'opinion des anciens, quelque chose de prophétique ; il figurait sur le trépied de l'oracle de Delphes.

Homme (1),	raison, raisonnable.
L'écolier,	dissipation, dissipé.
Le maître,	sévérité, sévère.
Le nègre (2),	paresse, paresseux.
Le Français,	amabilité, aimable.
L'Anglais,	taciturnité, taciturne.
Le Gascon,	hâblerie, hâbleur.
Le Corse (3),	vengeance, vengeur.
Un page,	effronterie, effronté.
Le magistrat,	gravité, grave.

TRENTE-CINQUIÈME LEÇON.

Gerbe de lumière.	Gerbe lumineuse.
Les habitudes de Paris.	Les habitudes parisiennes.
Le sénat de Rome (4).	Le sénat romain.
Une chaleur d'enfer.	Une chaleur infernale.
Une œuvre de piété.	Une œuvre pieuse (ou *pie*).
La providence de Dieu.	La providence divine.
Dieu de bonté.	Dieu bon.
Règne de tyran.	Règne tyrannique.
Armée de terre.	Armée terrestre.
Joie d'enfant.	Joie enfantine.
Saison de pluie.	Saison pluvieuse.
Eau de pluie.	Eau pluviale.
Terre de marécage.	Terre marécageuse.
Mouvement de religion.	Mouvement religieux
Temps d'orage.	Temps orageux.
Monnaie de France.	Monnaie française.
Moisson de gloire.	Moisson glorieuse.
La forme de la lune.	La forme lunaire.
Grandeur de colosse.	Grandeur colossale.
Eau de fleuve.	Eau fluviale.
Jardin de délices.	Jardin délicieux.
Cœur de père.	Cœur paternel.
Les maladies du corps.	Les maladies corporelles.

(1) Être raisonnable, formé d'un corps et d'une âme. L'homme, sous le rapport de la place qu'il occupe dans la nature, est le *roi de la création*; la parole lui a été donnée pour exprimer sa pensée; seul il élève la tête vers les cieux, comme pour rendre hommage au Créateur.

(2) Les nègres, persuadés que les orangs-outangs, qui habitent les mêmes contrées, sont leurs ancêtres à l'état de nature, se complaisent dans cette existence sauvage et ne veulent rien faire, afin de pouvoir, comme eux, vivre dans les bois en pleine liberté.

(3) Les mœurs corses sont une espèce de phénomène au milieu de l'Europe moderne. Un Corse qui a une injure à venger est en *vendetta*; il prévient son ennemi qu'à dater de tel jour il cherchera l'occasion de le tuer. Un premier meurtre engendre des assassinats réciproques, en sorte que des familles entières vivent dans un état continuel d'inimitié et d'hostilité. La *vendetta* est la plaie de la Corse. On retrouve ce barbare usage à toutes les époques de civilisation peu avancée, où la force l'emporte sur le droit. Le massacre des Sichemites par les fils de Jacob fut une *vendetta*.

(4) En voyant les sénateurs romains, Cinéas crut voir une assemblée de rois.

Propriété de la nation.	Propriété nationale.
Une majesté de roi.	Une majesté royale.
La nature de l'homme.	La nature humaine.
Temps de révolution.	Temps révolutionnaire.
Des vertus de citoyen.	Des vertus civiques.
Les armées de la République.	Les armées républicaines.
Les institutions de la monarchie.	Les institutions monarchiques.
La température du Midi.	La température méridionale.
Les parfums de l'Orient.	Les parfums orientaux.
La puissance du souverain.	La puissance souveraine.
Le disque du soleil.	Le disque solaire.
Une patience d'ange.	Une patience angélique.
Fleur de printemps.	Fleur printanière.
Cri d'alarme.	Cri alarmant.
Fils d'adoption.	Fils adoptif.
Volonté de dictateur.	Volonté dictatoriale.
Les variations de l'atmosphère.	Les variations atmosphériques.
Visite d'ami.	Visite amicale.
Des pas de géant.	Des pas gigantesques.
Un luxe de prince.	Un luxe princier.
Océan de glace.	Océan glacial (1).
Ville de commerce.	Ville commerçante.
La république d'Athènes.	La république athénienne.
L'art de la guerre.	L'art guerrier.
La rosée du matin.	La rosée matinale.
Un jour de fête.	Un jour férié.
Des propositions de paix.	Des propositions pacifiques.
Les femmes de Lacédémone.	Les femmes lacédémoniennes (2).
Homme d'esprit.	Homme spirituel.
L'aigle d'Autriche (3).	L'aigle autrichienne.
Les provinces du Rhin.	Les provinces rhénanes.
Vertu de héros.	Vertu héroïque.
Momie d'Egypte (4).	Momie égyptienne.

(1) Ou *Mer Glaciale*, qui s'étend depuis le pôle boréal jusqu'au cercle polaire arctique. Cette mer est surtout fréquentée pour la pêche de la baleine. Toute l'étendue de la zone glaciale du sud, depuis le cercle polaire antarctique jusqu'au pôle, est aussi supposée occupée par une mer que l'on nomme *Océan glacial austral*. Aucun navigateur n'a pu y pénétrer jusqu'à ce jour.

(2) Les Lacédémoniennes accouchaient ordinairement et se délivraient sur un bouclier. Elles apprenaient sans douleur que leurs enfants étaient morts au combat; l'une d'elles disait à son fils partant pour la guerre, en lui montrant son bouclier : *Reviens avec ou dessus*, c'est-à-dire mort ou vainqueur.

(3) Armoiries de la maison d'Autriche. Par *Aigle germanique*, on désigne l'Allemagne, comme on entend par *les Léopards* le royaume de la Grande-Bretagne, par *Lion belge* celui de Belgique, etc. Quelques auteurs ont fait aigle masculin en ce sens :

> En vain au lion Belgique
> Il voit l'aigle germanique
> Uni sous les léopards.
> (BOILEAU.)

(4) Corps embaumés, conservés presque intacts depuis un grand nombre de siècles en Egypte, et dont plusieurs figurent dans nos musées. La face en est si bien conservée, que, quelquefois, les yeux ont encore leur forme. Les momies égyptiennes sont les plus anciens débris humains qui nous soient parvenus. L'usage des embaumements fut tout-à-fait négligé au moyen âge. M. Gannal l'a fait, pour ainsi dire, revivre de nos jours ; sa méthode ou, si

TRENTE-SIXIÈME LEÇON.

Noms qualifiés.

Le travail est *indispensable*. La terre est *ronde*. L'univers est *immense*. Le soleil est *brillant*. La lune est *argentée*. Le ciel est *magnifique*. Les étoiles sont *innombrables*. L'été est *brûlant*. Les pluies sont *nécessaires*. Ce fruit est *mûr*. Les vacances sont *agréables*. Dieu est *bon*. La rose est *belle*. Le tigre est *féroce*. L'écolier est *paresseux*. La nature est *admirable*. L'air est *pur*. Le vin est *fortifiant*. L'eau est *transparente*. Les ruisseaux sont *limpides*. Les torrents sont *impétueux*. La forêt est *sombre*. Les heures sont *rapides*. L'orgueil est *insupportable*. Une couronne est *pesante*. La jeunesse est *heureuse*. Les mouches sont *incommodes*. Le clocher est *élevé*. Le papillon est *léger*. La modestie est *silencieuse*. La mort est *affreuse*. Le cygne est *gracieux*. Ce livre est *instructif*. La pêche est *vermeille*. La pêche est *amusante*. L'espérance est *trompeuse*. La fortune est *inconstante*. Les flatteurs sont *dangereux*. L'amitié est *indiscrète*. La religion est *consolante*. La grammaire est *utile*. Les montagnes sont *escarpées*. L'histoire est *impartiale*. L'aigle est *altier*. La rosée est *bienfaisante*. L'armée est *triomphante*. L'ours est *informe*. Le tocsin est *lugubre*.

TRENTE-SEPTIÈME LEÇON.

Contre-partie du devoir précédent.

Les *fourmis* sont laborieuses. *Dieu* est tout-puissant. La *vie* est courte. La *liberté* est douce. Le *mensonge* est haïssable. Le *loup* est vorace. L'*âme* est immortelle. L'*Evangile* est sublime. Le *bonheur* est fugitif. L'*âne* est têtu. L'*avenir* (1) est incertain. Les *enfants* sont curieux. L'*ouragan* a été terrible. Le *lion* est généreux. Le *coupable* est timide. Les *ormes* sont touffus. Le *perroquet* est bavard. La *mer* est profonde. L'*or* est rare. Une *mère* est indulgente. Le *ciel* est orageux. Les *jeunes arbres* sont flexibles. Les *lièvres* sont agiles. Les *écoliers* sont turbulents. La *récolte* a été abondante cette année. L'*ivrognerie* est abrutissante. Les *étangs* sont poissonneux. Les *guerres* sont dévastatrices. Le *chien* est fidèle. Le *vice* est honteux. Le *perroquet* est imitateur. Le *verre* est fragile. La *baleine* est énorme. *Napoléon* était presque toujours victorieux. *Esope* était bossu. *Esaü* était roux. *Caïn* était jaloux de son frère. *Jeanne d'Arc* fut brûlée à Rouen. *Crésus* était riche. *Job* était pauvre. Les *Patagons* sont très-grands. Les *Lapons* sont très-petits.

---

l'on veut, son secret, consiste à injecter, par les artères du cou, un liquide doué de propriétés antiputrides.

(1) Remplissez tous vos devoirs aujourd'hui, vous n'êtes pas sûr de vivre demain.
(VOLTAIRE.)

Est-il aucun moment
Qui vous puisse assurer d'un second seulement ?
(LA FONTAINE.)

TRENTE-HUITIÈME LEÇON.

Donner cinq qualifications en bonne part aux substantifs lion, fable, rose, sommeil, juge.

Lion	noble, généreux, magnanime, fier, courageux.
Fable	amusante, morale, instructive, spirituelle, charmante.
Rose	vermeille, fraîche, épanouie, parfumée, odoriférante.
Sommeil	tranquille, doux, salutaire, fortifiant, paisible.
Juge	impartial, intègre, incorruptible, bienveillant, probe.

Cinq qualifications en mauvaise part aux substantifs tigre, mensonge, guerre, hiver, douleur.

Tigre	cruel, sanguinaire, féroce, carnassier, vorace.
Mensonge	honteux, lâche, méprisable, vil, odieux.
Guerre	meurtrière, sanglante, funeste, dévastatrice, désastreuse.
Hiver	froid, long, triste, pluvieux, rigoureux.
Douleur	vive, aiguë, insupportable, mortelle, amère.

Cinq qualifications en bonne part et cinq en mauvaise part aux substantifs écolier, chien, fruit, étoffe, pain.

Ecolier	studieux, attentif, laborieux, obéissant, diligent.
	paresseux, bavard, raisonneur, dissipé, taquin.
Chien	fidèle, vigilant, soumis, reconnaissant, mignon.
	hargneux, glouton, méchant, poltron, gourmand.
Fruit	mûr, vermeil, délicieux, succulent, excellent.
	amer, sur, gâté, pourri, véreux.
Etoffe	riche, souple, fine, soyeuse, solide.
	commune, grossière, usée, salissante, légère.
Pain	blanc, léger, tendre, nourrissant, bénit.
	noir, lourd, dur, moisi, grossier.

Nota. Voici un moyen d'émulation que nous employons avec succès : il consiste à faire dire successivement par chaque élève un des adjectifs demandés, jusqu'à ce que le tour soit achevé, et à récompenser ensuite, par un bon point ou par un jeton, ceux des élèves qui ont répondu dans le sens de la partie du maître. On peut encore, par une méthode moins attrayante, mais plus logique, accorder la récompense à tous les élèves qui ont fait une réponse satisfaisante, quoique étrangère à la clé du maître. Cette marche peut s'appliquer à tous les devoirs de cette nature; car, nous le répétons, nos exercices constituent avant tout un travail oral.

TRENTE-NEUVIÈME LEÇON.

Donner cinq qualifications à chacun des noms :

La France	libre, puissante, heureuse, fertile, triomphante.
Un désert	immense, sablonneux, stérile, brûlant, aride.
Ame	noble, guerrière, basse, généreuse, immortelle.

DE L'ADJECTIF.

Un ami	sévère, discret, fidèle, faux, perfide.
Beauté	modeste, fugitive, fragile, passagère, divine.
Travail	continuel, fatigant, opiniâtre, lucratif, assidu.
Langage	trivial, respectueux, froid, fier, pur.
Figure	douce, spirituelle, expressive, intéressante, repoussante.
Eau	bourbeuse, amère, trouble, limpide, fraîche.
Nuit	profonde, noire, terrible, longue, funeste.
Fleuve	navigable, immense, profond, rapide, poissonneux.
Chasseur	adroit, heureux, infatigable, habile, intrépide.
Orateur	véhément, chaleureux, puissant, éloquent, diffus.
Montagne	élevée, énorme, neigeuse, inaccessible, escarpée.
Le fer	utile, précieux, commun, poli, rouillé.
Vent	doux, brûlant, violent, léger, parfumé.
Voix	agréable, forte, sonore, amie, harmonieuse.
Bœuf	nerveux, docile, pesant, fort, infatigable.
Conversation	agréable, instructive, intéressante, animée, variée.
Soleil	rond, brillant, immense, ardent, bienfaisant.

QUARANTIÈME LEÇON.

Trouver cinq noms auxquels convienne l'adjectif.

Noble	âme, cœur, taille, style, conduite.
Suprême	volonté, instant, degré, félicité, beauté.
Dur, e	tête, pain, lit, vie, oreille.
Vert, e	tapis, feuille, lunette, pré, fruit.
Sévère	loi, maître, goût, front, châtiment.
Déshonorant, e	ingratitude, lâcheté, bassesse, action, passion.
Sacré, e	dette, dépôt, parole, promesse, devoir.
Violent, e	désir, haine, mort, vent, incendie.
Frais, fraîche	matinée, boisson, cave, beurre, œuf.
Muet, te	surprise, douleur, éloquence, désespoir, bouche.
Gracieux, se	air, contour, forme, accueil, salut.
Profond, e	sommeil, génie, pensée, blessure, grotte.
Doux, douce	caractère, amitié, espérance, liberté, température.
Tendre	regard, mère, cœur, parole, adieu.
Impitoyable	créancier, justice, cruauté, tyran, mort.
Fidèle	serviteur, chien, ami, fortune, coursier.
Ingrat, e	cœur, fils, sol, mémoire, imagination.
Pur, e	or, eau, intention, vin, ciel.
Atroce	guerre, crime, vengeance, grimace, joie.
Amer, amère	douleur, disgrâce, pauvreté, regret, souvenir.
Faible	vue, poitrine, respiration, esprit, roseau.
Timide	innocence, pudeur, conscience, biche, jeune fille.
Abondant, e	année, repas, moisson, nourriture, pluie.
Sublime	génie, action, doctrine, Évangile, élan.
Glacial, e	air, vent, froid, océan, pluie.

...AIRE ÉLÉMENTAIRE LEXICOLOGIQUE.

QUARANTE-ET-UNIÈME LEÇON.

Phrases que l'élève doit terminer.

Toutes les promesses ne sont pas *vraies*.
Tous les oiseaux ne sont pas *chanteurs*.
Tous les amis ne sont pas *sincères*.
Tous les monuments ne sont pas *anciens*.
Tous les hivers ne sont pas *rigoureux*.
Tous les contes ne sont pas *amusants*.
Tous les vins ne sont pas *généreux*.
Toutes les consciences ne sont pas *pures*.
Tous les obstacles ne sont pas *insurmontables*.
Tous les épis ne sont pas *pleins*.
Tous les écoliers ne sont pas *laborieux*.
Toutes les maladies ne sont pas *graves*.
Tous les paysages ne sont pas *remarquables*.
Tous les insectes et tous les reptiles ne sont pas *dangereux*.
Tous les jeux ne sont pas *divertissants*.
Tous les ours ne sont pas *bruns* (1).
Tous les volcans ne sont pas *enflammés* (2).
Toutes les perles ne sont pas *fines*.
Tous les dépositaires ne sont pas *fidèles*.
Tous les chefs ne sont pas *habiles*.
Tous les chants ne sont pas *harmonieux*.
Toutes les mémoires ne sont pas *heureuses*.
Toutes les méthodes ne sont pas *bonnes*.
Toutes les impressions ne sont pas *durables*.
Toutes les clôtures ne sont pas *infranchissables*.
Tous les miroirs ne sont pas *fidèles*.
Toutes les odeurs ne sont pas *agréables*.
Tous les soldats ne sont pas *courageux*.

---

(1) On distingue : 1° l'ours *brun*, commun dans les Alpes et les Pyrénées ; 2° l'ours *noir* d'Amérique ; 3° l'ours *blanc* des régions polaires, qui atteint jusqu'à 2 mètres de long et est très-vorace. L'ours n'est point sanguinaire ; c'est un animal omnivore, mais qui se nourrit le plus ordinairement de graines et de fruits ; il ne mange de chair que quand il y est forcé par la faim. Sa vue est excellente, son odorat très-fin, et son intelligence fort développée ; dans le danger, il fait preuve d'une extrême circonspection ; pris jeune, il s'apprivoise aisément et est susceptible d'éducation. Les ours passent presque tout l'hiver dans une sorte de léthargie ; la graisse qu'ils ont amassée pendant l'été se fond insensiblement, rentre dans le torrent de la circulation, et suffit, sans autre nourriture, à entretenir leur vie pendant plusieurs mois ; à la fin de l'hiver, quand ils sortent de leur tanière, ils sont maigres et affamés. Les anciens prétendaient que les ours étaient informes en naissant, et que leur mère les façonnait à force de les lécher : d'où, en parlant d'une personne mal faite, l'expression d'*ours mal léché*.

(2) Il existe sur certains points du globe des volcans éteints depuis des siècles. Il n'est pas rare qu'un volcan demeure pendant des années dans un calme si profond, qu'on douterait même de son existence. Tout à coup le volcan se réveille, le cratère s'ouvre avec un éclat dont une forte décharge d'artillerie peut à peine donner une idée, et vomit des torrents de laves embrasées. Quelques volcans lancent des jets d'eau bouillante, d'autres de la boue, du soufre, de l'air, des gaz inflammables, etc.
Certains terrains du centre et du midi de la France sont volcaniques.

DE L'ADJECTIF.

Tous les champignons ne sont pas *vénéneux* (1).
Tous les laboureurs ne sont pas *diligents*.

QUARANTE-DEUXIÈME LEÇON.

Phrases que l'élève doit terminer. — Contre-partie du devoir précédent.

Toutes les *fleurs* ne sont pas odorantes.
Toutes les *victoires* ne sont pas glorieuses (2).
Tous les *champs* ne sont pas fertiles.
Toutes les *fautes* ne sont pas graves.
Tous les *fleuves* ne sont pas navigables.
Tous les *riches* ne sont pas charitables.
Tous les *malheurs* ne sont pas irréparables.
Tous les *serpents* ne sont pas venimeux (3).
Toutes les *rues* ne sont pas pavées.
Tous les *livres* ne sont pas instructifs.
Tous les *portraits* ne sont pas ressemblants.
Tous les *empires* ne sont pas florissants.
Toutes les *pêches* ne sont pas vermeilles.
Tous les *orateurs* ne sont pas éloquents.
Tous les *ruisseaux* ne sont pas limpides.
Toutes les *forteresses* ne sont pas imprenables.
Toutes les *batailles* ne sont pas sanglantes.
Toutes les *religions* ne sont pas divines (4).
Tous les *pâturages* ne sont pas gras et féconds.
Toutes les *douleurs* ne sont pas inconsolables.

---

(1) La distinction des champignons comestibles et des vénéneux exige une grande habitude. En général, une odeur et une saveur désagréables, une chair mollasse et spongieuse, dénotent les mauvais champignons ; les bons, au contraire, sont caractérisés par une odeur de rose, d'amande amère ou de farine fraiche, et par une saveur de noisette. Les champignons vénéneux sont un poison violent. Dans un cas d'empoisonnement, on doit se hâter de recourir aux vomitifs, et même aux purgatifs, si le poison a été digéré depuis longtemps (seize à vingt heures).
Le champignon de couche est le seul qu'il soit permis de vendre sur les marchés de Paris.
(2) Comme, par exemple, l'affaire de Sinope, où les Russes, en écrasant une poignée de braves, ont commis une véritable lâcheté, ce qui, selon nous, pourrait servir à enrichir la langue française d'un terme qui lui manque, *une* SINOPIE, pour désigner le lâche abus de la force.
(3) Parmi les nombreuses espèces de serpents, il n'y en a guère de venimeux que la *vipère*, serpent à couleur brune et roussâtre, qui habite l'Europe méridionale et tempérée, et le *crotale*, vulgairement appelé *serpent à sonnettes*, qui habite les lieux marécageux de l'Amérique. La violence du venin inoculé par la morsure de ce dernier est telle, qu'elle suffit pour faire mourir, en moins d'une heure, un homme, un animal de forte taille. Un préjugé sans fondement prête à la langue de ces reptiles la vertu de lancer le venin, et a fait prendre à tort la *langue de vipère* pour l'emblème de la calomnie. Ce venin est contenu dans plusieurs petits crochets situés sous la langue ou au devant de la mâchoire supérieure. Aussitôt après la morsure, il faut se hâter de laver la plaie avec de l'eau salée et d'y appliquer un fer incandescent.
(4) Bien que l'on retrouve des idées religieuses dans tous les temps et chez

3.

QUARANTE-TROISIÈME LEÇON.

Devoir sur la couleur, la forme, la saveur et la nature des corps.

1° La Couleur. La neige est *blanche*. L'indigo et la flamme de l'eau-de-vie sont *bleus*. Le soufre est *jaune*. Le plumage du corbeau est *noir*. La crête du coq est *rouge*. Je préfère l'eau *rougie* au vin pur. L'olive est *verte*. La cendre est *grise*.

2° La Forme. Le pois est *rond*. Le dé à jouer est *carré*. Le fruit de l'églantier est *oblong*. On dit vulgairement *plat* comme une punaise. Le pain de sucre est *conique*. Le chalumeau est *cylindrique*. Le bec des oiseaux de proie est *crochu*. Les règles dont se servent les écoliers sont d'ordinaire *rectangulaires*. L'œuf est *ovale*.

3° La Saveur. L'eau de la mer est extrêmement *salée*. Le miel est *doux*. Le fiel est *amer*. Les médecins prescrivent l'eau *sucrée* aux malades. Le lait caillé est *aigre*. La plupart des légumes crus sont *fades*; mais ils deviennent *savoureux* par la cuisson.

4° La Nature, l'État des Corps. L'eau, qui est *liquide* à l'état naturel, devient *solide* par le refroidissement. Un corps peut être très-léger et très-*dur* en même temps (1). Le plomb est plus *mou*, quoiqu'il soit beaucoup plus lourd que le fer. Le blanc d'œuf est *visqueux*. Le poumon est de la même nature que l'éponge, c'est-à-dire *spongieux*. La physique a démontré que l'or, ce métal qui nous paraît si lisse, est percé d'une foule de petits trous; c'est-à-dire qu'il est *poreux* comme tous les autres corps (2).

QUARANTE-QUATRIÈME LEÇON.

Devoir sur les qualités morales des individus.

Le chameau est si *sobre*, qu'il peut rester plusieurs jours sans prendre de nourriture. Soyez très-*avare* de votre temps; n'en perdez pas une parcelle inutilement. Un homme qui voulait vendre sa maison,

---

tous les peuples, la religion n'a point revêtu partout un caractère uniforme. À l'état de barbarie, l'homme divinisa les éléments et les forces de la nature : il adora le tonnerre, le feu, l'eau, la terre et les astres; ce fétichisme, épuré dans la suite par la civilisation grecque et romaine, et embelli par l'imagination des poètes, revêtit la forme de polythéisme connu sous le nom de paganisme. L'idée d'un seul Dieu ne s'était conservée que chez les Juifs. Enfin le christianisme parut et vint apporter à la terre la véritable religion, fondée sur l'amour de Dieu et du prochain.

(1) Telle est la pierre-ponce, substance d'origine volcanique, traversée par des bulles de gaz avant sa coagulation complète, ce qui la rend poreuse et très-légère. Sa dureté est telle, qu'elle raye le verre et l'acier.

(2) Une sphère d'or, ayant été exactement remplie d'eau, fut comprimée de manière à prendre une forme aplatie; son volume se trouvant ainsi diminué, on vit l'eau s'échapper à travers la boule, laissant apercevoir sur tous les points de sa surface des gouttelettes d'eau semblables à celles de la rosée : preuve de la porosité de l'or. Cette curieuse expérience fût faite à Florence, en 1661.

était si *simple*, qu'il en colportait partout une pierre pour servir d'échantillon (1). Le renard se montra plus *rusé* que le corbeau. La faim regarde à la porte de l'homme *laborieux*, elle n'ose pas entrer. Celui qui répète une médisance est un *lâche* qui attaque un blessé. Un enfant doit être *reconnaissant* envers ses parents, à qui il doit tout. Celui qui n'a aucune vertu est toujours *jaloux* de celles des autres. Cette jeune fille ne travaille qu'avec la langue ; elle est très-*bavarde*.

QUARANTE-CINQUIÈME LEÇON.

Devoir sur les qualités physiques des individus.

La première qualité de l'écriture, c'est d'être très-*lisible*. La plupart des fleuves ne sont *navigables* qu'à une certaine distance de leur source. Les jeunes pousses de l'osier sont si *flexibles*, qu'on peut les ployer dans tous les sens. Les oiseaux placent volontiers leurs nids dans les arbres *touffus*, parce qu'ils y trouvent plus d'abri et une plus grande sûreté. La girafe a les jambes de devant une fois plus *hautes* que celles de derrière. Le cuir de l'éléphant est si *dur* et si *épais*, qu'il est à l'épreuve des balles. Je n'estimerais pas celui qui verrait d'un œil *sec* un champ de bataille. L'eau, le verre et le cristal sont *transparents*. Une longue habitude du mensonge devient une maladie *incurable*; on n'en guérit jamais. L'orgueil a d'autant plus de hauteur qu'il s'est élevé de plus *bas*. Ne demande pas conseil à celui qui a le front *lisse* : il n'a jamais réfléchi (2).

CHAPITRE QUATRIÈME.

DU PRONOM.

QUARANTE-SIXIÈME LEÇON.

Devoir sur le pronom.

Les mulots se détruisent les uns les autres, dès que les vivres commencent à manquer *aux mulots*. On ne triomphe du vice qu'en fuyant *le vice*. Si la religion était l'ouvrage de l'homme, *la religion* serait le chef-d'œuvre *de l'homme*. La réputation est une fleur délicate, un

---

(1) « Arlequin portait une pierre sous son bras. Quelqu'un lui demanda ce qu'il portait : C'est, répondit-il, *l'échantillon* d'une maison que je veux vendre. »
(Madame de Sévigné.)

(2) Les rides ne sont pas seulement un signe de vieillesse ; les méditations profondes, les peines de l'âme, contractent souvent les muscles du visage. De là cette conclusion que celui dont le front est lisse n'a jamais réfléchi ni souffert.

souffle léger peut flétrir *la réputation*. L'éléphant n'abuse ni de ses armes ni de sa force; *l'éléphant* n'emploie *ses armes* et *sa force* que pour sa propre défense et pour *la défense* de ses semblables. Charles XII a perdu plus de provinces en une seule défaite (1), que *Charles XII* n'avait conquis *de provinces* en dix ans de victoires. Gourville cherche Vatel (2); *Gourville* trouve *Vatel* noyé dans son sang. Dieu t'a fait pour aimer *Dieu* et non pour comprendre *Dieu*. Si *votre* ennemi a faim, donnez à manger *à votre ennemi*; si votre *ennemi* a soif, donnez à boire *à votre ennemi*. En consolant les malheurs d'autrui, nous sentons moins *nos malheurs;* en soulageant leur douleur, nous allégeons *notre douleur*. Dieu explique le monde, et le monde prouve *Dieu*. La lecture me plaît, je fais mes plus chères délices *de la lecture*. L'esprit est la fleur de l'imagination; le jugement est le fruit *de l'imagination*. O Télémaque ! craignez de tomber entre les mains de Pygmalion (3); *Pygmalion* a trempé *ses mains* dans le sang de Sichée, mari de Didon, sa sœur. La langue du singe a paru aux anatomistes aussi parfaite que *la langue* de l'homme. Dieu a dit : Que la lumière soit; et *la lumière* fut. *Dieu* a dit encore : Que le soleil paraisse; et *le soleil* parut. Les vrais amis sont rares, l'adversité fait connaître *les vrais amis*. Pharaon ôta son anneau de son doigt, et plaça *son anneau au doigt* de Joseph. Tous les hommes regrettent la vie lorsque *la vie* échappe *aux hommes*. Pygmalion suppose que les bons ne peuvent souffrir ses injustices et ses infamies : la vertu condamne *Pygmalion; Pygmalion* aigrit *Pygmalion* et irrite *Pygmalion* contre la *vertu*. Tout agite *Pygmalion*, inquiète *Pygmalion*, ronge *Pygmalion; Pygmalion* a peur de son ombre; *Pygmalion* ne dort ni jour ni nuit : les dieux donnent à *Pygmalion* des richesses dont *Pygmalion* n'ose jouir.

QUARANTE-SEPTIÈME LEÇON.

Devoir sur le pronom.

Les rats se dévorent entre eux pour peu que la faim *les* presse. La vérité finit toujours par surmonter les obstacles qu'on *lui* oppose. On revient d'une faute à force d'*en* rougir. Le bœuf est l'animal domestique par excellence; *il* rend à la terre tout autant qu'*il en* tire. Les hommes louent la vertu, mais *ils* ne *la* pratiquent pas. L'homme oublie

---

(1) Bataille de Pultawa (1709), que Charles XII perdit contre Pierre le Grand.
(2) Maître-d'hôtel du Grand Condé. Il se tua de désespoir pendant une fête que le prince donnait au roi à Chantilly, se croyant *perdu d'honneur*, parce que le service avait manqué son effet, la marée n'étant pas arrivée à temps. (Voir le récit tragi-comique que madame de Sévigné en fait dans la quatre-vingt-quinzième de ses lettres.)
(3) Roi de Tyr et frère de Didon, Pygmalion tua Sichée, son beau-frère, afin de s'emparer de ses trésors, et força sa sœur à prendre la fuite; c'est alors que Didon alla fonder Carthage. Dans *l'Enéide* de Virgile, Didon, abandonnée par Enée, se tue de désespoir, ce qui a inspiré le quatrain suivant, qui forme *régression* (voir notre *Cours de style*, 38ᵉ leçon.) :

    Pauvre Didon, où t'a réduite
    De tes maris le triste sort !
    L'un en mourant cause ta fuite;
    L'autre, en fuyant, cause ta mort.

plus de choses qu'*il* n'*en* retient. L'hippopotame (1) nage plus vite qu'*il* ne court. Il vaut mieux souffrir le mal que de *le* faire. Si l'on accuse votre ami absent, defendez-*le*. La raison supporte les disgrâces ; le courage *les* combat ; la patience et la résignation *les* surmontent. Dieu a pesé tes actions, et *il les* a trouvées trop légères. La blancheur du lis efface *celle* de la neige. Jupiter s'irrite contre Apollon (2), *le* chasse du ciel, et *le* précipite vers la terre. Dieu nous fit une âme capable de *le* connaître et de *l'*aimer. L'éléphant est si pesant, qu'*il* écrase plus de plantes qu'*il* n'*en* mange. Sésostris (3) aimait son peuple et *il en* était tendrement aimé. Les meilleures leçons sont *celles* de l'expérience. Les hommes ne devraient aimer les richesses que parce qu'*elles leur* donnent le moyen d'assister les malheureux. Nous ne devons pas blâmer la conduite des autres, si *la nôtre* n'est pas irréprochable ; si nos dépenses sont exagérées, nous n'avons pas le droit de critiquer *les leurs*. Mon fils a plus d'esprit que tous *les tiens* ensemble.

QUARANTE-HUITIÈME LEÇON.

Devoir sur le pronom remplaçant une proposition.

Vous ne m'épargnez guère ; on m'a dit *que vous ne m'épargnez guère*. Corrige-toi tandis que tu peux *te corriger*. L'Empire romain touchait à sa ruine : tout le monde était convaincu *que l'Empire romain touchait à sa ruine*. Vous m'aimez, vous me soutenez *que vous m'aimez*; et cependant je pars, et vous m'ordonnez *de partir*. Je vous fais grâce, quoique vous ne méritiez pas *que je vous fasse grâce*. C'est mon père, seigneur ; je vous dis encore *que c'est mon père*. Il est sorcier, je crois. —Sorcier ! je le défie *d'être sorcier*. Les avares sont plus à plaindre qu'on ne saurait imaginer *qu'ils sont à plaindre*. Je vous ai rendu service chaque fois que j'ai pu *vous rendre service*. Socrate disait adieu tous les soirs à ses amis, ne sachant pas si la mort lui permettrait le lendemain *de leur dire adieu*. Le meunier repartit : Je suis âne, il est vrai ; je conviens *que je suis âne*, j'avoue *que je suis âne*. Christophe Colomb (4) n'a pas été récompensé comme il méritait *d'être récompensé*. La famine arriva ainsi que Joseph avait prédit

---

(1) Ainsi nommé de deux mots grecs, *hippos*, cheval, et *potamos*, fleuve, étymologie bizarre, car rien ne ressemble moins au cheval que cet affreux animal. Les formes monstrueusement massives de cet amphibie, soutenues par d'énormes pattes plus larges que hautes, rendent sa marche lente et difficile. Telle est l'épaisseur de sa peau, que les balles vont s'y aplatir ; il n'est vulnérable que sous le ventre. Le premier hippopotame qu'on ait vu à Paris a été amené au Jardin des Plantes en 1853.

(2) Dieu du soleil et de la lumière, des arts, des lettres et de la médecine ; fils de Jupiter et de Latone.

(3) Roi d'Egypte, célèbre par ses conquêtes, qu'attestent de nombreux monuments. Sous son règne, l'Egypte atteignit son plus haut point de prospérité, et l'art égyptien fit le plus grand pas vers la perfection. Son père le fit élever avec tous les enfants nés le même jour que lui ; dans la suite, ils furent les compagnons de ses conquêtes.

(4) Célèbre navigateur, à qui l'on doit la découverte de l'Amérique. Il n'eut point la gloire de donner son nom au nouveau continent ; cet honneur lui fut enlevé par le Florentin Améric Vespuce, qui, le premier, publia une relation sur son voyage au Nouveau-Monde. Personne n'ignore combien Christophe Colomb eut à souffrir de l'envie et de la calomnie ; après avoir donné un monde entier à l'Espagne, ce grand homme mourut, en 1506, accablé d'in-

qu'elle arriverait. Thémistocle (1) voulait détruire la flotte lacédémonienne, mais Aristide (2) s'opposa *à ce que Thémistocle détruisît*, etc. On m'a retenu une heure de plus que je n'aurais voulu *que l'on me retînt.* Vous êtes un sot en trois lettres, mon fils ; c'est moi qui vous dis *que vous êtes un sot* (3). L'armée russe combattit mieux que le Czar n'avait espéré *qu'elle combattrait.* Sortez, je veux *que vous sortiez.* Les habitants de la Patagonie ne sont pas aussi grands qu'on croit généralement *qu'ils sont grands.* Rendez-moi service, dit le cerf; vous n'aurez point de regret *de m'avoir rendu service.*

Judas vendit le divin Maître, et se repentit *de l'avoir vendu.* Quand un enfant devient un homme de mérite, c'est presque toujours à sa mère qu'il doit *d'être devenu,* etc. Aidons-nous mutuellement; la morale veut *que nous nous aidions mutuellement,* la religion nous commande *de nous aider mutuellement.* La raison du plus fort est toujours la meilleure ; nous allons montrer tout à l'heure *que la raison du plus fort est toujours la meilleure.* Va-t-en et ne reviens plus; c'est moi qui t'ordonne *de t'en aller et de ne plus revenir.* On aime, on applaudit, on admire le cygne; nul oiseau ne mérite mieux *d'être aimé, applaudi, admiré.* M. Jourdain (4) faisait de la prose sans savoir *qu'il faisait de la prose.* Soyons amis, Cinna, c'est moi qui te convie *à être amis.* La mort n'est pas une chose aussi terrible que nous nous imaginons *qu'elle est terrible.* Etes-vous raisonnable! faites voir dans votre conduite *que vous êtes raisonnable.* Je suis en bonne santé ; je dois *d'être en bonne santé* à l'exercice et à la tempérance. Votre cousin est modeste et instruit ; faites-en votre ami ; je désire *que vous en fassiez votre ami.* Il fallait en faire votre ami; je désirais *que vous en fissiez votre ami.* Laissez-moi pleurer mon père ; vous savez mieux que moi s'il méritait *d'être pleuré.* On a du chagrin contre son siècle, et c'est l'antiquité qui profite *de ce que l'on a du chagrin contre son siècle.* Je voudrais me venger; on m'empêche *de me venger,* on ne veut pas *que je me venge,* on s'oppose *à ce que je me venge.*

---

firmités, de chagrins et de misère. Colomb est, avec Socrate, Galilée et beaucoup d'autres, la personnification du génie persécuté.

(1) Illustre Athénien qui se distingua à la bataille de Marathon, où commandait Miltiade. Depuis, il répétait souvent que les trophées de Miltiade l'empêchaient de dormir. Mis à la tête des forces athéniennes, il montra un calme admirable dans une discussion qu'il eut avec le général lacédémonien Eurybiade, qui, dans la chaleur de la dispute, s'était oublié jusqu'à le menacer de son bâton : « *Frappe, mais écoute,* » lui répondit froidement Thémistocle. On connaît sa fameuse proposition d'incendier, en pleine paix, les vaisseaux de Sparte, et la réponse d'Aristide qui la fit échouer, en déclarant aux Athéniens « que, si rien n'était plus utile, rien aussi n'était plus injuste. »
Banni d'Athènes, il se réfugia auprès du roi Artaxerce, en Perse, où il s'empoisonna pour ne pas obéir aux ordres de ce prince, qui voulait le forcer à porter les armes contre sa patrie.

(2) Athénien célèbre par son courage militaire et ses vertus civiques, qui le firent surnommer *le Juste.* Thémistocle, jaloux de son crédit, le fit bannir par l'*Ostracisme.*

(3) ... Vous êtes un sot en trois lettres, mon fils ;
C'est moi qui vous le dis, qui suis votre grand'mère.
(MOLIÈRE.)

(4) Personnage ridicule du *Bourgeois gentilhomme,* comédie de Molière.

(5) Fils d'une petite-fille de Pompée, Cinna conspira contre Auguste, qui l'avait comblé de bienfaits et qui lui pardonna son crime. Cet acte de clémence a été mis en scène par Corneille, qui place dans la bouche du prince ce vers, que rend admirable la situation des personnages :

Soyons amis, Cinna, c'est moi qui t'en convie.

QUARANTE-NEUVIÈME LEÇON.

Analyse des pronoms.

L'	pron. pers. 3° pers. fém. sing. il représ. *oisiveté*.
Où	pron. relat. fém. sing. il représente *terre*.
Il	pron. pers. 3° pers. masc. sing. il représ. *corps*.
Qui	pron. relat. 3° pers. masc. sing. il représ. *bœuf*.
Lui	pron. pers. 3° pers. fém. sing. il représ. *grenouille*.
J'	pron. pers. 1° pers. masc. sing.
Le	pron. pers. 3° pers. masc. sing. il représ. *départ*.
Leur	pron. pers. 3° pers. masc. plur. il représ. *amis*.
Se	pron. pers. 3° pers. masc. plur. il représ. *voleurs*.
L'un	pron. ind. masc. sing. il représ. *voleur* sous-ent.
Le	pron. pers. 3° pers. masc. sing. il représ. *âne*.
L'autre	pron. ind. masc. sing. il représ. *voleur* sous-ent.
Le	pron. pers. 3° pers masc. sing. il représ. *âne*.
Lesquelles	pron. relat. fém. plur. il représ. *lois*.
Celles	pron. dém. fém. plur. il représ. *lois*.
Lesquelles	pron. relat. fém. plur. il représ. *lois*.
Il	pron. pers. 3° pers. masc. sing. il représ. *Dieu*.
Les	pron. pers. 3° pers. fém. plur. il représ. *choses*.
Qui	pron. relat. 3° pers. fém. sing. il représ. *sagesse*.
Lui	pron. pers. 3° pers. masc. sing. il représ. *Termosiris*.
Dont	pron. relat. masc. plur. il représ. *desseins*.
Ils	pron. pers. 3° pers. masc. plur. il représ. *hommes*.
Ceux	pron. dém. masc. plur. il représ. *défauts* sous-entendu.
Celles	pron. dém. fém. plur. il représ. *vertus* sous-entendu.
Nous	pron. pers. 1° pers. masc. plur.
Les	pron. pers. 3° pers. masc. plur. il représ. *maux*.
Lui	pron. pers. 3° pers. masc. sing. il représ. *général*.
Où	pron. relat. masc. sing. il représ. *moment*.
Il	pron. pers. 3° pers. masc. sing. il représ. *général*.
La	pron. pers. 3° pers. fém. sing. il représ. *victoire*.
Qui	pron. relat. 3° pers. masc. sing. il représ. *siècle*.
L'	pron. pers. 3° pers. masc. sing. il représ. *homme*.
Celui	pron. dém. masc. sing. il représ. *siècle* sous-entendu.
Qui	pron. relat. 3° pers. masc. sing. il représ. *siècle*.
L'	pron. pers. 3° pers. masc. sing. il représ. *homme*.
Lui	pron. pers. 3° pers. masc. sing. il représ. *garçon*.
Je	pron. pers. 1° pers. masc. sing. il représ. *garçon*.
Vous	pron. pers. 2° pers. masc. sing. il repr. *ecclésiastique*.
Lui	pron. pers. 3° pers. masc. sing. il repr. *ecclésiastique*.
Vous	pron. pers. 2° pers. masc. sing. il repr. *ecclésiastique*.
M'	pron. pers. 1° pers. masc. sing. il représ. *garçon*.
Il	pron. pers. 3° pers. masc. sing. il représ. *Dieu*.
S'	pron. pers. 3° pers. masc. plur. il représ. *Tyriens*.
Les	pron. pers. 3° pers. masc. plur. il représ. *Tyriens*.
Les	pron. pers. 3° pers. fém. plur. il représ. *richesses*.
On	pron. ind. masc. sing.
Les	pron. pers. 3° pers. fém. plur. il représ. *choses*.
Leur	pron. pers. 3° pers. masc. plur. il représ. *enfants*.
Il	pron. pers. 3° pers. masc. sing. il représ. *âne*.
Lui	pron. pers. 3° pers. masc. sing. il représ. *cheval*.

Lui	pron. pers. 3ᵉ pers. masc. sing. il représ. *roi*.
La	pron. pers. 3ᵉ pers. fém. sing. il représ. *tête*.
Il	pron. pers. 3ᵉ pers. masc. sing. il représ. *soldat*.
La	pron. pers. 3ᵉ pers. fém. sing. il représ. *tête*.

CINQUANTIÈME LEÇON.

Analyse des pronoms.

Qui	pron. relat. 3ᵉ pers. fém. plur. il repr. *lois*.
Lui	pron. pers. 3ᵉ pers. fém. sing. il repr. *nature*.
Elle	pron. pers. 3ᵉ pers. fém. sing. il repr. *nature*.
Dont	pron. relat. masc. sing. il repr. *plan*.
Elle	pron. pers. 3ᵉ pers. fém. sing. il repr. *nature*.
S'	pron. pers. 3ᵉ pers. fém. sing. il repr. *nature*.
S'	pron. pers. 3ᵉ pers. fém. sing. il repr. *vanité*.
Y	pron. pers. 3ᵉ pers. fém. sing. il repr. *sottise*.
Il	pron. pers. 3ᵉ pers. masc. sing. il repr. *âne*.
Les	pron. pers. 3ᵉ pers. fém. plur. il repr. *qualités*.
Dont	pron. relat. fém. sing. il repr. *manière*.
On	pron. ind. masc. sing.
Le	pron. pers. 3ᵉ pers. masc. sing. il repr. *âne*.
Elle	pron. pers. 3ᵉ pers. masc. sing. il repr. *vérité*.
En	pron. pers. 3ᵉ pers. fém. sing. il repr. *mensonge*.
Se	pron. pers. 3ᵉ pers. masc. sing. il repr. *roi*.
Il	pron. pers. 3ᵉ pers. masc. sing. il repr. *roi*.
Le	pron. pers. 3ᵉ pers. masc. sing. il repr. *bonnet*.
Il	pron. pers. 3ᵉ pers. masc. sing. il repr. *roi*.
Tout	pron. ind. masc. sing.
Ils	pron. pers. 3ᵉ pers. masc. plur. il repr. *hommes*.
S'	pron. pers. 3ᵉ pers. masc. plur. il repr. *hommes*.
Y	pron. pers. 3ᵉ pers. fém. plur. il repr. *passions*.
Celui	pron. dém. masc. sing. il repr. *souvenir*.
Le	pron. pers. 3ᵉ pers. masc. sing. il repr. *chien*.
Il	pron. pers. 3ᵉ pers. masc. sing. il repr. *chien*.
Les	pron. pers. 3ᵉ pers. masc. plur. il repr. *traitements*.
Les	pron. pers. 3ᵉ pers. masc. plur. il repr. *traitements*.
S'	pron. pers. 3ᵉ pers. masc. sing. il repr. *chien*.
En	pron. pers. 3ᵉ pers. masc. plur. il repr. *traitements*.
S'	pron. pers. 3ᵉ pers. masc. sing. il repr. *chien*.
Il	pron. pers. 3ᵉ pers. masc. sing. il repr. *chien*.
Qui	pron. relat. 3ᵉ pers. fém. sing. il repr. *main*.
Le	pron. pers. 3ᵉ pers. masc. sing. il repr. *chien*.
Il	pron. pers. 3ᵉ pers. masc. sing. il repr. *chien*.
Lui	pron. pers. 3ᵉ pers. fém. sing. il repr. *main*.
La	pron. pers. 3ᵉ pers. fém. sing. il repr. *main*.
On	pron. ind. masc. sing.
Le	pron. pers. 3ᵉ pers. masc. sing. il repr. *bonheur*.
Celle	pron. dém. fém. sing. il repr. *langue*.
On	pron. ind. masc. sing.
Il	pron. pers. 3ᵉ pers. masc. sing. il repr. *chameau*.

DU PRONOM.

La	pron. pers. 3ᵉ pers. fém. sing. il repr. *charge*
Les miens	pron. poss. masc. plur. il repr. *yeux.*
Je	pron. pers. 1ʳᵉ pers. masc. sing.
Celle	pron. dém. fém. sing. il repr. *avarice.*
Nul	pron. ind. masc. sing.
Que	pron. interrog. masc. sing.
On	pron. ind. masc. sing.
Des autres	pron. ind. masc. plur.
Le sien	pron. poss. masc. sing.
Ils	pron. pers. 3ᵉ pers. masc. plur. il repr. *hommes.*
Se	pron. pers. 3ᵉ pers. masc. plur. il repr. *hommes.*
Ils	pron. pers. 3ᵉ pers. masc. plur. il repr. *hommes.*
Lui	pron. pers. 3ᵉ pers. fém. sing. il repr. *mort.*
Qui	pron. relat. 3ᵉ pers. fém. plur. il repr. *syllabes.*
Leur	pron. pers. 3ᵉ pers. masc. plur. il repr. *hommes*
Me	pron. pers. 1ʳᵉ pers. masc. sing.
Le nôtre	pron. poss. masc. sing. il repr. *climat* sous-ent.

CINQUANTE-ET-UNIÈME LEÇON.

Distinction entre le pronom personnel *se* et le pronom démonstratif *ce*.

Iʳᵉ PARTIE. Le bavard dit tout *ce* qu'il pense, et l'honnête homme pense tout *ce* qu'il dit. Jupiter dit un jour : Que tout *ce* qui respire s'en vienne comparaître aux pieds de ma grandeur. Dieu *se* plaît à sécher *ce* qu'il a mouillé. On *se* voit d'un autre œil qu'on ne voit son prochain. Pour un âne enlevé deux voleurs *se* battaient. L'indiscret *se* repent souvent de *ce* qu'il a dit. *Ce* qui est utile *se* place facilement. *Ce* sont les Phéniciens qui *se* sont confiés les premiers à la mer. Celui qui s'est endormi dans la paresse *se* réveillera dans l'indigence. La violette cachée sous le buisson embaume tout *ce* qui l'approche : *c'est* l'image du savant modeste. Épargner le traître, *c'est* s'exposer à la trahison. Le méchant *se* réjouit de *ce* qui fait la ruine d'autrui. Le sage *se* contente de *ce* qui est nécessaire, et ne *se* tourmente pas pour le superflu. *Ce* n'est pas l'habit, *ce* n'est pas le métier qui dégrade l'homme ; *ce* sont les vices honteux auxquels il *se* livre et dont il ne veut pas *se* corriger. De loin, *c'est* quelque chose ; et de près, *ce* n'est rien. Les jeunes gens disent *ce* qu'ils font, les vieillards, *ce* qu'ils ont fait, et les sots, *ce* qu'ils *se* proposent de faire. *Ce* que l'on donne ne doit jamais *se* reprocher. Les méchants *se* craignent, *se* détestent, *se* fuient. *Ce* que j'admire le plus, *c'est* le courage dans l'adversité. *Ce* que l'on conçoit bien s'énonce clairement (1). *C'est se* venger que de châtier dans la colère. Laisser le crime en paix, *c'est* s'en rendre complice. *C'en* est fait, le voilà menteur ; il s'en est fait une habitude.

IIᵉ PARTIE. La manière de donner vaut mieux que *ce* qu'on donne.

---

(1) Boileau a dit, dans son *Art poétique* :

Ce que l'on conçoit bien s'énonce clairement,
Et les mots pour le dire arrivent aisément.

Se croire plus fin que les autres, *c'*est le vrai moyen d'être trompé. Végéter, *c'*est mourir ; beaucoup penser, *c'*est vivre. *Se* croire un personnage est fort commun en France ; *c'*est proprement le mal français. Il faut *s'*entr'aider ; *c'*est la loi de la nature (1). *Ce* que je sais le mieux, *c'*est mon commencement. Comme on *s'*étonnait qu'un homme eût donné sa fille en mariage à son ennemi : *C'*est pour me venger, dit-il. Chacun *se* dit ami, mais fou qui *s'*y repose (2). On perd à parler *ce* qu'on gagne à *se* taire.

De tous ces vains plaisirs où leur âme *se* plonge,
Que leur restera-t-il ? *Ce* qui reste d'un songe.

Ni mon grenier ni mon armoire ne *se* remplissent à babiller. Dieu fait bien *ce* qu'il fait. *C'*en est fait, Lycon (3) nous quitte ; il *s'*en va orner des bocages plus heureux que le nôtre. Rien n'est vrai comme *ce* qu'on sent. *C'*est du sein de la terre que sort tout *ce* qu'il y a de plus précieux. La richesse du pauvre, *c'*est son honnêteté. La grenouille *se* gonfla tant qu'elle creva. Tout *ce* qui reluit n'est pas or. On ne plaît pas tant par *ce* qu'on dit que par *ce* qu'on fait. Il n'est rien qu'on *se* persuade si facilement que *ce* qu'on désire. La langue du jaloux flétrit tout *ce* qu'elle touche. Si *ce* qu'on dit d'Ésope est vrai, *c'*était l'oracle de la Grèce. Le meilleur usage que le sage fait de son esprit, *c'*est de *s'*en défier. On n'exécute pas tout *ce* qu'on *se* propose. Les Nègres *se* régalent de la chair du chien comme si *c'*était un mets délicieux. Sésostris (4) *se* plaisait à examiner lui-même tout *ce* qui avait rapport à l'administration de ses États : *c'*est ainsi qu'un roi *se* fait aimer de ses peuples.

CINQUANTE-DEUXIÈME LEÇON.

Devoir sur les pronoms possessifs.

Vous avez vos ridicules ; qui n'a pas *les siens ?* Chacun a ses peines : les grands ont *les leurs,* comme nous avons *les nôtres.* Je te prêterai mon livre, à la condition que tu me prêteras *le tien.* Nos deux jardins sont vastes ; cependant je veux encore faire agrandir *le mien.* Écoute l'opinion des autres, mais ne renonce pas pour cela à *la tienne,* si tu la crois meilleure que *la leur.* Le Tibre a son cours en Italie, la Seine a *le sien* en France. Le Tibre a son embouchure dans la Méditerranée, la Seine a *la sienne* dans l'océan Atlantique. Il a accepté mes services, et voici qu'il me refuse *les siens.* Je fermerai les yeux sur les torts des autres, afin qu'ils ferment les yeux sur *les miens.* Je fermerai les yeux sur ta conduite, afin que tu fermes *les tiens* sur *la mienne.* S'il n'a pas fait son devoir, nous, du moins, faisons *le nôtre.* Je pardonne

---

(1) *L'Ane et le Chien.* (LA FONTAINE).
(2)   Chacun se dit ami, mais fou qui s'y repose :
          Rien n'est plus commun que le nom,
          Rien n'est plus rare que la chose.
                    (LA FONTAINE. — *Parole de Socrate.*)
(3) Personnage mythologique.
(4) Voy. note 3, 47ᵉ leçon.

à mon fils les fautes dont il se repent; tu pardonneras aussi *au tien*; car tu l'aimes autant que j'aime *le mien*. Si ton ennemi a flétri ta réputation, ce n'est pas une raison pour que tu flétrisses *la sienne*. Mon ami, le devoir de vos parents est de vous guider; et *le vôtre*, de leur obéir. Tu vois une paille dans l'œil de ton frère, tu n'aperçois pas celle qui est dans *le tien*; tu lui reproches durement ses défauts, tu n'aperçois pas *les tiens*; tu blâmes sa conduite, *la tienne* est-elle plus sage? tu critiques ses dépenses, *les tiennes* sont-elles plus raisonnables? Respecte la propriété de ton voisin, si tu veux qu'il respecte *la tienne*. Respectez la propriété de votre voisin, si vous voulez qu'il respecte *la vôtre*. Je veux respecter la propriété de mon voisin, afin qu'il respecte *la mienne*.

CINQUANTE-TROISIÈME LEÇON.

Devoir sur les pronoms relatifs.

Balthazar subit le châtiment *dont* le prophète Daniel l'avait menacé (1). La santé est un bien sans *lequel* tous les autres ne sont rien. Celui-là est heureux, *qui* a un cœur pur. Celui-là est heureux, *dont* le cœur est pur. Nous n'admirons pas les choses *auxquelles* nous sommes accoutumés. Nous n'admirons pas les choses *que* nous sommes accoutumés à voir. L'ivresse est l'état le plus honteux *où* l'homme puisse tomber. L'honnête homme est celui *qui* peut dire dans sa conscience : Il n'est personne *qui* puisse se plaindre de moi. L'intelligence de l'homme franchit les bornes étroites dans *lesquelles* il semble que la nature l'ait renfermée. Il n'y a rien *dont* Dieu ne soit l'auteur, rien *qui* ne soit sorti de ses mains : nous lui devons la lumière *dont* nous jouissons, et l'air *que* nous respirons. Une bonne mère est heureuse de voir ses enfants pratiquer les vertus *auxquelles* elle s'est appliquée à les former. Les personnes *dont* on parle le moins, ne sont pas celles *qui* ont le moins de mérite. Qu'y a-t-il de plus fragile que les richesses, après *lesquelles* cependant nous courons toute notre vie ? Aimons nos parents, *dont* nous recevons tant de marques d'amour. La vertu est le chemin par *lequel* on arrive au ciel. La douceur est une vertu sans *laquelle* on ne saurait plaire. On finit par vaincre les obstacles contre *lesquels* on s'accoutume à lutter. On prend ordinairement les manières des personnes avec *lesquelles* on vit. Celui-là n'est pas riche, *auquel* la vertu manque. La vanité est une idole *à laquelle* nous sacrifions tout. De tous les lieux charmants *que* j'ai parcourus, ceux *auxquels* je donne la préférence sont les bords de la Loire et de la Saône. J'aime mieux celui *qui* rougit que celui *qui* pâlit (2).

(1) Dernier roi de Babylone. Ayant profané dans un festin les vases sacrés, enlevés au temple de Jérusalem, il vit apparaître sur la muraille ces mots, tracés par une main invisible : *Mané, Thécel, Pharès*. Daniel, appelé pour les expliquer, lui dit qu'ils annonçaient sa punition et sa mort. En effet, dans la nuit même du repas, Balthazar fut massacré par Cyrus, qui venait de s'emparer de Babylone.

(2) Cette pensée de Caton est juste. Celui qui rougit au souvenir d'une mauvaise action n'est qu'un homme égaré, en qui n'est pas éteint tout sentiment de pudeur; celui qui pâlit est le coupable craignant d'être découvert. Diogène apercevant un jeune homme qui rougissait : « Bravo ! mon fils, lui dit-il, c'est la couleur favorite de la vertu. »

CINQUANTE-QUATRIÈME LEÇON.

Devoir sur les pronoms indéfinis.

Personne n'est prophète dans son pays. *On* n'est pas prophète chez soi. Nous nous pardonnons *tout*, et nous ne voulons *rien* pardonner aux autres. Dieu rendra à *chacun* selon ses œuvres, et n'aura de préférence pour *personne*. Quand Sésostris fut mort, *chacun* de ses sujets crut avoir perdu un père. Il est triste de ne rien savoir et d'avoir continuellement recours *aux autres*. On voit rarement *quelqu'un* parler mal de soi. Les préceptes de morale sont comme les bons grains : quelque part qu'ils tombent, il y en a toujours *quelques-uns* qui germent. *Tel* paraît homme de mérite, qui n'en a souvent que les apparences. Ne fais pas à *autrui* ce que tu ne veux pas qu'on te fasse. Je ne trouve *rien* de majestueux comme le lever du soleil. *Quelqu'un* a-t-il jamais douté sérieusement de l'existence de Dieu? *Personne* n'a jamais douté sérieusement de l'existence de Dieu. Je plains *quiconque* doute de l'existence de Dieu. L'honnête homme est discret : il remarque les défauts d'*autrui*, mais il ne parle mal de personne. J'entends du bruit dans cette salle; je suis sûr qu'il y a *quelqu'un*. Le jaloux n'aime *personne*. Dans une classe en ordre, tous les élèves travaillent : on ne voit jamais les uns causer quand *les autres* étudient. Personne ne peut servir deux maîtres à la fois; car on serait obligé de négliger *l'un* pour plaire à *l'autre*. Quand *on* est obligé de vivre deux ensemble, il faut que le caractère de *l'un* sympathise avec celui de *l'autre*. *Quiconque* aime le danger y périra. Pardonne tout à tous et *rien* à toi. Le portier d'un sot peut toujours dire qu'il n'y a *personne* au logis. Les méchants sont comme les sacs à charbon, qui se noircissent *les uns les autres*. Aimez-vous *les uns les autres;* rendez-vous service *les uns aux autres;* ne parlez jamais mal *les uns des autres*.

CHAPITRE CINQUIÈME.

DU GENRE.

CINQUANTE-CINQUIÈME LEÇON.

Nota. « Il est à remarquer, dit un grammairien (1), en parlant des genres, que les mâles, les femelles, et souvent les petits des espèces d'animaux qui contribuent le plus souvent à l'utilité ou à l'agrément de l'homme, sont distingués par des noms différents ; dans les espèces moins rapprochées de l'homme, au contraire, le mâle et la femelle sont désignés par un seul et même substantif, tantôt masculin, tantôt féminin, sans égard au sexe de l'individu qu'on veut nommer, et, pour désigner les petits, il faut employer une périphrase.

---

(1) Estarac.

DU GENRE.

« Et cela est naturel. Ce sont les besoins qui ont contribué à enrichir les langues. Or, comme les objets dont nous nous entretenons fréquemment sont ceux que nous avons besoin de désigner avec le plus de précision, pour éviter des méprises fréquentes, il a fallu créer des mots nouveaux qui désignassent ces objets. Pour ne parler que du laboureur, il se trouverait vingt fois par jour dans l'embarras, s'il n'avait que le mot *bœuf* pour désigner tous les individus de cette espèce de quadrupèdes, et il devrait, à chaque instant, user de circonlocutions pour désigner avec précision le mâle, la femelle, les petits. Aussi, non content des substantifs *taureau, bœuf, vache, veau, génisse*, le laboureur donne-t-il souvent à chacun un nom propre tiré de la couleur de l'individu ou de quelque autre circonstance, tant il est vrai que c'est le besoin de communiquer ses idées avec précision qui fait créer des mots et qui enrichit les langues. »

Noms masculins traduits en noms féminins.

Homme.	Femme.	*Diable.*	Diablesse.
Mâle.	Femelle.	*Chanoine.*	Chanoinesse.
Père.	Mère.	*Druide.*	Druidesse.
Papa.	Maman.	*Prêtre.*	Prêtresse.
Oncle.	Tante.	*Abbé.*	Abbesse.
Neveu.	Nièce.	*Prophète.*	Prophétesse.
Fils.	Fille.	*Traître.*	Traîtresse.
Frère.	Sœur.	*Borgne.*	Borgnesse.
Époux.	Épouse.	*Serviteur.*	Servante.
Gendre.	Bru.	*Gouverneur.*	Gouvernante.
Parrain.	Marraine.	*Acteur.*	Actrice.
Monsieur.	Madame.	*Pécheur.*	Pécheresse.
Damoiseau (1).	Demoiselle.	*Pêcheur.*	Pêcheuse.
Jouvenceau (2).	Jouvencelle.	*Instituteur.*	Institutrice.
Pastoureau.	Pastourelle.	*Directeur.*	Directrice.
Maître.	Maîtresse.	*Ambassadeur.*	Ambassadrice.
Compagnon.	Compagne.	*Ogre.*	Ogresse.
Hôte.	Hôtesse.	*Un Suisse.*	Une Suissesse.
Compère.	Commère.	*Un Espagnol.*	Une Espagnole.
Roi.	Reine.	*Un Allemand.*	Une Allemande.
Empereur.	Impératrice.	*Un Persan.*	Une Persane.
Czar (3).	Czarine.	*Un Péruvien* (4)	Une Péruvienne
Prince.	Princesse.	*Théodore.*	Théodorine.
Duc.	Duchesse.	*Jean.*	Jeanne.
Comte.	Comtesse.	*Julien.*	Julienne.
Héros.	Héroïne.	*Jules.*	Julie.
Châtelain.	Châtelaine.	*Ernest.*	Ernestine.
Dieu (de la Fable)	Déesse.	*Victor.*	Victorine.
Devin.	Devineresse.	*Joseph.*	Joséphine.

(1) Se disait autrefois des fils de gentilshommes qui n'étaient point encore chevaliers, mais qui aspiraient à le devenir. Le damoiseau accompagnait le châtelain et la châtelaine, les servait à table et faisait leurs messages. Ce mot ne s'emploie guère aujourd'hui qu'en mauvaise part, et sert à désigner l'homme qui fait le beau, le galant pour plaire aux dames. *Demoiselle* est une corruption de *damoiseau, damoiselle*.

(2) Style marotique. Ces expressions ne sont guère usitées que dans le genre pastoral et dans la fable. *Pastoureau*, petit berger, diminutif de pasteur; *jouvenceau*, adolescent.

(3) Un des titres de l'empereur de Russie; dérivé de *César*.

(4) Habitant du Pérou, vaste contrée de l'Amérique méridionale. L'or y était autrefois si abondant, qu'avant l'arrivée des Espagnols, on l'employait aux plus vils usages.

Alexandre.	Alexandrine.	Sanglier.	Laie.
Anastase.	Anastasie.	Ours.	Ourse.
Léon.	Léonie.	Chevreuil.	Chevrette.
Paul.	Pauline.	Cerf.	Biche.
Léopold.	Léopoldine.	Lièvre.	Hase.
Henri.	Henriette.	Dindon.	Dinde.
Jacques.	Jacqueline.	Pigeon.	Colombe.
Charles.	Charlotte.	Jars.	Oie.
Antoine.	Antoinette.	Canard.	Cane.
Poulain.	Pouliche.	Perroquet.	Perruche.
Mulet.	Mule.	Paon.	Paonne.
Ane.	Anesse.	Faisan.	Poule faisane.
Lévrier.	Levrette.	Hibou.	Chouette.
Loup.	Louve.	Limaçon.	Limace.
Lion.	Lionne.		

CINQUANTE-SIXIÈME LEÇON.

Noms masculins traduits en noms féminins.

Salon.	Salle.	Portail.	Porte.
Tribunal.	Tribune.	Terrain.	Terre.
Hôtel.	Hôtellerie.	Cruchon.	Cruche.
Lit.	Litière.	Levain (1).	Levure.
Cerveau.	Cervelle.	Chausson.	Chaussette.
Feuillet (de livre)	Feuille.	Bord.	Bordure.
Feuillage.	Feuillée.	Peuple.	Peuplade.
Herbage.	Herbe.	Caveau.	Cave.
Espoir.	Espérance.	Grain.	Graine.
Destin.	Destinée.	Tapis.	Tapisserie.
Village.	Ville.	Coquillage.	Coquille.
Bourg.	Bourgade.	Rivage.	Rive.
Glaçon.	Glace.	Nuage.	Nuée.
Grêlon.	Grêle.	Manteau.	Mante.
Minois.	Mine.	Char.	Charrette.
Tombeau.	Tombe.	Vol (d'un oiseau)	Volée.
Sépulcre.	Sépulture.	Temps.	Température.
Logement.	Loge.	Argent.	Argenterie.
Vallon.	Vallée.	Matin.	Matinée.
Rocher.	Roche.	Soir.	Soirée.
Ilot.	Ile.	Jour.	Journée.
Mont.	Montagne.	Médaillon.	Médaille.
Coteau.	Côte.	Cordon.	Corde.
Ravin.	Ravine.	Total.	Totalité.
Ombrage.	Ombre.	Don.	Donation.
Grillage.	Grille.	Banc.	Banquette.

(1) Le *levain* est une pâte aigrie dont on se sert pour exciter la fermentation de la pâte fraîche avec laquelle on fait le pain ; on dit alors que la pâte *lève*. La loi mosaïque défendait de manger du pain levé pendant les sept jours de la Pâque. Dans l'Eglise romaine, l'*hostie* est faite de pain sans levain. — La levure est l'écume de la bière quand elle fermente ; les boulangers s'en servent quelquefois à défaut de levain.

DU GENRE.

Barreau.	Barre.	*Papier.*	Paperasse.
Lampion.	Lampe.	*Tonneau.*	Tonne.
Paillasson.	Paillasse.	*Le froid.*	La froidure.
Sac.	Sacoche.	*Le chaud.*	La chaleur.
Poteau.	Potence.	*Carafon.*	Carafe.
Drap.	Draperie.	*Un plant.*	Plante.
Le naturel.	La nature.	*Coloris.*	Couleur.
Soliveau.	Solive.	*Galop.*	Galopade.
Casier.	Case.	*Le bas* (d'un édi-	La base.
Format.	Forme.	*Local.* [fice).	Localité.
Rameau.	Ramille.	*Aileron.*	Aile.
Plumage.	Plume.	*Pilier.*	Pile.
Un fort.	Forteresse.	*Col* ou *collet.*	Collerette.
Chaume (hospi-	Chaumière.	*Effroi.*	Frayeur.
talier).		*Renom.*	Renommée.
Ballon.	Balle.	*Monstre.*	Monstruosité.
Rêve.	Rêverie.	*Seing.*	Signature.
Tuileau.	Tuile.	*Escabeau.*	Escabelle.
Vitrail.	Vitre.	*Fer.*	Ferraille.
Lorgnon.	Lorgnette.	*Peloton.*	Pelote.
Aiguillon.	Aiguille.	*Bâtiment.*	Bâtisse.
Pruneau.	Prune.	*Rang.*	Rangée.
Chant.	Chanson.	*Un penser* (1).	Une pensée.
Le poids.	Pesanteur.	*Trou.*	Trouée.
Semis.	Semence.	*Corbillon.*	Corbeille.
Fossé.	Fosse.	*Four.*	Fournaise.
Toit.	Toiture.	*Brasier.*	Braise.
Pensionnat.	Pension.	*Cabanon.*	Cabane.

CINQUANTE-SEPTIÈME LEÇON.

Masculin.	**Féminin.**
Compagnon gai.	Compagne gaie.
Acteur bouffon.	Actrice bouffonne.
Frère jaloux.	Sœur jalouse.
Cheval poussif.	Jument poussive.
Nuage orageux.	Nuée orageuse.
Mur mitoyen.	Muraille mitoyenne.
Prince mineur.	Princesse mineure.
Serviteur zélé.	Servante zélée.
Epoux heureux.	Epouse heureuse.
Terrain oblong.	Terre oblongue.
Médaillon ancien.	Médaille ancienne.
Plumage blanc.	Plume blanche.

---

(1)   Un doux *penser* l'agite en ce moment,
       Et sur sa bouche a placé le sourire.
                             (IMBERT.)

Le *penser* mâle des âmes fortes leur donne un idiome particulier, et les âmes communes n'ont pas même la grammaire de cette langue.
                                         (J.-J. ROUSSEAU.)

Grand-papa caduc.	Grand'maman caduque.
Ambassadeur grec.	Ambassadrice grecque.
Tapis neuf.	Tapisserie neuve.
Îlot désert.	Île déserte.
Rocher escarpé.	Roche escarpée.
Salon contigu.	Salle contiguë.
Village turc.	Ville turque.
Tableau peint.	Table peinte.
Caveau obscur.	Cave obscure.
Fossé plein.	Fosse pleine.
Réglement réformateur.	Règle réformatrice.
Pré productif.	Prairie productive.
Grand renom.	Grande renommée.
Taureau blanc.	Génisse blanche.
Ton espoir trompeur.	Ton espérance trompeuse.
Notre destin préfix.	Notre destinée préfixe.
Un vallon enchanteur.	Une vallée enchanteresse.
Nul rivage ami.	Nulle rive amie.
Son singe malin.	Sa guenon maligne.
Ce local sec.	Cette localité sèche.
Quel chant trivial !	Quelle chanson triviale !
Le loup carnassier.	La louve carnassière.
Ce bel enfant est le mien.	Cette belle enfant est la mienne.

CINQUANTE-HUITIÈME LEÇON.

Devoir mis au féminin.

Une *sœur* est une amie donnée par la nature. Une *amie* est une sœur que nous nous sommes choisie. Cette *femme* est ma protectrice zélée. La *tigresse* est cruelle, carnassière et toujours altérée de sang. Une bonne *mère* vit avec sa *fille* comme avec sa meilleure amie. Les deux *souveraines* étaient indépendantes l'une de l'autre. Vos *cousines* sont plus traîtresses et plus vaines que les miennes. La *louve*, naturellement grossière et poltronne, devient ingénieuse par besoin et hardie par nécessité. La *chèvre* est vive, légère, capricieuse et vagabonde. Mon *enfant*, on n'est pas toujours jolie ; mais on peut toujours être bonne. Te dirai-je une *pensée* indigne, basse et lâche ? Entrez, entrez, *Madame*; soyez la bienvenue. Cette *femme* est une Italienne qu'on dit aussi habile actrice que bonne chanteuse. L'*ânesse* est gaie, gentille, et même assez jolie quand elle est jeune ; mais elle devient, par l'âge, lente, indocile et têtue. Les *déesses* de la Fable étaient jalouses, vindicatives et cruelles (1). La *serine* et la *linotte* sont les musiciennes de la chambre. Cette *châtelaine* était plutôt la mère que la maîtresse de ses vassaux. *Pauline* et *Henriette*, ces deux petites filles si attentives,

---

(1) La colère de Junon est le nœud de l'*Enéide* de Virgile. La vengeance ne s'accordant pas avec la bonté, la justice et les autres attributs de la divinité, le poète s'écrie avec raison : *Tantæne animis cœlestibus iræ!* (Tant de ressentiment peut-il entrer dans l'âme des dieux!) Pensée que Boileau a parodiée dans le *Lutrin* :

Tant de fiel entre-t-il dans l'âme des dévots !

si studieuses, si appliquées, sont sœurs jumelles. J'ai ouï dire qu'une *reine* (1) d'Égypte eut pour compagnes de son enfance toutes les jeunes filles nées le même jour qu'elle. La *prophétesse* entendit une voix qui lui disait : « Tu seras ma servante crainte et révérée dans tout Israël. » La *chienne* et la *chatte*, ennemies l'une de l'autre, finissent par vivre en bonne intelligence, si elles sont toutes deux commensales du même logis. Qu'il est doux, pendant une belle *soirée* d'été, après une *journée* brûlante et orageuse, d'entendre la *chanson* mélodieuse du rossignol se répercuter d'échos en échos, depuis la *vallée* mystérieuse jusqu'au sommet des *montagnes* escarpées ! Une *impératrice*, irritée contre une *devineresse*, lui disait avec menace : « De quel genre de mort, malheureuse, comptes-tu mourir? — Je mourrai de la fièvre, lui répondit la sorcière. — Tu es une menteuse, repartit la princesse ; tu périras tout à l'heure de mort violente. » On allait saisir la pauvre diablesse, lorsqu'elle dit à l'impératrice : « Ma puissante maîtresse, ordonnez qu'on me tâte le pouls, et l'on verra que j'ai la fièvre. » Cette saillie la tira d'affaire (2).

CINQUANTE-NEUVIÈME LEÇON.

Devoir mis au masculin.

Un homme aimait éperdument son *chat*; il le trouvait mignon, et beau, et délicat. C'est mon *maître* qui m'a frappé, répondit le jeune *nègre* en sanglotant : il est bien dur envers son malheureux serviteur. Ce *comédien* est à la fois le directeur, le principal acteur, le meilleur musicien et le chanteur le plus distingué de ce théâtre. Depuis que monsieur le *duc* a épousé la sœur de monsieur le *comte*, les deux beaux-

---

(1) Sésostris. Voy. note 3, 47ᵉ leçon. (*Reine* est mis ici pour *roi*.)
(2) Ceci nous rappelle une circonstance presque analogue, où l'astrologue de Louis XI, Galéotti, se tira avec beaucoup d'adresse d'une position également critique.
Avant de partir pour cette fameuse entrevue de Péronne, qui faillit lui être si fatale, Louis XI avait consulté son astrologue sur le succès futur de cette démarche, et en avait reçu la réponse la plus rassurante. A son retour, le roi, furieux de la manière dont la prédiction s'était réalisée, manda sur-le-champ Galéotti. Mais, auparavant, il avait donné l'ordre à son compère Tristan de se tenir dans son antichambre, et de bien faire attention à ce qui allait se passer. Si, en reconduisant l'homme qu'il attendait, il lui adressait ces paroles : « Allez en paix, mon père, » Tristan ne devait pas l'inquiéter. Mais si, au contraire, il lui disait : « Il y a un ciel au-dessus de nous, » alors il n'avait plus qu'à le faire expédier avec toute la promptitude qu'il déployait dans ces sortes d'opérations.
Galéotti arrive quelques instants après, et, à sa vue, le roi entre en fureur, lui reproche de l'avoir exposé, par ses conseils, au plus terrible danger qu'il ait jamais couru, et de l'avoir pris pour dupe, en lui faisant croire qu'il était capable de lire dans l'avenir. « Voyons, monsieur l'astrologue, ajouta-t-il, vous qui prévoyez si bien ce qui doit arriver, savez-vous au moins dans combien de temps vous mourrez? — Sire, répondit l'adroit Italien, je ne pourrais vous le dire au juste; mais, ce dont je suis sûr, c'est que je mourrai trois jours avant Votre Majesté. »
Le caractère superstitieux du roi s'alarma de la prédiction, et, en reconduisant l'astrologue, il lui répéta plusieurs fois, tout en lançant les regards les plus significatifs à Tristan : « Allez en paix, mon père, allez en paix, allez en paix. »

frères sont devenus compagnons inséparables. Un jeune *homme* doux, poli, modeste et obéissant, sera un bon père et un époux vertueux. Un *parrain* est un second père que la religion nous donne. Quand le *temps* est sombre, froid et pluvieux, les *murs* des appartements sont frais et humides. Les *rois* se traitent entre eux de frères et de cousins. Un *Autrichien* passant par Blois, où il n'avait vu que son *hôte*, qui était roux et peu complaisant, écrivit sur son album « : Tous les hommes de Blois sont roux et acariâtres. » Un *père* est le bienfaiteur et le protecteur naturel de ses enfants. Cet *homme* si brun est blanc auprès d'un nègre. Craignez pour l'avenir d'un *enfant* jaloux, sournois et boudeur : il sera malheureux toute sa vie, à charge aux autres et à lui-même. Les vieux *vitraux* peints de la Sainte-Chapelle (1) sont plus beaux et plus précieux que ceux de Notre-Dame; mais ils ne sont pas aussi anciens. Votre *pré* est frais, gras et fécond; le mien est marécageux et improductif; les *herbages* qu'il produit sont malsains et peu savoureux. Le *paysan* le plus grossier et le plus ignorant devient fin et rusé quand il s'agit de ses intérêts. Connaissez-vous mon *neveu*? — Duquel parlez-vous? — Du cadet. — Mais assurément; un jeune homme réservé, sérieux, très-attentif, très-assidu, travailleur ardent, qui n'est ni joueur ni rieur. — Non pas; celui-là est son frère aîné; il n'y a entre eux aucune ressemblance : celui dont il s'agit est un étourdi, un jeune fou, indiscret, prétentieux, railleur, pointilleux, un garçon qui me désole enfin; et voici une lettre de reproches que j'envoie à cet écervelé; veuillez y mettre l'adresse : Monsieur Adolphe, maître d'anglais et professeur de dessin.

SOIXANTIÈME LEÇON.

Devoir mis au féminin.

La petite baronne.

L'orgueil est un défaut insupportable qui nous fait haïr de tout le monde.

La petite Ernestine, fille unique de madame la baronne de N..., avait été placée dans une pension, au milieu d'un grand nombre de petites filles de son âge. C'était une enfant hautaine, vaniteuse, remplie d'elle-même, et accoutumée à ce que tout cédât devant elle. Elle avait été terriblement gâtée chez ses parents : tous les domestiques devaient obéir aux volontés les plus bizarres de mademoiselle Ernestine; et cette haute et puissante baronne de dix ans eût-elle demandé la lune, qu'il aurait fallu la lui donner, au risque de voir cette vilaine petite drôlesse transformée en tigresse furieuse.

A peine fut-elle arrivée au milieu de ses nouvelles camarades, qu'elle les mécontenta toutes avec ses grands airs de princesse royale. Elle commença par se choisir pour compagnes et bonnes amies celles des écolières qui étaient les mieux mises et les plus distinguées. Tout cela, mes enfants, vous indigne fort contre Ernestine, si orgueilleuse, si fière,

---

(1) Cette église est un des morceaux les plus hardis, les plus réguliers et les plus riches de l'architecture gothique; sa flèche, très-élevée, est d'une élégance incomparable. Saint Louis fit restaurer à grands frais ce monument pour y déposer la *couronne d'épines*, que lui avait donnée Baudouin, empereur des Latins, à Constantinople.

si vaine, et, disons le mot, si sotte et si ridicule. Cependant, ne vous hâtez pas de la prendre en haine; vous l'aurez bientôt en pitié. Écoutez plutôt :

Un jour que toutes les élèves du pensionnat étaient allées à la promenade, Ernestine (c'était son habitude) se prit de querelle avec sa voisine de classe, celle avec laquelle elle se trouvait alors en rang. La dispute était vive; et, lorsque la troupe joyeuse fut arrivée au lieu du rendez-vous,

La rage se trouvait à son faîte montée (1).

La rivale d'Ernestine était une petite espiègle très-vive, très-maligne, très-taquine, très-spirituelle, et surtout très-irrévérencieuse à l'endroit de mademoiselle la baronne; ce fut du moins l'avis de celle-ci, qui, hors d'elle-même, et n'étant plus maîtresse de sa colère, s'écria, en prenant un ton de reine insultée : « Apprenez, mademoiselle, que je suis baronne. » A peine cette malheureuse phrase fut-elle lâchée, que toutes les écolières, qui s'étaient rapprochées de nos deux querelleuses, se mirent à crier toutes ensemble et à tue-tête : « Oh! oh! mademoiselle la baronne! — Bonjour, mademoiselle la baronne. — Belle baronne, gentille baronne, je suis bien votre servante. — Mademoiselle la baronne daignera-t-elle agréer les hommages de la plus respectueuse de ses admiratrices? » Enfin, chacune de nos petites lutines se croyait obligée de lui jeter sa pierre. L'une, s'approchant d'elle avec une gravité comique, lui faisait une humble révérence; celle-ci lui marchait sur le pied, et s'excusait de la liberté grande; celle-là lui demandait si elle descendait de monsieur le Soleil et de madame la Lune. « Non, disait une quatrième, mademoiselle est sortie de la cuisse de Jupiter (2) : c'est une divinité, adorons-la. — Chapeau bas, mesdemoiselles, criait une autre, chapeau bas devant la marquise de Carabas (3)! »

Quant à Ernestine, à la pauvre Ernestine, elle était là, étourdie, confuse, suffoquée, morte de honte. Ce qu'elle souffrit pendant cette heure, ce siècle d'angoisses, nulle autre qu'elle ne le sait; mais, ce que toutes les élèves purent apercevoir, c'est qu'à partir de ce jour, Ernestine devint aussi douce, aussi humble, aussi modeste, en un mot, aussi accomplie, qu'elle avait été jusque-là arrogante, fière et vindicative.

---

(1) Fable de La Fontaine : *Le Lion et le Moucheron.*

(2) Sémélé, princesse thébaine, ayant été séduite par Jupiter, la jalouse Junon l'alla trouver sous les traits d'une vieille femme, et lui conseilla d'exiger de son amant qu'il lui apparût dans tout l'éclat de sa gloire. Sémélé obéit, et Jupiter, qui avait juré par le Styx de lui accorder la première grâce qu'elle lui demanderait, fut forcé d'apparaître à ses yeux armé de la foudre, ceint d'éclairs, et dardant au loin des traînées de flamme. Sémélé, consumée, expira sur-le-champ : elle portait Bacchus dans son sein. Jupiter, désolé, arracha l'enfant, le mit dans sa cuisse, et l'y garda le reste des neuf mois. De là est venue cette expression à l'adresse de celui qui se vante de sa naissance : *Il n'est pas sorti de la cuisse de Jupiter.*

(3) On donnait le nom de *marquis de Carabas* à un homme qui possédait ou se vantait de posséder un grand nombre de fiefs :

> (Il) marche en brandissant
> Un sabre innocent.
> Chapeau bas, chapeau bas,
> Gloire au marquis de Carabas.

CHAPITRE SIXIÈME.
DU VERBE.

SOIXANTE-ET-UNIÈME LEÇON.
DU SUJET.

Ire PARTIE.

sujet de		sujet de	
Je	joue.	Homme	vivait.
Tu	travailles.	Qui	habite.
Il	renonce.	Prés	} étaient.
Nous	estimons.	Vallées	
Vous	compatissez.	Fruits	composaient.
Ignorance	est.	Ramage	flattait.
Aigle	} sont.	Nature	déployait.
Lion		Mensonges	ressemblent.
Gorgias	marche, dort, mange *et* boit.	Qui	grossissent.
		Elles	avancent.
Gorgias	vit.	Sage	a dit.
Ciel	} passeront.	Crimes	ont.
Terre		Temps	fuit.
Jésus-Christ	a dit.	Conscience	crie.
Paroles	passeront.	Mort	menace.
Tu	es.	Enfer	gronde.
Alexandre	demandait.	Homme	dort.
Tu	es.	Je	suis.
Philosophe (1)	répondit.	Rats	vivent.

---

(1) Le titre de philosophe (*ami de la sagesse*) remonte, dit-on, à Pythagore. Avant lui, ceux qui s'occupaient de physique et de morale, seules sciences alors cultivées, s'appelaient *sages*, mot qui, appliqué à un personnage de l'antiquité, signifie *savant*. Pythagore y substitua le titre plus modeste de philosophe, c'est-à-dire ami de la sagesse.

Parmi les nombreuses sectes qu'enfanta la philosophie, nous remarquerons celle des cyniques, qui affectaient de mépriser les bienséances sociales, et dont Diogène est le représentant le plus connu. Il logeait dans un tonneau, n'ayant pour meubles qu'une besace, un bâton et une écuelle, qu'il jeta, comme inutile, un jour qu'il vit un enfant boire dans le creux de sa main. Il y avait dans sa pauvreté volontaire beaucoup d'orgueil et de vanité. Alexandre, ayant eu la curiosité de le voir, lui demanda ce qu'il pouvait faire pour lui « Te retirer de mon soleil, » répondit le philosophe. Le prince, frappé de cette hardiesse, qu'il prenait pour de la grandeur d'âme, s'écria, dit Plutarque : « Si je n'étais Alexandre, je voudrais être Diogène. » On raconte que le cynique, plein de mépris pour ses contemporains, se promena une fois, en plein midi, une lanterne à la main, dans les rues d'Athènes, répondant à ceux qui l'interrogeaient : « Je cherche un homme. » Il y avait au fond de tout cela plus d'ostentation que de véritable vertu. C'est ainsi que le comprenait Socrate, quand il disait à Antisthène : « Je vois ton orgueil percer à travers les trous de ton manteau. »

DU VERBE.

IIᵉ PARTIE.

sujet de		sujet de	
Tu	es.	Parler	nuit.
Je	suis.	Grillon	disait.
Nous	sommes.	Sort	
Savetier	chantait.	Le mien	sont.
Homme	naît, de souffre et de meurt.	Télémaque	entendit.
		Larmes	donnèrent.
Bonté	est.	Qui	coulèrent.
Terres	restent.	Soucis (1)	
Conquérants	se donnent et de font.	Défiances	
		Haines	volaient.
Ils	ont conquises.	Trahison	
Je	sais.	Désespoir	
Socrate	disait.	Je	plains.
Ce	est.	Lierre	disait.
Je	sais.	Jésus-Christ	meurt.
Arbre	tient.	Terre	tremble.
Roseau	plie.	Soleil	s'obscurcit.
Mourir	est.	Voile	se déchire.
Phalante	vit.	Pierres	se fendent.
Cendres	étaient renfermées.	Sépulcres	s'ouvrent.
		Morts	ressuscitent.
Il	versa.	Nature	semble.
Proverbe	dit.		

SOIXANTE-DEUXIÈME LEÇON.

Donner cinq verbes à chaque sujet.

La rose	exhale, parfume, s'ouvre, s'épanouit, se fane.
Le vent	siffle, s'engouffre, renverse, déracine, ébranle.
L'écolier	travaille, récite, obéit, joue, bavarde.
Le maître	félicite, blâme, encourage, réprimande, interroge.
Le soleil	luit, vivifie, disparaît, se lève, brille.
Le singe	grimace, amuse, gambade, plaît, imite.
La foudre	tombe, éclate, gronde, effraye, écrase.
L'oiseau	chante, vole, becquette, gazouille, s'apprivoise.
Le vin	enivre, fortifie, pétille, mousse, ranime.
Le ruisseau	coule, murmure, serpente, arrose, se perd.
Le serpent	siffle, mord, rampe, se dresse, se glisse.
L'abeille	puise, butine, fabrique, pique, construit.
Le médecin	guérit, ordonne, désespère, prescrit, opère.
La calomnie	dénigre, invente, noircit, tue, ternit.

(1) La religion primitive des Grecs porte à un haut degré le caractère symbolique et figuré. Les astres, le jour, la nuit, les heures, les agents de la nature, les facultés de l'âme, les vices même, tout était personnifié. C'est ainsi que la Nuit était fille du Chaos ; de son côté, la Nuit avait enfanté la Destinée, la Mort, la Vieillesse, la Discorde ; cette dernière, à son tour, avait donné naissance à la Trahison, à la Vengeance, au Désespoir et aux autres divinités, symboles des misères humaines.

GRAMMAIRE ÉLÉMENTAIRE LEXICOLOGIQUE.

L'hirondelle	bâtit, voyage, part, revient, annonce.
L'amitié	console, adoucit, se dévoue, s'alarme, s'inquiète.
Le chien	aime, flatte, défend, s'attache, veille.
L'avare	amasse, se prive, entasse, compte, recompte.
Les fruits	tombent, pourrissent, se gâtent, mûrissent, fermentent.
La branche	pousse, sèche, plie, se relève, casse.
Le ballon	s'élève, crève, disparaît, descend, se gonfle.
La mort	plane, moissonne, nivelle, frappe, surprend.
Les yeux	distinguent, lancent, s'appesantissent, se ferment, s'ouvrent.
La rouille	détruit, attaque, ronge, couvre, use.
Le cultivateur	laboure, ensemence, sème, récolte, fauche.
Dieu	crée, anéantit, juge, punit, pardonne.
Le nuage	grossit, se forme, se dissipe, crève, s'éloigne.
Le pain	nourrit, moisit, durcit, diminue, trempe.
L'agneau	bêle, bondit, broute, s'écarte, tète.
L'orateur	émeut, persuade, tonne, attendrit, entraîne.
L'armée	triomphe, s'avance, fuit, se déploie, assiége.
La mer	monte, mugit, engloutit, s'irrite, se calme.
La mère	aime, caresse, soigne, allaite, console.
La fortune	sourit, élève, renverse, trompe, favorise.
Le conquérant et le torrent	dévastent, ravagent, détruisent, désolent, renversent.
Le vaisseau	vogue, s'engloutit, se balance, s'éloigne, aborde.
Le volcan	gronde, vomit, lance, sommeille, s'enflamme.
Les cheveux	poussent, tombent, blanchissent, frisent, se dressent.

SOIXANTE-TROISIÈME LEÇON.

Donner cinq sujets à chaque verbe.

Baisser	la rivière, le jour, son esprit, son crédit, sa faveur (1).
Approcher	le printemps, la mort, la nuit, l'ennemi, la tempête.
Commander	le devoir, le travail, Dieu, la patrie, les vices.
Instruire	l'adversité, le malheur, la lecture, le maître, l'expérience.
Caresser	la fortune, le flatteur, le chien, le zéphyr, la mère.
Siffler	le vent, le serpent, la flèche, les spectateurs, les balles.
Eclater	la foudre, la bombe, l'insurrection, la colère, le fusil.
Retentir	le pas, la voix, le bruit, l'écho, le nom.
Enrichir	l'économie, le commerce, le travail, la paix, l'industrie.
Plaire	la modestie, la chasse, le spectacle, un compliment, la campagne.

(1) Voir le moyen d'émulation indiqué à la 38e leçon.

DU VERBE.

Déplaire	l'orgueil, la prétention, la sottise, le bruit, l'hiver.
Bouillir	le sang, la tête, l'eau, la source, le vin.
Crever	le nuage, la vessie, le ventre, le ballon, la grenouille.
Grimper	le lierre, le chat, le singe, l'ours, l'écureuil.
Obéir	l'esclave, l'écolier, le chien, le corps, le soldat.
S'enfuir	le temps, le bonheur, la nuit, la jeunesse, le voleur.
Partir	la flèche, le fusil, le conscrit, les hirondelles, la diligence.
Croître	le danger, les vertus, l'enfant, la plante, les défauts.
Reluire	l'encre, le cirage, l'or, le marbre, le parquet.
Paraître	le jour, le soleil, le roi, la lune, le rivage.
Régner	le silence, la tranquillité, le bonheur, la justice, l'ordre.
Ronger	le remords, la rouille, l'écureuil, le ver, les souris.
Veiller	la garde, l'avare, le crime, les lois, la sentinelle.
Noircir	l'envie, la méchanceté, la calomnie, l'encre, le charbon.
Gémir	la colombe, l'innocence, l'orphelin, l'enclume, l'écho.
S'envoler	les paroles, l'espérance, les illusions, l'oiseau, les amis.
Tourner	la terre, la broche, la roue, le lait, le vent.
Pâlir	le coupable, le teint, le front, le lâche, son étoile.
Rougir	les cerises, la timidité, le fer, la pudeur, le poêle.
Augmenter	la fièvre, la rivière, la pluie, le mal, la chaleur.
Divertir	le plaisir, le jeu, le spectacle, la danse, la promenade.
Fléchir	la prière, les larmes, les promesses, le cœur, la branche.
Pourrir	le fruit, le bois, la paille, les germes, le tronc.
Enivrer	la poudre, le vin, l'orgueil, la prospérité, la victoire.
Chanceler	le trône, la muraille, sa résolution, sa fortune, son courage.
S'user	les forces, le drap, l'activité, l'outil, la semelle.
Trembler	la terre, la main, la voix, le coupable, le lâche.
Dormir	l'enfant, la vertu, l'eau, le volcan, le lion.
Changer	les mœurs, le temps, le cœur, la décoration, les opinions.

SOIXANTE-QUATRIÈME LEÇON.

Devoir lexicologique sur le sujet du verbe.

L'*aigle* fixe le soleil. *Dieu* pèsera nos actions. La *mort* finit tous les maux. Le *repentir* rachette la faute. Les *éclairs* sillonnent la nue. Les *richesses* procurent des amis. Le *feu* amollit le fer. L'*ivraie* étouffe le bon grain. L'*âne* mange des chardons. L'*écureuil* mange des noisettes. Les *avares* tondraient un œuf. Le *berger* tond ses moutons. La *vieil-*

lesse courbe le corps. Le *vent* courbe les arbres. Les *arbres* donnent de l'ombrage. Les *oiseaux* peuplent les airs. Les *poissons* peuplent les eaux. Les *flatteurs* peuplent les cours. Les *étoiles* peuplent la voûte des cieux. La *famille* de Noé repeupla la terre. *David* tua Goliath. Le *froid* tue les plantes. Le *paresseux* tue le temps. Les *chiens* rongent les os. La *rouille* ronge le fer. Le *chagrin* ronge le cœur. La *lecture* nourrit l'esprit. La *terre* nourrit ses habitants. Le *bois* nourrit le feu. Le *temps* détruit tout. L'*intempérance* détruit la santé. Une *riche moisson* réjouit le laboureur. Le *chat* guette la souris. L'*air* environne la terre (1). Les *dents* broient la nourriture. Le *chien* du berger est le gardien du troupeau. Les *chiens* du berger sont les gardiens du troupeau. Le *chêne* produit le gland. Le *cognassier* produit le coing. Le *hêtre* produit la faîne. Les *moutons* produisent la laine. Le *loup* dérobe les agneaux, et le *renard* dérobe les poules. Les *Phéniciens* ont inventé la navigation. Les *Chinois* connaissaient, dit-on, la poudre et l'imprimerie (2). Les *Pyrénées* séparent la France de l'Espagne. *Hercule* exécuta douze travaux fameux. *Saint Jean-Baptiste* baptisa Jésus-Christ. *Clovis* fut le premier roi chrétien.

SOIXANTE-CINQUIÈME LEÇON.

DU COMPLÉMENT DIRECT.

Ire PARTIE.

comp. dir. de		compl. dir. de	
Prières,	entend.	*Mémoire,*	ôte.
Ennemis,	a vaincu.	*Imiter,*	voulut.
Mort,	craignent.	*Aigle,*	imiter.
Maux,	finit.	*Nous,*	rendent.

(1) L'air que nous respirons, et au milieu duquel nous vivons, forme autour de la terre une enveloppe connue sous le nom d'atmosphère, dont la hauteur, suivant M. Biot, ne doit pas dépasser 40,000 mètres. Il est principalement composé de deux gaz, l'*oxygène* et l'*azote*. Le premier entretient la vie des animaux et la combustion. L'air est un corps pesant dont la pression s'exerce dans tous les sens. Un litre d'air, à la température ordinaire, pèse un gramme environ, et on a trouvé que la pression de l'atmosphère sur un homme de moyenne grandeur équivaut à celle d'un poids de 17,000 kilogr. Si nous ne sommes pas écrasés par ce poids énorme, c'est qu'il est sans cesse contrebalancé par la réaction des fluides dont notre corps est rempli.

(2) Connue des Chinois dès les premiers siècles de notre ère, la *poudre* ne fut employée en France que vers le milieu du quatorzième, où on la voit figurer à la bataille de Crécy, en 1346. Quant à l'*imprimerie*, bien que les Chinois l'aient connue longtemps avant les Européens, leurs habitudes routinières les ont empêchés de perfectionner cette admirable invention. Les premiers essais de cet art, dus à Guttemberg, eurent lieu à Mayence, vers 1436; mais le premier livre imprimé en France ne parut qu'en 1470, sous le règne de Louis XI.

Ainsi les Chinois nous ont devancés dans presque toutes les grandes découvertes; ils ont connu la boussole plus de mille ans avant nous, et on suppose même, avec quelque certitude, qu'ils n'ignoraient ni les aérostats ni la force expansive de la vapeur. Mais le caractère tout particulier de cette nation, pour ainsi dire murée et séparée du reste du monde, a fait que les plus admirables découvertes y sont restées stationnaires, et qu'entre l'industrie chinoise et l'industrie européenne, il existe aujourd'hui la distance qui sépare le bloc informe, de la statue que le ciseau de l'artiste a pour ainsi dire animée.

DU VERBE.

Que,	fait.	Autres,	autoriserait.
Cœur,	réjouit.	Les,	enfreindre.
Récompense,	porte.	Bonheur,	augmente.
Audace,	montre.	Le,	partageant.
Combattants,	étonne.	Amandes,	
Détruire,	peut.	Noisettes,	} mange.
Siècle,	détruire.	Faîne,	
Épingle,	ramassez.	Gland,	
Sous,	aurez.	Jardins,	parfument et de
Lois,	enfreindrait.		embellissent.

II° PARTIE.

	compl. dir. de		compl. dir. de
Vie,	cherchaient.	Ennui,	éloigne.
Œuf,	trouvèrent.	Vérité,	trouve.
Pensées,	connaît.	La,	cherche.
Main,	lèche.	Disgrâces,	supporte.
Le,	frappe.	Les,	combat.
Vous,	aveuglent.	Les,	surmonte.
Pain,	amène.	Portes,	ouvre.
Bienfaits,	reproche.	Fraîcheur,	
Goûter,	veux.	Fleurs,	} répand.
Fruit,	goûter.	Rubis,	
Nous,	expose.	Aider,	doit.
Erreurs,	commettre.	Frère,	aider.
Passions.	calme.	L'outre,	lave.
Esprit,	occupe.		

SOIXANTE-SIXIÈME LEÇON.

Donner cinq verbes à chaque complément direct.

Le feu,	entretenir, extraire, éteindre, souffler, nourrir.
La foule,	percer, augmenter, disperser, amuser, écraser.
La terre,	arroser, cultiver, bêcher, conquérir, remuer.
Le soleil,	adorer, fixer, éclipser, regarder, mesurer.
Le pain,	peser, couper, rompre, cuire, préparer.
La porcelaine,	peindre, briser, fabriquer, vernir, dorer.
L'eau,	puiser, distiller, boire, purifier, analyser.
Le danger,	craindre, affronter, éviter, braver, mépriser.
Une lettre,	écrire, déchirer, porter, plier, cacheter.
Les parents,	respecter, chérir, contenter, embrasser, assister.
Le fer,	polir, battre, fondre, chauffer, couler.
Une injustice,	punir, commettre, réparer, reprocher, supporter.
Le cœur,	gagner, ennoblir, corrompre, émouvoir, attrister.
La mort,	redouter, implorer, braver, mépriser, appeler.
Sa patrie,	venger, servir, défendre, trahir, vendre.
La France,	traverser, gouverner, fortifier, envahir, enrichir.
Un conte,	entendre, écouter, débiter, lire, forger.
La bouche,	nettoyer, fermer, ouvrir, dessiner, emplir.
La voix,	baisser, admirer, adoucir, vanter, élever.
Un mur,	abattre, dégrader, noircir, élever, franchir.

4.

La rue,	traverser, longer, balayer, paver, indiquer.
Le genou,	panser, ployer, fléchir, couper, remuer.
La tête,	courber, lever, tourner, meubler, couvrir.
La ville,	assiéger, prendre, visiter, saccager, embellir.
Un trésor,	trouver, enfouir, entasser, perdre, dérober.
La fièvre,	avoir, guérir, soigner, calmer, couper.
Un chapeau,	retaper, brosser, défoncer, fabriquer, border.
La nature,	admirer, peindre, imiter, interroger, forcer.
Le troupeau,	conduire, dévorer, vendre, disperser, confier.
La moisson,	ravager, mûrir, faire, finir, bénir.
Un arbre,	abattre, couper, planter, arracher, tailler.
Sa santé,	détruire, rétablir, altérer, ménager, ruiner.
La colère,	blâmer, exciter, allumer, apaiser, calmer.
Un oiseau,	apprivoiser, plumer, caresser, soigner, attraper.
La paresse,	chasser, punir, détester, surmonter, blâmer.
Une serrure,	poser, forcer, détacher, fabriquer, démonter.
L'orgueil,	offenser, froisser, abaisser, blesser, corriger.
Un ennemi,	vaincre, tuer, secourir, désarmer, saisir.
Une grâce,	obtenir, implorer, promettre, accorder, solliciter.

SOIXANTE-SEPTIÈME LEÇON.

Donner cinq compléments directs à chaque verbe.

Dissimuler	ses larmes, la vérité, ses vices, ses intentions, son dépit.
Fuir	la paresse, le mal, le mensonge, les méchants, le danger.
Acquérir	des richesses, de la gloire, des connaissances, des amis, de la sagesse.
Ménager	sa santé, ses forces, sa monture, sa fortune, l'amour-propre.
Chanter	un couplet, une romance, une ariette, un cantique, une hymne.
Célébrer	la messe, une victoire, une fête, un retour, une naissance.
Approuver	un projet, une conduite, une entreprise, une résolution, une opinion.
Creuser	un trou, un abîme, une citerne, un puits, une cave.
Allumer	le feu, la chandelle, la lampe, l'incendie, la guerre.
Respecter	le malheur, la religion, l'infortune, la vieillesse, ses parents.
Tendre	la main, un piége, un arc, une corde, un lacet.
Récompenser	le mérite, la modestie, la fidélité, la vertu, le vainqueur.
Venger	son honneur, une injure, sa patrie, son ami, sa famille.
Témoigner	de l'affection, de la reconnaissance, de l'intérêt, de l'amitié, de la sollicitude.
Admirer	le génie, le talent, le courage, un tableau, une statue.

Lancer	la foudre, une pierre, une balle, un palet, un soufflet.
Renouveler	un bail, une demande, des propositions, des engagements, une menace.
Maudire	le temps, la pluie, le sort, la fortune, le juge.
Briser	ses fers, un vase, une fenêtre, ses liens, le cœur.
Tourner	une roue, la broche, le dos, la tête, le feuillet.
Cultiver	les arts, l'esprit, la mémoire, un champ, l'amitié.
Implorer	une grâce, un pardon, du secours, la mort, le ciel.
Subir	un affront, une opération, un châtiment, un interrogatoire, un examen.
Prononcer	une sentence, un discours, une parole, un jugement, une condamnation.
Franchir	les bornes, une montagne, un fossé, un mur, les mers.
Polir	l'esprit, les manières, ses ouvrages, le marbre, le fer.
Ourdir	un complot, une trahison, un mensonge, une conspiration, une trame.
Fondre	un métal, la glace, une statue, une cloche, des balles.
Corrompre	le cœur, la jeunesse, l'innocence, un magistrat, un ministre.
Craindre	la mort, l'oisiveté, la flatterie, les méchants, le froid.
Vendre	sa liberté, son âme, sa vie, son honneur, sa plume.
Répandre	l'instruction, le sang, du venin, un liquide, des larmes.
Rompre	une négociation, du pain, la paix, l'entretien, ses chaînes.
Trahir	l'amitié, son pays, ses amis, sa foi, ses serments.
Tracer	un plan, une figure, une ligne, une route, une page.
Étudier	une leçon, un projet, un sermon, la conduite, la physionomie.
Protéger	la veuve, le faible, l'orphelin, l'innocence, les arts.

SOIXANTE-HUITIÈME LEÇON.

Devoir lexicologique sur le complément direct.

Le soleil éclaire le *monde*. Le soldat défend sa *patrie*. L'avocat défend l'*accusé*. La lionne défend ses *petits*. Le vent déracine les *arbres*. L'ambition perd l'*homme*. Le laboureur cultive la *terre*. Les bons livres ornent l'*esprit* et forment le *cœur*. La rose orne le *jardin*. Christophe Colomb découvrit l'*Amérique*. Le chien caresse son *maître*. La mère caresse son *enfant*. Les zéphyrs caressent les *fleurs*. L'appétit assaisonne les *mets*. Le serpent trompa la *femme*. Samson vainquit les *Philistins*. Napoléon remporta *de grandes victoires*. Les fleurs charment l'*odorat*. La patience surmonte les *obstacles*. Le soleil fond la glace. Mon fils, fuyez les *mauvaises compagnies*. Les lâches fuient le *danger*. L'oisiveté engendre le *vice*. Trop de familiarité engendre le *mépris*. La malpropreté engendre la *vermine*. La chaleur corrompt la *viande*. Les richesses procurent des *amis*. Le pilote conduit le *vaisseau*. Le pasteur conduit son *troupeau*. La charrue déchire le *sein de la terre*. Les remords déchirent le *cœur*. Les corbeaux déchirent les *cadavres*. Une musique délicieuse flatte l'*oreille*. Les courtisans flattent les *princes*. Les hirondelles annoncent le *printemps*. L'orgueil annonce l'*ignorance*. Les apôtres annoncèrent l'*Evangile*. Les prophètes avaient annoncé la *venue du Sauveur*. Le chasseur poursuit le *gibier*. Les gendarmes poursuivent les *voleurs*. On dit d'un homme de peu d'esprit qu'il n'a pas inventé la *poudre*.

SOIXANTE-NEUVIÈME LEÇON.

Devoir lexicologique sur le verbe et sur le complément direct.

Le meunier *moud* le blé. Le boulanger *pétrit* le pain. Le bœuf *traîne* la charrue. Les contes *amusent* les enfants. Les enfants *aiment* les contes. Le maître *instruit* les enfants. Les enfants *écoutent* le maître. Les chasseurs *poursuivent* le gibier. Les agneaux *broutent* l'herbe. L'Arabe *aime* son cheval. L'araignée *file* sa toile. Les volcans *vomissent* des flammes. Les vaisseaux *fendent* les ondes. L'Océan *engloutit* les fleuves. Les fleuves *grossissent* l'Océan. Les fleuves *arrosent* les campagnes. Les écoliers *aiment* le jeu. Tous les hommes *redoutent* la mort. La lecture *charme* l'ennui. L'étude *embellit* la vie. Le paresseux *déteste* le travail. Le travail *effraye* le paresseux. Le commerce *enrichit* une nation. La Fontaine *a composé* des fables charmantes. L'occasion *fait* le larron. Une brebis galeuse *gâte* tout un troupeau. L'odeur du fromage *alléchait* le renard. Maître renard *trompa* le corbeau. Le corbeau *écouta* le renard. Les richesses *corrompent* le cœur. Les conquérants *ravagent* la terre. Le temps *détruit* tout. Les moineaux *détruisent* les insectes nuisibles. La grêle *détruit* les moissons. Les forêts d'Amérique *renferment* d'énormes serpents. L'homme le plus instruit *ignore* beaucoup de choses (1). Dieu *punira* les méchants et *récompensera* les bons. La Seine *prend* sa source en Bourgogne, *traverse* Paris et *jette* ses eaux dans la Manche.

SOIXANTE-DIXIÈME LEÇON.

Devoir lexicologique sur le verbe.

Dieu *tira* tout du néant. Il *créa* le monde en six jours. Le serpent *trompa* la femme. Adam et Ève *mangèrent* du fruit défendu. Dieu *chassa* l'homme du Paradis terrestre. Caïn et Abel *offraient* des sacri-

---

(1) Socrate, qui créa la science de la morale, démontra l'existence d'un Dieu, d'une providence et de l'immortalité de l'âme, disait que, pour lui, *tout ce qu'il savait, c'est qu'il ne savait rien.*

fices au Seigneur. Dieu *recevait* favorablement les offrandes d'Abel, et *rejetait* celles de Caïn. Caïn *conçut* de la jalousie contre son frère et le *tua*. Dieu *maudit* Caïn le fratricide. Les hommes *commirent* toutes sortes de crimes. Dieu *ouvrit* les cataractes du ciel (1). Les eaux *couvrirent* toute la terre. Noé *trouva* grâce devant le Seigneur. Dieu le *sauva* du déluge. Noé *planta* la vigne. Les descendants de Noé *bâtirent* la tour de Babel. Dieu *confondit* leur langage. Dieu *choisit* Abraham pour être le père de son peuple. Dieu *accorda* un fils à Sara. Dieu *exigea* d'Abraham le sacrifice de son enfant. Un ange *arrêta* le bras d'Abraham. Abraham *sacrifia* un bélier à la place de son fils. Rébecca *aimait* de prédilection son fils Jacob; mais Isaac *préférait* Esaü à Jacob. Esaü *céda* son droit d'aînesse à Jacob. Laban *accueillit* Jacob avec empressement. Jacob *garda* les troupeaux de son oncle. Jacob *épousa* Lia et Rachel. Jacob *eut* douze fils. Des marchands ismaélites *emmenèrent* Joseph en Egypte et le *vendirent* à Putiphar. Joseph *expliqua* les songes de Pharaon. Le vieux Jacob *envoya* ses fils en Egypte pour acheter du blé. Joseph *retint* Siméon prisonnier. Joseph *versa* des larmes en voyant Benjamin. On *trouva* la coupe de Joseph dans le sac de Benjamin. Pharaon *donna* à Jacob la terre fertile de Gessen. Les Egyptiens *accablèrent* les Hébreux de rudes travaux. Un Pharaon (2) *ordonna* de jeter au fleuve tous les nouveau-nés des Hébreux. La fille du roi *sauva* Moïse des eaux. Dieu *choisit* Moïse pour délivrer son peuple. Moïse *frappa* l'Egypte de plaies cruelles. Les Hébreux *traversèrent* la mer Rouge à pied sec. Les eaux de la mer *engloutirent* l'armée de Pharaon. Dieu *nourrit* les Hébreux de la manne. Le Seigneur *donna* sa loi à Moïse sur le Sinaï. Josué *conduisit* les Hébreux dans la Terre-Promise.

SOIXANTE-ET-ONZIÈME LEÇON.

DU COMPLÉMENT INDIRECT.

Il est important de ne pas confondre le complément indirect avec une espèce de complément *adverbial*, qui se rattache également au verbe à l'aide d'une préposition, mais qui, malgré cette ressemblance de forme, diffère essentiellement du véritable complément *indirect*.

Nous allons mettre ces deux compléments en regard, afin qu'on en saisisse bien la différence :

Pataud jouait avec RATON.
Ces élèves jouent avec ARDEUR.

Pataud jouait avec *qui?* Avec *Raton.* — Cette question résultant naturellement et sans effort du sens de la phrase, *Raton* est complément *indirect*.

En est-il ainsi pour l'autre exemple, et peut-on dire :

Ces élèves jouent avec *quoi?* Avec *ardeur?* Assurément non. Cette question

---

(1) *Dieu ouvrit les cataractes du ciel*, c'est-à-dire qu'il précipita sur la terre les nuées du ciel ; métaphore très-expressive.

(2) Nom commun ou titre par lequel on désigne les souverains de l'ancienne Egypte ; il s'applique, dans les livres hébraïques, à dix rois différents.

Cette particularité se remarque aussi dans l'histoire de nos pères, où le mot *Brenn*, *Brennus*, était une appellation générique et non individuelle. Chez les Romains, *César* devint également une sorte de nom appellatif. *Czar* ou *tzar*, titre que porte l'empereur de Russie, vient du latin *Cæsar*.

ne s'allie pas avec le sens, et produit une dissonnance dont l'oreille est visiblement choquée.

Les phrases suivantes sont dans le même cas :
Deux coqs vivaient en PAIX.
Tout chemin mène à ROME.
Alexandre entra dans BABYLONE *avec une grande* MAGNIFICENCE.

On ne dira pas :
Deux coqs vivaient en quoi? EN PAIX.
Tout chemin mène à quoi? A ROME.
Alexandre entra dans quoi? DANS BABYLONE; *avec quoi?* AVEC MAGNIFICENCE.
— D'où les mots *paix, Rome, Babylone, magnificence* ne sont pas compléments *indirects*.

Ici, au contraire :
Dieu mesure le vent à la BREBIS *tondue.*
L'égoïste ne vit que pour SOI.
On connait l'arbre à son FRUIT.

On peut dire :
Dieu mesure le vent à qui? A la BREBIS.
L'égoïste vit pour qui? Pour SOI.
On connait l'arbre à quoi? A son FRUIT.

Brebis, soi, fruit sont les compléments indirects des verbes *mesurer, vivre, connaître.*

Ire PARTIE.

compl. ind. de		compl. ind. de	
Vie,	finit.	Seigneur,	offraient.
Petits,	donne.	Aceste,	dit.
Intérêts,	sacrifie.	Ceux,	ôter.
Voix,	obéissons.	Qui,	tient.
Corbeau,	se moqua.	Joseph,	annoncer.
Raton,	jouait.	Frères,	raconta.
Moi,	racontez.	Lui,	excitèrent.
Lui,	avez racontée.	Antipodes (1),	parlez.
Lui,	plaire.	Égoïste,	parlez.
Plaire,	est assuré.	Vous,	répondra.
Statue,	tendait.	Vous,	parlant.
Refus,	s'accoutumer.	Lui,	parlant.

IIe PARTIE.

compl. ind. de		compl. ind. de	
Œuvre,	connaît.	Dieu,	prête.
Uniformité,	naquit.	Lui,	rendra.
Limon,	forma.	Autres,	plairez.
Souffle,	anima.	Leur,	donnez.
Torts,	convenons.	Autres,	faites.
Pauvre,	donne.	Vous,	fit.

(1) Habitants ou lieux de la terre diamétralement opposés. Les *antipodes* ont été le sujet de nombreuses controverses chez les anciens, et au moyen âge, la croyance générale à cet égard devint presque un article de foi, et fut un des plus grands obstacles que rencontra Christophe Colomb pour faire approuver son projet de voyage. Personne aujourd'hui ne doute de leur existence; les navigateurs qui ont fait le tour du globe l'ont trouvé partout habité. Or, comme il n'y a ni haut ni bas dans l'espace, nos antipodes voient, comme nous, les étoiles se lever, passer au-dessus de leur tête et se coucher; comme nous, ils sont retenus par les pieds à la terre, en vertu de la force centripète, dont le principe est au centre même de la terre. Quand il est midi pour l'un des antipodes, il est minuit pour l'autre. Les antipodes de la France sont situés dans le grand Océan. (De *anti*, contre; et *pous, podos,* pied.)

DU VERBE.

Annibal (1),	disait.	Lui,	dit.
Victoire,	profiter.	Toi,	donnerai.
Philosophe,	demandait.	Postérité,	donnerai.
Sable,	traça.	Toi,	marchera.
Se,	mordait.	Soleil,	reçoit.
Jacob,	apparut.	Nous,	envoie.

SOIXANTE-DOUZIÈME LEÇON.

Devoir de récapitulation sur la fonction des mots.

Enfants,	sujet de *trouvèrent*.
L'un,	sujet de *était* sous-ent.
L'autre,	sujet de *était* sous-ent.
Noix,	compl. dir. de *trouvèrent*.
Il,	sujet de *s'agissait*.
Les,	compl. dir. de *partager*.
Partager,	compl. ind. de *s'agissait*.
Rusé,	sujet de *ouvre*, de *prend* et de *donne*.
Les,	compl. dir. de *ouvre*.
Cerneaux,	compl. dir. de *prend*.
Lui,	compl. ind. de *prend*.
Écales,	compl. dir. de *donne*.
Camarade,	compl. indir. de *donne*.
Qui,	sujet de *cherche*.
Moyen,	compl. dir. de *cherche*.
Lot,	compl. ind. de *profiter*.
Il,	sujet de *s'aperçoit*.
S',	compl. ind. de *aperçoit*.
On,	sujet de *s'est moqué*.
S',	compl. dir. de *est moqué* mis pour *a moqué*.
Lui,	compl. ind. de *s'est moqué*.
Il,	sujet de *prendra*.
M',	compl. dir. de *prendra*.
Y,	compl. ind. de *prendra*.
Il,	sujet de *dit*.
Je,	sujet de *saurai*.
Me,	compl. dir. de *venger*.
Venger,	compl. dir. de *saurai*.
Supercherie,	compl. ind. de *venger*.
Occasion,	sujet de *se présente*.

(1) L'un des plus grands capitaines de l'antiquité. Son père lui avait fait jurer, dès l'âge de neuf ans, une haine implacable aux Romains ; il fut fidèle à son serment. Proclamé général en chef des Carthaginois presque au sortir de l'adolescence, il déclara la guerre aux Romains, fut partout vainqueur en Espagne, traversa les Gaules, franchit les Alpes et envahit l'Italie, où il marcha de succès en succès. C'en était fait peut-être de Rome, si, après sa fameuse victoire de Cannes, il se fût immédiatement dirigé vers cette capitale; mais ses délais permirent aux Romains de reprendre courage, et ses troupes s'amollirent dans les délices de Capoue. Vaincu par Scipion quatorze ans plus tard, dans les plaines de Zama, il se réfugia en Syrie, puis en Bithynie, où il s'empoisonna pour ne pas tomber vivant entre les mains de ses ennemis. (183 avant J. C.)

Se,	compl. dir. de *présente*.
Ils,	sujet de *continuent*.
Promenade,	compl. dir. de *continuent*.
Ils,	sujet de *trouvent*.
Olives,	compl. dir. de *trouvent*.
Celui,	sujet de *s'écrie*.
Qui,	sujet de *prétend*.
Tromper,	compl. dir. de *prétend*.
Trompeur,	compl. dir. de *tromper*.
S',	compl. dir. de *écrie*.
Toi,	compl. ind. de *garde*.
Écorce,	compl. dir. de *garde*.
Moi,	compl. ind. de *donne*.
Ce,	compl. dir. de *donne*.
Qui,	sujet de *est*.
L'autre,	sujet de *rit* et de *s'empresse*.
S',	compl. dir. de *empresse*.
Obéir,	compl. ind. de *s'empresse*.
Il,	sujet de *prend*, de *mange* et de *donne*.
Chair,	compl. dir. de *prend* et de *mange*.
Noyaux,	compl. dir. de *donne*.
Compagnon,	compl. ind. de *donne*.
Expérience,	sujet de *sert*.
Rien,	compl. ind. de *sert*.
Ceux,	compl. ind. de *sert*.
Qui,	sujet de *manquent*.
Sens,	compl. ind. de *manquent*.

SOIXANTE-TREIZIÈME LEÇON.

Devoir lexicologique sur le complément indirect.

L'intempérance nuit à la *santé*. Le menteur se nuit à *lui-même*. L'esclave obéit à son *maître*. Les girouettes obéissent au *vent*. L'exilé songe à sa *patrie*. L'avare songe à son *trésor*. Le jour succède à la *nuit*. Salomon a succédé à *David*. Les impies blasphèment contre *Dieu*. L'éléphant se souvient des *injures*. Nous devons nous souvenir des *bienfaits*. Un père travaille pour ses *enfants*. Les hautes montagnes sont couvertes de *neige*. Les pâturages sont couverts de *troupeaux*. Les moutons sont couverts de *laine*. Le ciel de l'Angleterre est toujours couvert de *nuages*. Le champ de bataille était couvert de *cadavres mutilés*. Moïse couvrit l'Égypte de *plaies*. Napoléon s'est couvert de *gloire*. Les anciens chevaliers étaient recouverts de *riches armures*. L'ours grimpe sur les *arbres*. La terre est éclairée par le *soleil*. Les béquilles aident à *marcher*. L'imprimerie a été inventée par *Guttemberg* (1). Judas se repentit de son *forfait*. Le loup chercha querelle à

---

(1) Né à Mayence, en 1400. On lui a souvent contesté l'honneur de sa découverte, mais sans preuves suffisantes. Il fit ses premiers essais à Strasbourg, puis retourna à Mayence, où il s'associa avec Faust. Il mit cinq ans à terminer la fameuse Bible latine, dite *aux quarante-deux lignes*. Mayence et Strasbourg lui ont élevé un monument. La fête séculaire qui eut lieu, en 1840, dans cette dernière ville, fut digne de l'inventeur du plus précieux de tous les arts.

l'*agneau*. L'avare court après la *fortune*. Les gendarmes courent après les *voleurs*. Les oiseaux se nourrissent d'*insectes*. Les jeunes gens se nourrissent d'*espérances* et les vieillards de *souvenirs*. L'homme ne se nourrit pas seulement de *pain*, mais de *toute parole qui sort de la bouche de Dieu*. Jésus-Christ pardonna à ses *bourreaux*. Une mère pardonne facilement à son *fils*. L'enfant sourit à sa *mère*. La paresse mène à tous les *vices*. Le renard se moqua du *corbeau*. Cham se moqua de son *père*. Adam et Ève désobéirent à *Dieu*. La Bourgogne et la Champagne abondent en *vins renommés*.

SOIXANTE-QUATORZIÈME LEÇON.

Devoir lexicologique sur le verbe.

Nota. Tous les compléments qui figurent dans ce devoir se rattachent au verbe au moyen d'une préposition. Ils ne sont pas tous indirects ; quelques-uns sont adverbiaux ou circonstanciels.

Nous *voyons* par les yeux. Nous *entendons* par les oreilles. Le soleil *luit* pour tout le monde. Les étoiles *brillent* pendant la nuit. L'âme ne *meurt* point avec le corps. Le printemps *vient* après l'hiver. La marmotte *dort* en hiver. Le tambour-major *marche* avant tout le régiment. Le serpent *rampe* sur le ventre. Le jeu *plaît* aux enfants. Les bergers *jouent* de la flûte. Joseph *fut vendu* par ses frères. Les courriers *partent* malgré la pluie. La plupart des rivières *sortent* des montagnes. Le lierre *s'attache* aux arbres. Absalon *se révolta* contre son père. Les bons citoyens *obéissent* aux lois. Les oiseaux *s'attaquent* aux meilleurs fruits. Le sage *commande* à ses passions. L'insensé *obéit* à ses passions. L'hypocrite *parle* contre sa pensée. L'ambitieux *aspire* aux honneurs. Les Arabes *vivent* sous des tentes. La persévérance *triomphe* de tout. L'homme courageux *lutte* contre l'adversité. On *guérit* difficilement d'un coup de langue. Les nez *ont été inventés* avant les lunettes. Un père *travaille* pour nourrir ses enfants. On a vu des enfants *mourir* pour sauver leur père. Nous *vivons* dans l'air comme les poissons *vivent* dans l'eau. Les hirondelles *partent* en automne et *reviennent* au printemps. La grotte de la déesse ne *résonnait* plus de son chant. La guerre *plaît* aux soldats, elle *nuit* aux laboureurs. Louis XV *régna* après Louis XIV, et Louis XVI *succéda* à Louis XV. François I*er* *écrivit* à sa mère : « Madame, tout est perdu, fors l'honneur (1). » Les agneaux *bondissent* sur l'herbe. Les renards *rôdent* autour des fermes. Ne *bâtis* pas sur le sable.

---

puisque seul il contribue à les perpétuer tous. Grâce à l'imprimerie, la marche du progrès ne peut plus être arrêtée, et le retour à un autre moyen âge est devenu impossible.

(1) François I*er* fut vaincu et fait prisonnier à Pavie (1525), après avoir fait, ainsi que l'armée française, des prodiges de valeur. Il pouvait donc écrire à sa mère : *Madame, tout est perdu, fors l'honneur.*

EXERCICES ORTHOGRAPHIQUES SUR LE VERBE.

PREMIÈRE CONJUGAISON.

INDICATIF. Présent.

J'*affirme*. Tu *pries*. Il *amasse*. Nous *attribuons*. Vous *héritez*. Ils *donnent*. C'est moi qui *travaille*. C'est lui qui *ordonne*. C'est Paul qui *demande*. Ce sont eux qui *glissent*. Ces leçons, tu les *copies*, et je les *récite*. Les hommes *cultivent*, Dieu *arrose*. On *flatte* les tyrans, mais rarement on les *aime*. Le temps *passe*, disons-nous; nous nous *trompons*: le temps *reste*, c'est nous qui *passons*. Les faveurs de la fortune *ressemblent* aux charmes du visage: on ne les *conserve pas* longtemps.

IMPARFAIT.

J'*acceptais*. Tu *adoptais*. Il *blâmait*. Nous *créions*. Vous *étudiiez*. Ils *refusaient*. C'est moi qui *accordais*. C'est lui qui *méritait*. C'est nous qui *amplifiions*. C'est vous qui *gratifiiez*. Les éclairs *brillaient*, la foudre *grondait*. Les grenouilles *demandaient* un roi. Autrefois vous *accentuiez* mal tous les mots.

PASSÉ DÉFINI.

J'*offensai*. Nous *pardonnâmes*. Tu *enseignas*. Vous *profitâtes*. Il *économisa*. Ils *gaspillèrent*. C'est toi qui le *présentas*. C'est vous qui nous *présentâtes*. C'est nous qui vous *présentâmes*. C'est moi qui te *présentai*. Ce sont eux qui nous *présentèrent*. Saint Pierre *renia* et le coq *chanta*. Les juges *condamnèrent* Socrate. Noé *planta* la vigne et *s'enivra*. Les poètes *créèrent* les dieux.

PASSÉ INDÉFINI.

Il *a cherché*. Tu *as trouvé*. Nous *avons affirmé*. Vous *avez nié*. Paul et Julien *ont arpenté*. Est-ce toi qui *as dessiné*? Est-vous qui *avez calqué*? L'agneau *a bêlé*. Le vent et la pluie *ont redoublé*. Votre timidité vous *a troublé*.

PASSÉ ANTÉRIEUR.

Vous *eûtes fauché*. J'*eus fané*. Il *eut moissonné*. Nous *eûmes glané*. Tu *eus vendangé*. Ils *eurent grappillé*.

PLUS-QUE-PARFAIT.

J'*avais remué*. Vous *aviez bougé*. Elle *avait augmenté*. Nous *avions diminué*. Ils *avaient risqué* leur vie. C'est moi qui *avais veillé* le pauvre malade. Ce n'est pas toi, Charles, qui *avais trompé* ton ami. Cette histoire m'*avait intéressé*. Julie et Louise m'*avaient plaisanté*. La sévérité de notre maître l'*avait déconcerté*. Deux renards *avaient trouvé* un trésor.

FUTUR.

Je *nouerai*. Il *dénouera*. Nous *avouerons*. Elles *communieront*. Tu *suppléeras*. Vous *accentuerez*. Est-ce toi qui *distribueras*? Ce n'est pas nous qui les *tromperons*. Il *payera* de sa personne. Nous *crierons* la nouvelle sur les toits. Les roseaux *plieront*. Les chênes se *briseront*. L'exercice et la tempérance *fortifieront* votre santé. Moïse a dit : Vous ne *tuerez* point, vous ne *déroberez* point, vous n'*oublierez* point le Seigneur votre Dieu. Le laboureur diligent *cultivera* et *récoltera*. Le ciel et la terre *passeront*. Mon Dieu, je vous *aimerai* de tout mon cœur.

FUTUR ANTÉRIEUR.

Il *aura déjeuné*. Nous *aurons dîné*. J'*aurai monté*. Vous *aurez voyagé*. Tu *auras favorisé*. Ils *auront obligé*. C'est moi qui *aurai pensé*. C'est toi qui *auras exécuté*. C'est vous qui *aurez possédé*. C'est nous qui *aurons vérifié*. J'*aurai terminé* que tu *auras commencé* à peine.

CONDITIONNEL. PRÉSENT.

Tu *prierais*. Nous *agréerions*. Il *arroserait*. Vous *balayeriez*. Paul et Julien *étudieraient*. Comment, c'est toi qui *bafouerais* tes amis ! Je ne *rayerais* pas ces mots s'ils étaient utiles. Le paresseux *désirerait* manger l'amande, mais il ne *casserait* pas le noyau. Les avares *amasseraient* tout l'or du Pérou qu'ils en *souhaiteraient* encore.

PASSÉ (1ʳᵉ forme).

J'*aurais regardé*. Tu *aurais fixé*. Il *aurait cligné*. Nous *aurions sourcillé*. Vous *auriez louché*. Ils *auraient lorgné*.

PASSÉ (2ᵉ forme).

Il *eût marché*. Tu *eusses trotté*. Vous *eussiez galopé*. J'*eusse gambadé*. Nous *eussions sauté*. Ils *eussent dansé*.

IMPÉRATIF.

Écoute tes maîtres. *Oublions* nos querelles. *Pardonnez* à vos ennemis. *Orthographie* mieux tes devoirs. *Ménagez* votre temps. *Noue* les cordons de tes souliers. *Nouons* les cordons de nos souliers. *Nouez* les cordons de vos souliers.

SUBJONCTIF. PRÉSENT.

Il faut que je *certifie*, que tu *oublies*, qu'il se *défie*, que nous *conviions*, que vous *suppliiez*, qu'ils *acceptent*. Je désire que vous *variiez* vos occupations. Il faut que chacun *paye* son tribut à la nature. Il est bon que les enfants se *récréent* après le travail.

IMPARFAIT.

Il faudrait que je *bêchasse*, que tu *plantasses*, qu'il *semât*, que nous *arrosassions*, que vous *désherbassiez*, qu'ils *récoltassent*. Je désirerais que vous *travaillassiez* avec plus d'ardeur, et que vous *employassiez* mieux votre temps. Dieu exigea qu'Abraham *sacrifiât* son fils Isaac, mais il ne permit pas que ce sacrifice s'*exécutât*. Je voudrais que tu ne *détournasses* pas ton visage du pauvre, afin que Dieu ne *détournât* pas son visage de toi.

PASSÉ.

Il est impossible que j'*aie calomnié*, que tu *aies péché*, qu'il *ait apostasié*, que nous *ayons renié*, que vous *ayez juré*, qu'ils *aient blasphémé*.

PLUS-QUE-PARFAIT.

Il aurait fallu que j'*eusse parlé*, que tu *eusses écouté*, qu'il *eût examiné*, que nous *eussions discuté*, que vous *eussiez rectifié*, qu'ils *eussent approuvé*.

INFINITIF. PRÉSENT.

Teiller, filer, dévider.

PASSÉ.

Avoir cardé, avoir tricoté, avoir tissé.

PARTICIPE PRÉSENT.

Entonnant, chantant, chevrotant.

PARTICIPE PASSÉ.

Plié, cacheté, timbré.

Devoir traduit au pluriel.

Les *chats* miaulent. Les *chiens* aboient. Les *loups* hurlent. Les *vaches* beuglent. Les *enfants* crient. Les *hommes* parlent. Les *rossignols* chantent. Les *corbeaux* croassent. Les *moucherons* bourdonnent. Les *pies* jasent. Les vilains *serpents* sifflent. Les petits *poulets* piaulent. Les *drapeaux* nationaux flottent. Les *bombes* meurtrières s'échappent, s'élèvent, tombent, éclatent, brisent tout. Les *montres* marchent, retardent, s'arrêtent. Les *feux* brillent, pétillent, brûlent, se consument entièrement. Ces jeunes *écoliers* étudient et récitent. Les *détails* ennuient. Les *filous* dérobent et se sauvent. Les *genoux* plient. Les *chacals* dévorent leur proie. Les *maréchaux* ferrent les chevaux. Les *soupiraux* éclairent. *Nous* nous récréions. *Vous* admiriez le courage. *Vous* réprimandiez cet écolier paresseux. *Nous* parlons et *vous* écoutez. Ils jouent et *vous* travaillez. Ces jeunes *agneaux* bêlent, bêlaient, avaient bêlé. *Nous* désirons que *vous* essayiez cette plume. *Nous* désirerions que *vous* essayassiez cette plume. *Vous* vous noyiez, *nous* essayâmes de vous sauver. *Vous* souhaitez que *nous* nous réconciliions avec nos amis. *Nous* allâmes l'an dernier à la campagne, où *vous* nous accompagnâtes. *Nous* prions, *nous* priions, *nous* priâmes, *nous* prierons Dieu; *priez*-le aussi.

Devoir traduit au singulier.

L'*écolier* paresseux aime le jeu et déteste l'étude. J'aime les fleurs et je les cultive. Jolie petite rose, *tu* embaumes le jardin et tu charmes l'odorat. Ce *chien* te caresse, et *tu* le frappes. Mon enfant, *tu* joueras, et ton *maître* se mêlera à tes jeux, si tu travailles avec ardeur. Si *tu* pratiques la vertu, ne fréquente pas la compagnie des méchants : confierais-tu ta bourse à un voleur? *Tu* contribuerais à une bonne action si tu la louais de bon cœur. L'*homme* taille, façonne, moule, pétrit; il ne crée et ne créera jamais : le plus grand *génie* ne créerait pas un moucheron. L'*ingrat* oublie les bienfaits. Ne te fie pas à *celui* qui ne se fie à personne. A Rome, on ne voulait pas de *victoire* qui coûtât trop de sang. *Frappe*, mais écoute. *Tu* frappes et tu n'écoutes pas. C'est *toi* qui as herborisé sur la montagne, et c'est *moi* qui ai chassé dans la plaine. Est-ce *toi* qui allas l'an passé aux eaux du Mont-d'Or? *Je* cachetai cette lettre, et *tu* la déposas à la poste. Un *rat* cherchait sa vie, il trouva un œuf. *Tu* recherches les rieurs, et moi *je* les évite.

EXERCICES ORTHOGRAPHIQUES SUR LES REMARQUES PARTICULIÈRES DE LA PREMIÈRE CONJUGAISON.

INDICATIF. PRÉSENT.

Je *mène*. Tu *complètes*. Il *envoie*. Nous *avançons*. Vous *achetez*. Ils *appellent*. Nous *renonçons* à la paresse. La mort *nivelle* tout. Trop de plaisir *ennuie*. Ces élèves *répètent* comme des perroquets. Les nuages *s'amoncellent*. L'intempérance *abrége* la vie. Tu *t'apitoies* sur ce malheureux. Les épis vides *lèvent* la tête. Les oiseaux *becquettent* les meilleurs fruits. C'est l'or qui *possède* les avares et non les avares qui *possèdent* l'or. La nature *est* un miroir fidèle qui *reflète* à nos yeux la grandeur et la majesté de Dieu.

IMPARFAIT.

Je *commençais*. Tu *plongeais*. Il *régnait*. Vous *broyiez*. Nous *appuyions*. Ils *jetaient*. La mort nous *menaçait*. Nous *défrayions* nos amis. Crésus *nageait* dans l'opulence. Les cyclopes *forgeaient* les foudres de Jupiter. Vous *ployiez* sous le malheur. L'armée française *avançait*, les ennemis *engageaient* le feu : la victoire *balançait*.

PASSÉ DÉFINI.

Je *feuilletai*. Vous *chancelâtes*. Il *ensemença*. Nous *exerçâmes*. Tu *rédigeas*. Ils *pincèrent*. Moïse *changea* les eaux du Nil en sang. Cet homme nous *obligea*, nous le *soulageâmes*. Nous *devançâmes* nos rivaux. Pourquoi *révélas*-tu ce secret? Les prophètes *annoncèrent* le Messie.

FUTUR.

Tu *élèveras*. Vous *cachetterez*. Il *considérera*. Nous *achèverons*. Je m'*essuierai*. Ils *étayeront*. Dieu *protégera* les gens de bien. Tu *préféreras* l'utile à l'agréable. Nous *apprécierons* vos bonnes qualités. Vous *regretterez* le temps perdu. Nos vertus nous *frayeront* le chemin du ciel.

CONDITIONNEL. PRÉSENT.

Vous *céderiez*. Tu *enrayerais*. Je *lèverais*. Nous *nettoierions*. Il *attellerait*. Ils *remueraient*. Tu *égayerais* tes amis. Avec un point d'appui, on *soulèverait* la terre. Ce n'est pas moi qui *répéterais* une calomnie, et qui *altèrerais* la vérité. Certaines gens se *noieraient* dans un verre d'eau.

IMPÉRATIF.

Paye tes dettes. Ne *forçons* point notre talent. *Rappelle*-toi tes promesses. N'*attelez* pas tous vos bœufs à la même charrue. *Emploie* mieux ton temps. *Employons* mieux notre temps. *Employez* mieux votre temps.

SUBJONCTIF. PRÉSENT.

Il faut que j'*abrége*, que nous *essuyions*, qu'il *envoie*, que nous *épelions*, que tu *sèmes*, qu'il *règne*. Que Dieu vous *protége*. Tu réussiras pour peu que tu *essayes*. Il faut que chacun *balaye* devant sa porte. Les princes veulent qu'on les *récrée* sans cesse. Il est important que nous vous *confiions* ce secret et que vous ne le *révéliez* à personne. L'équité veut que nous ne *pariions* pas à coup sûr. Que l'ordre et l'économie *règlent* tes dépenses. Dieu veut que nous le *glorifiions* et que nous *sanctifiions* son nom.

IMPARFAIT.

Il faudrait que tu *traçasses*, qu'il *agréât*, que je *prolongeasse*, que vous *essuyassiez*, que nous *prononçassions*, qu'ils *jugeassent*. Je désirerais qu'on *érigeât* des statues aux bienfaiteurs de l'humanité. On trouverait mauvais que tu ne t'*occupasses* que de toi. Nous voudrions que le ciel *exauçât* nos vœux les plus insensés. Alexandre craignait que ses généraux ne *célébrassent* ses funérailles par des batailles sanglantes. Les anciens ordonnaient qu'on *jetât* les parricides à la mer.

Devoir traduit au pluriel.

Nous nageons. *Vous* chancelez. *Ils* nivellent. *Nous* renouvellerons. Que *nous* interpellions. Qu'*ils* entremêlent. *Vous* cachetez. *Ils* empiètent. *Nous* rudoyâmes. *Nous* vous guettons. *Achevez. Nous* employons. *Vous* employiez. *Ils* employèrent. Que *nous* foudroyions. Que *vous* nettoyiez. Qu'*ils* aboient. *Vous* croyiez. *Nous* niions. Que *vous* appuyassiez. *Vous* sciiez du bois. *Nous* vendangeons notre clos. *Nous* soulageons les pauvres. *Nous* traçons cette page. *Nous* croyions que *vous* criiez au secours. *Vous* vous noyiez ; *nous* plongeâmes et vous ramenâmes sains et saufs au rivage. Pauvres aveugles, autrefois *vous* vous désennuyiez par la lecture, vous variiez vos occupations, vous ne mendiiez pas et vous ne ployiez pas sous le malheur. *Ménagez* votre temps, employez-le bien. Dieu veut que *vous* le priiez sans cesse, que vous croyiez en lui, et que vous espériez en son infinie miséricorde. *Nous* ne tolérerons pas que *vous* riiez du mal des autres, que vous vous égayiez à leurs dépens, que vous les railliez, et que vous les ennuyiez par vos sarcasmes. Quand *nous* étions enfants, nous employions notre temps à des lectures futiles, et nous nous ennuyions de tout ce qui n'était qu'instructif. Quand *nous* confions nos peines, nous les allégeons. Quand *nous* confiions nos peines, nous les allégions. *Vous* humiliiez ce malheureux ; il faut que vous vous apitoyiez sur son sort et que vous ne le mortifiiez pas par vos refus hautains. Quand *nous* sommes seuls, nous songeons à nos défauts ; *songez* aussi aux vôtres, flagellez votre amour-propre, et vous deviendrez meilleurs. *Réglez* vos pensées, pesez vos paroles, ne projetez que de bonnes actions, et employez sagement votre temps.

Devoir traduit au singulier.

J'enlève. *Il* dénonça. *J*'achève. *Tu* achèves. *Il* parsèmera. *Tu* parsèmes. Que *j*'enlève. Que *tu* enlèves. Qu'*il* enlevât. *Persévère. Je* persévère. Que *tu* persévérasses. *Je* le protège. *Il* égayerait. *Il* égayera. *Délaye. Je* renouvelle. Que *je* prête. Que *tu* regrettes. *Tu* empiètes. *Je* nettoie. *Je* nettoyais. *Tu* broierais. *Tu* broyais. Que *tu* broies. *Côtoye.* Que *je* tutoie. Que *tu* tutoies. Que *je* protégeasse. *Il* protégea. *Tu* furettes partout. *Il* soulagea les orphelins. *Tu* grasseyes. Pourquoi altères-*tu* la vérité ? *Emploie* mieux ton temps. *Tu* répètes toujours la même chose, et tu nous ennuies. Le *juge* se prononça en sa faveur. *Je* paye ce que j'achette. *Tu* ménageais ta santé. *Je* renouvelle mon bail. *Tu* cachettes une lettre. *Élève* bien ton fils, ne tolère point ses défauts, jette dans son cœur de bonnes semences. *Règle* chaque jour comme s'il devait être le dernier. *Je* me rappelle toujours avec plaisir mes bonnes actions. *Pèse* mûrement tout ce que tu projettes ; procède avec mesure.

DEUXIÈME CONJUGAISON.

EXERCICES ORTHOGRAPHIQUES SUR LES VERBES RÉGULIERS DE LA DEUXIÈME CONJUGAISON.

INDICATIF PRÉSENT.

J'*établis*. Tu *salis*. Il *trahit*. Nous *avertissons*. Vous *guérissez*. Ils *ralentissent*. Tu *obéis* à tes parents et tu les *chéris*. Vous *remplissez* vos devoirs. Tout ne *périt* pas avec le corps. La colombe *gémit*. Les arbres *grossissent, grandissent, pourrissent*. Les rayons du soleil nous *éblouissent*.

PASSÉ INDÉFINI.

Nous *avons rétabli*. Il *a puni*. Tu *as réuni*. Elles *ont tari*. Vous *avez défini*. J'*ai franchi*. Paul et Julien *ont réussi* dans ce travail difficile. Louis XVI *a aboli* la torture. Tu *as agi* avec discernement si tu *as choisi* un ami véritable. La France *a établi* sa domination en Afrique. Les obstacles n'*ont* pas *ralenti* le zèle de saint Vincent de Paul.

SUBJONCTIF PRÉSENT.

Il faut que nous *polissions*, que tu *dépolisses*, qu'il *démolisse*, que vous *aplatissiez*, que je *dégrossisse*, qu'ils *arrondissent*. Nous doutons que tu *réussisses* sans une application soutenue. Ne crains pas que le travail te *vieillisse*. Il est bon que les jeunes gens ne s'*amollissent* pas et qu'ils s'*aguerrissent* à la fatigue. Il n'y a rien qui *rafraîchisse* le sang comme une bonne action.

IMPARFAIT DE L'INDICATIF.

Je *pâlissais*. Vous *rougissiez*. Il *ourdissait*. Tu *assainissais*. Nous *bâtissions*. Ils *agrandissaient*. Le jeune Télémaque *unissait* la douceur à la modestie. Les Sybarites *bannissaient* les coqs de leur ville. Les Romains *nourrissaient* des oies sacrées. Les anciens *pétrissaient* le pain dans des arbres creux. Le commerce et la navigation *enrichissaient* les Phéniciens. Tobie et son fils *ensevelissaient* les morts.

IMPÉRATIF.

Accomplis tes devoirs. *Accomplissons* nos devoirs. *Accomplissez* vos devoirs. Ne te *réjouis* pas du malheur d'autrui. Ne vous *réjouissez* pas du malheur d'autrui. Ne nous *réjouissons* pas du malheur d'autrui.

FUTUR SIMPLE.

J'*appauvrirai*. Tu *enrichiras*. Vous *saisirez*. Il *ravira*. Nous *ternirons*. Ils *réjouiront*. L'étude *embellira* et *remplira* tes jours. Vous *applaudirez* au courage. Les arbres *reverdiront* au printemps et *jauniront* en automne. Jésus-Christ a dit : J'*anéantirai* le temple de Dieu et le *rebâtirai* en trois jours. Au dernier jour, les méchants *gémiront* et les bons se *réjouiront*. Nous nous *enrichirons* par le travail et l'économie. Le travail et l'économie nous *enrichiront*. Vous *guérirez* par la diète. La diète dit aux malades : Je vous *guérirai*.

PASSÉ DÉFINI.

Il *gravit*. Vous *envahîtes*. Il *fléchit*. Nous *fournîmes*. Ils *garnirent*. Tu *dégarnis*. Vous *pâlîtes* à sa vue. Nous *gravîmes* les flancs escarpés de la montagne. Clovis *ternit* les dernières années de son règne. Les eaux de la mer Rouge *engloutirent* les Egyptiens. Une éruption du Vésuve *engloutit* Herculanum. Les Hébreux se *nourrirent* de manne dans le désert. Les Francs *franchirent* le Rhin, *envahirent* les Gaules et s'y *établirent*.

Devoir traduit au pluriel.

Nous faiblissions. *Vous* aviez faibli. *Ils* faibliraient. *Ils* eurent dégarni. *Ils* eussent dégarni. Que *nous* ayons approfondi. Que *vous* eussiez ourdi. Qu'*ils* démolissent. Qu'*ils* démolissent. *Vous* avez assaini.

Pétrissez. Nous équarrirons. *Vous* aurez pâti. *Vous* auriez pâti. Les *chaleurs* de l'été mûrissent les moissons. *Choisissez* bien vos amis. Les *roses* vieillissent en naissant. *Vous* vieillirez sans vous en douter. *Saisissez* l'occasion aux cheveux. Les *avares* enfouissent leur âme avec leur trésor. Les *lectures* ont toujours agrandi l'âme et nourri l'esprit. Hier *vous* subîtes un affront. A quoi réfléchissez-*vous* en ce moment? *Nous* punirons les élèves *qui* saliront leurs livres. Quand *nous* aurons réfléchi, nous agirons résolument. *Vous* guérirez de l'ennui par le travail. Les *travaux* enrichissent. Nos *travaux* nous enrichiront. Les bons *vins* réjouissent le cœur de l'homme. *Nous* chérissons nos parents. Si *vous* ne guérissez pas de vos vices, vous finirez par leur obéir comme des *esclaves* obéissent à leur maître.

Devoir mis au singulier.

Je chérirai. *Tu* chériras. *Il* chérit. *Il* chérit. *Je* refroidissais. *Tu* eus verni. *J'*éclaircissais. *J'*éclaircis. Que *tu* aies enfoui. *J'*avais rajeuni. Que *tu* rôtisses. *Il* aurait approfondi. *Il* eut enseveli. *Il* eût enseveli. Qu'*il* adoucisse. Qu'*il* adoucît. *Tu* chéris l'étude. *Tu* chéris toujours l'étude. *Tu* réussirais si tu agissais autrement. L'*eau* de la Loire grossissait à vue d'œil. Le *médecin* guérit les maladies du corps, un bon *livre* guérit celles de l'âme. *Je* préfère celui *qui* rougit à celui *qui* pâlit. *Tu* compatiras au malheur d'autrui. Ne *trahis* jamais la confiance de personne. Il faut que *j'*aie fini ce travail ce soir. Le *philosophe* se réjouit de sa pauvreté. Si *tu* espères, tu jouis. *Tu* bâtis sur le sable. La *feuille* frémit, le *lion* rugit, le *taureau* mugit, le *cheval* hennit. Toujours la *feuille* a frémi, le *lion* a rugi, le *taureau* a mugi, le *cheval* a henni. Toujours la *feuille* frémira, le *lion* rugira, le *taureau* mugira, le *cheval* hennira.

EXERCICES ORTHOGRAPHIQUES SUR LES REMARQUES PARTICULIÈRES DE LA DEUXIÈME CONJUGAISON.

INDICATIF. PRÉSENT.

Je *mens*. Tu *hais*. Il *cueille*. Nous *fuyons*. Vous *acquérez*. Ils *tressaillent*. Elle *bout*. Tu *sors*. Ils *viennent*. Paul se *repent*. Paul et Julien se *repentent*. On se *repent* souvent d'avoir parlé, jamais de s'être tu. Nous *haïssons* l'injustice. La marmotte *dort* tout l'hiver. Si tu *hais* tes vices, tu es à demi corrigé. Qui *sert* bien son pays n'a pas besoin d'aïeux. Il n'est pire eau que l'eau qui *dort*. Les malades prudents *requièrent* le médecin. Les petits cadeaux *entretiennent* l'amitié. Ceux à qui tout le monde *convient conviennent* rarement à tout le monde.

IMPARFAIT.

Je *souffrais*. Nous *fuyions*. Tu *conquérais*. Il *tressaillait*. Vous *bouilliez*. Ils *haïssaient*. Comme vous *fuyiez*! Vous *couriez* à votre perte. Tu *venais* comme je *partais*. Nous *cueillions* ces fleurs printanières. Maître corbeau *tenait* un fromage dans son bec. Les anciens se *servaient* de la lance et du javelot. Les premiers chrétiens *souffraient* la mort avec courage.

PASSÉ DÉFINI.

Nous *haïmes*. Il *vint*. Tu *entretins*. Vous *parvîntes*. Je *conquis*. Nous *soutînmes*. Ils *cueillirent*. Je *haïs*. Alexandre *mourut* à la fleur de l'âge. Eve *cueillit* et *mangea* du fruit défendu. Judas *trahit* le divin Maître et se *repentit*. Nous *partîmes* de grand matin, nous *parcourûmes* le bois, nous *cueillîmes* des noisettes, vous *survîntes*, vous *accourûtes* vers nous, nous *tressaillîmes* de joie à votre approche, nous vous *offrîmes* de partager notre récolte, vous *consentîtes*, nous *sortîmes* ensemble de la forêt, et nous *revînmes* à la ville, contents de notre journée.

PASSÉ INDÉFINI.

Il *a cueilli*. Nous *avons ouvert*. Il *a tenu*. Tu *as découvert*. Vous *avez acquis*. Ils *ont obtenu*. Nous *avons couru* de grands dangers. Vous l'*avez accueilli* avec bienveillance. Christophe Colomb *a découvert* l'Amérique. La désobéissance d'Adam *a ouvert* la porte à tous les crimes. Les Gaules *ont appartenu* longtemps aux Romains. Adam répondit au Seigneur : Ce n'est pas moi qui *ai cueilli* du fruit défendu.

FUTUR SIMPLE.

Je *viendrai*. Il *obtiendra*. Vous *acquerrez*. Tu *accourras*. Nous *tressaillirons*. Ils *bouilliront*. Si tu sèmes le vent, tu *recueilleras* la tempête. On vous *pardonnera* les fautes dont vous *conviendrez*. La femme dit au serpent : Si nous mangeons du fruit de cet arbre, nous *mourrons*. Tel tu auras vécu, tel tu *mourras*. Tu *conviendras* de tes torts, tu te *repentiras*, tu ne *mentiras* plus, tu *tiendras* tes promesses, tu *secourras* les malheureux, et je *redeviendrai* ton ami.

CONDITIONNEL. PRÉSENT.

Tu *interviendrais*. Vous *fuiriez*. Il *parcourrait*. Ils *mourraient*. Je *conquerrais*. Nous *cueillerions*. Sans peine, tu ne *parviendrais* à rien. Si nous vivions d'espérance, nous *courrions* risque de mourir de faim. Vous ne *mentiriez* jamais, si vous connaissiez toute la laideur et toute la lâcheté du mensonge. Si l'agneau s'éloignait du pasteur, il *deviendrait* la proie du loup affamé. Pauvre petit agneau, si tu t'éloignais du pasteur, tu *deviendrais* la proie du loup affamé.

IMPÉRATIF.

Mourons, s'il le faut, pour notre patrie. Ne *hais* pas ton prochain. *Tenez* vos engagements. *Acquiers* une bonne renommée, puis repose-toi. *Acquérez* une bonne renommée, puis reposez-vous. *Acquérons* une bonne renommée, puis reposons-nous.

SUBJONCTIF. PRÉSENT.

Il faut que je *coure*, que tu *acquières*, qu'il *meure*, que nous *fuyions*, que vous *requériez*, qu'ils *maintiennent*, que nous *cueillions*, que vous *concouriez*. La loyauté ordonne que nous *tenions* fidèlement toutes nos promesses. Est-il un scélérat qui *meure* sans remords? Elevez votre âme si haut, que les offenses ne *parviennent* pas jusqu'à elle. Que la haine et le ressentiment *meurent* promptement dans ton cœur. Je désire que tu *acquières* de l'instruction et que tu *deviennes* meilleur. Il est important que nous *acquérions* des connaissances utiles.

IMPARFAIT.

Il fallait que je *parcourusse*, que nous *survinssions*, que tu *soutinsses*, que vous *recueillissiez*, qu'il *vînt*, qu'ils *tinssent*. Il serait bon que vous *vinssiez* me voir et que vous me *tinssiez* au courant de cette affaire. Que vouliez-vous qu'il *fît* contre trois? — Qu'il *mourût* (1). Je désirerais que cet enfant *acquît* de l'instruction et *devînt* meilleur. Il serait possible que vous ne *parvinssiez* pas à l'âge mûr. Il serait à

---

(1) Corneille, *les Horaces*, acte III, scène VI. Ce fameux *qu'il mourût*, dans lequel le poète a atteint le plus haut degré du sublime, transporte tellement

souhaiter que le riche *secourût* toujours le pauvre. Les enfants voudraient que l'instruction leur *vînt* sans peine.

PARTICIPE PRÉSENT.

Fuyant. Tressaillant. Accueillant. Requérant. L'enfant ouvre les yeux en *venant* au monde. Un soldat se déshonore en *fuyant*. L'eau s'évapore en *bouillant*. Jésus sauva le monde en *mourant* sur la croix.

PARTICIPE PASSÉ.

Cueilli. Ouvert. Mort. Couru. Requis. Reste *découvert* devant les vieillards. Le mal est plus tôt *venu* que *parti*. *Secouru* à temps, un noyé peut être sauvé. Bien mal *acquis* ne profite jamais. Pauvre bouquet, à peine *cueilli* te voilà *flétri!* Un homme *prévenu* en vaut deux. Connaissez-vous la fable : Le Lion *devenu* vieux ?

Devoir mis au pluriel.

Nous haïssons. *Vous* haïssez. *Vous* vîntes. *Ils* tinrent. Qu'*ils* tinssent. Que *nous* mourions. *Nous* cueillîmes. *Nous* tressaillons. *Nous* tressaillions. *Vous* acquérez. *Nous* acquerrons. Que *vous* acquériez. *Acquérez.* Que *vous* obteniez. *Nous* convenons. *Nous* convînmes. Que *nous* convenions. Que *nous* convinssions. *Vous* fuyiez. Que *vous* fuyiez. *Nous* bouillirons. Les *envieux* n'ouvrent jamais la bouche que pour médire. Petits *poissons* deviendront grands. *Vous* obtiendrez la bienveillance par la politesse et la douceur. Les *haines* meurent promptement dans un bon cœur. Les *vertus* mêmes s'acquièrent par l'exercice. Les *menteurs* en viennent à se tromper eux-mêmes. *Ceux* qui tiennent la chaîne ne sont pas beaucoup plus libres que *ceux* qui la portent. *Vous* fuyiez et *nous* courions après vous. Si *nous* courions un danger, nous secourriez-*vous* ? Cela dit, maîtres *loups* s'enfuirent et courent encore. Si *nous* revoyions nos fils, nous mourrions contents. Si *nous* revoyons nos fils, nous mourrons contents. Si *vous* acquériez de l'instruction, vous deviendrez meilleurs. Si *vous* acquériez de l'instruction, vous deviendriez meilleurs. Il faut que *vous* acquériez de l'instruction et que vous deveniez meilleurs. Il faudrait que *vous* acquissiez de l'instruction et que vous devinssiez meilleurs. *Vous* acquîtes de l'instruction et devîntes meilleurs. *Acquérez* de l'instruction et devenez meilleurs. Chaque fois que *nous* acquérons de l'instruction, nous sentons que nous devenons meilleurs. Paul et Julien acquirent de l'instruction et devinrent meilleurs. Vous aussi, mes enfants, *vous* acquerrez de l'instruction, non pas seulement pour devenir plus savants, mais aussi, mais surtout pour devenir meilleurs.

Devoir mis au singulier.

Je pars. *Tu* sors. Que *je* coure. Que *tu* meures. Qu'*il* parcoure. *Je* parviens. *Je* parvins. Que *je* parvinsse. *Tu* conquiers. *Tu* conquerras. *Tu* cueilles. *Tu* cueillais. *Il* bout. *Je* fuis. *Je* fuyais. Le *courtisan* hait souvent ceux qu'il loue. La *peine* vient souvent du plaisir. Si *tu* pars d'une erreur, tu n'aboutiras pas à la vérité. Puisque la charité veut que *je* secoure mon prochain, je le secours. L'*imbécile* ne soutient ni

---

l'auditoire, lorsque l'ouvrage est représenté, qu'on n'entend jamais le vers suivant :

Ou qu'un beau désespoir alors le secourût.

**Vers assez faible d'ailleurs, auquel La Harpe proposait de substituer celui-ci :

Mais il est votre fils. — Lui, mon fils! Il le fut.

la bonne ni la mauvaise cause. L'*ambitieux* court après la *richesse*, qui le fuit. Charmante hirondelle, *tu* pars en automne et tu reviens au printemps. *Je meurs* tous les jours. Tôt ou tard, *je* mourrai. Dans le doute, *abstiens*-toi. Dans le doute, il est sage que *tu* t'abstiennes. Dans le doute, il serait à désirer que l'*homme* s'abstînt. Si *tu* souffres, recours à la prière. Si *je* souffrais, je recourrais à la prière. Quand *je* souffrirai, je recourrai à la prière. *Tu* guérirais bien vite, si tu recourrais à la prière quand tu souffres. Lorsque *Paul* souffre, il recourt à la prière et il guérit.

TROISIÈME CONJUGAISON.

EXERCICES ORTHOGRAPHIQUES SUR LA TROISIÈME CONJUGAISON.

INDICATIF. PRÉSENT.

Je *reçois*. Nous *recevons*. Tu *vaux*. Vous *prévalez*. Il *faut*. Ils *meuvent*. Quand un enfant *aperçoit* la lune dans un seau, il la *veut*. Il *pleut* rarement en Égypte. Nous ne *voyons* pas toujours les choses telles qu'elles sont. Les hommes *voient* les choses sous des points de vue différents. On *reçoit* l'homme d'après l'habit qu'il porte. Un bon cœur ne *conçoit* pas l'égoïsme. Nous *devons* les cerises à Lucullus. Si tu *veux* te corriger d'un défaut, aujourd'hui *vaut* mieux que demain. Je m'*aperçois* que le maître m'*aperçoit*. La Bruyère a dit : Le sot ne *s'assied* ni ne se *lève* comme l'homme d'esprit. L'or *vaut* moins que les diamants ; les diamants *valent* moins que la vertu.

IMPARFAIT.

Je *devais*. Tu *voulais*. Il *pleuvait*. Nous *voyions*. Vous vous *asseyiez*. Ils *pourvoyaient*. Le bouc ne *voyait* pas plus loin que son nez. Nous *pourvoyions* à tout. Annibal *savait* vaincre, mais il ne *savait* pas profiter de la victoire. Que *vouliez*-vous qu'il fît contre trois ? Sous le règne de Henri IV, le sucre *valait* quinze francs la livre (1). Termosiris *prévoyait* l'avenir par sa profonde sagesse. Les premiers hommes ne *savaient* pas retrouver le feu (2).

---

(1) La canne à sucre est originaire de l'Inde, en Asie ; elle fut apportée en Arabie et en Égypte dans le troisième siècle, et y fut cultivée avec succès. Elle passa ensuite dans l'île de Chypre, en Sicile, en Espagne, à Madère, d'où elle fut portée à Saint-Domingue lors de la découverte du Nouveau-Monde. La température de cette île lui fut si favorable, que, bientôt, le sucre qu'elle fournit fut préféré à celui de toutes les autres contrées. Lors de son apparition en France, le sucre, qui est devenu aujourd'hui un objet de première nécessité, était très-rare : on n'en faisait usage qu'en médecine, et il ne se trouvait que chez les apothicaires, où il se vendait à l'once. Notre langue a conservé un témoignage de ce fait. Quelqu'un manque-t-il d'une chose nécessaire à son commerce, on dit : C'est comme un apothicaire sans sucre. Les Chinois paraissent avoir connu la canne à sucre plus de deux mille ans avant les Européens.

(2) Prométhée, en apprenant aux hommes à tirer le feu du caillou, ce qui a fait dire qu'il avait dérobé le feu du ciel, leur rendit un immense service, dont ils se montrèrent reconnaissants : ils le révéraient comme l'inventeur de tous les arts. Le feu, par sa pureté et son activité, était regardé, par les anciens, comme le plus noble des éléments, celui qui se rapprochait le plus de la Divinité, et comme une vive image de l'astre du jour. Aussi son culte suivit de près celui du soleil. Les Romains, à l'imitation des Grecs, adoptèrent ce culte, et Numa fonda un collège de *vestales*, chargées d'entretenir le *feu sacré*. Cette religion subsiste encore chez plusieurs peuples de l'Amérique. Ils ne commencent jamais leur repas qu'ils n'aient jeté dans le feu, par forme d'offrande, le premier morceau. Tous les soirs ils allument des feux et

PASSÉ DÉFINI.

Je *pourvus*. Nous *aperçûmes*. Il *fallut*. Vous *vîtes*. Tu *prévis*. Ils *s'assirent*. Ah! mon habit, que je *valus* hier, grâce à votre valeur! Une grenouille *vit* un bœuf qui lui *sembla* de belle taille. Nous *voulûmes* et vous ne *voulûtes* pas. Alexandre et Napoléon *conçurent* et *exécutèrent* de grandes choses.

PASSÉ INDÉFINI.

Tu *as dû*. Vous *avez déçu*. Il *a plu*. Ils *ont valu*. J'*ai sursis*. Nous *avons voulu*. Tu *as su* la nouvelle avant moi. J'*ai conçu* un projet auquel j'*ai dû* renoncer. Nous *avons reçu* de Dieu le don de la parole. La bonté de Dieu *a prévu* tous nos besoins et y *a pourvu*. Avez-vous *prévu* toutes les suites d'une indiscrétion? Les astronomes *ont aperçu* des taches dans le soleil.

FUTUR SIMPLE.

Je *devrai*. Nous *pourvoirons*. Tu *verras*. Vous *vaudrez*. Il *faudra*. Elles *recevront*. Je *verrai* bientôt comment vous *saurez* vos leçons. Quand tu *sauras* travailler, tu *pourvoiras* toi-même à tes besoins. La vie est un dépôt dont nous *devrons* un jour rendre compte. Les paresseux ne *sauront* jamais rien. *Concevra* qui *pourra*. *S'assoira* qui *voudra*.

CONDITIONNEL. PRÉSENT.

Il *prévoirait*. Nous *décevrions*. Tu *mourrais*. Ils *vaudraient*. Je *pourrais*. Vous *apercevriez*. Christophe Colomb promit une récompense à celui de ses matelots qui *apercevrait* le premier la terre. Ne fais pas à autrui ce que tu ne *voudrais* pas qu'on le fît. Tu *devrais* toujours te mettre en garde contre le mensonge: il *vaudrait* mieux que tu fusses muet que menteur. *Pourriez*-vous me dire quelle est la plante la plus utile à l'homme? Je vous *verrais* avec plaisir répondre à cette question.

IMPÉRATIF.

Pourvois-toi. *Pourvoyons*-nous. *Pourvoyez*-vous. *Veuillez* vous couvrir. *Sache* tes leçons. *Sachez* vos leçons. *Sachons* nos leçons.

SUBJONCTIF. PRÉSENT.

On désire que je *conçoive*, que tu *voies*, qu'il *pleuve*, que nous nous *pourvoyions*, que vous *sachiez*, qu'ils *puissent*, que tu *vailles*, que nous *valions*, que j'*aperçoive*, que nous *apercevions*, que je *prévoie*, que tu *prévoies*, qu'il *prévoie*, que nous *prévoyions*, que Paul *veuille*, que Paul et Julien *veuillent*. Je doute qu'il *pleuve* ce soir. Je crains que tu ne *puisses* réussir. Je regrette que tu ne *veuilles* pas suivre mes avis. Que Dieu *veuille* vous assister! L'instruction est le seul bien que la fortune ne *puisse* nous ravir (1).

IMPARFAIT.

On désirerait que je *pourvusse* à mes besoins, que tu *visses* plus clair,

---

forment à l'entour des danses accompagnées de chants. Le feu sacré de Vesta (déesse qui n'était autre que le feu même) se conservait non-seulement dans les temples, mais encore à la porte de chaque maison particulière, d'où vient le nom de *vestibule* (*stabulum vestæ*, demeure de Vesta).

Le feu a eu des autels, des prêtres, des sacrifices chez presque tous les peuples de la terre; il est encore une des principales divinités des Tartares, qui ne manquent pas, avant de boire, de se tourner du côté du Midi, vers lequel s'ouvre toujours la porte de leurs cabanes.

(1) Après la prise de Mégare, Démétrius demanda au philosophe *Stilpon* s'il avait perdu quelque chose: « Rien, répondit-il, car je porte tout avec moi. »

DU VERBE.

que Paul *sût* bien ses leçons, qu'il *plût* moins souvent, que nous *reçussions* des félicitations, que vous *conçussiez* mieux les choses, que Paul et Julien ne se *prévalussent* pas de leurs avantages, que nous *pussions* nous lever de bonne heure, que les juges *sursissent* à leur jugement, que nous nous *aperçussions* de nos défauts et que nous *voulussions* nous en corriger.

PARTICIPE PRÉSENT.

Décevant. Prévoyant. Sachant. Joseph pleura en *apercevant* Benjamin. On se délasse en *s'asseyant*. On perd souvent en *voulant* trop gagner.

PARTICIPE PASSÉ.

Aperçu. Dû. Redû. Valu. Assis. Il faut rendre à chacun ce qui lui est *dû*. L'espoir *déçu* est implacable. On supporte avec plus de courage un malheur *prévu*. Souviens-toi d'un service *reçu*. Voilà un devoir bien *conçu*.

Devoir mis au pluriel.

Nous apercevons. *Vous* aperçûtes. *Ils* apercevront. Que *nous* concevions. *Nous* dûmes. *Vous* pourvoirez. Que *nous* valions. Que *nous* valussions. *Vous* émouviez. *Nous* voyions. *Nous* voyons. Que *nous* voyions. *Vous* voyez. *Vous* voyiez. *Voyez. Nous* avons perçu. *Vous* eûtes sursis. *Ils* avaient conçu. *Nous* aurons prévu. *Vous* auriez dû. Que *nous* ayons dû. Que *vous* eussiez valu. Les *receveurs* reçoivent. Les *percepteurs* perçoivent. *Nous* énonçons clairement ce que nous concevons bien. Les *hommes* se doivent à leur patrie. *Nous* savons une chose, c'est que nous ne savons rien. Les *maîtres* veulent que *nous* sachions bien nos leçons. Les *avares* ne savent donc pas qu'ils doivent mourir un jour? *Nous* voudrions pouvoir soulager tous les malheureux que nous voyons. *Nous* aurions voulu pouvoir soulager tous les malheureux que nous voyions. L'agriculture est le métier le plus noble que les *hommes* puissent exercer. Les *hommes* se voient d'un autre œil qu'ils ne voient leur prochain. La justice veut que *vous* vous voyiez du même œil que vous voyez votre prochain. Ces *leçons* valent bien un fromage.

Devoir traduit au singulier.

Je conçois. *Je* concevais. *Je* conçus. *Conçois. Il* devra. *Il* devrait. *Je* peux. *Tu* vaux. Que *je* sache. Que *tu* vailles. Qu'*il* prévoie. Que *j'*aperçusse. Que *tu* puisses. Qu'*il* voulût. Que *tu* aies voulu. *Tu* aperçois une paille dans l'œil de ton voisin, et tu ne vois pas la poutre qui est dans le tien. *Pourvois*-toi longtemps à l'avance contre la vieillesse. *Je* me pourvoirai contre la vieillesse. Il faut que *tu* veuilles ce que tu peux empêcher. *Tu* apercevrais plus facilement une étoile en plein midi qu'un défaut dans ton caractère. Ne te *prévaux* pas de tes avantages. *L'homme* se voit rarement tel qu'il est. *Sache* réprimer tes passions. Si *tu* veux qu'on t'épargne, épargne les autres. Ne *mens* pas si tu veux qu'on te croie sur parole. Il vaut mieux que *tu* ne saches rien que de savoir mal. Il vaudrait mieux que *tu* ne susses rien que de savoir mal. *Tu* pourras tout ce que tu voudras, si tu ne veux que des choses justes. On a beau *te* flatter, tu n'en vaux pas mieux pour cela. On aura beau *te* flatter, tu n'en vaudras pas mieux pour cela. On *te* flattera sans que tu en vailles mieux pour cela.

Et cependant son patrimoine était devenu la proie de l'ennemi. sa patrie était tombée au pouvoir d'un étranger, et lui-même était à la merci du vainqueur; mais il possédait les vrais biens, le savoir et la vertu, que nul ne peut nous enlever.

(V. Bias, 98ᵉ leçon, note 2.)

QUATRIÈME CONJUGAISON.

EXERCICES ORTHOGRAPHIQUES SUR LES VERBES RÉGULIERS DE LA QUATRIÈME CONJUGAISON.

INDICATIF. PRÉSENT.

Je *rends*. Tu *réponds*. Il *rit* (1). Nous *entendons*. Vous *tondez*. Ils *vendent*. L'écho *répond*. Dieu *entend* nos prières. La chaleur *corrompt* la viande. C'est moi qui *entends* et c'est lui qui *répond* Pourquoi ne *réponds*-tu pas quand on t'interroge? Tous les fleuves se *perdent* dans la mer. Je *hais* les chiens qui *mordent* quand on les *caresse*. Nous *descendons* tous du même père. L'expérience et la réflexion nous *rendent* sages. C'est de toi seul que *dépendent* ton honneur et ta réputation. Le fat se *sourit* à lui-même, tandis que l'ironie et la satire *sourient* autour de lui.

IMPARFAIT.

Je *défendais*. Tu *revendais*. Il *correspondait*. Nous *riions*. Vous *souriiez*. Ils *corrompaient*. Nous *perdions* au jeu. Vous *fondiez* des balles. Est-ce toi qui *attendais*? Comme nous *riions* de bon cœur quand nous *étions* au collège! Les Grecs *descendaient* des Égyptiens. Les Romains *prétendaient* que Romulus *descendait* du dieu Mars. Diogène *tendait* la main à une statue, pour s'accoutumer, disait-il, au refus.

PASSÉ DÉFINI.

Tu *répondis*. Vous *sourîtes*. Il *interrompit*. Nous *confondîmes*. Ils *descendirent*. Je *tendis*. C'est nous qui *pendîmes* la crémaillère. Est-ce vous qui *défendîtes* cette juste cause? Les descendants de Noé se *répandirent* en Europe, en Asie et en Afrique. Les États-Unis *dépendirent* longtemps de l'Angleterre (2). L'âne *vint* à son tour et *dit* : Je *tondis* de ce pré la largeur de ma langue. Les fils de Jacob *vendirent* leur frère Joseph. Judas *vendit* son maître et se *pendit* de désespoir. Dieu *étendit* au-dessus de nos têtes un dais magnifique parsemé d'étoiles.

FUTUR SIMPLE.

Nous *répandrons*. Je *répondrai*. Vous *refondrez*. Tu *détordras*. Elles *rendront*. Il *démordra*. Vous *perdrez* vos mauvaises habitudes, et je vous *rendrai* mon estime. *Rira* bien qui *rira* le dernier. Quand tu *seras* à table, tu *étendras* soigneusement ta serviette, tu *attendras* qu'on te serve, tu *rompras* proprement ton pain, tu *étendras* ton vin de beaucoup d'eau, tu ne *répandras* pas de sauce sur la nappe, tu ne *prétendras* pas aux meilleurs morceaux, tu n'*interrompras* personne, et tu *répondras* avec douceur à tout ce que l'on te *demandera*.

---

(1) *Rire, sourire*, et les verbes *rompre, corrompre, interrompre* se conjuguent régulièrement sur le verbe *rendre;* seulement, à la troisième personne du singulier de l'indicatif présent, ils ajoutent un *t* au radical : il rit, il sourit, il rompt, etc.

(2) L'existence des États-Unis comme État libre ne date que de 1776; à cette époque, les Anglais, qui, dès 1584, s'étaient établis en Virginie, virent leurs treize colonies, qui formaient tout le territoire des États-Unis, se déclarer indépendantes. La France les aida puissamment à combattre l'Angleterre, qui se vit obligée de reconnaître leur indépendance, et signa la paix, à Paris, le 3 septembre 1783.

Personne n'ignore le rôle que jouèrent, dans cette guerre, le général français La Fayette et les américains Franklin et Washington.

CONDITIONNEL. PRÉSENT.

Je *tordrais*. Nous *perdrions*. Il *épandrait*. Vous *vendriez*. Tu *entendrais*. Ils *suspendraient*. Les avares *tondraient* un œuf. Sans la vertu, vous *prétendriez* vainement au bonheur. Si mon pays était attaqué, je le *défendrais*. Nous *revendrions* ces marchandises, que nous *perdrions* certainement. Les flatteurs *corrompraient* le meilleur naturel.

IMPÉRATIF.

Apprenez votre leçon. *Apprends* ta leçon. *Apprenons* nos leçons. *Tords* ton linge, puis *étends*-le. *Défends* ton ami absent. Jésus répondit aux Pharisiens : *Rendez* à César ce qui appartient à César.

SUBJONCTIF. PRÉSENT.

Que je *rompe*. Que tu *souries*. Qu'il *reperde*. Que nous *pourfendions*. Que vous *riiez*. Qu'ils *tordent*. Il est prudent que nous *suspendions* nos jugements. De tous les êtres de la création, l'homme est le seul qui *rie*. Il faut qu'un berger *tonde* ses moutons, et non qu'il les *écorche*.

IMPARFAIT.

Il faudrait que je *défendisse* le faible, que tu ne *perdisses* pas la tramontane, que Paul *répondît* poliment, que nous ne *confondissions* pas l'éducation avec l'instruction, que vous *rissiez* moins haut, que Paul et Julien *correspondissent* ensemble. Il serait ridicule que vous *prétendissiez* tout savoir. Il serait à désirer que les amis *s'attendissent* pour mourir le même jour. Autrefois, les Vénitiens étaient les seuls qui *fabriquassent* et *vendissent* les glaces (1).

PARTICIPE PRÉSENT.

On aggrave ses torts en *répondant*. L'accusé pâlit en *entendant* prononcer son arrêt. On voyait à Athènes un fou *vendant* la sagesse. Le cou élevé du cygne semble figurer la proue d'un navire *fendant* les ondes. L'ingratitude des enfants, c'est la bouche *mordant* la main qui lui porte la nourriture. Ne mentez jamais, même en *riant*.

PARTICIPE PASSÉ.

Détendu. Tordu. Fendu. Ri. Corrompu. Le temps *perdu* ne se retrouve jamais. Damoclès voyait un glaive *suspendu* sur sa tête. Relisez souvent l'histoire touchante de Joseph *vendu* par ses frères. Un bienfait *reproché* est un bienfait *perdu*. La politesse n'est souvent que de l'or *étendu* sur du fer.

Devoir mis au pluriel.

Nous prétendons. *Vous* souriiez. *Ils* détordront. *Vous* avez défendu. *Nous* avions rompu. *Perdez* au jeu. *Nous* perdrions si nous jouions, mais nous ne jouons pas. Vos *maîtres* ne veulent pas que *vous* les interrompiez à tout moment ; ils voudraient aussi que vous ne *répandissiez* pas de l'encre comme vous en *répandez*. *Nous* attendons à la porte et nous nous y morfondons. *Paul* et *Julien* apprennent avec peine, mais ils retiennent bien quand ils ont compris. Les *roseaux* plient et ne rompent pas. Les *oiseaux* fendent l'air de leurs ailes. Les *enfants* sourient à leur mère. Les *chasseurs* tendent leurs filets. Les *pierres* molles se

---

(1) Au moyen âge, Venise était célèbre par son industrie ; elle a été longtemps sans égale pour la fabrication des glaces. Aujourd'hui, celles de France sont les plus belles et les plus recherchées.

fendent en hiver (1). *Entendez* bien ma question; vous la comprendrez et vous y répondrez. Des *amis* vicieux te corrompraient bientôt. Ne *répondez* pas avec aigreur à *ceux* qui vous reprennent doucement. Des mauvaises *langues* ont mordu, mordent et mordront toujours.

Devoir traduit au singulier.

Il attendait. *Tu* redescends. *Je* ris. *Je* riais. *Tu* eus entendu. *Il* aurait attendu. Que *tu* aies suspendu. Que *j*'eusse fondu. Il faut que *Julien* répondè; il fallait qu'il répondît. *Je* rompis le premier. *Répands* des bienfaits. La *tortue* pond des œufs. Quand *je* reçois une politesse, j'y réponds de mon mieux. Jésus-Christ voulait que *l'homme* rendît le bien pour le mal. Si *tu* étais plus âgé, tu comprendrais mieux l'importance du travail. Ne *vends* pas la peau de l'ours avant que tu l'aies tué. *L'égoïste* se souvient des services qu'il rend, et oublie ceux qu'il reçoit. Ne *confonds* pas autour avec alentour. Quand *tu* obliges, attends-toi à l'ingratitude. La clémence enchaîne les cœurs avec un *lien* qui ne se rompt jamais.

EXERCICES ORTHOGRAPHIQUES SUR LES REMARQUES DE LA QUATRIÈME CONJUGAISON.

INDICATIF. PRÉSENT.

Je *vaincs*. Tu *feins*. Il *absout*. Il *apparaît*. Nous *contraignons*. Vous *faites*. Vous *contrefaites*. Vous *dites*. Vous *redites*. Vous *prédisez*. Ils *résolvent*. Le monde *meurt* et *renaît* sans cesse. Les bons comptes *font* les bons amis. Je *crains* celui qui ne *craint* pas Dieu. Comprenez-vous bien ce que vous *dites*? Le temps *paraît* court à ceux qui *travaillent*. Je *crois* que le bluet *croît* dans les blés. A l'œuvre on *connaît* l'artisan. Je ne *connais* d'avarice permise que celle du temps. Les méchants se *craignent*, se *détestent*, se *fuient*. La rose *naît* de l'épine. L'amour du sol natal ne s'*éteint* jamais dans le cœur de l'homme. Quand une vieille *fait* l'enfant, la mort en *rit*. Ceux à qui personne ne *plaît* ne *plaisent* ordinairement à personne. Certains insectes *naissent* et *meurent* le même jour. Quand la défiance *arrive*, l'amitié *disparaît*. Le sage *vainc* ses passions. Les sages *vainquent* leurs passions. Le soufre ne se *dissout* pas dans l'eau. Nous nous *résolvons* difficilement à mourir. Il y a des gens qui se *plaignent* et qui *crient* toujours contre quelqu'un ou contre quelque chose. Les poissons se *prennent* avec des hameçons, les hommes se *prennent* avec des présents. Tout *paraît* aisé à qui ne *sait* rien faire. Le soleil nous *paraît* si petit, que nous *croyons* difficilement ce que nous en *disent* les astronomes. Les autres climats ne nous *plaisent* pas autant que le nôtre nous *plaît*. Nous *naissons* dans les pleurs, nous *vivons* dans les plaintes, et nous *mourons* dans les regrets. Qui trop *embrasse* mal *étreint*. La mort ne *surprend* pas les sages: ils

---

(1) Le même phénomène s'observe dnas les arbres. Cependant les pierres, les végétaux, ne gellent pas, à proprement parler; mais l'eau qu'ils contiennent, en se congelant, augmente de volume et brise les tissus cellulaires de ces corps. Aussi, jamais une forte gelée ne produit de plus funestes effets sur les plantes et sur les arbres que lorsqu'elle succède tout à coup à de longues pluies, à un dégel, à une fonte de neige. Cela explique pourquoi nos arbres fruitiers ne peuvent vivre vers le Nord, et pourquoi les sapins, ces géants du règne végétal, semblent se plaire sur les montagnes et dans les pays froids. La grande quantité de résine que renferment leurs tissus cellulaires et leur prodigieuse grosseur les préservent de toute atteinte.

l'attendent et ne la *craignent* pas. L'oisiveté *va* si lentement, que tous les vices *l'atteignent* bientôt.

IMPARFAIT.

Je *méconnaissais*. Nous *convainquions*. Tu *croissais*. Nous *croyions*. Il *circonscrivait*. Ils *excluaient*. Je *cousais*. Tu *absolvais*. Il *rejoignait*. Nous *refaisions*. Vous *prédisiez*. Ils *comprenaient*. Nous *croyions* que vous nous *plaigniez*, et vous ne *preniez* aucune part à notre douleur. Elie et Elisée *vivaient* sous le règne d'Achab. Charlemagne *vainquait* les Saxons, mais il ne les *soumettait* pas. Les Grecs *peignaient* la Fortune avec un bandeau sur les yeux (1). Napoléon *surprenait* et *vainquait* ses ennemis avec une promptitude inconnue jusque-là. Autrefois on *oignait* les athlètes pour la lutte. Mon courage *renaissait* à mesure que ce sage ami me *parlait*. On *croyait* autrefois que la terre *était* plate. La fourmi *disait* à la cigale : Que *faisiez*-vous au temps chaud? Les Egyptiens *croyaient* à la métempsycose (2). Nos aïeux *vivaient* et *mouraient* dans les lieux où ils *naissaient* (3). Annibal *s'adjoignait* les peuples qu'il *vainquait*. Les Athéniens *proscrivaient* leurs grands hommes et leur *faisaient* un crime de leur gloire (4). Les anciens ne *moulaient* pas le blé ; ils le *réduisaient* en poudre dans des mortiers (5).

PASSÉ DÉFINI.

Tu *naquis*. Il *conduisit*. Nous *connûmes*. Je *combattis*. Vous *déplûtes*. Ils *souscrivirent*. Paul *peignit*. Je *cousis*. Nous *moulûmes*. Paul et Julien *résolurent*. Les Romains *apprirent* tout des Grecs. Noé

---

(1) Pour montrer qu'elle distribue ses faveurs au hasard. On représente la *bonne fortune* assise, tenant de la main gauche une corne d'abondance, et s'appuyant du bras droit sur un globe céleste, dont le mouvement perpétuel annonce son inconstance. La *mauvaise fortune* est exprimée sous la figure d'une femme exposée sur un navire sans mât et sans timon, et dont les voiles sont déchirées par la violence des vents.

(2) *Métempsycose* signifie transmigration des âmes d'un corps dans un autre. Pythagore emprunta cette croyance aux Egyptiens. On la trouve mêlée à la religion de presque tous les peuples anciens. Ce dogme devait conduire ceux qui l'admettaient à défendre l'usage des viandes comme exposant l'homme à se nourrir de la chair de l'un des siens : aussi l'abstinence des viandes a-t-elle été une des prescriptions fondamentales de la religion des Brahmes et de la philosophie pythagoricienne. La doctrine de la métempsycose était une ébauche imparfaite et grossière du dogme de l'immortalité de l'âme.

(3) Autrefois, les voyages offraient des difficultés que nous concevons difficilement aujourd'hui, avec nos routes, nos canaux et nos réseaux de chemins de fer. Le temps n'est pas encore bien éloigné où l'on n'entreprenait qu'après des précautions inouïes un trajet de 200 à 220 kilom., ce qui rendait les voyages fort rares. On en voit la preuve dans une lettre écrite au comte de Paris par l'abbé de Cluny, qui refusait de venir à Paris, « ne pouvant, disait-il, entreprendre un aussi *long* voyage dans une contrée *étrangère et inconnue.* »

(4) Les Athéniens, après la chute du tyran Pisistrate et de ses deux fils, établirent l'*ostracisme*, qui consistait à prononcer, par voie de suffrage universel, l'exil des citoyens dont ils redoutaient la puissance ou l'ambition. Le bannissement devait durer dix ans. Miltiade, Thémistocle, Aristide, Cimon, en furent victimes. Les citoyens donnaient leurs suffrages en écrivant sur une coquille (en grec *ostrakon*), d'où est venu *ostracisme*.

(5) Les moulins à vent, d'origine orientale, ont été importés en France par les Croisés, au retour de la première croisade. Les anciens se servaient de moulins à bras, qui broyaient le blé plutôt qu'ils ne le moulaient. On employait à ce métier fatigant les esclaves, les prisonniers de guerre et les criminels. Samson tourna la meule chez les Philistins, Plaute fit ce pénible service pendant qu'il était esclave. De nos jours la mécanique a apporté dans nos moulins d'immenses perfectionnements.

maudit son fils Cham. Les Francs *vainquirent* les Romains. Fontenelle *vécut* cent ans; peu d'écrivains *vécurent* cent ans. Vous leurs *fîtes*, seigneur, en les croquant, beaucoup d'honneur. Une étoile *apparut* aux Mages et les *conduisit* à Bethléem. Marius et Sylla *proscrivirent* des milliers de citoyens. L'ennui *naquit* de l'uniformité. Titus *assiégea, prit* et *détruisit* Jérusalem. Dès que les Romains *connurent* le luxe et la mollesse, ils *perdirent* l'amour de la gloire et *cessèrent* d'être les maîtres du monde. Charlemagne *résolut* de vaincre les Saxons, et il les *vainquit.* Dieu *prescrivit* des lois aux éléments. Alexandre *naquit* en Macédoine, *soumit* la Grèce, *vainquit* Darius, et *vint* mourir à Babylone.

PASSÉ INDÉFINI.

J'ai reconnu. Vous *avez surfait.* Il *a convaincu.* Tu *as plu.* Ils *ont teint.* Nous *avons lu.* Nous *avons contraint.* Vous *avez recousu.* Ils *ont remoulu.* Le jour *a point.* Le soleil *a lui.* La langue du singe *a paru* aux anatomistes aussi parfaite que celle de l'homme. Jeanne d'Arc *a contraint* les Anglais à lever le siège d'Orléans. Où sont-ils ceux qui *ont construit* les pyramides?

FUTUR SIMPLE.

Je *comparaîtrai.* Tu *feras.* Il *convaincra.* Nous *confirons.* Vous *joindrez.* Ils *surferont.* Je *découdrai.* Nous *moudrons.* Vous *dissoudrez.* Ils *absoudront.* Tu *accroîtras* ton bien. Vous *reconnaîtrez* vos torts. Jamais la dispute ne *convaincra* personne. Un bavard te *fera* plus de questions en une heure que tu n'en *résoudras* en cent ans. Nous *connaîtrons* nos amis dans l'adversité. Dieu dit à Abraham : Il *naîtra* de toi un grand peuple. Tu ne *plairas* pas tant par ce que tu *diras* que par ce que tu *feras.* L'empereur Constantin aperçut une croix avec ces mots : Tu *vaincras* par ce signe (1). Vous *connaîtrez* un arbre à ses fruits. La direction des ballons est un problème qu'on *résoudra* sans doute un jour. Les charmes d'une vie lâche et efféminée ne *vaincront* jamais le fils d'Ulysse.

CONDITIONNEL. PRÉSENT.

Tu *disparaîtrais.* Je *vaincrais.* Nous *construirions.* Il *plairait.* Vous *boiriez.* Ils *déferaient.* Nous *atteindrions.* Je *moudrais.* Vous *absoudriez.* Ils *déteindraient.* Vous *atteindriez* difficilement à la perfection. Si tu luttais, tu *vaincrais.* Nous *boirions* plus d'eau que de vin si nous connaissions la sobriété. Vous *connaîtriez* la sobriété si vous buviez plus d'eau que de vin. Paul et Julien *connaîtraient* la sobriété, qu'ils *boiraient* plus d'eau que de vin. Tu ne *convaincrais* jamais un entêté. L'homme qui *feindrait* une chose et en *ferait* une autre *serait* perfide et méchant.

IMPÉRATIF.

Couds ton cahier. *Joins* tes mains et *fais* ta prière. *Soumets*-toi à la

---

(1) Constantin le Grand, empereur romain, après avoir pacifié la Gaule, marcha contre le tyran Maxence, sous le joug duquel gémissaient l'Italie et l'Afrique. Pendant le trajet, il vit tout à coup le signe sacré de la religion chrétienne entouré de ces mots, tracés en lettres de feu : HOC SIGNO VINCES, *tu vaincras par ce signe,* qu'il adopta aussitôt pour étendard, sous le nom de *labarum.* Rempli de confiance, il marcha contre les troupes de son ennemi, qu'il défit successivement dans les plaines de Turin et sous les murs de Rome. Maxence lui-même périt dans les eaux du Tibre. Peu après, Constantin fit cesser la persécution contre les chrétiens et embrassa la religion de Jésus-Christ, qu'il déclara religion de l'empire. Il transféra le siège de ses vastes États à Byzance, qui prit de lui le nom de *Constantinople.*

DU VERBE. 107

volonté d'un père. Ne *dis* pas tout ce que tu fais, mais *fais* tout ce que tu dis. Ne *dites* pas tout ce que vous faites, mais *faites* tout ce que vous dites. Ne *disons* pas tout ce que nous faisons, mais *faisons* tout ce que nous disons. *Dites* quelque chose qui vaille mieux que votre silence, ou *taisez*-vous. *Dis* quelque chose qui vaille mieux que ton silence, ou *tais*-toi. *Disons* quelque chose qui vaille mieux que notre silence, ou *taisons*-nous. Ne *médis* pas de ton prochain. Ne *médisons* pas de nos semblables. Ne *médisez* pas de vos semblables.

SUBJONCTIF. PRÉSENT.

Que je *résolve*. Que nous *moulions*. Qu'il *contraigne*. Que vous *contrefaisiez*. Que tu *comprennes*. Qu'il *convainque*. Que nous *apparaissions*. Que vous *croyiez*. Que vous *croissiez*. Que je *boive*. Que tu *plaises*. Qu'il *paisse*. Que je *croie*, que tu *croies*, qu'il *croie*. Il n'y a que les punitions qui *fassent* travailler un paresseux. La lune est la plus petite des planètes, quoiqu'elle nous *paraisse* la plus grosse. Le plus grand mal que l'on *puisse* souhaiter à l'avare, c'est qu'il *vive* longtemps. Si tu veux bien mourir, il est nécessaire que tu *vives* bien. Dieu a dit : Que la lumière se *fasse*, et elle se fit; que le soleil *paraisse*, et il parut. Nous mourrons un jour, quoi que nous *fassions*. Il faut que vous *vainquiez* vos passions. Il n'y a que le génie qui *atteigne* au sublime. Je suis souris, *vivent* les rats ! *Vivent* la Champagne et la Bourgogne pour les bons vins ! *Vive* la France !

IMPARFAIT.

On désirerait que j'*apprisse* mieux, que tu *lusses* couramment, qu'il *écrivît* plus vite, que nous *peignissions* avec goût, que vous *comprissiez* bien, qu'ils s'*instruisissent* toujours. Si je croyais que ma tunique *connût* mon secret, je la brûlerais, disait un général romain. Il serait bon que vous *soumissiez* tous vos projets à la réflexion, et que vous *fissiez* toutes choses avec prudence. Il faudrait que ceux qui parlent se *missent* à la portée de ceux qui écoutent.

PARTICIPE PRÉSENT.

Disant. Maudissant. Peignant. Cousant. Moulant. Absolvant. Paissant. Croyant. Croissant. Convainquant. Buvant. Excluant. Les chiens lapent en *buvant*. En *lisant*, nous devrions imiter l'abeille. On pèche de deux manières : d'abord en *faisant* le mal, ensuite en *omettant* le bien. L'enfant ouvre les yeux en *naissant*.

PARTICIPE PASSÉ.

Né. Convaincu. Lu. Battu. Plu. Fait. Teint. Décousu. Remoulu. On n'a jamais *plaint* un soldat *mort* pour sa patrie. Sitôt *pris*, sitôt *pendu*. Un livre *lu* n'est pas toujours un livre *compris*.

Devoir mis au pluriel.

Nous naissons. *Vous* naissiez. *Ils* naquirent. Que *nous* croyions. Que *nous* croissions. *Vous* croyiez. *Nous* vainquons. Que *nous* ayons vaincu. Que *vous* eussiez conduit. *Nous* convaincrons. *Ecrivez. Vous* lisez. *Vous* lûtes. Que *nous* confisions. Que *vous* concluiez. *Buvez. Ils* avaient bu. Que *vous* ayez bu. *Nous* admîmes. *Nous* eussions remis. *Nous* eûmes transmis. *Vous* plairez. *Ils* prennent. *Ils* prenaient. *Vous* reprîtes. *Ils* ont compris. Que *nous* comprenions. *Vous* dites. *Redites. Vous* prédisez. Ne *médisez* pas. *Vous* défaites. *Refaites.* Que *nous* disions. Que *vous* dissiez. Qu'*ils* prédissent. *Nous* craignons. *Nous* craignions. *Vous* peigniez. *Ils* déteignent. Qu'*ils* peignent. Que *vous* vous plaignissiez. *Nous* cousons. *Vous* moulez. *Ils* absolvent. *Vous* dissoudrez. Que *nous* résolvions. *Recousez.* Tes *vertus* feront ton bonheur. Les *éléphants* craignent le serpent. Les *castors* construisent sur les eaux. *Nous vous* reprenons, parce que vous médisez de tout le monde. Les *loups* dirent aux *agneaux* : Nous savons que de nous vous médîtes l'an passé. Ne *dites* pas : Nous nous corrigerons demain, car ce demain n'est pas à vous. Si *vous* voulez qu'une chose soit secrète, ne la dites pas ; si vous ne voulez pas qu'on la sache, ne la faites pas. Ne *craignez* que votre conscience. Les *coupables* fuient, mais les *remords* suivent, courent, et les atteignent. Nos *sœurs* cousent toute la journée. Ne vous *dédisez* pas d'une parole donnée. *Honorez ceux* qui vous instruisent. Ne *contrefaites* pas les vieillards ; plus tard vous les contreferez au naturel. Les *avares* croient qu'ils n'auront jamais assez pour vivre, et ils se privent de tout. Quand des *enfants* ne font rien, ils apprennent à mal faire. Les *égoïstes* (1) ne vivent que pour eux. Ne *faites* pas couler de larmes : Dieu les compte. Si *vous* employiez bien votre temps, vous ne vous plaindriez pas de sa brièveté. Les *araignées* vivent de leurs filets comme les *chasseurs* vivent de leur chasse. *Ceux* que *vous* croyiez vos amis étaient vos ennemis cachés. *Tels* qui rient vendredi, dimanche pleureront. *Ceux* qui n'ont rien fait de mal ne craignent rien. Les *sages* vivent contents de leur sort. Les *hommes* bienfaisants donnent plus qu'ils ne promettent ; les *hommes* ingrats promettent plus qu'ils ne tiennent. Ne *faites* rien, n'entreprenez rien dans votre colère : mettriez-vous à la voile pendant la tempête ?

Devoir mis au singulier :

Je vaincs. *Tu* crois. *Il* naît. *Tu* disparais. J'aurais comparu. Qu'*il* convainquît. Que *je* conduise. Que *tu* reconduisisses. J'écrivais. Il aurait souscrit. *Je* lus. *Je* lis. *Je* lisais. *Relis. Je* conclus. *Je* conclurai. Que *je* conclue. *Tu* croyais. Que *tu* croies. *Tu* combattis. Il aura combattu. *Mets.* Il plaît. *Je* me tus. Il comprend. *Tu* redis. *Prédis.* Que *je* dise. Que *je* disse. Que j'eusse contrefait. *Tu* fais. Que *je* refasse. *Tu* contrains. *Plains-*les. Il adjoint. *Je* rejoins. Il enfreignait. Il enfreindrait. *Je* peignis. *Tu* eus feint. *Tu* eusses teint. *Tu* eus cousu. Qu'*il* eût permis. Que *je* soumette. Il dissout. *Je* découdrais. Julien a plu, plaît, plaira, aurait plu. Le *parvenu* méconnaît ses proches. La *lecture* plaît et instruit. La *plante* naît, croît, vit et meurt. Le petit *agneau* reconnaît sa mère au milieu du troupeau. La mauvaise *étoffe* déteint. La *vertu* survit aux richesses. L'*ivrogne* boit le sang de sa famille. L'*hirondelle* boit en volant. Le *blé* croît aujourd'hui où croissait autrefois une *herbe* inutile. De même que le *champ* ne produit que par la culture, l'*enfant* ne s'instruit que par le travail. Si *tu* aimes le miel, ne crains pas les abeilles. Le *poisson* craint la ligne meurtrière. Le *laboureur* paresseux voudrait que son *champ* produisît sans culture. Il ne faudrait pas que *tu* fisses ce que tu blâmes chez les autres. Le *cheval* sauvage vit en pleine liberté. L'*homme* vivrait plus longtemps s'il était plus sobre. L'*homme* paraît né pour la société

---

(1) Ce mot vient du latin *ego*, moi. L'*égoïsme*, amour exclusif de soi, est un culte que réprouvent également la religion et la morale. Tout pour lui, rien pour les autres, voilà le code de l'égoïste, et il n'en est pas de mieux observé.

Récapitulation lexicologique.

1. Un auteur se peint dans ses ouvrages. Aie de la patience, sois laborieux, et tu réussiras. Je crains que cet enfant ne soit menteur. Dieu seul crée, les hommes ne créent pas. Faites du bien à un ingrat, vous ne parviendrez jamais à changer son cœur. Les cieux annoncent la gloire de Dieu. Les crocodiles sont petits en naissant, mais en avançant en âge, ils deviennent énormes (1). Rien ne plaît, rien n'agrée de la part de quelqu'un qu'on hait. Tu es pauvre si tes dépenses excèdent tes revenus. La prudence veut que nous ne nous confiions pas au premier venu. Il est honteux que vous ne sachiez pas lire à votre âge; il est donc nécessaire que vous étudiiez. Les grandes pensées viennent du cœur (2). Le vieillard est riche de ce qu'il possède, et le jeune homme de ce qu'il espère. Le serpent boa ressemble à une longue et grosse poutre qu'on remuerait avec vitesse. Celui qui rend un service paye une dette. En obligeant tes amis, tu t'obliges toi-même. On se rappelle toujours avec amour son pays natal. Les hommes et les animaux vivent, les plantes végètent (3). On ne s'ennuie pas quand on emploie bien son temps. Tu ne t'ennuierais pas si tu employais bien ton temps. Vous ne vous ennuieriez pas si vous employiez bien votre temps. Emploie bien ton temps, et tu ne t'ennuieras pas.

2. Si le loup vient, nous le tuerons. Dieu veut que nous le priions et que nous employions une partie de notre temps à son service. La meilleure de toutes les raisons pour que tu te résolves à la mort, c'est de penser que tu ne pourras pas l'éviter. Le front avoue souvent ce que la langue nie. Toute la philosophie se résout dans la pratique de la vertu. Se vanter, c'est dire aux autres : Je vaux mieux que vous. Ne dites rien qui puisse attrister ceux qui vous écoutent. L'estime et le respect s'acquièrent, mais ils ne se commandent pas. Les heureux définissent la vie : un beau songe; les malheureux : un mauvais rêve. On préfère follement ce qui plaît à ce qui est utile. N'acceptez pas les services d'un méchant, il y mettrait trop de prix. Qui connaîtrait le poids d'une couronne ne voudrait pas la ramasser. En sortant de la retraite du calomniateur, secoue la poussière de tes pieds. Nous trouverions tout facile si nous nous habituions de bonne heure à la réflexion. Le paresseux demandera un jour l'aumône, c'est-à-dire qu'il mendiera. Cet enfant ne lit pas encore; il épelle. Ne nous vengeons pas, ne haïssons personne. Ne te venge pas, ne hais personne : la vengeance et la haine sont détestées de Dieu. Si tu pénètres dans le cœur de l'égoïste, tu céderas à un mouvement de dégoût. Tu céderais à un mouvement de dégoût, si tu pénétrais dans le cœur de l'égoïste.

3. Un franc pèse cinq grammes. Dieu a entouré nos yeux de tuniques fort minces afin que nous voyions au travers. En forgeant on devient forgeron. Tu forgeas et tu devins forgeron. Obéis si tu veux qu'on t'obéisse un jour. Un honnête homme ne décachette pas une lettre qui ne lui est pas adressée. Si tu réchauffes un serpent dans ton sein, il te mordra. Le sapin atteint une hauteur prodigieuse. Un général vaincu a toujours tort. La valeur supplée souvent au nombre.

---

(1) Ce reptile, de la famille des lézards, redoutable par sa force et sa férocité, et qui n'a, au sortir de l'œuf, qu'une longueur de 20 centim., atteint quelquefois un développement de plus de 10 mètres.
(2) Vauvenargues, moraliste du dix-huitième siècle.
(3) Pour les plantes, *végéter*, c'est vivre.

Presque tous les fleuves prennent leur source au pied des montagnes (1). Presque tous les fleuves sortent du pied des montagnes. Fais ce que dois, advienne que pourra. Si tu faisais une promesse, il faudrait la tenir. Si tu faisais une promesse et que tu ne la tinsses pas, tu serais un malhonnête homme. Un jour Dieu pèsera nos actions dans les balances de sa justice. On dit proverbialement : Il vaut mieux être poltron et vivre plus longtemps (2). Les aérostats rappelleront toujours la mémoire de Montgolfier. Si nous considérions ce que les autres souffrent, nous nous plaindrions moins de nos maux. Les roses exhalent un doux parfum qui embaume nos jardins. Je plains sincèrement les pauvres aveugles ; je leur fais l'aumône quand je le peux. A Lacédémone, une loi défendait que les jeunes gens se couvrissent et s'assissent devant les vieillards. Celui qui recèle les objets volés est aussi coupable que celui qui les vole. Nous connaîtrions bien mieux la nature, si nous l'étudiions dans ses merveilles et non dans les livres. Nos pères vivaient et mouraient dans les champs qui les avaient vus naître. L'artisan se lève avant l'aube, et travaille sans relâche pour gagner le pain qui le nourrit, lui et ses enfants. Napoléon vainquit à Austerlitz ; mais il fut vaincu à Waterloo. Si tu achètes aujourd'hui le superflu, tu vendras demain le nécessaire. Si tu achetais aujourd'hui le superflu, tu vendrais demain le nécessaire. Chaque fois que Paul et Julien ont acheté le superflu, ils ont vendu le nécessaire.

SOIXANTE-QUINZIÈME LEÇON.

L'élève indiquera

Cinq verbes en ger :
Corriger, déranger, encourager, plonger, venger.

Cinq verbes en cer :
Amorcer, bercer, devancer, menacer, tracer.

Cinq verbes de la première conjugaison ayant un e muet à l'avant-dernière syllabe :
Achever, emmener, enlever, promener, semer.

Cinq verbes de la première conjugaison ayant un é fermé à l'avant-dernière syllabe :
Altérer, compléter, espérer, pénétrer, régler.

Cinq verbes en eler :
Atteler, chanceler, étinceler, niveler, renouveler.

Cinq verbes en eter :
Caqueter, décacheter, fureter, projeter, souffleter.

---

(1) Les vapeurs qui s'élèvent de la terre et se résolvent en pluie sur les montagnes, les neiges éternelles qui couvrent les pics les plus élevés et qui fondent en partie, telles sont les causes qui, par l'infiltration des eaux, produisent les sources que l'on rencontre aux flancs de presque toutes les hauteurs du globe. Les montagnes sont ainsi de vastes et utiles réservoirs où la nature rassemble les eaux pour les disperser suivant les besoins de la terre.

(2) Les aérostats ou ballons sont restés jusqu'à ce jour un objet de curiosité ; vainement on a tenté de les diriger : la *puissance* existe, mais la *résistance* et le *point d'appui* manquent.

DU VERBE.

Cinq verbes en ier :
Certifier, crier, étudier, oublier, prier.
Cinq verbes en yer, *qui changent* y *en* i *devant un* e *muet :*
Appuyer, déployer, envoyer, nettoyer, tutoyer.
Cinq verbes en ayer :
Bégayer, délayer, effrayer, payer, rayer.

SOIXANTE-SEIZIÈME LEÇON.

Devoir sur la classification des verbes.

Corrompt,	verbe trans.	*Discuter,*	v. intrans.
Meurt,	v. intrans.	*S'attaque,*	v. pron.
Naquit,	v. intrans.	*Roule,*	v. intrans.
Se porteraient,	v. pron.	*Amasse,*	v. trans.
Se portait,	v. pron.	*Console,*	v. trans.
Importe,	v. impers.	*Afflige,*	v. trans.
Vivre,	v. intrans.	*Rapporte-t'en,*	v. pron.
Vivre,	v. intrans.	*A,*	v. impers.
Savait,	v. trans.	*Contienne,*	v. trans.
Se taire,	v. pron.	*Puisse,*	v. trans.
Passerait,	v. intrans.	*Couvrir,*	v. trans.
Oblige,	v. trans.	*Vaut,*	v. imp.
Oblige,	v. trans.	*Absoudre,*	v. trans.
Change,	v. intrans.	*Condamner,*	v. trans.
S'use,	v. pron.	*Punit,*	v. trans.
S'éteint,	v. pron.	*Se venge,*	v. pron.
Reste,	v. intrans.	*Se croit,*	v. pron.
Sortit,	v. intrans.	*A entassé,*	v. trans.
Laissa,	v. trans.	*Jouira,*	v. intrans.
Jugera,	v. trans.	*Fréquentes,*	v. trans.
Fréquenteras,	v. trans.	*Boiteras,*	v. intrans.
Frappes,	v. trans.	*Voyageant,*	v. intrans.
Punis,	v. trans.	*Passait,*	v. intrans.
Te venges,	v. pron.	*Aboyaient,*	v. intrans.
Vaut,	v. impers.	*Couraient,*	v. intrans.
Ignorer,	v. trans.	*Se baissa,*	v. pron.
Savoir,	v. trans.	*Prendre,*	v. trans.
Veux,	v. trans.	*Jeter,*	v. trans.
Faire,	v trans.	*Avait gelé,*	v. impers.
Pardonne,	v. trans.	*Tenait,*	v. intrans.
Devient,	v. intrans.	*Put,*	v. trans.
Blâme,	v. trans.	*Arracher,*	v. trans.
Loue.	v. trans.	*S'écria,*	v. pron.
Sollicite,	v. trans.	*Jurant,*	v. trans.
Fait,	v. trans.	*Lâche,*	v. intrans.
Eprouve,	v. trans.	*Attache,*	v. trans.

SOIXANTE-DIX-SEPTIÈME LEÇON.

Passage du passif à l'actif.

I* PARTIE. — Les oiseaux *louent* le Seigneur. Un chien de berger *a découvert* la couleur de pourpre (1). Une étoile *annonça* aux Mages la naissance du Christ. Tout l'*enchante*. Le temps *effacera* nos plus fastueux monuments. Les rosées bienfaisantes *rafraîchissent* la terre. L'éclat du soleil *blesse* la vue. L'éducation *perfectionne* les qualités naturelles du cheval. Les Arabes *regardent* le chameau comme un présent du ciel. L'éléphant *surpasse* en grandeur tous les animaux terrestres. Tout le monde *méprise* l'avare. Brutus *chassa* de Rome les Tarquins (2). On doit *prendre* les meilleures choses en petite quantité. On *accueille* toujours bien les bonnes nouvelles. On me *réprimande*. On t'*applaudit*. On le *vainquit*. On nous *aurait reconnus*. Il fallait qu'on vous *avertît*. Je doute qu'on les *convainque*. La chaleur du printemps *met* en mouvement la sève des arbres. Une joie excessive *cause* quelquefois la mort. Les cendres du Vésuve *ont enseveli* Herculanum (3). Les Gaulois *prirent* et *brûlèrent* Rome (4). La crainte de la mort *trouble* à tout moment notre vie. Les Anglais *brûlèrent* Jeanne d'Arc à

---

(1) La découverte de la pourpre est due, dit-on, à un chien de berger, qui, ayant brisé un coquillage, en fit sortir un liquide qui lui teignit la gueule en rouge. Les Phéniciens sont les premiers qui teignirent des étoffes en pourpre. Pendant longtemps l'usage de ces étoffes fut réservé aux rois et aux princes. Chez les Romains, le droit de porter les robes et les manteaux de pourpre n'appartenait qu'aux triomphateurs et, plus tard, aux empereurs. C'est pour cela que l'expression *prendre la pourpre* devint synonyme de se faire proclamer empereur.

> L'ordre de la nature
> Soumet la pourpre et la bure
> Aux mêmes sujets de pleurs.
> (J.-B. Rousseau.)

Dans les temps modernes, la robe de pourpre a été réservée aux plus hauts dignitaires de l'Église, d'où l'expression *pourpre romaine* pour dire la dignité de *cardinal*. Les modernes ont perdu le secret de la pourpre des anciens, ils l'ont remplacée par la cochenille.

Le mot *pourpre* est des deux genres ; il s'emploie au masculin, par extension, pour désigner une couleur d'un beau rouge foncé : *le pourpre du teint ; le pourpre des raisins*. Au féminin, il désigne toujours la couleur même que les anciens extrayaient du coquillage : *la pourpre de Tyr*.

— (2) Romain célèbre par son amour pour la liberté, petit-fils de Tarquin l'Ancien. Ayant vu de bonne heure son père et son frère assassinés par Tarquin le Superbe, et craignant le même sort, il contrefit l'insensé pendant longtemps (d'où son surnom de *Brutus*, brute, dépourvu de raison), jusqu'à ce qu'il se présentât une occasion favorable pour se venger. Après l'outrage fait à Lucrèce par le fils de Tarquin le Superbe, il harangua le peuple, fit chasser les rois et établit la république. Nommé consul, il ne balança point à condamner et à faire exécuter ses propres fils, qui avaient conspiré pour rétablir les Tarquins.

(3) Cette ville, située entre Naples et Pompéi, fut renversée en partie, puis ensevelie, l'an 79 de J.-C., par une éruption du Vésuve. Ses débris, placés sous la ville moderne de Portici, furent découverts, en 1713, par un paysan qui creusait un puits. Des fouilles, habilement dirigées, ont fait retrouver la ville presque tout entière. Les découvertes qu'on y fait encore aujourd'hui nous fournissent des détails précieux sur les connaissances que les anciens avaient dans les arts. Le peu de cadavres qu'on y trouva est une preuve que les habitants avaient eu presque tous le temps de s'enfuir.

(4) L'an 390 avant J.-C., les Gaulois, sous la conduite de Brennus, vainquirent les Romains près de la rivière d'Allia, marchèrent sur Rome et s'en ren-

Rouen (1). Laban *accueillit* Jacob avec tendresse. Les Hollandais *ont découvert* l'Océanie (2). Tous les Phéniciens *aiment* Baléazar. La grêle *a ravagé* les campagnes. Dieu *maudit* Caïn. L'odeur du fromage *allécha* le renard. Les eaux de la mer *occupent* les trois quarts de la surface de la terre. Votre père voulut me quitter ; il partit ; la tempête me *vengea* : Neptune (3) *ensevelit* son vaisseau dans les ondes. Les loups *dévoreront* toujours les moutons, et les renards *tromperont* toujours les corbeaux. Pauvres moutons, toujours les loups vous *dévorèrent* ; et vous, crédules corbeaux, toujours les renards vous *trompèrent*. Dieu a voulu que les loups *dévorent* les moutons, et que les renards *trompent* les corbeaux.

II° PARTIE. — Les pharisiens crucifièrent le Juste, parce que sa doctrine *réprouvait* leurs vices. Les sujets d'Attila (4) le *craignaient* sans le *haïr*. Souvent le mépris d'autrui *châtie* le trop d'amour qu'on a pour soi. Les rochers *soutiennent* la terre des montagnes, comme les os du corps humain *soutiennent* les chairs. Une jeune vigne, qui étendait ses branches souples de tous côtés, *tapissait* la grotte de la déesse. Les insectes et les oiseaux *dévorent* inévitablement une grande

---

dirent maîtres. La ville fut livrée au pillage et aux flammes. N'ayant pu s'emparer du *Capitole*, où le peuple s'était retiré, Brennus consentit à s'éloigner moyennant mille livres d'or. Mais, lorsqu'il s'agit de le peser, le chef gaulois se servit de faux poids, et, comme les Romains s'en plaignaient, il jeta son épée dans la balance en s'écriant : « *Væ victis!* malheur aux vaincus !

(1) Jeanne d'Arc, surnommée la *pucelle d'Orléans*, héroïne célèbre, naquit, de parents pauvres, à Domremy, près de Vaucouleurs, en 1410, et fut bergère jusqu'à l'âge de dix-huit ans. A cette époque de sa vie, elle crut que Dieu lui ordonnait de délivrer la France accablée par les Anglais, alla trouver Charles VII à Bourges, fit lever le siége d'Orléans, conduisit le roi de victoire en victoire, et le fit sacrer à Reims. Prise, quelque temps après, au siége de Compiègne, elle fut livrée aux Anglais, qui, acharnés à sa mort, la firent condamner comme sorcière par un tribunal inique, que présidait l'évêque de Beauvais, et elle fut brûlée vive à Rouen (30 mai 1431). L'histoire reproche justement à Charles VII de n'avoir tenté aucun effort en faveur de l'héroïne prisonnière ; c'est ce que C. Delavigne fait sentir dans ces vers :

> Qu'un jour le voyageur, en parcourant ces bois,
> Cueille un rameau sacré, l'y dépose et s'écrie :
> A celle qui sauva le trône et la patrie,
> Et n'obtint qu'un tombeau pour prix de ses exploits !

Jeanne d'Arc est la personnification du peuple, du paysan français, indigné de voir le sol de la patrie foulé par l'étranger. Le sentiment patriotique qui a fait des héros de Viriathe, de Spartacus et de Witikind, enflamma au plus haut degré la grande âme de la bergère de Vaucouleurs. Cette vérité perce dans toutes ses réponses. Blessée d'un trait à l'épaule en montant la première sur le rempart, elle arrache elle-même la flèche ; le sang jaillit avec abondance, et, comme on s'empressait autour d'elle pour la consoler : « Ce n'est pas du sang qui coule de cette plaie, dit-elle, c'est de la gloire. » — Vous faisiez croire aux soldats français que votre bannière portait bonheur, lui disaient ses juges. — Je disais : « Entrez hardiment dans les rangs des Anglais, » et j'y entrais moi-même. »

(2) Nommée d'abord *Australie* (terres australes), l'*Océanie* tire son nom de sa position dans le grand Océan. Les Hollandais la découvrirent les premiers, en 1605. La plus grande île de l'Océanie a conservé le nom de Nouvelle-Hollande.

(3) Une des trois grandes divinités, frère de Jupiter et de Pluton.

(4) Attila, roi des Huns, surnommé le *fléau de Dieu*, fut la terreur de ses ennemis et l'idole de ses sujets. Après avoir ravagé l'Orient, il se jeta sur l'Occident et envahit la Gaule en 451 ; mais, arrêté et défait complètement par Aétius, général romain, uni aux rois des Francs et des Goths, il marcha sur Rome. L'empereur Valentinien acheta sa retraite à prix d'argent ; Attila céda à la prière et à la voix du pape saint Léon. Il mourut en Pannonie, la nuit même de ses noces.

partie de la semence que le laboureur *a confiée* à la terre. Un Français, nommé Nicot (1), *apporta* le tabac en France, l'an 1560. Si tu remplis tes devoirs, les honnêtes gens *l'estimeront*. Les impôts ne sont justes que lorsque le peuple lui-même les *a votés*. Le Sphinx (2) *dévorait* sur-le-champ tous ceux qui ne devinaient pas la fatale énigme. Les lecteurs sensibles *regarderont* toujours Racine comme le poète le plus parfait qu'il y ait eu. Heureux le peuple que de sages lois *gouvernent!* Le cerf *écoute* avec plaisir le son du flageolet et le chant des bergers. Trois races de rois : les Mérovingiens, les Carlovingiens et les Capétiens, *ont gouverné* la France. Ni les craintes ni les désirs de l'avarice ne *troublent* le sommeil de l'homme vertueux. Des transfuges *avaient instruit* Léonidas (3) du projet des Perses. Des peupliers, des platanes et des frênes d'une beauté surprenante *couvraient* la montagne. La nature ne s'écarte jamais des lois que le Créateur lui *a prescrites*, et des plans qu'il lui *a tracés*. Cinq grands fleuves *arrosent* la France (4), et une foule de petites rivières la *traversent* dans tous les sens. La sagesse qui parlait par sa bouche nous *étonna*. Les charmes d'une vie lâche et efféminée ne *vaincront* jamais le fils d'Ulysse. Il est certain que les eaux de la mer *ont* autrefois *couvert* les lieux que nous habitons. Un pêcheur *prit* au bord d'une rivière un carpeau qui n'était encore que fretin.

SOIXANTE-DIX-HUITIÈME LEÇON.

Passage de l'actif au passif.

Dans le changement de l'actif au passif, le sujet de l'actif devient le complément indirect du passif; ce complément est accompagné tantôt de la préposition *par*, tantôt de la préposition *de*. On emploie *par* lorsque le verbe passif éveille une idée de mouvement, un acte, un effort, une opération de l'esprit ou du corps, comme : *être vaincu* PAR, *être soulagé* PAR, *être trompé* PAR, etc. Exemple:
Louis XI est regardé PAR *tous les historiens comme un profond politique. L'empire romain a été détruit* PAR *les Barbares.*

On emploie la préposition *de* si le verbe exprime un sentiment, une passion, en un mot une action qui se rapporte à l'âme :
L'honnête homme est estimé même DE *ceux qui n'ont pas de probité.*

---

(1) Nicot, auteur du *Trésor de la langue française*, le premier dictionnaire français qui ait paru, est surtout connu pour avoir introduit en France le tabac, que lui fit connaître un marchand flamand venu d'Amérique pendant son ambassade à Lisbonne, et qui prit de lui le nom de *nicotiane*.

(2) Le *Sphinx*, monstre fabuleux d'origine égyptienne, que la mythologie place sur la route de Thèbes. Il proposait des énigmes aux passants, et dévorait sur-le-champ ceux qui ne les devinaient pas; ayant proposé la suivante à Œdipe: « Quel est l'animal qui marche à quatre pieds le matin, à deux à midi, et à trois le soir ? » Œdipe reconnut sous ces paroles l'emblème de l'enfance, de la virilité et de la vieillesse de l'homme. Le monstre furieux se précipita dans la mer.

(3) Roi de Sparte, qui, lors de l'invasion de Xerxès, défendit, avec quatre mille hommes seulement, le défilé des Thermopyles, qui était la clé de la Grèce. Il avait déjà tué près de vingt mille Perses, lorsqu'un traître enseigna aux ennemis le moyen de tourner le défilé. Il renvoya alors ses troupes, ne gardant auprès de lui que trois cents braves déterminés à mourir. Au milieu de la nuit, ils pénétrèrent dans le camp des Perses et en firent un grand carnage; mais, surpris par le jour, ils furent entourés et périrent tous, accablés par le nombre. On connaît la fameuse inscription gravée sur le rocher des Thermopyles : *Passant, va dire à Sparte que nous sommes morts ici pour obéir à ses lois.*

(4) Le Rhône, la Garonne, la Loire, la Seine et le Rhin.

NOTA. Cette règle est présentée d'une manière absolue par nos meilleurs grammairiens. Ne dit-on pas cependant :

Il était environné *d'*une foule de curieux.

Nous fûmes frappés *de* son air froid et réservé.

Être frappé *d'*apoplexie, frappé *de* la foudre. (*Acad.*)

Toutes les calamités *dont* (*desquelles*) nous sommes frappés. (*Mass.*)

Héliodore, ayant voulu ravir le trésor du temple, fut frappé *d'*une main divine. — Frappé *de* verges.

Turenne eut le bras et le corps fracassés *du* même coup. (*Sév.*)

Tous les yeux étaient baignés *de* larmes. (*Id.*)

Tous les tambours étaient couverts *d'*écharpes de crêpe.

Les amants de ma mère Pénélope furent surpris *de* mon départ (*Fénelon.*)

Nous fûmes étonnés *de* la sagesse qui parlait par sa bouche. (*Id.*)

La terre était couverte *de* moissons dorées.

Accablé *d'*ans, *d'*affaires, *de* chagrins, etc.

Ces phrases, dans la plupart desquelles il s'agit d'un acte matériel, au propre ou au figuré, sont en contradiction flagrante avec la règle.

Peut-être nous objectera-t-on que le complément qui figure dans quelques-unes : *frappé d'apoplexie, frappé de la foudre, couverte de moissons*, etc., n'est pas le véritable complément d'action, celui que nous avons nommé le complétif essentiel du passif; et que ce complément sous-entendu, Dieu, par exemple, revient à la règle générale au lieu de s'en écarter.

L'objection est fondée, nous en convenons volontiers; cependant les exceptions, et elles sont nombreuses, n'en existent pas moins. Nous persistons donc à penser que le choix de la préposition est une question de goût, d'harmonie, plutôt euphonique qu'idéologique, et qu'il y a de la témérité à formuler une règle basée exclusivement sur la signification du verbe.

I*re* PARTIE. — La souris *est mangée* par le chat. Noé *fut sauvé* par Dieu du déluge. Tous nos maux *sont guéris* par la mort. Sa boisson ne peut *être troublée* par moi. La cigogne *fut retenue* par le renard à dîner. Je *serai favorisé* par la victoire. Tu *fus trompé* par ton ami. Il *a été rassuré* par ma bonté. Nous *étions trahis* par la fortune. Vous *seriez déchirés* par le remords. Ils *auraient été récompensés* par le maître. Que toutes vos actions *soient dirigées* par la prudence. Nous *avons été surpris* par la nuit. Tous les pâles humains *sont jugés* aux Enfers par Minos (1). Les grandes rivières *sont formées* par les petits ruisseaux. Toute l'armée *fut consternée* par la mort de Turenne (2). L'envieux *est contristé* par la prospérité d'autrui. Sept ou huit de ces pauvres souris *furent étranglées* par le chat. Les malheurs de Jérusalem *avaient été annoncés* par le prophète Jérémie (3). La mort *est redoutée* par la plupart des hommes. Nos campagnes *sont égayées* par le chant des oiseaux. Job *fut frappé* par Dieu d'une effroyable plaie. La mort de Joseph *fut pleurée* longtemps par le vieux Jacob. La coupe de Joseph *fut trouvée* dans le sac de Benjamin. La ville de Calais *fut sauvée* par

(1) Roi de Crète, fils de Jupiter et d'Europe. Il gouverna cette île avec tant de sagesse, que les poètes en ont fait un juge des Enfers. Ses lois servirent de modèle à celles de Lycurgue, législateur de Lacédémone.

(2) Illustre général français, le premier tacticien de son temps. Il fut tué par un boulet au moment où il allait livrer une bataille décisive à Montécuculli, général autrichien. Turenne est surtout connu par son courage, sa justice, sa générosité, en un mot par ses qualités d'homme privé et la beauté de son caractère. Il était né dans la religion protestante; mais Bossuet le convertit au catholicisme. (Lire aux élèves la lettre que madame de Sévigné a écrite sur sa mort.)

(3) Jérémie, l'un des quatre grands prophètes, connu par ses *Lamentations*, où il déplore éloquemment les malheurs de sa patrie. Son disciple Baruch est surtout connu par l'admiration comique qu'il inspira à notre La Fontaine.

le dévoûment d'Eustache de Saint-Pierre (1). Le char du triomphateur *était traîné* par six chevaux blancs (2). Les plus fortes douleurs *sont adoucies* par le temps. Le ciel et la terre *furent créés* par Dieu en six jours. La bouche du cheval *est déformée* par le mors. L'encens *est prodigué* aux princes par les courtisans. Les oreilles de Midas *furent allongées* par Apollon (3). La mort de Turenne *fut regardée* par le peuple comme une calamité publique. Un enfant sage et laborieux *est aimé* de tout le monde. Jérusalem *fut assiégée* et *prise* par Titus (4). Les eaux du Nil *furent changées* en sang par Moïse. La cuisine *est refroidie* par les folles dépenses. La paresse *est punie* par le maître. Toujours la paresse *a été punie, sera punie*, devra *être punie* par le maître. Pourquoi la paresse ne *serait*-elle pas *punie* par le maître? Il serait étrange que la paresse ne *fût* pas *punie*, n'*eût* pas *été punie* par le maître.

IIe PARTIE. — L'Egypte *est traversée* dans toute sa longueur par le Nil. La terre *est ennoblie, peuplée* et *enrichie* par l'homme. Où sont maintenant ceux par qui *ont été construites* les pyramides (5)? Des bornes

---

(1) Lors du siége de Calais par Edouard III, roi d'Angleterre, ce prince, irrité de la longue résistance des Calaisiens, exigea que six notables de la ville vinssent, nu-pieds et la corde au cou, se mettre à sa discrétion. Eustache et cinq autres bourgeois de Calais se dévouèrent pour le salut de leurs concitoyens. Cédant aux instances et aux larmes de sa femme, le vainqueur leur fit grâce.
On a souvent contesté le récit de Froissart; suivant quelques historiens, le beau dévouement d'Eustache de Saint-Pierre n'aurait été qu'une trahison, suite d'intelligences entretenues avec Édouard III. La ville de Calais a toujours repoussé vivement, et, selon nous, victorieusement, les insinuations dirigées contre son premier citoyen.
(2) Il y a eu des empereurs qui ont fait traîner leur char de triomphe par des éléphants, par des tigres ou des lions. Le cortége partait de la porte appelée *triomphale*. Les trompettes marchaient en tête; venaient ensuite les dépouilles des ennemis, ainsi que les images des villes prises, des provinces conquises et des nations subjuguées; puis marchaient les rois ou les chefs captifs, chargés de chaînes de fer, d'or et d'argent, et ayant la tête rasée, comme marque de leur servitude. Un bouffon insultait aux vaincus et exaltait la gloire du peuple romain; enfin apparaissait le triomphateur, élevé sur son char, et précédé du sénat et des troupes romaines. Arrivé au Capitole, il faisait un sacrifice à Jupiter, et, après un festin magnifique, était reconduit dans sa maison. Pendant la pompe du triomphe, un officier public prononçait à haute voix ces paroles, en s'adressant au triomphateur : *Souviens-toi que tu es homme, et songe à l'avenir*, afin qu'il ne se laissât pas éblouir par l'éclat et les honneurs du triomphe. La couronne du triomphateur fut d'abord de laurier, puis d'or. Les honneurs du triomphe n'étaient décernés qu'à ceux qui avaient remporté une grande victoire ou fait d'importantes conquêtes. Cléopâtre se donna la mort pour ne pas orner le char du triomphateur; Persée, dernier roi de Macédoine, et Vitigès, roi des Goths, figuraient au triomphe de Paul Émile et de Bélisaire, leurs vainqueurs.
(3) Voir notre Cours de style, narration 28e, le Souhait de Midas, et, narration 29e, les Oreilles de Midas.
(4) Ville ancienne de la Palestine, capitale de la tribu et du royaume de Juda. L'an 70 de notre ère, elle fut prise et détruite par Titus, après un des siéges les plus meurtriers dont l'histoire fasse mention, et pendant lequel, dit-on, périrent près de douze cent mille Juifs. C'est alors que fut brûlé le fameux temple de Jérusalem. Cette ville fut rebâtie par l'empereur Adrien. Les Sarrasins s'en emparèrent en 636; prise par les croisés en 1099, et reprise par les Sarrasins en 1186, elle est restée depuis au pouvoir des infidèles. L'église du Saint-Sépulcre en est le plus beau monument.
(5) Les pyramides étaient des monuments gigantesques, construits en Egypte dans des temps très-reculés, et consacrés, dit-on, à la sépulture des rois ou des animaux sacrés. De toutes les opinions que l'on a émises sur la destination des pyramides, la plus probable est que ces masses énormes, que l'on aperçoit à une distance de 40 à 60 kilom., servaient de phares pour gui-

ont été marquées à la mer par le doigt de Dieu. La gloire de Pierre le Grand (1) *a été affermie* à jamais par ses succès. Dieu a permis que l'empire romain *fût renversé* par les irruptions des Barbares (2). Il semble que la règle et le compas *aient été employés* par la nature pour peindre la robe du zèbre (3). Il n'est aucun métal qui ne *soit amolli* par le feu. Le monde *est gouverné* par la crainte et *consolé* par l'espérance. Si tu *es estimé* des gens d'esprit, tu ne *seras* pas *offensé* du mépris des sots. Une épée *fut suspendue* par le tyran sur la tête de Damoclès (4). La plus belle fleur du jardin *a été cueillie* par Paul ; il *sera grondé* sévèrement par sa mère. Le projet des Tarquins *fut révélé* aux magistrats par un esclave (5). Les Anglais *furent contraints* par Jeanne d'Arc

---

der, pendant la nuit, les caravanes du désert. L'étymologie du mot pyramide (de *pyr*, feu) vient encore confirmer cette opinion toute moderne. La plus célèbre est celle de Chéops; elle a 150 mètres de hauteur. C'est le monument le plus élevé du globe.

(1) Le plus grand empereur qu'ait eu la Russie. Avant lui, cette nation était à peine connue et ne comptait pas parmi les Etats européens; il la tira du néant. Il visita, pour s'instruire, la Hollande (où il travailla, comme ouvrier, dans les chantiers de Saardam, ce qui le fait surnommer *le charpentier de Saardam*), l'Angleterre et la France. Pendant son séjour à Paris, conduit au tombeau de Richelieu : « O grand homme! s'écria-t-il, que n'es-tu encore vivant! je te donnerais la moitié de mes Etats pour apprendre de toi à gouverner l'autre. »

Il créa une marine, vainquit Charles XII et fonda Saint-Pétersbourg, qui porte son nom (Péters, Pierre). Mais ses débauches et ses cruautés ont terni la gloire de son règne. Aujourd'hui encore la Russie obéit au mouvement qu'il lui a imprimé. Il laissa un testament politique, dans lequel il trace une ligne de conduite à ses successeurs, et où il désigne Constantinople comme une proie moscovite. C'est là qu'il faut chercher le secret de l'ambition des Czars.

(2) On appelle ainsi les différents peuples qui, dans les premiers siècles de notre ère, firent invasion dans les parties de l'empire romain. Les plus connus sont les Huns, venus d'Asie, les Goths, les Vandales, les Bourguignons, les Francs, sortis du nord de la Germanie, les Teutons, les Cimbres et les Normands, de la famille Scandinave. Les Grecs et les Romains, qui, s'estimant les premiers peuples du monde, appelaient *barbares* tous les peuples qui ne parlaient pas leur langue. Ce mot, détourné de son sens primitif, signifie aujourd'hui *cruel, féroce, sauvage*.

(3) Ce quadrupède d'Afrique, espèce de cheval sauvage, a la peau blanche ou jaunâtre, avec des raies noires parallèles sur le dos, sur la croupe et les jambes. Les anciens connaissaient cet animal et lui avaient donné le nom d'*hippo-tigris* (cheval-tigre).

(4) Damoclès, flatteur de Denys le Tyran, vantait souvent le bonheur de ce prince. Celui-ci, pour l'en rendre juge, l'invita à un festin somptueux, et, l'ayant fait habiller et servir en prince, fit suspendre au-dessus de sa tête, pendant le repas, une épée nue, attachée au plafond par un crin de cheval. Damoclès comprit alors ce que c'est que le bonheur d'un tyran.

(5) Tarquin le Superbe, dernier roi de Rome, après avoir été chassé du trône et banni de la ville, avait envoyé des ambassadeurs au sénat pour réclamer la restitution de ses biens. Ceux-ci avaient eu, en outre, pour mission, de préparer secrètement les voies au rétablissement de la royauté. Un certain nombre de jeunes nobles étaient entrés dans la conspiration. La veille de leur départ, les ambassadeurs eurent une dernière entrevue avec les conjurés, qui, se croyant sans témoins, s'entretinrent longtemps de leur projet. Mais un esclave, qui avait tout entendu, alla faire sa déposition chez les consuls. Les conspirateurs furent tous jetés dans les fers et condamnés à mort. Au nombre des coupables se trouvaient les deux fils de Brutus. Leur exécution fut d'autant plus remarquable, que le consulat obligeait, dans cette circonstance, un père à présider au supplice de ses propres enfants. Le dénonciateur fut récompensé, et on lui donna la liberté avec le titre de citoyen. Ce fut, dit-on, le premier esclave affranchi.

d'abandonner le siége d'Orléans (1). Ceux qui cherchent un abri sous les arbres *sont* souvent *frappés* de la foudre. La Suisse n'est pas telle qu'elle *a été décrite* par la plupart des voyageurs. La famine arriva ainsi que cela *avait été prédit* par Joseph. La terre n'*est épuisée* par rien : plus ses entrailles *sont déchirées* par le laboureur, plus elle est libérale. Si vous mentez une fois, vous ne *serez* plus *cru* de personne. Il serait à souhaiter qu'un pareil exemple *fût suivi* par tous les pères de famille. *Télémaque* (2) est le plus bel ouvrage qui *ait été inspiré* au génie par la vertu. A Rome, les abus qui n'*avaient* pas *été prévus* par la loi *étaient corrigés* par les censeurs (3). La gloire de Pompée *fut effacée* par celle de César (4). Le bonheur *est augmenté*, s'il *est partagé* par un ami (5). Ceux qui *sont éclairés* par l'honneur ne *son* jamais *aveuglés* par l'orgueil.

SOIXANTE-DIX-NEUVIÈME LEÇON.

Devoir sur les verbes interrogatifs.

A quoi me résoudrai-je ? Il est temps que j'y pense. L'aimerais-je ainsi s'il n'était pas mon fils ? Au foyer paternel, quand irai-je m'asseoir ? Trouverai-je partout un rival que j'abhorre ? Comment l'aurais-je fait, si je n'étais pas né (6) ? je tette encore ma mère. Viendrais-je si l'on ne m'avait pas appelé ? Si j'étais riche, serais-je heureux ? Si je suis riche, serai-je heureux ? Le louerais-je s'il ne le méritait pas ? Si je travaille

---

(1) Voyez 77ᵉ leçon, note 1.
(2) Télémaque, fils d'Ulysse et de Pénélope, voyageant à la recherche de son père, est le héros du poème célèbre composé par Fénelon pour l'instruction du duc de Bourgogne, petit-fils de Louis XIV; poème au profit duquel, dit M. Villemain, « la belle antiquité paraît avoir été moissonnée tout entière. » Les aventures que l'auteur prête à son héros sont, la plupart, de son invention.
(3) Magistrats romains qui, d'abord, tenaient un registre de tous les citoyens et de leurs biens, et qui, plus tard, eurent en outre le droit de surveillance sur les mœurs publiques. La censure était une des charges les plus importantes de la République. Le censeur le plus célèbre est Caton, qui exerça ses fonctions avec une sévérité passée en proverbe, et mérita qu'on lui élevât une statue avec cette inscription : A Caton, *qui a corrigé les mœurs.*
(4) Célèbres généraux romains. Après avoir été nommé consul et avoir joui trois fois des honneurs du triomphe, Pompée forma, avec César et Crassus, ce fameux triumvirat qui leur assurait un pouvoir sans limites. Jaloux des succès de César dans les Gaules, et maître absolu dans Rome, Pompée fit rendre un décret qui forçait son rival à se démettre de son commandement. César, irrité de cette injustice, passe les Alpes, franchit le Rubicon, qui formait la limite de sa province; puis, prononçant ces paroles fameuses : *Alea jacta est*, le sort en est jeté, il marche sur Rome, d'où Pompée s'enfuit avec le sénat, et se fait nommer dictateur. Après avoir battu, en Italie et en Espagne, les lieutenants de Pompée, il l'atteint lui-même dans les plaines de Pharsale, remporte sur lui une victoire décisive et le force à s'enfuir en Egypte, où il trouve la mort.
(5)   Je ne connais de biens que ceux que l'on partage.
    Cœurs dignes de sentir le prix de l'amitié,
    Retenez cet ancien adage :
    Le tout ne vaut pas la moitié.
                      (FLORIAN.)
(6) La Fontaine, le *Loup et l'Agneau*.

bien, irai-je à la promenade? Si je travaillais bien, irais-je à la promenade? Aurai-je fini quand il reviendra? Quel bien posséderai-je en dernier lieu? quelques pieds de terre. Si je n'aimais pas ma patrie, sacrifierais-je ma vie pour elle? Estimerai-je celui qui ne respecte pas ses parents? Serai-je obligé de servir encore longtemps la cause de mon plus mortel ennemi.

QUATRE-VINGTIÈME LEÇON.

EXERCICES PRATIQUES SUR LA CONCORDANCE DES TEMPS.

Nous ne faisons pas précéder les quelques devoirs qui suivent de la théorie de l'emploi des temps, cette grande difficulté de la grammaire, par la raison que ce serait une perte de temps sans compensation, sans utilité; ici l'habitude est tout, la règle presque rien. Si nous voulions citer des exemples pris dans nos meilleurs écrivains, on verrait que, quand le premier verbe est au présent, au passé ou au futur, on met le second à un temps *quelconque* du mode subjonctif, suivant l'idée, le temps que l'on veut exprimer. Dès que l'on cherche à restreindre ce principe très-général, en formulant des règles particulières, il en résulte un si grand nombre d'exceptions, que la manière d'écrire en est plutôt entravée que facilitée, surtout pour des commençants. Pour que la pensée et l'expression soient en parfaite harmonie, nous nous confions bien plus à l'oreille qu'aux connaissances grammaticales de l'élève; aussi est-ce l'oreille seule que nous nous proposons d'exercer, et nous sommes persuadé qu'après ce travail, on ne rencontrera plus, dans la rédaction et dans le langage, de ces emplois bizarres, comme ceux-ci : *Je voudrais que nous* JOUERIONS *ensemble; j'aurais été content, si tu m'*AURAIS *accompagné; les soldats feront bien leur devoir, s'ils* SERONT *bien commandés; les soldats feraient bien leur devoir, s'ils* SERAIENT *bien commandés; les soldats auraient bien fait leur devoir, s'ils* SERAIENT ÉTÉ *bien commandés.*

Si discordantes qu'elles soient, ces constructions et d'autres équivalentes se rencontrent cependant à chaque pas dans les rédactions de la plupart des élèves, et l'oreille est un guide si fidèle pour la concordance des temps, qu'ils aperçoivent d'eux-mêmes ces affreux solécismes, quand ils lisent à haute voix leur devoir.

Pour s'éviter ce désagrément, l'élève devra, dans les exercices suivants, écrire chaque phrase comme il la parlerait, avec la même pensée à exprimer avec la même nuance de temps. C'est faute d'observer cette règle, négligée sans doute parce qu'elle est trop simple, que beaucoup de personnes parlent infiniment mieux qu'elles n'écrivent.

Quand Paul travaille, il est malade.

Chaque fois que Paul travaillera, il sera malade.

Demain, si Paul travaillait, il serait malade.

Quand Paul travaillait, il était malade.

Quand Paul travailla, il fut malade.

Paul s'ennuierait bien, s'il était malade.

Comme Paul s'ennuyait, quand il était malade !

Quand Paul et Julien travaillent, ils sont malades.

Chaque fois que Paul et Julien travailleront, ils seront malades.

Demain, si Paul et Julien travaillaient, ils seraient malades.

Quand Paul et Julien travaillaient, ils étaient malades.

Quand Paul et Julien travaillèrent, ils furent malades.

Paul et Julien s'ennuieraient bien, s'ils étaient malades.

Comme Paul et Julien s'ennuyaient, quand ils étaient malades !

Paul s'est toujours ennuyé, quand il a été malade.	Paul et Julien se sont toujours ennuyés, quand ils ont été malades.
Toujours Paul s'ennuiera, quand il sera malade.	Toujours Paul et Julien s'ennuieront, quand ils seront malades.
Combien Paul s'ennuie, quand il est malade!	Combien Paul et Julien s'ennuient, quand ils sont malades!
Pauvre ami, tu t'ennuies bien, quand tu es malade!	Pauvres amis, vous vous ennuyez bien, quand vous êtes malades!
Tu t'ennuyais bien, quand tu étais malade.	Vous vous ennuyiez bien, quand vous étiez malades.
Pour que Paul s'ennuie, il faut qu'il soit malade.	Pour que Paul et Julien s'ennuient, il faut qu'ils soient malades.
Pour que Paul s'ennuyât, il faudrait qu'il fût malade.	Pour que Paul et Julien s'ennuyassent, il faudrait qu'ils fussent malades.
Pour que Paul se soit ennuyé, il faut qu'il ait été malade.	Pour que Paul et Julien se soient ennuyés, il faut qu'ils aient été malades.
Pour que Paul se fût ennuyé, il aurait fallu qu'il eût été malade.	Pour que Paul et Julien se fussent ennuyés, il aurait fallu qu'ils eussent été malades.

QUATRE-VINGT-UNIÈME LEÇON.

Suite des exercices pratiques sur la concordance des temps.

1. Dieu veut, et tous les hommes obéissent.
Dieu voudra, et tous les hommes obéiront.
Dieu voulut, et tous les hommes obéirent.
Dieu a voulu, et tous les hommes ont obéi.
Si Dieu voulait, tous les hommes obéiraient.
Si Dieu avait voulu, tous les hommes auraient obéi.

2. L'esprit commande, le corps exécute.
L'esprit commanda, le corps exécuta.
L'esprit commandera, le corps exécutera.
L'esprit a commandé, le corps a exécuté.
Si l'esprit commandait, le corps exécuterait.
Si l'esprit avait commandé, le corps aurait exécuté.

3. L'hiver paraît, les hirondelles partent.
Aussitôt que l'hiver parut, les hirondelles partirent.
L'hiver a paru, les hirondelles sont parties.
Quand l'hiver paraîtra, les hirondelles partiront.
Si l'hiver paraissait, les hirondelles partiraient.
Si l'hiver avait paru, les hirondelles seraient parties.
Voici l'hiver, hirondelles, partez.

4. Le son du cor retentit, les chasseurs se rassemblent.
Quand le son du cor retentira, les chasseurs se rassembleront.
Quand le son du cor retentit, les chasseurs se rassemblèrent.
Le son du cor a retenti, les chasseurs se sont rassemblés.

DU VERBE.

Si le son du cor retentissait, les chasseurs se rassembleraient.
Si le son du cor avait retenti, les chasseurs se seraient rassemblés.

5. Achille paraît, les Troyens sont vaincus.
Achille parut, les Troyens furent vaincus.
Achille paraissait, et les Troyens étaient vaincus.
Si Achille paraissait, les Troyens seraient vaincus.
Si Achille paraissait, les Troyens étaient vaincus.
Achille paraîtra, les Troyens seront vaincus.
Achille ne peut paraître, sans que les Troyens soient vaincus.
Achille ne pouvait paraître, sans que les Troyens fussent vaincus.

QUATRE-VINGT-DEUXIÈME LEÇON.

Suite des exercices pratiques sur la concordance des temps.

1. L'homme va, vient, court, marche, saute, s'élance, monte, descend, gravit, glisse, rampe, nage, s'incline, s'agenouille.

1. Les hommes vont, viennent, courent, marchent, sautent, s'élancent, montent, descendent, gravissent, glissent, rampent, nagent, s'inclinent, s'agenouillent.

2. O homme! toujours tu es allé, tu es venu, tu as couru, tu as marché, tu as sauté, tu t'es élancé, tu as monté, tu as descendu, tu as gravi, tu as glissé, tu as rampé, tu as nagé, tu t'es incliné, tu t'es agenouillé.

2. O hommes! toujours vous êtes allés, vous êtes venus, vous avez couru, vous avez marché, vous avez sauté, vous vous êtes élancés, vous avez monté, vous avez descendu, vous avez gravi, vous avez glissé, vous avez rampé, vous avez nagé, vous vous êtes inclinés, vous vous êtes agenouillés.

3. Toujours tu iras, tu viendras, tu courras, tu marcheras, tu sauteras, tu t'élanceras, tu monteras, tu descendras, tu graviras, tu glisseras, tu ramperas, tu nageras, tu t'inclineras, tu t'agenouilleras.

3. Toujours vous irez, vous viendrez, vous courrez, vous marcherez, vous sauterez, vous vous élancerez, vous monterez, vous descendrez, vous gravirez, vous glisserez, vous ramperez, vous nagerez, vous vous inclinerez, vous vous agenouillerez.

4. Dès le commencement, tu allas, tu vins, tu courus, tu marchas, tu sautas, tu t'élanças, tu montas, tu descendis, tu gravis, tu glissas, tu rampas, tu nageas, tu t'inclinas, tu t'agenouillas.

4. Dès le commencement, vous allâtes, vous vîntes, vous courûtes, vous marchâtes, vous sautâtes, vous vous élancâtes, vous montâtes, vous descendîtes, vous gravîtes, vous glissâtes, vous rampâtes, vous nageâtes, vous vous inclinâtes, vous vous agenouillâtes.

5. Dieu t'a dit : Va, viens, cours, marche, saute, élance-toi, monte, descends, gravis, glisse, rampe, nage, incline-toi, agenouille-toi.

5. Dieu vous a dit : Allez, venez, courez, marchez, sautez, élancez-vous, montez, descendez, gravissez, glissez, rampez, nagez, inclinez-vous, agenouillez-vous.

6

6. Dieu a dit à l'homme: Il faut que tu ailles, que tu viennes, que tu coures, que tu marches, que tu sautes, que tu t'élances, que tu montes, que tu descendes, que tu gravisses, que tu glisses, que tu rampes, que tu nages, que tu t'inclines, que tu t'agenouilles.

6. Dieu a dit aux hommes: Il faut que vous alliez, que vous veniez, que vous couriez, que vous marchiez, que vous sautiez, que vous vous élanciez, que vous montiez, que vous descendiez, que vous gravissiez, que vous glissiez, que vous rampiez, que vous nagiez, que vous vous incliniez, que vous vous agenouilliez.

7. O homme! pourquoi vas-tu, viens-tu, cours-tu, marches-tu, sautes-tu, t'élances-tu, montes-tu, descends-tu, gravis-tu, glisses-tu, rampes-tu, nages-tu, t'inclines-tu, t'agenouilles-tu?

7. O hommes! pourquoi allez-vous, venez-vous, courez-vous, marchez-vous, sautez-vous, vous élancez-vous, montez-vous, descendez-vous, gravissez-vous, nagez-vous, vous inclinez-vous, vous agenouillez-vous?

8. Toujours on verra l'homme allant, venant, courant, marchant, sautant, s'élançant, montant, descendant, gravissant, glissant, rampant, nageant, s'inclinant, s'agenouillant.

8. Toujours on verra les hommes allant, venant, courant, marchant, sautant, s'élançant, montant, descendant, gravissant, glissant, rampant, nageant, s'inclinant, s'agenouillant.

QUATRE-VINGT-TROISIÈME LEÇON.

Suite des exercices pratiques sur la concordance des temps.

1. Dieu commande : le monde existe, le soleil brille, la lune luit, les étoiles étincellent, la terre tourne, l'homme naît, les quadrupèdes courent, les oiseaux volent, les poissons nagent, les plantes croissent, les sources jaillissent.

2. Dieu a commandé : le monde a existé, le soleil a brillé, la lune a lui, les étoiles ont étincelé, la terre a tourné, l'homme est né, les quadrupèdes ont couru, les oiseaux ont volé, les poissons ont nagé, les plantes ont crû, les sources ont jailli.

3. Dieu commandera : le monde existera, le soleil brillera, la lune luira, les étoiles étincelleront, la terre tournera, l'homme naîtra, les quadrupèdes courront, les oiseaux voleront, les poissons nageront, les plantes croîtront, les sources jailliront.

4. Dieu commanda : le monde exista, le soleil brilla, la lune... (1) les étoiles étincelèrent, la terre tourna, l'homme naquit, les quadrupèdes coururent, les oiseaux volèrent, les poissons nagèrent, les plantes crûrent, les sources jaillirent.

5. Si Dieu commandait, le monde existerait, le soleil brillerait, la lune luirait, les étoiles étincelleraient, la terre tournerait, l'homme naîtrait, les quadrupèdes courraient, les oiseaux voleraient, les poissons nageraient, les plantes croîtraient, les sources jailliraient.

6. Si Dieu avait commandé, le monde aurait existé, le soleil aurait

---

(1) Le verbe *luire* est inusité au passé défini et à l'imparfait du subjonctif.

brillé, la lune aurait lui, les étoiles auraient étincelé, la terre aurait tourné, l'homme serait né, les quadrupèdes auraient couru, les oiseaux auraient volé, les poissons auraient nagé, les plantes auraient crû, les sources auraient jailli.

7. Il faut que Dieu commande, pour que le monde existe, que le soleil brille, que la lune luise, que les étoiles étincellent, que la terre tourne, que l'homme naisse, que les quadrupèdes courent, que les oiseaux volent, que les poissons nagent, que les plantes croissent, que les sources jaillissent.

8. Il fallait que Dieu commandât, pour que le monde existât, que le soleil brillât, que la lune..., que les étoiles étincelassent, que la terre tournât, que l'homme naquît, que les quadrupèdes courussent, que les oiseaux volassent, que les poissons nageassent, que les plantes crûssent, que les sources jaillissent.

9. Pourquoi, lorsque Dieu commande, le monde n'existerait-il pas, le soleil ne brillerait-il pas, la lune ne luirait-elle pas, les étoiles n'étincelleraient-elles pas, la terre ne tournerait-elle pas, l'homme ne naîtrait-il pas, les quadrupèdes ne courraient-ils pas, les oiseaux ne voleraient-ils pas, les poissons ne nageraient-ils pas, les plantes ne croîtraient-elles pas, les sources ne jailliraient-elles pas ?

10. Pourquoi, lorsque Dieu a commandé, le monde n'aurait-il pas existé, le soleil n'aurait-il pas brillé, la lune n'aurait-elle pas lui, les étoiles n'auraient-elles pas étincelé, la terre n'aurait-elle pas tourné, l'homme ne serait-il pas né, les quadrupèdes n'auraient-ils pas couru, les oiseaux n'auraient-ils pas volé, les poissons n'auraient-ils pas nagé, les plantes n'auraient-elles pas crû, les sources n'auraient-elles pas jailli ?

QUATRE-VINGT-QUATRIÈME LEÇON.

Suite des exercices pratiques sur la concordance des temps.

1. La bataille commence : soudain la poudre s'enflamme, le canon retentit, la terre tremble, le ciel s'obscurcit, les furies se déchaînent, les bataillons s'ébranlent, la victoire balance, la fortune hésite, les balles sifflent, la mort plane, le sang coule, tous les cœurs palpitent et tressaillent.

2. La bataille commencera : la poudre s'enflammera, le canon retentira, la terre tremblera, le ciel s'obscurcira, les furies se déchaîneront, les bataillons s'ébranleront, la victoire balancera, la fortune hésitera, les balles siffleront, la mort planera, le sang coulera, tous les cœurs palpiteront et tressailliront.

3. La bataille a commencé : la poudre s'est enflammée, le canon a retenti, la terre a tremblé, le ciel s'est obscurci, les furies se sont déchaînées, les bataillons se sont ébranlés, la victoire a balancé, la fortune a hésité, les balles ont sifflé, la mort a plané, le sang a coulé, tous les cœurs ont palpité et ont tressailli.

4. La bataille commença : la poudre s'enflamma, le canon retentit, la terre trembla, le ciel s'obscurcit, les furies se déchaînèrent, les bataillons s'ébranlèrent, la victoire balança, la fortune hésita, les balles

sifflèrent, la mort plana, le sang coula, tous les cœurs palpitèrent et tressaillirent.

5. Si la bataille commençait, la poudre s'enflammerait, le canon retentirait, la terre tremblerait, le ciel s'obscurcirait, les furies se déchaîneraient, les bataillons s'ébranleraient, la victoire balancerait, la fortune hésiterait, les balles siffleraient, la mort planerait, le sang coulerait, tous les cœurs palpiteraient et tressailliraient.

6. Si la bataille avait commencé, la poudre se serait enflammée, le canon aurait retenti, la terre aurait tremblé, le ciel se serait obscurci, les furies se seraient déchaînées, les bataillons se seraient ébranlés, la victoire aurait balancé, la fortune aurait hésité, les balles auraient sifflé, la mort aurait plané, le sang aurait coulé, tous les cœurs auraient palpité et auraient tressailli.

7. Il faut que la bataille commence, pour que la poudre s'enflamme, que le canon retentisse, que la terre tremble, que le ciel s'obscurcisse, que les furies se déchaînent, que les bataillons s'ébranlent, que la victoire balance, que la fortune hésite, que les balles sifflent, que la mort plane, que le sang coule, que tous les cœurs palpitent et tressaillent.

8. Il fallait que la bataille commençât, pour que la poudre s'enflammât, que le canon retentît, que la terre tremblât, que le ciel s'obscurcît, que les furies se déchaînassent, que les bataillons s'ébranlassent, que la victoire balançât, que la fortune hésitât, que les balles sifflassent, que la mort planât, que le sang coulât, que tous les cœurs palpitassent et tressaillissent.

9. Pourquoi, lorsque la bataille commence, la poudre ne s'enflammerait-elle pas, le canon ne retentirait-il pas, la terre ne tremblerait-elle pas, le ciel ne s'obscurcirait-il pas, les furies ne se déchaîneraient-elles pas, les bataillons ne s'ébranleraient-ils pas, la victoire ne balancerait-elle pas, la fortune n'hésiterait-elle pas, les balles ne siffleraient-elles pas, la mort ne planerait-elle pas, le sang ne coulerait-il pas, tous les cœurs ne palpiteraient-ils pas et ne tressailliraient-ils pas?

10. Pourquoi, lorsque la bataille a commencé, la poudre ne se serait-elle pas enflammée, le canon n'aurait-il pas retenti, la terre n'aurait-elle pas tremblé, le ciel ne se serait-il pas obscurci, les furies ne se seraient-elles pas déchaînées, les bataillons ne se seraient-ils pas ébranlés, la victoire n'aurait-elle pas balancé, la fortune n'aurait-elle pas hésité, les balles n'auraient-elles pas sifflé, la mort n'aurait-elle pas plané, le sang n'aurait-il pas coulé, tous les cœurs n'auraient-ils pas palpité et n'auraient-ils pas tressailli?

QUATRE-VINGT-CINQUIÈME LEÇON.

Suite des exercices pratiques sur la concordance des temps.

1. Le général meurt : tout se confond, la paix s'éloigne, la guerre menace, l'ordre disparaît, l'anarchie éclate, la France pleure, les ennemis se réjouissent, toute l'armée est consternée, le soldat gémit sous ses tentes.

2. Le général est mort : tout s'est confondu, la paix s'est éloignée, la guerre a menacé, l'ordre a disparu, l'anarchie a éclaté, la France a

pleuré, les ennemis se sont réjouis, toute l'armée a été consternée, le soldat a gémi sous ses tentes.

3. Quand le général mourra, tout se confondra, la paix s'éloignera, la guerre menacera, l'ordre disparaîtra, l'anarchie éclatera, la France pleurera, les ennemis se réjouiront, toute l'armée sera consternée, le soldat gémira sous ses tentes.

4. Le général mourut : soudain tout se confondit, la paix s'éloigna, la guerre menaça, l'ordre disparut, l'anarchie éclata, la France pleura, les ennemis se réjouirent, toute l'armée fut consternée, le soldat gémit sous ses tentes.

5. Si le général mourait, tout se confondrait, la paix s'éloignerait, la guerre menacerait, l'ordre disparaîtrait, l'anarchie éclaterait, la France pleurerait, les ennemis se réjouiraient, toute l'armée serait consternée, le soldat gémirait sous ses tentes.

6. Si le général était mort, tout se serait confondu, la paix se serait éloignée, la guerre aurait menacé, l'ordre aurait disparu, l'anarchie aurait éclaté, la France aurait pleuré, les ennemis se seraient réjouis, toute l'armée aurait été consternée, le soldat aurait gémi sous ses tentes.

7. Il faut que le général meure, pour que tout se confonde, que la paix s'éloigne, que la guerre menace, que l'ordre disparaisse, que l'anarchie éclate, que la France pleure, que les ennemis se réjouissent, que toute l'armée soit consternée, que le soldat gémisse sous ses tentes.

8. Il faudrait que le général mourût, pour que tout se confondît, que la paix s'éloignât, que la guerre menaçât, que l'ordre disparût, que l'anarchie éclatât, que la France pleurât, que les ennemis se réjouissent, que toute l'armée fût consternée, que le soldat gémît sous ses tentes.

9. Pourquoi, lorsque le général meurt, tout ne se confondrait-il pas, la paix ne s'éloignerait-elle pas, la guerre ne menacerait-elle pas, l'ordre ne disparaîtrait-il pas, l'anarchie n'éclaterait-elle pas, la France ne pleurerait-elle pas, les ennemis ne se réjouiraient-ils pas, toute l'armée ne serait-elle pas consternée, le soldat ne gémirait-il pas sous ses tentes?

10. Pourquoi, lorsque le général fut mort, tout ne se serait-il pas confondu, la paix ne se serait-elle pas éloignée, la guerre n'aurait-elle pas menacé, l'ordre n'aurait-il pas disparu, l'anarchie n'aurait-elle pas éclaté, la France n'aurait-elle pas pleuré, les ennemis ne se seraient-ils pas réjouis, toute l'armée n'aurait-elle pas été consternée, le soldat n'aurait-il pas gémi sous ses tentes ?

QUATRE-VINGT-SIXIÈME LEÇON.

Suite des exercices pratiques sur la concordance des temps.

1. Le soleil paraît : la nuit s'enfuit, les ténèbres s'effacent, les étoiles pâlissent, la nature se réveille, les campagnes se raniment, les oiseaux gazouillent, les abeilles butinent, les fleurs s'épanouissent.

2. Le soleil a paru : la nuit s'est enfuie, les ténèbres se sont effacées, les étoiles ont pâli, la nature s'est réveillée, les campagnes se sont ranimées, les oiseaux ont gazouillé, les abeilles ont butiné, les fleurs se sont épanouies.

3. Le soleil paraîtra : la nuit s'enfuira, les ténèbres s'effaceront, les étoiles pâliront, la nature se réveillera, les campagnes se ranimeront, les oiseaux gazouilleront, les abeilles butineront, les fleurs s'épanouiront.

4. Le soleil parut : la nuit s'enfuit, les ténèbres s'effacèrent, les étoiles pâlirent, la nature se réveilla, les campagnes se ranimèrent, les oiseaux gazouillèrent, les abeilles butinèrent, les fleurs s'épanouirent.

5. Si le soleil paraissait, la nuit s'enfuirait, les ténèbres s'effaceraient, les étoiles pâliraient, la nature se réveillerait, les campagnes se ranimeraient, les oiseaux gazouilleraient, les abeilles butineraient, les fleurs s'épanouiraient.

6. Si le soleil avait paru, la nuit se serait enfuie, les ténèbres se seraient effacées, les étoiles auraient pâli, la nature se serait réveillée, les campagnes se seraient ranimées, les oiseaux auraient gazouillé, les abeilles auraient butiné, les fleurs se seraient épanouies.

7. Il faut que le soleil paraisse, pour que la nuit s'enfuie, que les ténèbres s'effacent, que les étoiles pâlissent, que la nature se réveille, que les campagnes se raniment, que les oiseaux gazouillent, que les abeilles butinent, que les fleurs s'épanouissent.

8. Il fallait que le soleil parût, pour que la nuit s'enfuît, que les ténèbres s'effaçassent, que les étoiles pâlissent, que la nature se réveillât, que les campagnes se ranimassent, que les oiseaux gazouillassent, que les abeilles butinassent, que les fleurs s'épanouissent.

9. Pourquoi, lorsque le soleil paraît, la nuit ne s'enfuirait-elle pas, les ténèbres ne s'effaceraient-elles pas, les étoiles ne pâliraient-elles pas, la nature ne se réveillerait-elle pas, les campagnes ne se ranimeraient-elles pas, les oiseaux ne gazouilleraient-ils pas, les abeilles ne butineraient-elles pas, les fleurs ne s'épanouiraient-elles pas?

10. Pourquoi, lorsque le soleil parut, la nuit ne se serait-elle pas enfuie, les ténèbres ne se seraient-elles pas effacées, les étoiles n'auraient-elles pas pâli, la nature ne se serait-elle pas réveillée, les campagnes ne se seraient-elles pas ranimées, les oiseaux n'auraient-ils pas gazouillé, les abeilles n'auraient-elles pas butiné, les fleurs ne se seraient-elles pas épanouies?

11. Le soleil paraît : nuit, enfuis-toi ; ténèbres, effacez-vous ; étoiles, pâlissez ; nature, réveille-toi ; campagnes, ranimez-vous ; oiseaux, gazouillez ; abeilles, butinez ; fleurs, épanouissez-vous.

CHAPITRE SEPTIÈME.

DU PARTICIPE.

QUATRE-VINGT-SEPTIÈME LEÇON.

Devoir sur le participe présent et l'adjectif verbal.

I" PARTIE. — Des chiens *courants*. Des lièvres *courant* dans la plaine. Des paroles *mordantes*. Des chiens *mordant* les passants. Ma question n'est pas *embarrassante*. Cette question *embarrassant* les juges, la décision fut ajournée. Des agneaux *appelant* et *reconnaissant* leurs mères. Voici des instruments *tranchants*. Vos explications *tranchant* la difficulté, nous les acceptons. Des ennemis blessés, tués ou *mourants*. Des guerriers *mourant* au champ d'honneur. On voit des pantins se *levant*, s'*agitant* et se *livrant* à mille exercices *divertissants*. Une personne *obligeant* quelquefois, peut n'être pas une personne *obligeante*. Combien voit-on d'hommes *vivant* au jour le jour! Le brochet se nourrit de petits poissons qu'il avale tout *vivants*. Cette jeune fille est l'image *vivante* de sa mère. On punit les enfants paresseux et *désobéissants*. Il faut dans un pays civilisé des magistrats *obéissant* aux lois, et des citoyens *obéissant* aux magistrats. Le berger a surpris deux loups *ravissant* un mouton. Les eaux *dormantes* ne tardent pas à devenir *croupissantes*. Ici, on voyait une eau claire, *coulant* tranquillement sur un sable fin; là, une eau bourbeuse, *croupissant* au milieu des marais. Combien de pères, *tremblant* de déplaire à leurs enfants, sont faibles en se *croyant* tendres! Les malheureux naufragés passèrent la nuit *tremblants* et à demi morts. On n'aime pas les personnes *contrariantes*. On n'aime pas les personnes *contrariant* tout le monde. Les enfants *aimant* l'étude feront des progrès *surprenants*. Pour les élèves paresseux, un maître est une autorité *gênante*. L'Amérique (1) renferme des fleuves immenses *roulant* à grands flots leurs vagues *écumantes*.

II" PARTIE. — Une figure *riante*. Des enfants *riant* continuellement. Une étoffe *changeante*. Une étoffe *changeant* de couleur. Une femme *éclatant* en reproches. Une femme *éclatante* de beauté. Dans le malheur les reproches sont *déchirants*. Paul et Virginie (2) étaient igno-

---

(1) Une des cinq parties du monde, la plus grande après l'Asie, découverte en 1492 par Christophe Colomb; on l'appelle quelquefois *Nouveau-Monde*, à cause de sa récente découverte. On la nomme aussi les *Indes*, parce qu'en y abordant, C. Colomb pensait arriver à la partie occidentale des Indes asiatiques. La longueur des fleuves et des rivières qui arrosent l'Amérique est immense; à leur tête se placent le Mississipi et l'Amazone, les deux masses d'eau les plus imposantes de toutes celles qui coulent sur le globe.

(2) *Paul et Virginie*, vrai diamant de la littérature française, et le premier de nos romans, mit le sceau à la réputation de Bernardin de Saint-Pierre, à qui l'on doit encore les *Etudes* et les *Harmonies de la nature*. Cet écrivain a surtout le mérite de faire aimer la vertu dans ses écrits.

rants comme des créoles. La lionne, *rugissant* avec fureur, lançait autour d'elle des regards *étincelants*. Vois ces fleurs à peine écloses, *mourant* de la piqûre d'un insecte. Voyez ces drapeaux *flottant* sur nos têtes. Nous vîmes sur nos têtes des drapeaux *flottants*. On partage les peuples en peuples fixes et en peuples *errants*. Maldonata (1) *errant* à l'aventure fut reprise par les Espagnols. Nous entendions la foudre *grondant* sur nos têtes. Nous entendions sur nos têtes les coups *retentissants* de la foudre. Les grands pins, *gémissant* sous les coups des haches, tombent en *roulant* du haut des montagnes. Les eaux, de leur nature si *coulantes*, deviennent, en se *congelant*, dures comme des rochers. Les matelots aiment à contempler les feux *étincelants* des étoiles, et la douce lumière de la lune *brillant* au firmament. La lumière lugubre des lampes, *rampant* sur les parois des voûtes et se *mouvant* avec lenteur le long des sépulcres, répandait une mobilité *effrayante* sur des objets éternellement immobiles. Une oie disait à ses petits oisons : Pourquoi allez-vous ainsi *branlant* la tête et vous *tortillant* comme des imbéciles ? Ce vieillard avait la tête *branlante* et la voix *chevrotante*. Les élus ont pitié des misères qui accablent les hommes *vivants*. Les élus ont pitié des misères qui accablent les hommes *vivant* dans le monde.

QUATRE-VINGT-HUITIÈME LEÇON.

Participe passé employé sans auxiliaire.

Iʳᵉ PARTIE. — Les eaux *croupies* sont malsaines. *Éveillée* dès l'aurore, l'alouette chante le lever du soleil. Paul et Virginie étaient comme deux branches *greffées* sur le même tronc. Les belles actions *cachées* sont les plus estimables. Les ailes *déployées* du condor (2) ont jusqu'à dix mètres d'envergure. Le vrai, l'utile et l'agréable *réunis* ne se discernent plus du beau : c'est le beau lui-même. Des bienfaits *reprochés* sont des bienfaits *perdus* (3). Termosiris racontait si bien les choses *passées* qu'on croyait les voir. Un mensonge *couvert* par un autre mensonge, c'est une tache *remplacée* par un trou. *Unis* par une même chaîne, les peines et les plaisirs sont inséparables. Voilà des leçons de grammaire bien *sues*, bien *répétées*, mais bien peu *comprises*. Chien hargneux a toujours l'oreille *déchirée*. Brebis *comptée*, le loup la mange. Brebis *comptées*, le loup les mange. On ne regrette jamais les moments *consacrés* à l'étude. La peine *surmontée* augmente le plaisir. Cent années *passées* dans l'oisiveté ne valent pas une heure bien *employée*.

IIᵉ PARTIE. — Les fleurs, les fruits, les grains *perfectionnés*, *multipliés* à l'infini ; les espèces utiles d'animaux *transportées*, *propagées*, *augmentées* sans nombre ; les espèces nuisibles *réduites*, *confinées*, *reléguées* ; l'or et le fer moins *estimé*, moins *recherché*, mais plus nécessaire que l'or, *tirés* des entrailles de la terre ; les torrents *con-*

---

(1) Héroïne d'un épisode de l'*Histoire philosophique des Indes*, par l'abbé Raynal.
(2) Espèce de vautour du Pérou, et le plus grand des oiseaux de proie ; le condor est, dit-on, assez vigoureux pour enlever un mouton.
(3) Malesherbes a dit : *Souvent l'obligé oublie le bienfait, parce que le bienfaiteur s'en souvient.*

tenus, les fleuves *dirigés*, *resserrés*; la mer même *soumise*, *reconnue*, *traversée* d'un hémisphère à l'autre; la terre partout *rendue* aussi vivante que féconde; les collines *chargées* de vignes et de fruits; les déserts *devenus* des cités *habitées* par un peuple immense; des routes *ouvertes* ou *fréquentées*, des communications *établies* partout : telles sont les preuves irrécusables de la gloire et de la puissance de l'homme.

QUATRE-VINGT-NEUVIÈME LEÇON.

Participe passé accompagné de l'auxiliaire ÊTRE.

Ire PARTIE. — Pour les cœurs *corrompus* l'amitié n'est point *faite*. Voltaire et Rousseau sont *morts* la même année (1). Le corps *né* de la poudre à la poudre est *rendu*. Les cerises furent *apportées* d'Asie à Rome par Lucullus (2). Les jours *donnés* à Dieu ne sont jamais *perdus*. Tous les genres de beautés ont été *réunis* dans l'homme. Les bonnes nouvelles sont toujours bien *accueillies*. Les médecins vendent l'espérance; voilà pourquoi ils sont toujours si bien *achalandés*. Depuis l'invention de la poudre, les batailles sont *devenues* moins sanglantes (3). Les dindes ont été *apportées* d'Amérique en Europe par des missionnaires (4). Comment l'aurais-je fait, si je n'étais pas *né*? dit l'agneau. Comment l'aurais-je fait, si je n'étais pas *née*? répondit l'innocente créature. L'homme a été *formé* du limon de la terre, et la femme a été

(1) Voltaire, l'homme le plus universel des temps modernes, tour à tour poète et prosateur, et traitant tous les genres avec un égal succès, est, sans contredit, l'un des plus puissants génies que la France ait produits. Pendant un demi-siècle, il exerça une véritable dictature sur la littérature et la philosophie. Il est assurément l'homme dont on a dit le plus de bien et le plus de mal; car il employa souvent son talent à propager des doctrines pernicieuses, et il n'y réussit que trop. — On pourrait presque en dire autant de J.-J. Rousseau, qui obtint une célébrité presque égale à celle de Voltaire. Ces deux grands écrivains, qui influèrent puissamment sur leur siècle, s'éteignirent la même année, l'un le 30 mai, l'autre le 3 juillet 1778.

(2) Lucullus, Romain renommé par sa magnificence que par ses talents militaires, après avoir vaincu Mithridate, roi de Pont, et Tigrane, roi d'Arménie, passa le reste de ses jours dans la mollesse et un faste jusqu'alors sans exemple; son nom, devenu nom commun, désigne un homme opulent qui aime à traiter splendidement. On connaît la réponse qu'il fit à son cuisinier un jour que celui-ci, sachant que son maître n'avait personne à traiter, ne s'était livré qu'à des préparatifs ordinaires : « Ne sais-tu pas, lui dit-il, que Lucullus soupe ce soir chez Lucullus? » Le menu de quelques-uns de ses repas, parvenu jusqu'à nous, témoigne d'un luxe presque fabuleux. Ce fut Lucullus qui apporta, dit-on, de Cérasonte à Rome, le premier cerisier.

(3) Bien que la poudre doive être considérée comme le plus redoutable moyen de destruction, son invention n'en est pas moins, en quelque sorte, un bienfait pour l'humanité; car, en substituant la stratégie à la force brutale et au choc terrible des armées, elle a rendu les batailles bien moins sanglantes qu'autrefois. Selon les historiens, Annibal tua quatre-vingt mille hommes aux Romains à la bataille de Cannes; Marius, dans une seule bataille, anéantit entièrement la nation des Cimbres et des Teutons (Aix, 101 ans av. J. C.); à Poitiers, Charles-Martel tua près de trois cent mille hommes aux Sarrasins : aucune des plus sanglantes batailles de la République et de l'Empire ne coûta plus de soixante mille hommes à l'humanité.

(4) Le dindon, coq d'Inde, est ainsi appelé du nom de sa patrie, les Indes occidentales ou l'Amérique. Le premier que l'on vit en France y fut apporté par les jésuites, et figura, en 1570, aux noces de Charles IX.

formée de l'homme ; l'un et l'autre ont été *formés* à l'image de Dieu. Chacun son métier, les vaches seront bien *gardées*.

II° PARTIE. — A chaque condition sont *joints* des dégoûts ; à chaque état sont *attachées* des amertumes. Les Ecossais sont *attachés* à leur pays ; ils aiment leurs montagnes avec leurs sommets *couverts* de neige. L'envie rend hideuse les personnes qui en sont *atteintes*. Il y a des hommes sur le visage desquels la méchanceté et la friponnerie sont *écrites* en gros caractères. La noblesse, *donnée* aux pères parce qu'ils étaient vertueux, a été *laissée* aux enfants pour qu'ils le devinssent. On ne peut rien avoir d'un avare et d'une tirelire que lorsqu'ils sont *détruits*. La terre des montagnes est *soutenue* par les rochers, comme les chairs sont *soutenues* par les os du corps humain. Le papier, les vitres et les cheminées n'étaient pas *connus* des Romains (1). Les corps des anciens étaient *brûlés* dans des toiles d'amiante (2). Quand Phalante vit l'urne où étaient *renfermées* les cendres de son frère, il versa un torrent de larmes. Que sont *devenus* ceux par qui ont été *construites* les pyramides ?

QUATRE-VINGT-DIXIÈME LEÇON.

Participe passé accompagné de l'auxiliaire AVOIR.

I° PARTIE. — Charlemagne (3) est le premier de nos rois qui ait *fondé* des écoles. Charlemagne visitait souvent les écoles qu'il avait *fondées*. La foudre a *écrasé* deux maisons. La foudre est *tombée* sur deux maisons qu'elle a *écrasées*. Alexandre (4) a *gagné* toutes les batailles qu'il a *livrées*. La nature a toujours *révélé* quelques-uns de ses secrets à ceux qui l'ont *interrogée*. Que de richesses la mer a *englouties* dans son sein ! que

---

(1) Les anciens commencèrent par écrire sur des feuilles de palmier, sur des écorces d'arbres, et enfin sur l'écorce du *papyrus*, arbrisseau d'Egypte, d'où vient le mot *papier*. Pendant les onzième et douzième siècles, les peuples de l'Europe se servirent de *parchemin*. Cependant le papier de coton était connu des Chinois dès le huitième siècle ; mais ce n'est que vers le dix-huitième que cette fabrication prit chez nous une extension considérable.

Les *vitres* furent inventées vers la fin du quatrième siècle. Les églises furent les premiers édifices dans lesquels on vit des fenêtres garnies de vitrages. Le verre resta longtemps un objet de luxe réservé pour les habitations des grands seigneurs, qui y faisaient peindre leurs armoiries. Dans le quatorzième siècle, la plupart des maisons particulières ne recevaient encore le jour que par des ouvertures défendues des injures de l'air à l'aide de volets en bois et de quelques carreaux de papier.

(2) L'amiante est une substance minérale incombustible, composée de filaments longs et soyeux. C'est dans une toile d'amiante que les anciens brûlaient les corps des personnages distingués dont ils voulaient conserver les cendres séparées de celles du bûcher. Dans ces derniers temps, on a employé l'amiante pour faire des tuniques propres à préserver les pompiers du feu dans les incendies.

(3) Roi de France et empereur d'Occident, fils de Pépin le Bref. Ce prince fut aussi grand par son amour pour les sciences et pour les lettres que par ses exploits. Il fonda dans son palais même la première académie qu'on ait vue dans les Gaules, et s'honora d'en être membre. En 1661, l'Université le choisit pour patron, et l'anniversaire de sa mort, 28 janvier 814, est aujourd'hui la fête des écoliers.

(4) Roi de Macédoine, fils de Philippe et d'Olympias, élevé par Aristote, et l'un des plus grands conquérants qui aient existé.

de malheurs elle a *causés!* que d'espérances elle a *anéanties!* Les Sybarites (1) avaient *banni* les coqs de l'enceinte de leur ville. Le choléra a *ravagé* toutes les contrées qu'il a *visitées.* La force n'a jamais *persuadé* personne. J'ai *traversé* le champ et la vigne du paresseux, et je les ai *trouvés couverts* d'orties. Toute révélation d'un secret est la faute de celui qui l'a *confié.* Les roses que l'on a *cueillies* le matin sont *fanées* le soir. Ce n'est point le hasard qui nous a *créés.* De tout temps les petits ont *pâti* des sottises des grands (2). C'est des vertes forêts de la Pologne et de la Moscovie que nous avons *tiré* les abeilles. La vertu a toujours *fait* le bonheur de ceux qui l'ont *pratiquée.* Toutes les nations ont *conçu* l'idée de Dieu. Les plus riches n'ont jamais *emporté* que quatre planches et un linceul (3).

II° PARTIE. — La paresse va si lentement que la pauvreté l'a bientôt *atteinte.* Les maisons qu'on a *bâties* en hiver ne sont pas aussi saines que celles qu'on a *commencées* au printemps et *finies* au milieu de l'été. Les louanges qu'a *dictées* le cœur sont ordinairement des louanges *méritées.* Heureux celui qui vit comme ont *vécu* ses pères! Heureux celui qui vit comme ses pères ont *vécu!* Des astronomes et des philosophes ont *soutenu* que toutes les planètes *connues* et non *connues* sont autant de mondes *habités* (4). Les beaux vers que nous a *légués*

---

(1) Les Sybarites étaient le peuple le plus corrompu et le plus amolli de l'antiquité; leur nom est passé en proverbe : *mener une vie de Sybarite* veut dire être plongé dans le luxe et la mollesse.
(Voy. *Cours de Style,* narration 37°.)

(2) Fable de La Fontaine: *les deux Taureaux et la Grenouille.*

Hélas! l'on voit que, de tout temps,
Les petits ont pâti des sottises des grands.

(3) On connaît cette épitaphe célèbre mise sur le tombeau d'Alexandre :
Sufficit huic tumulus, cui non suffecerat orbis.

« Un simple tombeau suffit à celui pour qui le monde paraissait trop petit. »
Guillaume le Conquérant périt misérablement dans une expédition qu'il avait entreprise. Tous ceux qui l'accompagnaient l'abandonnèrent après l'avoir dépouillé, laissant son cadavre nu sur le plancher, et ce fut un simple habitant de la campagne, qui, par bon naturel, et *pour l'amour de Dieu,* disent les historiens du temps, prit sur lui la peine et la dépense pour faire inhumer le corps du roi, de ce *fameux baron* qui avait conquis l'Angleterre.
Bajazet, sultan des Turcs, ayant été fait prisonnier par Tamerlan à la bataille d'Ancyre, le vainqueur, dit-on, lui fit subir toutes sortes d'humiliations. Il se servait de son corps, comme de marchepied, pour monter à cheval, le forçait à se tenir sous sa table pendant ses repas et à se nourrir des morceaux qui tombaient à terre; enfin il l'enferma dans une cage de fer, où le malheureux prince se tua en se frappant la tête contre les barreaux. — Charles le Téméraire, dont la figure chevaleresque domine tout le moyen-âge, périt sous les murs de Nancy. Son corps fut retrouvé dans un fossé, à moitié dévoré par des loups, et reconnaissable seulement à la longueur de sa barbe et de ses cheveux. — Montézuma, empereur du Mexique à l'époque de la conquête de ce pays par Fernand Cortez, mourut de faim dans sa prison. — Charles 1ᵉʳ, roi d'Angleterre, et Louis XVI ont péri sur l'échafaud; enfin le plus grand génie des temps modernes est allé mourir captif sur le rocher de Sainte-Hélène.

(4) Si l'on considère que les planètes ont beaucoup de rapports avec la terre; que, comme notre globe, elles se meuvent autour du soleil, empruntent de lui leur lumière, ont toutes un mouvement de rotation sur leur axe, et par conséquent une égale succession de jours et de nuits; que toutes, obéissent à la loi de gravitation universelle, l'analogie porte à croire que ces planètes sont habitées : il n'y a que l'orgueil de l'homme qui s'y oppose.

Racine, et la prose harmonieuse que nous a *laissée* Fénelon, ont *orné* notre esprit et *enrichi* notre mémoire. Une Lacédémonienne se glorifiait des blessures qu'avait *reçues* son fils en combattant. Ceux qui ont *enrichi* leur patrie d'une seule plante alimentaire, lui ont *rendu* plus de services que ceux qui lui ont *valu* dix victoires (1). Chez les Egyptiens, un fils était *obligé* de continuer la profession qu'avait *exercée* son père (2). Les années qu'il faut regretter le plus sont celles que l'on a *vécu* sans pouvoir s'instruire. L'empereur Antonin est un des plus grands princes qui aient *régné*. Les idées qui ont *vieilli* avec nous s'effacent difficilement.

QUATRE-VINGT-ONZIÈME LEÇON.

Participe passé des verbes pronominaux.

Paul et Julien se sont *coupés*. Paul et Julien se sont *coupé* le doigt. Rome et Carthage se sont *fait* une guerre implacable (3). La guerre que Rome et Carthage se sont *faite* était une guerre implacable. Les volcans sont des soupiraux que le feu souterrain s'est *ouverts*. Les Phéniciens se sont les premiers *confiés* à la mer. Les jeunes gens qui se sont *livrés* au travail avec ardeur se sont *préparé* d'heureux jours. Que d'hommes se sont *craints, déplu, haïs, détestés, menti, trompés, nui!* Deux femmes peuvent être *réconciliées* tant qu'elles ne se sont point *appelées* laides. Des ennemis qui se sont *vaincus* tour à tour se sont toujours *craints* et *respectés*. Les sages de tout temps se sont *servis* des fous. La meilleure réputation est celle qu'on s'est *acquise* soi-même. Combien de gouvernements se sont *succédé* en France depuis soixante

(1) La liste de ces bienfaiteurs de l'humanité est beaucoup moins connue que celle des conquérants ; car, de tout temps, la vaine gloire a éclipsé les efforts utiles. Qui a enseigné aux hommes à moudre le blé, à pétrir le pain, à filer le chanvre, à tisser les habits, à tanner les peaux des animaux, à tailler et greffer les arbres? On ne connaît guère mieux ceux dont l'histoire a conservé le nom : qui, par exemple, a jamais entendu prononcer celui du pêcheur hollandais Georges Beuckels, qui apprit à ses compatriotes l'art de saler et de caquer les harengs? Notre époque paraît mieux disposée à apprécier à leur juste valeur les inventions utiles à l'humanité, et les noms des Jacquart, des Chaptal, des Parmentier, ne périront jamais.

(2) C'était une loi anticivilisatrice, nuisible aux intérêts individuels, portant atteinte à la gloire, à la prospérité de l'État, contraire à la volonté de Dieu. Elle empêchait les hommes de talent de faire un emploi utile à l'humanité des dons qu'ils avaient reçus de la Providence ; elle emprisonnait le génie et la liberté naturelle. Avec un pareil système, Christophe Colomb n'eût été qu'un ouvrier tisserand, Newton, la gloire de son siècle, un obscur gentilâtre ; saint Vincent de Paul, l'honneur de l'humanité, un gardeur de troupeaux ; Shakespeare, le créateur de l'art dramatique, un marchand de laine ; et la France attendrait encore son *Bossuet*, son *Corneille*, son *La Fontaine*, son *Molière*, son *Boileau*, son *Racine*, et tant d'autres dont elle s'honore, et qui ont porté son nom si haut et si loin ? car ce système, qui est en opposition manifeste avec la loi divine, étouffe entièrement la vocation. Plus d'émulation, ce noble sentiment qui, par une ambition louable, nous pousse à imiter et même à surpasser ce que nous admirons dans les autres ; et, conséquemment, plus de récompense pour le mérite, plus d'aiguillon à la vertu !

(3) La conquête de la Sicile par Carthage mit cette ville en contact avec Rome, et devint l'occasion d'une longue lutte entre les deux républiques. Cette lutte, connue sous le nom de *guerres puniques*, dura cent dix-huit ans, et se termina par la ruine de Carthage.

ans (1)! Beaucoup qui s'étaient *endormis* riches se sont *réveillés* pauvres. C'est par la navigation que les Anglais se sont *enrichis* et se sont *rendus* maîtres du commerce des Indes (2). Bien des choses ne sont impossibles que parce qu'on s'est *accoutumé* à les regarder comme telles. Damon et Pythias s'étaient *juré* une amitié qu'ils se sont fidèlement *gardée* (3). Paul et Julien, ces deux amis qui se sont *trouvés* tant de fois dans vos devoirs, ne se sont point *oubliés* pendant les vacances; ils se sont *écrit* plusieurs lettres et se sont exactement *répondu*.

QUATRE-VINGT-DOUZIÈME LEÇON.

Participe passé suivi d'un infinitif.

Tous les participes sont au masculin singulier dans le livre de l'élève.

Ire PARTIE. Nous avons *mangé* les fraises que nous avions *vu* cueillir. Ces arbres que nous avions *vu* planter, nous les avons *vus* mourir. Jolies petites fleurs, je vous ai *plantées*, je vous ai *vues* naître. On est responsable des maux qu'on a *laissé* faire quand on a *pu* les empêcher. Les troupeaux que nous avons *vus* bondir dans la plaine, nous les avons *vu* ramener à la ferme. Nous avons *applaudi* les acteurs que nous avons *entendus* jouer ; nous avons *plaint* ceux que nous avons *entendu* siffler. La boussole (4) a *fait* faire d'immenses progrès à la navigation. Pygmalion ne mangeait que des viandes qu'il avait *vu* préparer ou qu'il avait *préparées* lui-même. Télémaque aperçut plusieurs rois qui avaient été *condamnés* aux peines du Tartare (5), pour s'être *laissé* gouverner par des hommes méchants et artificieux.

IIe PARTIE. Les hommes n'ont jamais plus *admiré* les singes que quand ils les ont *vus* imiter les actions des hommes. Il faut croire au

---

(1) République gouvernée par la Convention (1792-1795), par le Directoire (1795-1799), par le Consulat (1799-1804); Empire (1804-1814), Monarchie, Restauration de la Branche aînée des Bourbons (1814-1830), règne de la branche cadette (Louis-Philippe Ier, 1830-1848), République (1848-1852), Empire.

(2) Il était réservé aux Anglais, grâce à leur puissante marine, d'explorer et de soumettre à leur domination cette vaste contrée. La conquête de l'Inde, commencée par eux au milieu du dix-huitième siècle, est aujourd'hui presque entièrement achevée; l'Inde anglaise comprend de nombreux territoires situés dans la partie orientale, administrés soit directement par des agents de la *Compagnie des Indes*, colossale association de marchands et de capitalistes anglais, soit par des princes indigènes qui lui payent tribut.

(3) Le philosophe Damon, ayant été condamné à mort par Denys, tyran de Syracuse, obtint la permission d'aller dans son pays mettre ordre à ses affaires, sous la condition que son ami Pythias se rendrait caution de son retour. Le délai expiré, on allait conduire ce dernier au supplice, lorsque arrive Damon, et un combat de générosité s'élève entre eux pour savoir qui devait mourir. Denys, touché de leur fidélité, fit grâce à Damon, et demanda à tous deux d'être admis en tiers dans leur amitié.

(4) La boussole, inconnue aux anciens, mais dont les Chinois, dit-on, faisaient usage plus de mille ans avant l'ère chrétienne, est un cadran dont l'aiguille aimantée se tourne toujours vers le nord, et à l'aide de laquelle les navigateurs reconnaissent la route qu'ils doivent suivre. Sa découverte en Europe date du treizième siècle; cette utile invention nous a rendus les citoyens du monde, et a eu une influence marquée sur le progrès des sciences et sur les relations commerciales.

(5) L'enfer des païens, Les bienheureux habitaient les *Champs-Élysées*.

mérite de ceux que l'on a *entendu* louer par leurs ennemis. Ruth, que Booz avait *laissée* glaner dans son champ, ramassa les épis que les moissonneurs avaient *laissé* tomber. Les Français ont *laissé* brûler Jeanne d'Arc, qu'ils avaient *vue* tant de fois marcher et combattre à leur tête. Vous avez *aimé* votre prochain, si vous lui avez *rendu* tous les services que vous avez *pu*. Ne tirons pas vanité de la condition *élevée* dans laquelle le hasard nous a *fait* naître.

QUATRE-VINGT-TREIZIÈME LEÇON.

Participe précédé de *le peu*.

Le peu de progrès que les anciens avaient *fait* dans la navigation ne leur permettait pas de s'éloigner des côtes. Les inondations qu'il y a *eu* en 1856 ont *causé* de grands désastres. Le peu d'affection que vous lui avez *témoignée* lui a *rendu* le courage. Le peu d'affection que vous lui avez *témoigné* lui a *ôté* le courage. L'affaire est plus sérieuse que vous ne l'aviez *pensé* d'abord. Tôt ou tard on regrette le peu d'instruction qu'on a *reçu*.

QUATRE-VINGT-QUATORZIÈME LEÇON.

Récapitulation sur les participes.

Iʳᵉ PARTIE. On n'entendait plus les marteaux *frappant* l'enclume de coups *redoublés*. Néron avait *donné* dans sa jeunesse des espérances qui ne se sont pas *réalisées* (1). *Battus* par la tempête, ces vaisseaux ont *échoué* sur des récifs où ils se sont *brisés*. Dieu a *tracé* son nom sur tous les ouvrages qu'il a *créés*, sur toutes les merveilles qui sont *sorties* de ses mains. La nature ne s'est jamais *écartée* des lois qui lui ont été *prescrites* et des plans qui lui ont été *tracés* par le Créateur. Les arbres les plus *élevés* sont les plus *exposés* aux coups de la tempête. Nos plus fastueux monuments sont de vastes tombeaux, sous lesquels sont *ensevelies* les générations qui les ont *élevés*. Les montagnes de la Bétique (2) sont *couvertes* de troupeaux qui fournissent des laines fines, *recherchées* de toutes les nations *connues*. On pardonne à des enfants *repentants* les fautes qu'ils ont *commises*. Les grands hommes appartiennent moins au siècle qui les a *vus* naître qu'à celui qui les a *formés*. Tous les talents *réunis* n'ont jamais *valu* une vertu. De tout temps les conquérants ont *causé* la ruine des nations qu'ils ont *vaincues* et de celles qu'ils ont *fait* vaincre. Démosthène (3), lâche dans les com-

(1) Ayant un jour à signer un arrêt de mort : « Je voudrais, dit-il, ne pas savoir écrire. »

(2) Nom donné anciennement à la province qui forme aujourd'hui l'Andalousie et le royaume de Grenade. Elle était traversée par le fleuve *Bétis*, aujourd'hui *Guadalquivir*.

(3) Il prit la fuite à la bataille de Chéronée. Dans la suite, poursuivi par

bats, s'est *donné* la mort, et Alexandre l'a *vue* arriver avec frayeur, lui qui l'avait tant de fois *affrontée* avec témérité. Combien de personnes se sont *repenties* d'avoir mal *employé* les années qu'elles ont *vécu!*

II° PARTIE. Ne pas écrire correctement, c'est dévoiler le peu d'instruction qu'on a *reçu.* Alexandre et Porus se sont *donné* des marques d'estime (1). Les marques d'estime qu'Alexandre et Porus se sont *données* les ont l'un et l'autre *honorés.* Titus regardait comme *perdus* les jours qu'il avait *vécu* sans faire du bien. Madame de Sévigné s'est *rendue* célèbre par la grâce et le naturel qu'elle a *répandus* dans les lettres qu'elle nous a *laissées.* Une alliance qu'a *faite* la nécessité est peu solide. Lorsque les rois ont *éloigné* l'opinion publique de leur trône, elle s'est *assise* sur leur cercueil. Les peuples barbares ont *vaincu* l'empire romain et se le sont *partagé.* L'Autriche, la Prusse et la Russie ont *vaincu* la Pologne et se la sont *partagée* (2). Le peu de progrès qu'a *faits* cet enfant méritent d'être *encouragés.* Les pyramides qu'ont *élevées* les Pharaons sont encore debout, malgré les quatre mille ans qu'elles ont *duré.* Les montagnes se sont *élevées,* et les vallons sont *descendus* en la place que le Seigneur leur a *marquée.* Les monts se sont *élevés,* et les vallées sont *descendues* en la place que leur a *marquée* le Seigneur.

III° PARTIE. Nous passâmes toute la nuit *tremblants* et à demi *morts,* sans savoir où la tempête nous avait *jetés.* Les rois seront *punis,* non-seulement pour les injustices qu'ils auront *commises,* mais encore pour celles qu'ils auront *laissé* commettre (3). Les services qui se sont *fait* trop attendre sont *gâtés* quand ils arrivent. La fraîcheur *naissante* de la nuit calmait les feux de la terre *embrasée.* Les premiers chrétiens ont *péri* sur la croix, sont *morts* sur des bûchers, et ont *répandu* des flots de sang pour la foi. Une chose *commencée* est à moitié *faite.* Autrefois on traînait sur une claie ceux qui avaient été *tués* en duel ou qui s'étaient *donné* la mort. Les méchants se sont toujours *vendu* les services qu'ils se sont *rendus.* Ces pauvres mères, *pleurant* la mort de leurs enfants, offraient des tableaux *déchirants.* On devrait estimer autant ceux qui se sont *relevés* d'une chute que ceux qui ne sont jamais *tombés.* J'ai *découvert* certaine entrevue secrète que l'on ne sait pas que j'ai *découverte.* Dieu n'a *donné* aux hommes ni canons ni baïonnettes; mais les hommes se sont *fabriqué* des canons et des baïonnettes qu'ils ont *tournés* contre eux-mêmes, et avec lesquels ils se sont *détruits.* Mille fleurs *naissantes* émaillaient les tapis verts dont la grotte de Calypso était *environnante.* Les personnes *prévenantes* sont généralement *aimées.* Les naturalistes nous ont *peint* les castors *vivant* en société dans un ordre parfait. Au premier aspect les polypes ressemblent à des plantes; mais les naturalistes qui les ont *examinés* de près les ont *vus* avaler des proies *vivantes,* et se sont *convaincus* par là de leur animalité (4). Un philosophe disait, en *parlant* de la sagesse, qu'il l'avait ap-

---

les soldats d'Antipater, gouverneur de Macédoine, il s'empoisonna pour ne pas tomber vivant entre ses mains.

(1) Alexandre ayant demandé à Porus, prince indien qu'il avait vaincu et fait prisonnier, comment il voulait être traité : « En roi, » répondit Porus. Frappé de la magnanimité de cette réponse, Alexandre lui rendit ses Etats.

(2) Le premier partage eut lieu le 2 septembre 1772; plus tard, en 1793, les trois mêmes puissances enlevèrent à la Pologne la moitié du territoire qui lui était resté, sous prétexte de ne pouvoir reconnaître la constitution qu'elle s'était donnée en 1791; ce fut le second partage. Par le troisième, arrivé en 1795, la république polonaise fut entièrement anéantie, après dix-huit mois d'une lutte inégale soutenue par Kosciusko.

(3) Belle pensée de Fénelon.

(4) Les polypes forment une classe du règne animal, dont ils sont les

prise des aveugles, qui ne posent jamais le pied sans s'être *assurés* de la solidité du terrain. La peur du ridicule a *produit* chez nous plusieurs effets salutaires : elle a *poli* nos mœurs et notre langage; elle a *donné* de l'élégance à nos manières et à nos parures; elle nous a *rendus* moins grossiers dans nos goûts, moins *emportés* dans la dispute ; elle a *voilé* les vices qu'elle n'a pas *détruits;* enfin elle nous a *valu* la réputation d'être le peuple le plus sociable.

QUATRE-VINGT-QUINZIÈME LEÇON.

Orthographe du participe passé masculin singulier.

Ire PARTIE. J'ai *écrit*. Qu'il soit *clos*. Il s'est *assis*. Tu avais *confit*. Vous eussiez *offert*. Ayant *menti*. Ils auraient *compris*. Qu'il fût *assoupi*. Ils auront *entrepris*. Nous eussions *accompli*. Que tu sois *réduit*. Etre *sorti*. Il aura *fleuri*. Ayant été *conduit*. Nous avons *surpris*. Ayez *rempli*. Vous auriez *détruit*. Vous auriez *feint*. Il fut *contraint*. Que je fusse *mort*. Les eaux ont *jailli* avec force. Le paresseux est *atteint* d'une maladie incurable. Moïse a *couvert* l'Egypte de sauterelles. Dans les lacs de la chèvre un cerf se trouva *pris*. Celui qui a *découvert* le moyen de saler les harengs (1) a *fourni* aux hommes un aliment précieux. Une hirondelle en ses voyages avait beaucoup *appris*. Les Anglais ont *établi* de nombreux comptoirs dans les Indes. Quel est l'homme que l'adversité n'a pas *instruit*? Epiménide prétendait avoir *dormi* quarante ans dans une caverne (2). L'intolérance n'a jamais *détruit* une erreur ni *affermi* une vérité (3). Celui qui a *commis* une faute et qui s'en est *repenti* est *absous*. L'historien Tacite (4) a *peint* admirablement les Germains. Dieu a *maudit* Caïn. L'enfant que Marie avait *mis* au monde fut *circoncis* le huitième jour et nommé Jésus. Marius et Sylla (5) ont *proscrit* des milliers de citoyens.

êtres les plus simples. Presque tous habitent la mer, fixés à des corps étrangers, par leur extrémité postérieure, et c'est particulièrement dans l'océan Pacifique que se trouvent ces immenses agrégations de polypes, qui ont quelquefois plusieurs kilomètres de diamètre, et qui, par leurs amas toujours croissants, contribuent à l'augmentation des écueils et à la formation des îles. Les polypes ont un triple mode de reproduction : ils se propagent par des œufs; ils poussent de nouveaux individus comme des bourgeons; enfin chaque partie du corps d'un polype coupé en deux, trois, quatre, etc., se développe et devient en peu de temps un animal entier, susceptible, à son tour, d'en produire une multitude d'autres.

(1) Voy. page 132, note 1re.

(2) C'est un des contes ridicules que l'on a débités sur ce philosophe, qui avait une grande réputation de piété. On a prétendu aussi qu'il avait vécu trois cents ans, qu'il possédait le pouvoir de prédire l'avenir, etc.

(3) L'inquisition, ce tribunal terrible qui, pendant des siècles, a exercé en Espagne une juridiction sanguinaire, et a fait périr des milliers d'hommes dans les tortures, n'a pas produit une seule conversion, et, cependant, il avait été établi pour détruire l'hérésie. Mascaron, au contraire, nommé à l'évêché d'Agen, où l'on comptait trente mille calvinistes, obtint, par sa douceur et son éloquence, la conversion du plus grand nombre.

(4) Ecrivain grave, énergique, concis, universellement regardé comme le plus grand des historiens. Ami de la vérité, il flétrit, par ses jugements sévères, le crime et la tyrannie.

(5) Marius, général romain, nommé sept fois consul; Sylla, dictateur.

Notre paralytique
Souffrait sans être *plaint* ; il en souffrait bien plus.

Si tu as *acquis* un ami, tu as *découvert* un trésor.

II° PARTIE. Racine a *peint* les hommes tels qu'ils sont, et Corneille tels qu'ils devraient être. On ne s'est jamais *repenti* d'avoir *suivi* la voix de la raison et *obéi* à sa conscience. Tous les malheurs ont *assailli* Polycrate à la fois. Le petit poisson fut *pris* et *frit*. Dieu a toujours *béni* le travail. Le prêtre a *béni* les drapeaux. Joas fut *recueilli* par le grand-prêtre et *instruit* dans le temple. On n'a jamais *plaint* celui qui est mort pour sa patrie. Nous avons *ouï* des cris déchirants, et nous avons *tressailli*. La désobéissance d'Adam a *ouvert* la porte à tous les crimes. Quelle puissance a *construit* au-dessus de nos têtes une si vaste et si superbe voûte? Quelle main a *mis* devant nos yeux de si brillants objets? Qui a *dit* au soleil : Sortez du néant et présidez au jour? Titus (1) ne pensait pas avoir *rempli* sa journée, quand il n'avait pas *fait* du bien. Si tu as *applaudi* à une chose injuste, tu as toi-même *commis* une injustice. César a *soumis* les Gaules et *conquis* une partie de la Grande-Bretagne. Celui qui n'a pas *souffert* n'a jamais bien *senti* son bonheur.

Sur un tapis de Turquie
Le couvert se trouva *mis*.

Dieu a *prescrit* des lois aux éléments. La vie des héros a *enrichi* l'histoire, et l'histoire a *embelli* la vie des héros. La main qui a *fui* le travail a toujours *produit* l'indigence; mais la main laborieuse a *acquis* des richesses. Après la mort d'Attila, son empire fut *dissous*.

CHAPITRE HUITIÈME.

DU NOMBRE.

QUATRE-VINGT-SEIZIÈME LEÇON.

Devoir traduit au pluriel.

Les *chrétiens* croient. Ces jeunes *arbres* croissent rapidement. Les *mouches* vont, viennent, reviennent, font mille tours. Avant de dépenser un sou, *tournez* et retournez-le deux fois entre vos doigts, et demandez-vous ce qu'il vous a coûté de peine à gagner. *Ceux* qui parlent, sèment; ceux qui écoutent, récoltent. *Vous* liez ce paquet tandis que *nous* lisons notre leçon. Les *hommes* s'agitent; Dieu les mène. Les *hommes* sages usent de la vie ; les *insensés* en abusent. *Elles* bâtissent un nid, pondent, couvent et font éclore. *Ils* bâtirent, détruisirent et rebâtirent deux fois leur maison. Aidez-*vous*, le ciel vous aidera. Dès

---

(1) Cet empereur, surnommé les *délices du genre humain*, ayant passé un jour sans répandre de bienfaits, dit le soir avec douleur : « Mes amis, j'ai perdu ma journée. »

que *nous* naquîmes nous pleurâmes, et chaque jour nous dit pourquoi. Deux *mouches* surviennent et s'approchent des chevaux, prétendent les animer par leur bourdonnement, piquent l'un, piquent l'autre, et pensent à tout moment qu'elles font aller la machine. *Nous* avons été où *vous* êtes; vous serez où nous sommes (1). *Soyez* justes, et vous serez indulgents. Les *balanciers* vont et viennent. Nous *les* inviterons eux et leurs amis. Les vrais *savants* sont modestes. Des *amis* véritables sont des trésors précieux. *Soyez* vos valets si vous voulez être vos maîtres. Tant vont les *cruches* à l'eau qu'à la fin elles se cassent. Les *paresseux* disent : Nous ne pouvons pas, nous ne savons pas, nous n'avons pas la force. Vous *nous* oubliez, nous qui sommes vos amis. *Vous* vous fiiez à cet imposteur, et *nous* en riions. *Nous* croyions que *vous* vous apitoyiez sur notre sort, et vous en riiez. Les *lions* battent leurs flancs avec leur queue. *Dites*-moi qui vous hantez, nous vous dirons qui vous êtes. *Nous* ne saurions mettre le nez à notre fenêtre, sans que nous voyions passer une dupe ou un fripon. Ces *hommes* étaient planteurs de choux, et les voilà devenus papes. *Vous* ne *nous* secourez pas, vous qui vous disiez nos amis. Ces *généraux* (2) sont devenus plus célèbres par leur prison que par leurs victoires. Faites en sorte, mes *fils*, que l'on ne puisse pas dire de vous : Ils valent moins qu'ils ne valaient. *Ceux* qui payent leurs dettes s'enrichissent. *Ceux* qui ont payé leurs dettes se sont toujours enrichis. *Payez* vos dettes, vous vous enrichirez. Si *vous* avez payé vos dettes, vous vous êtes enrichis. *Ils* payèrent leurs dettes et s'enrichirent. Si *vous* voulez vous enrichir, il faut que vous payiez vos dettes. Quand *nous* payons nos dettes, nous nous enrichissons. Quand *vous* payiez vos dettes, vous vous enrichissiez. Il faut que *vous* payiez vos dettes, pour que vous vous enrichissiez.

QUATRE-VINGT-DIX-SEPTIÈME LEÇON.

Devoir traduit au singulier.

Mon *cousin* veut que *je* me promène avec lui. Rappelle-*toi* le passé, ménage le présent, et ne t'inquiète pas trop de l'avenir. Il ose me dire des injures, à *moi* qui lui ai rendu mille services. Le *vautour* est un oiseau de proie. Le *tigre* dévore quelquefois ses petits. L'*ami* qui donne des conseils est souvent importun. Veux-*tu* être riche, vis de peu et contente-toi de ce que tu as, si peu que tu aies. Un poète comique voyant son *domestique* qui fondait en larmes à son lit de mort, lui dit : Mon ami, tu ne pleureras jamais autant que je t'ai fait rire. *Celui* qui sait parler sait beaucoup; mais il saurait davantage, s'il savait se taire. Un bon *livre* est un excellent ami. Ne *dépense* rien inutilement : ce qui te coûte un denier est très-cher, s'il ne t'est pas nécessaire. La *rose* a sa beauté, sa fraîcheur, son parfum; mais elle a aussi ses épines. Le *sage* pense, avant de parler, à ce qu'il doit dire; l'*insensé* parle, et ensuite réfléchit à ce qu'il a dit. Ne *parle* de toi ni en bien ni en mal : si

---

(1) Inscription de cimetière.
(2) Régulus, général romain, attaqué, défait et pris à Tunis, fut conduit à Carthage; quelques années après, les Carthaginois lui donnèrent la liberté sur parole, afin qu'il accompagnât la députation chargée par eux de demander à Rome l'échange des prisonniers. Mais, au lieu d'appuyer cette demande, Régulus, par patriotisme, en dissuada ses concitoyens et alla reprendre ses fers à Carthage, où il mourut dans d'atroces supplices.

tu te blâmes, les autres en croiront plus que tu n'en diras; si tu te loues, ils ne te croiront point. *Celui* qui se croit savant ne sait rien : il ignore tout, jusqu'à son ignorance. *Pardonne* à tes ennemis. Si *tu* es savant, tu es riche. L'*avare* est toujours pauvre. Ne te *flatte* point ; vois sans indulgence l'état de ta conscience. Le *cheval* sauvage vit en pleine liberté : sa démarche, sa course, ses sauts, ne sont ni gênés ni mesurés; fier de son indépendance, il fuit la présence de l'homme, dédaigne ses soins, et trouve lui-même la nourriture qui lui convient : aussi est-il plus fort, plus léger, plus nerveux que notre cheval domestique. *Celui* qui court après l'esprit attrape souvent la sottise. Si *tu* ne cours pas après l'esprit, tu n'attraperas pas la sottise. Veux-*tu* ne pas attraper la sottise, ne cours pas après l'esprit. Chaque fois que *l'homme* court, a couru, courra après l'esprit, il attrape, a attrapé, attrapera la sottise.

QUATRE-VINGT-DIX-HUITIÈME LEÇON.

Devoir traduit au pluriel.

Les bons *pères* chérissent leurs enfants, mais ils ne les gâtent pas par leur indulgence. Quand les *ânes* boivent, ils n'enfoncent point leur nez dans l'eau, par la peur que leur fait l'ombre de leurs oreilles. Des *loups* disaient qu'on les avait volés. Les *généraux* écrivirent au sénat : Nous sommes venus, nous avons vu, nous avons vaincu (1). Les *hommes* qui travaillent payent leur vie ; les fainéants volent la leur. Les *philosophes* (2) disaient : Nous portons tout notre bien avec nous. Un proverbe russe dit : On reçoit les *hommes* d'après l'habit qu'ils portent; on les reconduit selon l'esprit qu'ils ont montré. *Vous* croyez tromper votre voisin ; c'est vous qui vous trompez et vous que vous trompez. Les *ânes* sont mal faits, les *lions* ont la tête trop grosse, les *bœufs* ont les jambes trop minces et trop courtes pour la grosseur de leur corps, les *éléphants* ne sont pour ainsi dire qu'une masse informe : les *chevaux* sont les seuls animaux qui aient de la proportion et de l'élégance dans toutes les parties de leur corps. *Nous* préférons être trompés par nos amis que de nous en défier. Si nos *amis nous* trompent, tant pis pour eux. Voulez-*vous* que l'on dise du bien de vous, faites-en. Les *paresseux* soupirent, étendent les bras, ferment les yeux et s'endorment (3). *Nous* ne vendons pas notre vie pour de l'argent, répondirent les villageois; notre travail suffit pour nous nourrir, nous et nos enfants. Des *grenouilles* virent un bœuf qui leur sembla de belle taille. Une grenouille vit des *bœufs* qui lui semblèrent de belle taille. Des *grenouilles* virent des *bœufs* qui leur semblèrent de belle taille. Eh! que *nous* a

_____

(1) César. Après la victoire de Pharsale, ce général entre en Asie, bat et détrône, en trois jours, le roi de Pont, Pharnace, et écrit au sénat ces paroles mémorables : *Veni, vidi, vici* (Je suis venu, j'ai vu, j'ai vaincu).

(2) Bias. Priène, sa patrie, ayant été prise par les Grecs, tous les habitants emportaient dans leur fuite ce qu'ils avaient de plus précieux; Bias seul n'emportait rien. On lui en demanda la raison : « C'est, dit-il, que je porte tout avec moi, *omnia mecum porto*. — Lire la fable *le Savant et l'Ignorant*, de La Fontaine.

(3) Boileau, *le Lutrin* :

          La mollesse oppressée
Dans sa bouche, à ces mots, sent sa langue glacée ;
Et, lasse de parler, succombant sous l'effort,
Soupire, étend les bras, ferme l'œil et s'endort.

fait, à nous, cette Troie où nous courons? Si *vous* ne perdez pas de temps, vous en aurez toujours assez. Si *vous* ne perdiez pas de temps, vous en auriez toujours assez. *Ceux* qui n'ont jamais perdu, qui ne perdent pas, qui ne perdront pas leur temps, en ont eu, en ont, en auront toujours assez. Ne *perdez* pas votre temps, et vous trouverez que vous en avez assez. Les *paresseux* trouvent qu'ils n'ont pas assez de temps, parce qu'ils en perdent. Je dis aux *élèves* paresseux : Employez mieux votre temps, mettez-vous promptement à l'ouvrage, étudiez avec soin, travaillez sans relâche ; en un mot, ne soyez plus paresseux ; et vos devoirs seront faits, vos leçons seront sues, votre maître vous félicitera, vos parents seront heureux ; vous-mêmes vous vous en estimerez davantage ; et ce témoignage de votre conscience sera, croyez-moi, votre plus douce récompense.

QUATRE-VINGT-DIX-NEUVIÈME LEÇON.

Devoir traduit au singulier.

Veux-*tu* être aimé, mon petit ami, sois aimable. *Celui* qui est ignorant restera enfant toute sa vie. Donne-m'en trop, dit le *prodigue*, et j'en aurai à peine assez. Notre *laitière* ainsi troussée comptait déjà dans sa pensée tout le prix de son lait. Ne *mange* pas de cerises avec un plus *puissant* que toi, de peur qu'il ne te jette les noyaux au nez. *Celui* qui ne songe à ses devoirs que quand on l'en avertit ne mérite aucune estime. L'*homme* est placé entre le néant d'où il sort et le tombeau où il aboutit. Pourquoi vas-tu branlant la tête et te tortillant comme un imbécile? disait un jour une oie à son petit *oison*. Ne *force* point ton talent : tu ne ferais rien avec grâce. L'*alouette* fait son nid dans les blés. Le hibou repartit : Mon *petit* est mignon, beau, bien fait, et joli sur tous ses compagnons. Pauvre *je* suis venu, pauvre je m'en irai. Ce n'est pas l'*épi* qui lève le plus la tête qui est le plus plein. Les connaissances que *tu* acquiers te seront utiles, quelque chose que tu fasses un jour, et dans quelque position que tu te trouves. Qu'est l'*infortune*, sinon un mal qui porte avec lui son remède ? L'*ignorant* qui est déréglé dans ses mœurs est moins blâmable que le *savant* qui lui ressemble : celui-là est un aveugle qui a perdu son chemin ; l'autre, au contraire, va, les deux yeux ouverts, se jeter dans un précipice. Le *fin*, quel qu'il soit, est toujours dupe de sa finesse. L'*aigle*, ce roi de l'air, ne peut s'apprivoiser que s'il est pris tout jeune. Le *zèbre* est peut-être le plus bel animal quadrupède de la nature, le mieux fait et le plus élégamment vêtu. *Celui* qui commence un procès plante un arbre qui ne lui donnera jamais de fruits. Le *roi* qui ne songe qu'à se faire craindre de ses sujets est le fléau du genre humain ; il est craint comme il le veut être ; mais il est haï, détesté, et il a encore plus à craindre de ses sujets que ses sujets n'ont à craindre de lui. De sa patte droite, l'*ours* saisit dans l'eau le poisson qu'il voit passer ; si, après avoir assouvi sa faim, il lui reste quelque chose de son repas, il le cache soigneusement, et ne manque pas de revenir à son garde-manger, quand l'appétit le reprend.

CENTIÈME LEÇON.

Fable traduite au pluriel.

Les deux Grillons et les deux Papillons.

Deux pauvres petits grillons, cachés dans l'herbe fleurie, regardaient deux papillons voltigeant dans la prairie. Les insectes ailés brillaient des plus vives couleurs ; l'azur, la pourpre et l'or éclataient sur leurs ailes ; jeunes, beaux, petits-maîtres, ils courent de fleurs en fleurs, prenant et quittant les plus belles. Ah ! disaient les grillons, que leur sort et le nôtre sont différents ! Dame nature pour eux fit tout, et pour nous rien : nous n'avons point de talents, encore moins de figure ; nul ne prend garde à nous, l'on nous ignore ici-bas. Autant vaudrait n'exister pas. Comme ils parlaient, dans la prairie arrive une troupe d'enfants. Aussitôt les voilà courant après ces papillons, dont ils ont tous envie. Chapeaux, mouchoirs, bonnets, servent à les attraper. Les insectes vainement cherchent à leur échapper ; ils deviennent bientôt leur conquête. L'un les saisit par l'aile, un autre par le corps ; un troisième survient, et les prend par la tête. Il ne fallait pas tant d'efforts pour déchirer les pauvres bêtes. Oh ! oh ! disent les grillons, nous ne sommes plus fâchés ; il en coûte trop cher pour briller dans le monde. Combien nous allons aimer notre retraite profonde ! Pour vivre heureux, vivons cachés.

CENT UNIÈME LEÇON.

Devoir traduit au singulier.

Le Chat.

Le chat est un domestique infidèle ; on ne le garde que par nécessité. Quoique cet animal, surtout quand il est jeune, ait de la gentillesse, il a en même temps une malice innée ; son caractère est faux, son naturel pervers. Ses défauts, que l'éducation ne fait que masquer, augmentent encore par l'âge. De voleur déterminé, il devient seulement, lorsqu'il est bien élevé, souple et flatteur comme le fripon ; il a la même adresse, la même subtilité ; comme lui, il couvre sa marche, dissimule son dessein, épie les occasions, attend, choisit, saisit l'instant de faire son coup, se dérobe ensuite au châtiment, fuit et demeure éloigné jusqu'à ce qu'on le rappelle, ou qu'il juge que son maître n'est plus irrité contre lui. Il n'a que l'apparence de l'attachement ; on le voit à ses mouvements obliques, à ses yeux équivoques : il ne regarde jamais en face la personne aimée ; il se défie, il prend des détours pour en approcher, et en obtenir des caresses auxquelles il n'est sensible que pour le plaisir qu'elles lui font. Bien différent de cet animal fidèle dont tous les sentiments se rapportent à la personne de son maître, le chat ne sent que pour lui, et n'aime que sous condition.

Le jeune chat est gai, vif, joli, et serait très-propre à amuser les enfants, si ses griffes n'étaient pas à craindre ; mais son badinage n'est jamais innocent ; et comme il ne peut exercer sa malice que sur les plus petits animaux, il se met à l'affût près d'une cage ; il épie les oiseaux, les souris, les rats, et devient de lui-même, sans qu'on l'y ait dressé, plus habile à la chasse que le chien le mieux instruit. Son naturel, ennemi de toute contrainte, le rend incapable d'une éducation suivie.

CENT DEUXIÈME LEÇON

Fable traduite au pluriel.

Les Hérons.

Un jour, sur leurs longs pieds, allaient, je ne sais où, les hérons au long bec emmanché d'un long cou : ils côtoyaient une rivière. L'onde était transparente ainsi qu'aux plus beaux jours; ma commère la carpe y faisait mille tours avec le brochet son compère. Les hérons en eussent fait aisément leur profit : tous approchaient du bord, les oiseaux n'avaient qu'à prendre ; mais ils crurent mieux faire d'attendre qu'ils eussent un peu plus d'appétit. Ils vivaient de régime, et mangeaient à leurs heures. Après quelques moments, l'appétit vint : les oiseaux, s'approchant du bord, virent sur l'eau des tanches qui sortaient du fond de ces demeures. Le mets ne leur plut pas; ils s'attendaient à mieux, et montraient un goût dédaigneux, comme le rat du bon Horace (1) : Nous, des tanches! dirent-ils ; nous, hérons, que nous fassions une si pauvre chère ! Et pour qui nous prend-on ? La tanche rebutée, ils trouvèrent du goujon. Du goujon ! c'est bien là le dîner de hérons ! Nous ouvririons pour si peu le bec ! aux dieux ne plaise ! Ils l'ouvrirent pour bien moins : tout alla de façon qu'ils ne virent plus aucun poisson. La faim les prit : ils furent tout heureux et tout aises de rencontrer un limaçon.

CENT TROISIÈME LEÇON.

Sujet traduit au singulier.

Le Renard.

Le renard est fameux par ses ruses, et mérite en partie sa réputation. Ce que le loup ne fait que par la force, il le fait par adresse, et réussit plus souvent; ses ressources semblent être en lui-même. Fin autant que circonspect, ingénieux et prudent, même jusqu'à la patience, il varie sa conduite; il a des moyens de réserve qu'il sait n'employer qu'à propos. Il veille de près à sa conservation ; il ne se fie pas entièrement à la vitesse de sa course; il sait se mettre en sûreté en se pratiquant un asile où il se retire dans les dangers pressants, où il s'établit, où il élève ses petits. Ce n'est point un animal vagabond, mais un animal domicilié. Le renard tourne tout à son profit; il se loge au bord des bois, à portée des hameaux; il écoute le chant des coqs, et les savoure de loin ; il prend habilement son temps, cache son dessein et sa marche, se glisse, se traîne, arrive, et fait rarement des tentatives inutiles. S'il peut franchir les clôtures ou passer par-dessous, il ne perd pas un instant, il ravage la basse-cour, y met tout à mort, et se retire ensuite lestement en emportant sa proie à son terrier ; il revient à la

---

(1) Satire VI : *le Rat de ville et le Rat des champs.*

. . . . . . *Semesaque lardi*
Frusta dedit, cupiens variâ fastidia cœnâ
Vincere tangentis malè singula dente superbo.,
L'hôte, croyant flatter un ami délicat,
Sert un reste de lard, grain, fromage, muscat :
Celui-ci les effleure, et sa dent paresseuse
Les laisse retomber de façon dédaigneuse.

charge jusqu'à ce que le jour, ou le mouvement de la maison, l'avertisse qu'il faut se retirer et ne plus revenir. Il chasse les jeunes levrauts en plaine, saisit quelquefois les lièvres au gîte, ne les manque jamais lorsqu'ils sont blessés, découvre les nids de perdrix, prend la mère sur les œufs, et détruit une quantité prodigieuse de gibier.

CENT QUATRIÈME LEÇON.

Fable traduite au pluriel.

Les deux Enfants et les deux Serins.

Deux enfants qui, toujours volages, malgré les soins constants d'un maître habile et sage, en deux ans n'avaient rien appris, entendaient deux serins qui, perchés dans leur cage, sifflaient parfaitement un air des plus jolis. Surpris, émerveillés de ce charmant ramage : Nous savions, dirent les enfants, que des serins chantaient bien ; mais nous ignorions qu'ils pussent être musiciens. Comment, ajoutèrent-ils, avez-vous donc fait pour l'être ? — Comment nous avons fait ? répondirent les serins : nous avons profité des leçons de notre maître ; et, lorsqu'il nous sifflait, le soir et le matin, nous oubliions tout le reste, et nous étions tout oreilles. C'est à force de l'écouter que nous avons, dans quelques mois, appris à l'imiter ; et c'est pourquoi l'on dit que nous sifflons à merveille. Mais il ne dépend que de vous d'être à votre tour habiles ; il ne faut qu'être, comme nous, à ce que l'on vous enseigne attentifs et dociles.

CENT CINQUIÈME LEÇON.

Sujet traduit au singulier.

L'Égoïste.

L'égoïste ne vit que pour lui, et tous les hommes ensemble sont, à son égard, comme s'ils n'étaient pas. Est-il à table, il s'empare de la première place : il oublie que le repas est pour lui et pour toute la compagnie ; il se rend maître des plats et ne s'arrête à aucun des mets qu'il n'ait achevé d'essayer de tous ; il voudrait pouvoir les savourer tous à la fois ; il ne se sert à table que de ses mains ; il manie les viandes, les remanie, démembre, déchire, et en use de manière qu'il faut que les conviés, s'ils veulent manger, mangent ses restes ; il ne leur épargne aucune de ces malpropretés dégoûtantes, capables d'ôter l'appétit aux plus affamés : le jus et les sauces lui dégouttent du menton et de la barbe. Quand il veut se servir, il pique dans le plat avec sa fourchette, et répand en chemin le jus sur la nappe : on le suit à la trace. Il mange haut et avec grand bruit ; il roule les yeux en mangeant. Il n'attend pas qu'il soit hors de table pour écurer ses dents : il se sert de son cure-dent au milieu du repas, puis il continue à manger. En quelque endroit qu'il se trouve, il s'établit commodément, prend ses aises, et ne souffre pas d'être plus pressé au sermon ou au théâtre que dans sa chambre. Il n'y a dans un carrosse que la place du fond qui lui convienne ; dans toute autre, si on veut l'en croire, il pâlit et tombe en faiblesse. En un mot, partout où il se trouve, il embarrasse tout le monde, ne se contraint pour personne, ne plaint personne, ne connaît de maux que les siens, ne pleure point la mort des autres, n'appréhende que la sienne, qu'il rachèterait volontiers de l'extinction du genre humain.

CENT SIXIÈME LEÇON.

Fable traduite au pluriel

Les deux Perroquets.

Deux gros perroquets gris, échappés de leur cage, vinrent s'établir dans un bocage; et là, prenant le ton de nos faux connaisseurs, jugeaient tout, blâmaient tout d'un air de suffisance : au chant du rossignol ils trouvaient des longueurs, critiquaient surtout sa cadence; le linot, selon eux, ne savait pas chanter; la fauvette aurait fait quelque chose peut-être, si de bonne heure ils eussent été ses maîtres, et qu'elle eût voulu profiter. Enfin aucun oiseau n'avait l'art de leur plaire; et, dès qu'ils commençaient leurs joyeuses chansons, par des coups de sifflet répondant à leurs sons, les perroquets les faisaient taire. Lassés de tant d'affronts, tous les oiseaux du bois viennent leur dire un jour : Mais parlez donc, beaux sires; vous qui sifflez toujours, faites au moins qu'on vous admire; vous possédez sans doute une brillante voix; daignez chanter pour nous instruire. Les perroquets, dans l'embarras, se grattent un peu la tête, et finissent par leur dire : Messieurs, nous sifflons bien, mais nous ne chantons pas.

CENT SEPTIÈME LEÇON.

Sujet traduit au singulier.

La Chèvre.

La chèvre a, de sa nature, plus de sentiment et de ressources que la brebis; elle vient à l'homme volontiers, elle se familiarise aisément, elle est sensible aux caresses et capable d'attachement; elle est aussi plus forte, plus légère, plus agile et moins timide que la brebis; elle est vive, capricieuse et vagabonde. Ce n'est qu'avec peine qu'on la conduit et qu'on peut la réduire en troupeau : elle aime à s'écarter dans les solitudes; elle grimpe sur les lieux escarpés, se place sur la pointe des rochers, et dort sur le bord des précipices. Elle est robuste, aisée à nourrir; presque toutes les herbes lui sont bonnes, et il y en a peu qui l'incommodent. Elle se nourrit, croît et se multiplie comme la brebis. Elle ne craint pas la trop grande chaleur; elle dort au soleil, et s'expose volontiers à ses rayons les plus vifs sans en être incommodée, et sans que cette ardeur lui cause ni étourdissements ni vertiges; elle ne s'effraye point des orages, ne s'impatiente pas à la pluie; mais elle paraît sensible à la rigueur du froid. L'inconstance de son naturel se marque par l'irrégularité de ses actions : elle marche, elle s'arrête, elle court, elle bondit, elle saute, s'approche, s'éloigne, se montre, se cache ou fuit, comme par caprice et sans cause déterminante; et toute la souplesse de ses organes suffit à peine à la pétulance et à la rapidité de ses mouvements naturels.

CENT HUITIÈME LEÇON.

Sujet traduit au pluriel.

Les Écureuils.

Les écureuils sont de jolis petits animaux qui ne sont qu'à demi sauvages, et qui, par leur gentillesse, par leur docilité, par l'innocence même de leurs mœurs, mériteraient d'être épargnés. Ils ne sont ni carnassiers ni nuisibles, quoiqu'ils saisissent quelquefois les oiseaux. Ils mangent ordinairement des fruits, des amandes, des noisettes, de la faîne et du gland; ils sont propres, lestes, vifs, très-alertes, très-éveillés, très-industrieux; ils ont les yeux pleins de feu; leur physionomie est fine, leur corps nerveux, leurs membres très-dispos; leur jolie figure est encore rehaussée, parée par une belle queue en forme de panache, qu'ils relèvent jusque par-dessus leur tête, et sous laquelle ils se mettent à l'ombre. Ils se tiennent ordinairement assis presque debout, et se servent de leurs pieds de devant, comme d'une main, pour porter à leur bouche. Au lieu de se cacher sous terre, ils sont toujours en l'air; ils approchent des oiseaux par leur légèreté; ils demeurent comme eux sur la cime des arbres, parcourent les forêts en sautant de l'un à l'autre, y font leur nid, cueillent les graines, boivent la rosée, et ne redescendent à terre que quand les arbres sont agités par la violence des vents. Ils craignent l'eau plus encore que la terre, et l'on assure que, lorsqu'ils veulent la passer, ils se servent d'une écorce pour vaisseau, et de leur queue pour voile et pour gouvernail. Ils ne s'engourdissent pas pendant l'hiver, ils sont en tout temps très-éveillés; et, pour peu que l'on touche au pied de l'arbre sur lequel ils reposent, ils sortent de leur petite bauge (1), fuient sur un autre arbre, ou se cachent à l'abri d'une branche. Ils ramassent des noisettes pendant l'été, ils en remplissent les troncs, les fentes des vieux arbres, et ont recours en hiver à leur provision. Leur voix est éclatante; ils ont en outre un petit murmure qu'ils font entendre toutes les fois qu'on les irrite. Ils sont trop légers pour marcher : il vont ordinairement par petits sauts et quelquefois par bonds; ils ont les ongles si pointus et les mouvements si prompts, qu'ils grimpent en un instant sur un hêtre, dont l'écorce est fort lisse.

CENT NEUVIÈME LEÇON.

Fable traduite au singulier.

La Carpe et le Carpillon.

Prends garde, mon fils, côtoie moins le bord, suis le fond de la rivière, crains la ligne meurtrière, ou l'épervier plus dangereux encore. C'est ainsi que parlait une carpe de Seine à un jeune poisson qui l'écoutait à peine. C'était au mois d'avril : les neiges, les glaçons, fondus par les zéphyrs, descendaient des montagnes; le fleuve, enflé par eux, s'élève à gros bouillons, et déborde dans les campagnes. Ah! ah! criait le

---

(1) On donne ce nom au nid de l'écureuil, ainsi qu'au lieu fangeux où se retire le sanglier.

carpillon, qu'en dis-tu, carpe radoteuse ? Crains-tu pour moi les hameçons ? Me voilà citoyen de la mer orageuse ; regarde : on ne voit plus que les eaux et le ciel ; les arbres sont cachés sous l'onde ; je suis le maître du monde ; c'est le déluge universel. Ne crois pas cela, répond la vieille mère ; pour que l'eau se retire il ne faut qu'un instant. Ne t'éloigne point, et, de peur d'accident, suis, suis toujours le fond de la rivière. Bah ! dit le poisson, tu répètes toujours mêmes discours. Adieu, je vais voir mon nouveau domaine. Parlant ainsi, notre étourdi sort du lit de la Seine, et s'en va dans les eaux qui couvrent le pays. Qu'arriva-t-il ? les eaux se retirèrent, et le carpillon demeura ; bientôt il fut pris et frit.

CENT DIXIÈME LEÇON.

Devoir mis au pluriel.

Les Oiseaux-Mouches.

De tous les êtres animés, voici les plus élégants pour la forme, et les plus brillants pour les couleurs : les pierres et les métaux polis par notre art ne sont pas comparables à ces bijoux de la nature. Elle les a comblés de tous les dons qu'elle n'a fait que partager aux autres oiseaux. Légèreté, rapidité, prestesse, grâce et riche parure, tout appartient à ces petits favoris. L'émeraude, le rubis, la topaze, brillent sur leurs habits ; ils ne les souillent jamais de la poussière de la terre, et, dans leur vie tout aérienne, on les voit à peine toucher le gazon par instants : ils sont toujours en l'air, volant de fleurs en fleurs ; ils ont leur fraîcheur comme ils ont leur éclat ; ils vivent de leur nectar, et n'habitent que les climats où sans cesse elle se renouvellent. Rien n'égale la vivacité de ces petits oiseaux, si ce n'est leur courage, ou plutôt leur audace : on les voit poursuivre avec furie des oiseaux vingt fois plus gros qu'eux ; ils s'attachent à leur corps, se laissent emporter par leur vol, et les becquettent à coups redoublés, jusqu'à ce qu'ils aient assouvi leur petite colère. L'impatience paraît être leur âme : s'ils s'approchent d'une fleur et qu'ils la trouvent fanée, ils lui arrachent les pétales avec une précipitation qui marque leur dépit. Ils n'ont point d'autre voix qu'un petit cri fréquent et répété ; ils le font entendre dans les bois dès l'aurore, jusqu'à ce qu'aux premiers rayons du soleil, ils prennent l'essor dans les campagnes.

CHAPITRE NEUVIÈME.

DE LA DÉRIVATION.

CENT ONZIÈME LEÇON.

Malgré les développements que nous avons donnés au livre de l'élève, il peut encore rester dans l'esprit quelque vague sur les principes généraux de l'étymologie. Nous allons donc répondre, dès à présent, à une objection qui ne manquera pas de nous être adressée. Pourquoi, dira-t-on, *froid*, qui est un mot primitif, emprunte-t-il sa finale à *froide*, *froidure*, *froidement*, etc., qui ne sont que des dérivés ? Voici notre réponse : la langue parlée est antérieure à la langue écrite : conséquemment les mots formateurs et quelques-uns de leurs dérivés existaient avant que l'on songeât à en peindre les sons ; n'est-il pas naturel que, mettant alors de côté la question d'antériorité ou de postériorité, on ait fait servir indistinctement les uns à régir l'orthographe des autres ?

Une autre raison : le *d* final n'est pas nécessaire à la prononciation du radical *froid*; il est indispensable pour les dérivés; on s'en est servi au radical (*à cause des dérivés*) afin que cette finale rappelât à l'œil leur corrélation et leur commune origine.

Du reste, le principe de dérivation, qui a de si nombreuses et si fécondes applications, n'est pas une règle absolue; *étain*, par exemple, de la même famille que *étamer*, s'écrit par un *n*; *abri*, de *abriter*, s'écrit sans *t*. Il en est de même de *absous*, *absoure*; *apostat*, *apostasie*; *appétit*, *appétissant*; *clou*, *cloutier*; *coi*, *coire*; *dépôt*, *déposer*; *dissous*, *dissoute*; *examen*, *examiner*; *faisan*, *faisanderie*; *favori*, *favorite*; *fondre*, *fonderie*; *filou*, *filouterie*; *impôt*, *imposer*; *indigo*, *indigoter*; *jus*, *juteux*; *poulain*, *pouliche*, *tiers*, *tierce*; *venin*, *venimeux*; etc., etc., qui présentent une irrégularité dont il serait, pour beaucoup du moins, difficile de donner les raisons. Les langues, elles surtout, ont leurs bizarreries; mais ici, comme partout ailleurs, l'exception confirme la règle au lieu de la détruire.

Nous ajouterons, pour dernière observation, que beaucoup de mots de notre langue dérivent du latin par droit d'ancienneté; nous avons même certaines appellations, *loup*, *nid*, *nœud*, par exemple, dont on ne peut justifier la consonne finale qu'au moyen de la dérivation latine : *lupus*, *nidus*, *nodus*.

Indiquer l'origine des lettres italiques dans les mots suivants :

Haut,	haute.	Lot,	loterie.
Os,	ossement.	Gras,	grasse.
Pain,	panification.	Bras,	brassée.
Van,	vanner.	Rat,	ratière.
Vent,	venter.	Magistrat,	magistrature.
Savant,	savante.	Drap,	draperie.
Il vend,	vendre.	Scélérat,	scélérate.
Débris,	briser.	Parfum,	parfumerie.
Gril,	griller.	Fin,	fine.
Gris,	grise.	Faim,	famine.
Frit (*part.*),	frite.	Feint (*part.*),	feinte.
Camp,	camper.	Court,	courte.
Anglican,	anglicane.	Bourg,	bourgade.
Volcan,	volcanique.	Sourd,	sourde.
Poing,	poignet.	Chaud,	chaude.
Point,	pointe.	Il entend,	entendre.
Climat,	acclimater.	Temps,	température.
Damas,	damasser.	Inconstant,	inconstante.
Amas,	amasser.	Tan (1),	tanin.
Fusil,	fusillade.	Mahométan,	mahométane.
Sourcil,	sourciller.	Vain,	
Précis,	précise.	Vanter,	vanité.
Bas (*adj.*),	basse.	Vainement,	
Bât,	bâter.	Vin,	vineux.
Galop,	galoper.	Lait,	laitage.

(1) On appelle *tan* l'écorce de chêne moulue avec laquelle on prépare les cuirs, et *tanin*, la substance particulière qui existe dans cette écorce, et qui enlève au cuir toute humidité, en en rendant le tissu plus fort et plus compacte.

Laid,	laide.	Dos,	dossier.
Legs,	léguer.	Une dot,	dotation.
Matin,	matinal.	Endos,	endosser.
Etain,	étamage.	Fagot,	fagoter.
Teint (part.),	teinte.	Rôt,	rôtir.
Plomb,	plomber.	Noiraud,	noiraude.
Galon,	galonner.	Taraud,	tarauder.
Long,	longue.	Gros,	grosse.
Blond,	blonde.	Pleine,	plénitude.
Pot,	poterie.	Plaine,	plat.
Repos,	reposer.	Candidat,	candidature.
Chaland,	chalande.	Babil,	babiller.
Blanc,	blanche.	Débit,	débiter.
Milan,	Milanais.	Bis (pain),	bise (pâte),
Sanglant,	sanglante.	Las,	lasse,
Lapon,	Laponie.	Eclat,	éclatant,
Fripon,	friponne.	Intrigant,	intrigante,
Il répond,	répondre.	Gant,	gantier.
Pont,	ponton.	Brigand,	brigandage.
Gourmand,	gourmande.	Pied,	pédestre.
Ciment,	cimenter.	Bouffon,	bouffonne.
Allemand,	Allemande.	Profond,	profonde.
Charmant,	charmante.	Brillant,	brillante.
Musulman,	Musulmane.	Friand,	friande.
Il ment,	mentir.	Abricot,	abricotier.
Gamin,	gamine.	Arpent,	arpenter.
Main,	manier.	Il répand,	répandre.
Maint (1),	mainte.	Il se repent,	se repentir.
Serpent,	serpenter.	Saint,	sainte.
Il pend,	pendre.	Sain,	saine.
Rang,	ranger.	Seing,	signature.
Franc,	franche.	Cinq,	cinquième.
Ignorant,	ignorante.	Ecart,	écarter.
Tyran,	tyrannie.	Regard,	regarder.
Il rend,	rendre.	Expert,	expertise.
Grand,	grande.	Il perd,	perdre.
Encens,	encenser.	Coup,	couper.
Sang,	sanguin.	Front,	frontal.
Il sent,	sentir.	Marron,	marronnier.
Cent,	centaine.	Rond,	ronde.
Courtisan,	courtisane.	Exempt,	exempte.
Champ,	champêtre.	Crin,	crinière.
Chant,	chanter.	Serin,	serine.
Marchand,	marchande.	Serein,	sérénité.
Méchant,	méchante.	Grain,	graminée.
Bond,	bondir.	Déclin,	décliner.
Bon,	bonne.	Dard,	darder.
Paix,	pacifique.	Départ,	partir.
Respect,	respecter.	Dégât,	gâter.
Regret,	regretter.	Tapis,	tapisserie.
Progrès,	progresser.	Dépit,	se dépiter.
Badaud,	badaude.	Bois,	boiserie.

(1) Du bas-breton *ment*, quantité; *maint*, dit la Bruyère, est un mot qu'on ne devait jamais abandonner, et à cause de la facilité qu'il y avait à le couler dans le style, et à cause de son origine toute française.

DE LA DÉRIVATION.

Le poul*s*,	pulsation.	Le mor*s*,	morsure.
Léopol*d*,	Léopoldine.	Il mor*d*,	mordre.
La mor*t*,	mortel.		

CENT DOUZIÈME LEÇON.

Primitifs et dérivés.

Triomphe, triompher, triomphant, triomphal, triomphateur, triomphalement.
Net, netteté, nettoyer, nettement, nettoiement, nettoyage.
Enfant, enfance, enfantin, enfantillage, enfanter, enfantement.
Char, chariot, charrue, charrette, charron, charrier.
Membre, membru, membraneux, membrane, démembrer, démembrement.
Cave, caveau, cavité, caverne, caverneux, caver.
Herbe, herbage, herbette, herboriste, herbivore, herboriser.
Corps, corporel, corporellement, corpuscule, corpulence, corporation.
Roi, royal, royalement, royaume, royauté, royalisme.
Vieux, vieillir, vieillesse, vieillard, vieillot, vieillerie.
Tour, tourner, tourneur, tourniquet, tournoyer, tournure.
Nature, naturel, naturellement, naturaliser, naturalisation, naturaliste.
Morale, moraliste, moraliser, moralement, moralité, moraliseur.
Fil, fileur, filasse, filandre, filament, filature.
Jour, journée, journalier, journellement, journal, journaliste.
Feuille, feuillet, feuillu, feuillée, feuillage, feuilleter.
Blanc, blancheur, blanchissage, blanchisseur, blanchir, blanchiment.
Histoire, historique, historiette, historiquement, historien, historiographe.
Diable, diabolique, diablotin, diablerie, diaboliquement, diablesse.
Bras, brasse, brasselet, brassard (1), embrasser, embrassement.
Mine, minéral, minerai, miner, mineur, minéralogie.
Economie, économe, économique, économiser, économiste, économiquement.
Ane, ânon, ânesse, ânier, ânerie, ânée.
Fleur, fleurir, fleuriste, floraison, floréal, Flore (*la déesse des fleurs*).
Fer, ferrer, ferrure, ferrugineux, ferraille, ferrailleur.
Pâte, pâté, pâtisserie, pâtissier, pâteux, pâtée.
Pain, panée (*eau*), panade, panetier, panetière, panification.
Gros, grosseur, grossir, grossièrement, grossier, grossièreté.

(1) Partie de l'armure, au moyen-âge, qui couvrait le bras de l'homme de guerre. On nomme aussi *brassard* tout ornement ou signe de reconnaissance fixé au bras.

CENT TREIZIÈME LEÇON.

Primitifs et dérivés.

DÉRIVÉS.	RADICAUX.	DÉRIVÉS.	RADICAUX.
Rugissement,	rugir.	Pâquerette,	Pâques.
Mugissement,	mugir.	Herbivore (1),	herbe.
Gémissement,	gémir.	Frugivore (2),	fruit.
Empoisonnement,	poison.	Carnivore (3),	chair.
		Insectivore (4),	insecte.
Emprisonnement,	prison.	Choquer,	choc.
		Heurter,	heurt.
Sucrier,	sucre.	Ondoyer,	onde.
Succulent,	suc.	Embrassement,	bras.
Théière,	thé.	Embrasement,	brasier.
S'égosiller,	gosier.	Embarras,	barre.
Nettoyer,	net.	Dégoûter,	goût.
Serinette,	serin.	Dégoutter,	goutte.
Sérénité,	serein.	Secrétaire,	secret.
Entraîner,	train.	Agréer,	gré.
Tourniquet,	tour.	S'apitoyer,	pitié.
Endosser,	dos.	Empiéter,	pied.
Dénoûment,	nœud.	Manier,	main.
Enjoûment,	jeu.	Ébéniste,	ébène.
Aromatique,	arôme.	Fumiste,	fumée.
Muscade,	musc.	Coloriste,	couleur.
Embaumement,	baume.	Mammifère (5),	mamelle.
Encensoir,	encens.	Ovipare (6),	œuf.
Regain,	gain.	Ajournement,	jour.
Terrasser,	terre.	Pressoir,	presse.

(1) Du latin *herba*, herbe, et *voro*, je mange avidement. Il se dit plus particulièrement des animaux qui paissent l'herbe des prairies, tels que le bœuf, le cheval, la brebis, etc.

(2) De *fruges*, fruits, et *voro*; qui se nourrit de végétaux, et, en général, de fruits.

(3) De *caro, carnis*, chair, et *voro*. L'homme est à la fois frugivore et carnivore. Les carnivores mammifères sont caractérisés par des canines très-fortes, des molaires tranchantes et des incisives à chaque mâchoire. Les herbivores mammifères ont des dents à couronne plate, et sont dépourvus de griffes.

(4) De *insectum*, insecte, et *voro*. Un grand nombre d'espèces d'oiseaux sont insectivores, comme les gobe-mouches, les merles, les bergeronnettes, les pies-grièches, etc. Une famille de mammifères (les taupes, les hérissons, les musaraignes) l'est également.

(5) De *mamma*, mamelle, et *fero*, je porte. On comprend sous cette dénomination tous les animaux vivipares, à sang chaud et à mamelles. C'est la première classe du règne animal; à sa tête est l'homme.

(6) De *ovum*, œuf, et *pario*, je produis; nom donné à tous les animaux qui pondent des œufs. Tels sont tous les oiseaux, excepté la chauve-souris; tous les reptiles, excepté la vipère; tous les poissons, excepté la baleine. L'opposé de ce mot est *vivipare* (de *vivus*, vivant, et *pario*), qui met au monde des petits tout vivants. Le puceron offre une particularité très-remarquable : vivipare en été, il devient ovipare à la fin de l'automne.

La science a reconnu, dans ces derniers temps, que tous les animaux proviennent d'un œuf; la différence n'existe que dans le mode d'incubation et le moment de l'éclosion. Tous les fruits proviennent aussi d'un ovaire ou œuf.

DE LA DÉRIVATION.

DÉRIVÉS.	RADICAUX.	DÉRIVÉS.	RADICAUX.
Boiserie,	bois.	S'acheminer,	chemin.
Oiseleur,	oiseau.	Chardonneret,	chardon.
Guerroyer,	guerre.	Effrayer,	effroi.
Bouquetin,	bouc.	Essayer,	essai.
Bouquiniste,	bouquin.	Maîtriser,	maître.
Bouquetière,	bouquet.	Vilenie,	vil.
Bannissement,	ban.	Annuaire,	an.
Banquette,	banc.	Annulaire,	anneau.
Odoriférant,	odeur.	Raisonner,	raison.
Floraison,	fleur.	Résonner,	son.
Jubilation,	jubilé.	Aboutissant,	bout.
Fraternité,	frère.	Passage,	pas.
Se prélasser,	prélat.	Siroter,	sirop.
Loterie,	lot.	Chaudron,	chaud.
Sortilége,	sort.	Enrubanner,	ruban.
Osselet,	os.	Empaqueter,	paquet.
Billard,	bille.	Cacheter,	cachet.
Chatterie,	chat.	Envergure,	vergue.
Irrigation,	rigole.	Cornichon,	corne.
Température,	temps.	Saline,	sel.
Négociant,	négoce.	Panade,	pain.
Perruquier,	perruque.	Enfreindre,	frein.
Vignoble,	vigne.	Signalement,	signal.
Vinicole,	vin.	Apaiser,	paix.
Priser (un objet),	prix.	Cordonnier,	cordon.
Soldat,	solde.	Effrontément,	front.
Aéronaute,	air.	Pépinière,	pépin.
Comptoir,	compte.	Vésicatoire,	vessie.
Comté,	comte.	Epagneul,	Espagne.
Raconter,	conte.	Volcan,	Vulcain (1).
Pelleterie,	peau.	Pétaudière,	Pétaud (2).
Postillon,	poste.	Luthérien,	Luther (3).
Griffonnage,	griffe.	Calviniste,	Calvin (4).

(1) Fils de Jupiter et de Junon, dieu du feu et des arts qui s'exercent par le feu. On appelle *fils de Vulcain* tous ceux qui se rendent célèbres dans l'art de forger les métaux.

(2) Ce mot tire son origine des réunions des gueux, qui avaient lieu autrefois sous la présidence du plus adroit ou du plus pauvre, lequel prenait le titre de *roi Peto* (du latin *peto*, je demande). Ce terme n'est usité que dans cette locution familière : *la cour du roi Pétaud*, lieu de confusion où l'on ne s'entend pas. — *Pétaudière*, au figuré, désigne une assemblée confuse où chacun fait le maître : Je ne vous conseille pas de placer votre fils dans cette pension, c'est une véritable *pétaudière*.

(3) Fondateur de la religion réformée, qui prit naissance en Allemagne au commencement du xvi° siècle. Prétendant ne reconnaître d'autre autorité que celle des livres saints, *Luther* attaqua le pape et l'Église romaine, les vœux monastiques, le célibat des prêtres, la hiérarchie ecclésiastique, la possession des biens temporels par le clergé; rejeta le culte des saints, le purgatoire, les commandements de l'Église, la confession, le dogme de la transsubstantiation, la messe et la communion sous une seule espèce, et ne conserva d'autres sacrements que le baptême et l'eucharistie sous les deux espèces. Le protestantisme repose encore aujourd'hui sur ces différentes négations. C'est de la Réforme que date la liberté d'examen. Quelques historiens vont chercher jusque-là les premiers germes de la Révolution de 1789.

(4) Ardent propagateur des doctrines luthériennes, *Calvin*, né à Noyon, en Picardie, fut le chef d'une réforme encore plus radicale. On reproche juste-

Cartésien,	Descartes (1).	Vendémiaire,	vendange.	}
Laconique (2),	Laconie.	Brumaire,	brume.	Automne.
Platonique,	Platon (3).	Frimaire,	frimas.
Escobarderie,	Escobar (4).	Nivôse,	neige.	Hiver.
Jérémiade,	Jérémie (5).	Pluviôse,	pluie.
Simonie (6),	Simon.	Ventôse,	vent.	Printemps.
Mérovingien,	Mérovée.	Germinal,	germe.
Carlovingien,	Charles.	Floréal,	fleur.
Capétien,	Capet.	Prairial,	prairie.
Panique,	Pan.	Messidor	moisson.	Été.
Languedoc,	langue.	Thermidor } (8)	chaleur.
Rossinante (7),	rosse.	Fructidor,	fruit.	}
Baïonnette,	Bayonne.			

ment à sa mémoire le supplice de Michel Servet, un de ses partisans, qu'il fit condamner au feu pour crime d'hérésie.

(1) *René Descartes*, né en Touraine (1596), fondateur de l'école de philosophie dite *Cartésienne*. Sentant combien étaient peu solides la plupart des connaissances que les anciens nous ont transmises, il résolut de douter provisoirement de tout, et de reconstruire l'édifice sur de nouvelles bases, en ne se fiant qu'à l'évidence. Descartes établit son système sur cette phrase célèbre : *Je pense, donc je suis*, comme plus tard Leibnitz devait fonder le sien sur cette vérité : *Tout est pour le mieux dans le meilleur des mondes possibles*. D'après Descartes, les animaux ne sont que de pures machines. Malgré les services qu'il rendit à la science, il se livra quelquefois à des hypothèses hasardées, comme, par exemple, dans son système *des Tourbillons*. Son *Traité de la Méthode* devrait se trouver entre les mains de tous ceux qui s'occupent d'éducation.

(2) Se dit d'une manière de parler brève, concise et énergique, qui était propre aux anciens Spartiates, habitants de la *Laconie*. Il leur suffisait quelquefois d'une syllabe pour répondre à un long discours. Ainsi Philippe, roi de Macédoine, pour les engager à se rendre, leur ayant écrit que, s'il entrait sur leur territoire, il mettrait tout à feu et à sang, ils lui répondirent : *Si*. On connaît d'autres exemples célèbres de laconisme. Aux sommations de Xerxès, qui lui enjoignait de rendre les armes, Léonidas répondit : *Viens les prendre*. Une mère, en remettant le bouclier à son fils qui partait pour la guerre, lui dit pour toutes recommandations et pour tout adieu : *Avec ou dessus*.

(3) *Platon*, philosophe grec et le plus célèbre disciple de Socrate. Il fonda à Athènes une école fameuse connue sous le nom d'*Académie*. La beauté de sa morale lui a fait donner le surnom de *Divin*, et la douceur de son style celui d'*Abeille attique*.

(4) Casuiste espagnol, dont le nom, quoique injustement peut-être, est devenu synonyme d'hypocrite habile, qui sait résoudre, par des réticences mentales, les cas de conscience les plus subtils. Du mot Escobar on a fait *escobarder*, tromper, et *escobarderie*, subterfuge.

(5) Voir page 115, note 3.

(6) *Simon-le-Magicien*, converti depuis peu au christianisme, voyant les apôtres opérer des prodiges, leur offrit de l'argent pour acquérir la même puissance. Saint Pierre, indigné, le maudit. De là vient qu'on a appelé *simonie* la convention par laquelle on prend ou l'on donne de l'argent pour vendre ou acheter quelque chose de saint et de spirituel : *Ce traité est une simonie*.

(7). Nom donné par Michel Cervantes au cheval maigre et eflanqué de *Don Quichotte*.

    Rossinante, la fleur des coursiers d'Ibérie,
    Qui, trottant jour et nuit et par monts et par vaux,
    Galopa, dit l'histoire, une fois en sa vie.
            (BOILEAU).

(8) Noms des mois du calendrier républicain établi par la Convention nationale le 24 novembre 1793. Toutes ces désignations, dues à Fabre d'Églantine, ont été prises dans la nature. — Messidor, du latin *messis*, moisson, mois dans lequel on fait la moisson (juillet); thermidor, du latin *thermæ*, bains, lequel est tiré lui-même du grec *thermos*, chaud, mois, saison des bains (août).

DE LA DÉRIVATION.

CENT QUATORZIÈME LEÇON.

Devoir sur les verbes composés d'un radical et d'une préfixe.

Venir,	revenir, prévenir, contrevenir, parvenir, disconvenir, intervenir.
Tenir,	retenir, soutenir, détenir, contenir, maintenir.
Faire,	refaire, défaire, méfaire, surfaire, contrefaire, redéfaire, parfaire.
Dire,	redire, dédire, contredire, maudire, médire, prédire.
Ecrire,	décrire, récrire, souscrire, transcrire, inscrire.
Former,	réformer, déformer, transformer, conformer.
Poser.	reposer, déposer, imposer, apposer, exposer, composer, transposer, superposer, interposer.
Passer,	repasser, dépasser, surpasser, outre-passer, contrepasser, trépasser.
Crier,	récrier (se), décrier, s'écrier.
Prendre,	reprendre, surprendre, comprendre, apprendre, désapprendre, entreprendre.
Veiller,	éveiller, réveiller, surveiller.
Tourner,	retourner, détourner, contourner.
Mander,	demander, redemander, contremander, recommander, décommander.
Prouver,	approuver, désapprouver, improuver, éprouver.
Serrer,	desserrer, resserrer, enserrer.
Mener.	amener, emmener, ramener, promener, se démener.
Mêler,	démêler, emmêler, entre-mêler.
Courir,	accourir, secourir, concourir, discourir, encourir.
Voir,	revoir, prévoir, entrevoir, pourvoir.
Pendre,	dépendre, rependre, suspendre, appendre.
Lever,	relever, élever, enlever, soulever, prélever.
Porter,	reporter, apporter, déporter, importer, exporter, supporter, transporter, rapporter, comporter (se), emporter.
Mettre,	remettre, démettre, émettre, omettre, admettre, transmettre, soumettre, promettre.
Joindre,	adjoindre, déjoindre, rejoindre, disjoindre, conjoindre, enjoindre.
Paraître.	disparaître, apparaître, comparaître, reparaître, réapparaître.
Quérir,	acquérir, conquérir, requérir, s'enquérir, reconquérir.
Fier (se),	confier, défier (se), méfier (se).
Signer,	assigner, consigner, soussigner.
Planter,	déplanter, replanter, implanter, transplanter.
Battre,	débattre, abattre, combattre, rebattre, s'ébattre.
Monter,	remonter, démonter, surmonter.
Sentir,	ressentir, consentir, pressentir.
Parer,	déparer, préparer, réparer.
Lier,	délier, relier, allier.
Jurer,	abjurer, adjurer, conjurer.
User,	abuser, désabuser, mésuser.
Charger,	décharger, recharger, surcharger.
Lacer.	délacer, enlacer, entrelacer.

7.

CENT QUINZIÈME LEÇON.

Devoir sur l'étymologie des mots.

Forge,	forgeron.	En impose,	imposteur.
Conduit,	conducteur.	Examine,	examinateur.
Ecrit,	écrivain.	Censure,	censeur.
Crée,	créateur.	Conserve,	conservateur.
Fonde,	fondateur.	Boit,	buveur, biberon(3).
Fond,	fondeur.	Boite,	boiteux.
Acquiert,	acquéreur.	Vérifie,	vérificateur.
Conquiert,	conquérant.	Imite,	imitateur.
Requiert (1),	requérant.	Déclame,	déclamateur.
Triomphe (2),	triomphateur.	Tracasse,	tracassier.
Domine,	dominateur.	Séduit,	séducteur.
Mendie,	mendiant.	Envahit,	envahisseur.
Persécute,	persécuteur.	Prophétise,	prophète.
Fuit,	fuyard.	Protége,	protecteur.
Fournit,	fournisseur.	Navigue,	navigateur.
Loue (*louange*),	louangeur.	Assassine,	assassin.
Loue (*louage*),	loueur.	Dissipe,	dissipateur.
Communie,	communiant.	Indique,	indicateur.
Vanne,	vanneur.	Assaille,	assaillant.
Détruit,	destructeur.	Révèle,	révélateur.
Continue,	continuateur.	Dépense,	dépensier.
Commente,	commentateur.	Assiége,	assiégeant.
Vainc,	vainqueur.	Débute,	débutant.
Dénonce,	dénonciateur.	Déserte,	déserteur.
Pille,	pillard.	Organise,	organisateur.
Cultive,	cultivateur.	Consomme,	consommateur.
Se mutine,	mutin.	Assomme,	assommeur.
Sollicite,	solliciteur.	Médit,	médisant.
Construit,	constructeur.	Calcule,	calculateur.
Introduit,	introducteur.	Intrigue,	intrigant.
Dort,	dormeur.	Préside,	président.
Dore,	doreur.	Entreprend,	entrepreneur.
Réforme,	réformateur.	Ordonne,	ordonnateur.
Déguste,	dégustateur.	Relie,	relieur.
Précède (*roi*),	prédécesseur.	Lit,	lecteur.
Succède,	successeur.	Possédé,	possesseur.
Hérite,	héritier.	Spolie,	spoliateur.
Contribue,	contribuable.	Chicane,	chicanier.
Distribue,	distributeur.	Témoigne,	témoin.
Se vante,	vantard.	Apprécie,	appréciateur.
Dévaste,	dévastateur.	Connaît,	connaisseur.
Contrarie,	contrariant.	Sculpte,	sculpteur.
Rivalise,	rival.	Peint,	peintre.
Dessine,	dessinateur.	Teint,	teinturier.
S'enorgueillit,	orgueilleux.	Prêche,	prédicateur.

(1) Ce mot ne s'emploie guère qu'en terme de procédure, *requérir l'application de la loi*. Cependant il signifie aussi *sommer* : Je vous prie, et, au besoin, je vous requiers, etc.

(2) Voir page 116, note 2.

(3) *Biberon*, expression familière et triviale dans le sens de buveur, est un appareil employé particulièrement pour l'allaitement artificiel des enfants.

Tremble,	trembleur.	Rumine,	ruminant.
Pourvoit,	pourvoyeur.	Extirpe,	extirpateur.
Adhère,	adhérent.	Pose,	poseur.
Devance,	devancier.	Expose,	exposant.

CENT SEIZIÈME LEÇON.

Devoir sur l'étymologie des mots.

Démonstrateur,	démontre.	Ravisseur,	ravit.
Percepteur,	perçoit.	Concurrent,	concourt.
Directeur,	dirige.	Versificateur,	versifie.
Praticien,	pratique.	Inspecteur,	inspecte.
Fabricateur,	fabrique.	Novateur,	innove.
Correcteur (1),	corrige.	Rénovateur,	renouvelle.
Copiste,	copie.	Spéculateur,	spécule.
Régulateur,	règle.	La pitié,	s'apitoie.
Producteur,	produit.	Signataire,	signe.
Electeur,	élit.	Menteur,	ment.
Traître,	trahit.	Abréviateur,	abrége.
Mouleur,	moule.	Econome,	économise.
Insolent,	insulte.	Adorateur,	adore.
Préparateur,	prépare.	Approbateur,	approuve.
Révolutionnaire	révolutionne.	Réprobateur,	réprouve.
Contradicteur,	contredit.	Désapprobateur,	désapprouve.
Serviteur,	sert.	Corrupteur,	corrompt.
Confiseur,	confit.	Pacificateur (2),	pacifie.
Traducteur,	traduit.	Déclamateur,	déclame.
Falsificateur,	falsifie.	Rédacteur,	rédige.
Polisseur,	polit.	Agitateur,	agite.
Démissionnaire,	se démet.	Réactif (3),	réagit.
Débiteur,	doit.	Purgatif,	purge.
Débitant,	débite.	Fourbisseur,	fourbit.
Donateur,	donne.	Provocateur,	provoque.
Sacrificateur,	sacrifie.	Niveleur,	nivelle.
Profanateur,	profane.	Contemplateur,	contemple.
Envieux,	envie.	Usurpateur,	usurpe.

(1) Aujourd'hui ce mot s'emploie pour désigner celui qui corrige les *épreuves* de l'imprimerie. Lors de la découverte de cet art, l'emploi de *correcteur* n'était pas dédaigné des hommes les plus érudits. François I*er*, allant visiter un jour le savant Robert Etienne, le trouva occupé à corriger une épreuve; il ne voulut pas l'interrompre dans son travail, et attendit qu'il eût fini. Quel honneur rendu à la science et aux arts!

Henri Etienne, fils de Robert Etienne, poussait l'amour de son art jusqu'à exposer ses épreuves aux vitres de ses fenêtres, et il donnait une pièce de monnaie pour chaque faute que découvraient les passants, écoliers, clercs de la basoche, etc. (Demander aux élèves, sous forme de rapprochement, quel est le peintre qui exposait ses tableaux à la critique des passants.)

(2) C'est ainsi que, par ses talents militaires et sa générosité, Hoche mérita le glorieux titre de *Pacificateur de la Vendée*.

(3) En chimie, on appelle *réactifs* les substances dont on se sert pour reconnaître la nature d'un corps. Les alcalis, par exemple, rougissent la teinture bleue de tournesol, et cette teinture, une fois rougie, est ramenée au bleu par les acides, qui, dans ce cas, opèrent une *réaction*.

Consolateur,	console.	Admirateur,	admire.
Oppresseur,	opprime.	Moteur (1),	meut.
Administrateur,	administre.	Improvisateur,	improvise.
Conspirateur,	conspire.	Taquin,	taquine.
Triomphateur,	triomphe.	Régénérateur,	régénère.
Tyran,	tyrannise.	Interrupteur,	interrompt.
Continuateur,	continue.	Envahisseur,	envahit.
Dominateur,	domine.	Magnétiseur (2),	magnétise.
Incendiaire,	incendie.	Cabaleur,	cabale.
Souscripteur,	souscrit.	Défenseur,	défend.
Blasphémateur,	blasphème.	Cultivateur,	cultive.
Interrogateur,	interroge.	Contrefacteur (3)	contrefait.
Calomniateur,	calomnie.	Amateur,	aime.

CENT DIX-SEPTIÈME LEÇON.

Devoir sur les rapports des mots.

NOTA. Il n'existe entre les deux mots qu'un rapport de sens, sans aucun rapport de radical.

Le précepteur	instruit.	Le mentor (4)	guide.
Le courtisan	flatte.	Le pilote	dirige.
L'auditeur	écoute.	Le mouchard	espionne.
La cantatrice	chante.	L'avare	entasse.
L'acteur	joue.	Le soldat lâche	fuit.
L'agresseur	attaque.	L'indiscret	révèle.
Le palefrenier	soigne.	L'ingrat	oublie.
Le postillon	conduit.	Le maître	commande.
L'instigateur	excite.	L'esclave	obéit.

(1) Du latin *motor*, qui meut. Ce mot désigne celui qui dirige ostensiblement ou secrètement une entreprise, une affaire quelconque : *moteur d'intrigues*. En mécanique, il désigne tout ce qui est destiné à imprimer ou à transmettre le mouvement. En métaphysique, il n'y a véritablement de *premier moteur* que Dieu.

(2) Les Grecs désignaient la pierre d'aimant par le nom de *magnès*, d'où vient le mot *magnétisme*, propriété qu'a l'aimant d'attirer le fer : c'est le *magnétisme minéral*. Mesmer, médecin allemand, ayant tenté de guérir par ce fluide, en appliquant des aimants sur les parties malades, crut bientôt reconnaître que la seule application des mains sur le corps produisait le même effet que l'aimant, et il proclama dès-lors l'existence d'un magnétisme propre aux êtres animés, qu'il appela *magnétisme animal*. Une commission de savants, à laquelle fut soumise la nouvelle doctrine, déclara que Mesmer produisait des effets surprenants, mais qu'ils étaient dus surtout à l'imagination. Il fût considéré par les uns comme un imposteur, par les autres comme un bienfaiteur de l'humanité. On ne peut contester qu'il eut trop souvent recours au charlatanisme; cependant sa découverte paraît aujourd'hui hors de doute, mais comme les phénomènes magnétiques se prêtent facilement au merveilleux, ils ont été le plus souvent défigurés par la superstition, ou exploités par le charlatanisme.

(3) La *contrefaçon* est l'action de copier, d'imiter ou de fabriquer une chose au préjudice de l'auteur ou de l'inventeur.

(4) *Mentor* était un ami d'Ulysse, et le précepteur de son fils Télémaque. Fénelon a rendu ce nom synonyme de guide, en faisant, dans son admirable poème, accompagner son héros par Minerve, cachée sous les traits de Mentor.

DE LA DÉRIVATION.

L'indulgence	pardonne.	Le piéton	marche.
Le libérateur	délivre.	L'arbitre	décide.
L'orateur	parle.	L'enfant studieux	étudie.
L'incrédule	nie.		
L'œil	voit.	L'orgueilleux	se vante.
L'oreille	entend.	Le précurseur(2)	annonce.
Le feu	chauffe.	Le médiateur	s'interpose.
La bougie	éclaire.	Le gladiateur (3)	se bat.
Le rédempteur	rachette.	Le candidat	aspire.
Le perturbateur	trouble.	L'acrobate (4)	danse.
L'athlète (1)	combat.		

CENT DIX-HUITIÈME LEÇON.

Devoir sur l'étymologie des mots.

Europe,	européen.	Epire,	épirote.
Asie,	asiatique,	Latium (5),	latin.
Afrique,	africain.	Etrurie,	étrusque.
Amérique,	américain,	Indoustan,	indou.
Océanie,	océanien.	Afganisthan,	afghan.
Gaule,	gaulois.	Cafrerie,	cafre.
Belgique,	belge.	Tartarie,	tartare.
Prusse,	prussien.	Mantchourie,	mantchou.
Russie,	russe.	Kamtschatka,	kamtschadal.
Turquie,	turc.	Mauritanie,	maure.
Norvége,	norvégien,	Pérou,	péruvien.
Danemarck,	danois.	Canada,	canadien.
Laponie,	lapon.	Mexique,	mexicain.
Hongrie,	hongrois.	Brésil,	brésilien.
Sardaigne,	sarde.	Patagonie,	patagon.
Sicile,	sicilien.	Zélande,	zélandais.
Bavière,	bavarois.	Flandre,	flamand.
Lombardie,	lombard.	Picardie,	picard.
Macédoine,	macédonien.	Champagne,	champenois.
Saxe,	saxon.	Alsace,	alsacien.

(1) On désigne sous ce nom ceux qui combattaient dans les jeux publics de la Grèce, et, plus tard, chez les Romains. Les *athlètes* se livraient à cinq genres d'exercices; celui de la lutte, du pugilat, de la course, du saut, et du disque.

(2) Celui qui vient avant un autre pour annoncer sa venue. Saint Jean-Baptiste a été le *précurseur* de Jésus-Christ.

(3) Les gladiateurs, à Rome, étaient ceux qui, pour le plaisir du peuple, combattaient, volontairement ou par force, contre un autre homme ou contre une bête féroce; ils étaient pour la plupart esclaves. Les Romains aimaient ce spectacle avec fureur. Dans les jeux publics, il n'était pas rare de voir jusqu'à mille paires de gladiateurs. Ces jeux sanglants ont été abolis par l'introduction du christianisme.

Le plus célèbre gladiateur dont l'histoire fasse mention, et qui mit Rome à deux doigts de sa perte, fut Spartacus. Sa statue, qu'on admire à Paris, au jardin des Tuileries, est un chef-d'œuvre.

(4) Du grec *akrobatein*, marcher sur la pointe des pieds; on désigne par ce nom les danseurs de corde. Il y en avait déjà de fameux chez les Romains.

(5) Contrée d'Italie, située entre l'Etrurie et la Campanie, et dont la conquête fut commencée par les Romains dès Romulus.

Bourgogne,	bourguignon.	Genève,	genevois.
Gascogne,	gascon.	Gênes,	génois.
Béarn,	béarnais.	Rome,	romain.
Vendée,	vendéen.	Grenade,	grenadin.
Bretagne,	breton.	Venise,	vénitien.
Anjou,	angevin.	Florence,	florentin.
Poitou,	poitevin.	Naples,	napolitain.
Franche-Comté,	franc-comtois.	Moscou,	moscovite.
Normandie,	normand.	Corinthe,	corinthien.
Castille,	castillan.	Liége,	liégeois.
Andalousie (1),	andalous.	Syracuse,	syracusain.
Catalogne,	catalan.	Sparte,	spartiate.
Chypre,	chyprien.	Thèbes,	thébain.
Croatie,	croate.	Crotone,	crotoniate.
Moldavie,	moldave.	Numance,	numantin.
Crète,	crétois.	Sybaris,	sybarite.
Chanaan,	chananéen.	Troie,	troyen.
Paris,	parisien.	Siam,	siamois.
Marseille,	marseillais.	Maroc,	marocain.
Strasbourg,	strasbourgeois.	Carthage,	carthaginois.
Calais,	calaisien.	Ninive,	ninivite.
Rouen,	rouennais.	Sidon,	sidonien.
Bordeaux,	bordelais.	Samarie,	samaritain.
Alby,	albigeois.	Tyr,	tyrien.

CENT DIX-NEUVIÈME LEÇON.

Des diminutifs.

RADICAUX :	DIMINUTIFS :	RADICAUX :	DIMINUTIFS :
Cache,	cachette.	Histoire,	historiette.
Bande,	bandelette.	Bobine,	bobinette.
Chaîne,	chaînette.	Cheville,	chevillette.
Cloche,	clochette.	Poule,	poulette.
Poche,	pochette.	Langue,	languette.
Manche,	manchette.	Cuve,	cuvette.
Dîner,	dînette.	Ciboule,	ciboulette.
Herbe,	herbette.	Maison,	maisonnette.
Table,	tablette.	Chemise,	chemisette.
Fille,	fillette.	Chausse,	chaussette.
Lance,	lancette.	Chambre,	chambrette.
Serpe,	serpette.	Côte,	côtelette.
Fourche,	fourchette.	Planche,	planchette.
Hache,	hachette.	Lune,	lunette.
Bûche,	bûchette.	Tine,	tinette.
Boule,	boulette.	Mie,	miette.
Van,	vannette.	Goutte,	gouttelette.
Paille,	paillette.	Tarte,	tartelette.
Anis,	anisette.	Cerise,	cerisette.
Face,	facette.	Verge,	vergette.

(1) Province d'Espagne, anciennement la Bétique, que les Vandales occupèrent avant de passer en Afrique, et qu'ils nommèrent *Vandalusia*, d'où est venu le nom d'Andalousie.

DE LA DÉRIVATION.

RADICAUX :	DIMINUTIFS :	RADICAUX :	DIMINUTIFS :
Broche,	brochette.	Propre,	propret.
Barcelone (1),	Barcelonnette.	Rond,	rondelet.
Berceau,	barcelonnette.	Gras,	grassouillet.
Bourse,	boursette.	Maigre,	maigrelet.
Loge,	logette.	Brun,	brunet.
Au vinaigre,	à la vinaigrette.	Brune,	brunette.
Livre,	livret.	Blond,	blondin, blondinet.
Sac,	sachet.		
Bateau,	batelet.	Blonde,	blondine, blondinette.
Bois,	bosquet.		
Coffre,	coffret.	Aigre,	aigrelet.
Coq,	cochet (2) (petit coq).	Clair (vin),	clairet.
		Seul,	seulet.
Larron,	larronneau.	Seule,	seulette.
Jambon,	jambonneau.	Pauvre (mas.),	pauvret (5).
Voleur,	volereau.	Pauvre (fém.),	pauvrette.
Ver,	vermisseau.	Fou (fol),	follet.
Orme,	ormeau.	Doux,	doucet, doucereux.
Mont,	monticule.		
Partie,	particule.	Gentil,	gentillet.
Ventre,	ventricule.	Jolie,	joliette.
Prince,	principicule (3).	Noir,	noirâtre.
Veine,	veinule.	Jaune,	jaunâtre.
Animal,	animalcule (4).	Vert,	verdâtre.
Glande,	glandule.	Rouge,	rougeâtre.
Corps,	corpuscule.	Blanc,	blanchâtre.
Globe,	globule.	Gris,	grisâtre.
Peau,	pellicule.	Dur,	duriuscule.
Vessie,	vésicule.	Fin,	finaud.
Choléra,	cholérine.	Vieux,	vieillot.
Botte,	bottine.	Pâle,	pâlot.
Bécasse,	bécassine.	Sauter,	sautiller.
Rue,	ruelle.	Voler,	voltiger, voleter.
Tour,	tourelle.	Crier,	criailler.
Prune,	prunelle.	Cri,	criaillerie.
Corbeille,	corbillon.	Chanter,	chantonner.
Tambour,	tambourin.	Chanson,	chansonnette.
Canon,	canonnière.	Rire,	ricaner.
Faux,	faucille.	Rimer,	rimailler.
Mante.	mantille.	Rimeur,	rimailleur.
Main,	menotte.	Cligner,	clignoter.

(1) Ville de la Catalogne, en Espagne.
(2) La Fontaine :
   Or, c'était un *cochet*, dont notre souriceau
   Fit à sa mère le tableau.
(3) Prince peu puissant, souverain d'une très-petite principauté.
(4) Animal si petit, qu'il ne peut être aperçu qu'à l'aide du microscope; on l'appelle aussi, pour cela, *microscopique*. On a attribué à l'invasion d'animalcules malfaisants les maladies épidémiques.
(5) Ce mot s'emploie par commisération ou par affection pour *pauvre, petit*.
   Un milan qui dans l'air planait, faisait sa ronde,
   Voit d'en haut le *pauvret* se débattant sur l'onde.
                                                LA FONTAINE.

RADICAUX :	DIMINUTIFS :	RADICAUX :	DIMINUTIFS :
Boire,	buvoter.	Carpe,	carpeau, carpillon.
Piquer,	picoter.		
Ouvrir,	entr'ouvrir.	Aigle,	aiglon.
Voir,	entrevoir.	Faucon,	fauconneau.
Nègre,	négrillon.	Perdrix,	perdreau.
Loup,	louveteau.	Caille,	cailleteau.
Ane,	ânon.	Bécasse,	bécasseau.
Ours,	ourson.	Paon,	paonneau.
Lion,	lionceau.	Tourterelle,	tourtereau.
Chat,	chaton (1).	Pigeon,	pigeonneau.
Souris,	souriceau.	Dindon,	dindonneau.
Lièvre,	levraut.	Oie,	oison.
Lapin,	lapereau.	Cane,	caneton (*m.*).
Chèvre,	chevreau.		canette (*f.*).
Baleine,	baleineau.	Poule,	poulet, poussin.

CENT VINGTIÈME LEÇON.

Le radical n'est pas toujours commun.

Les eaux,	poissons.	Une loge,	portier.
L'air,	oiseaux.	Une caserne,	soldats.
La campagne,	campagnards (2)	Un hôpital,	malades.
Un village,	villageois.	Un repaire,	brigands.
Une ville,	citadins (3).	Une auberge,	aubergiste.
Une province,	provinciaux.	Un cabaret,	cabaretier.
Un faubourg,	faubouriens.	Une hôtellerie,	hôtelier.
L'orient,	orientaux.	Une taverne,	tavernier.
Le levant,	levantins.	Une ferme,	fermier.
L'occident,	occidentaux.	Une métairie,	métayer.
Le septentrion,	septentrionaux.	Un moulin,	meunier.
Le midi,	méridionaux.	Une manufacture	manufacturier.
Une colonie,	colons.	Une filature,	filateur.
Une île,	insulaires (du latin *insula*).	Une fabrique,	fabricant.
		Une tannerie,	tanneur.
Une rive,	riverains.	Une boutique.	boutiquier.
Une montagne,	montagnards.	Une mine,	mineurs.
Une prison,	prisonniers.	Un vaisseau,	matelots.
Le bagne,	forçats.	L'Olympe (4),	les dieux du paganisme.
Un château,	châtelain.		
Un presbytère,	curé.	Le Paradis.	les bienheureux
Un palais épiscopal.	évêque (du latin *episcopus*).	L'Enfer,	les damnés.
		Le Panthéon (5).	les restes de ceux qui ont illustré la patrie.
Un couvent,	religieux *ou* religieuses.		
Un monastère,	moines.	Une église,	les chrétiens.

(1) Chaton exprime aussi la partie d'une bague dans laquelle une pierre précieuse est enchâssée.
(2) Ce terme s'emploie dans un sens un peu défavorable.
(3) De *cité*, qui lui-même vient de l'italien *citta*, ville.
(4) Célèbre chaîne de montagnes entre la Macédoine et la Thessalie, dont les anciens avaient fait la demeure des dieux.
(5) Célèbre édifice de Rome, dont le dôme est debout depuis près de deux mille ans. Il fut destiné à recevoir les statues de tous les dieux (du grec *pan*,

Un temple,	les protestants.	Une fourmilière,	fourmis.
Une synagogue.	les Israélites.	Une ruche,	abeilles.
Une mosquée,	mahométans.	Une bauge,	sanglier.
Les Tuileries (1)	rois de France.	Un terrier,	lapin.
Le Kremlin (2).	empereurs de Russie à Moscou.	Une aire,	aigle.
		Une bibliothèque,	livres.
Postdam (3),	rois de Prusse.	Une galerie,	tableaux.
Le Vatican (4),	les papes.	Un écrin,	diamants.
L'Institut (5),	académiciens.	Une bourse,	argent.
Une école,	écoliers.	Un étui,	aiguilles.
Un pensionnat,	pensionnaires.	Un fenil,	foin.
Un collége,	collégiens.	Une huche,	pain.
Un lycée,	lycéens.	Un cellier,	vin.
Un externat,	externes.	Une salière,	sel.
Un séminaire,	séminaristes.	Une solfatare (6),	soufre.
Une cage,	oiseaux privés.	Une remise,	voiture.
Un vivier,	poissons.	Un garde-manger,	aliments.
Un colombier,	pigeons.		
Un poulailler,	poules.	Une garde-robe,	hardes.
Une niche,	chien.	Un bûcher,	bois.
Un chenil,	chiens de chasse	Un réservoir,	eau.
Une écurie,	chevaux.	Un fourreau,	épée.
Une bergerie,	brebis.	Un carquois,	flèches.
Une faisanderie,	faisans.	Un arsenal,	armes.
Une fauconnerie	faucons.	Une poudrière,	poudre.
Une ménagerie.	animaux rares.	Une giberne,	cartouches.
Une volière.	oiseaux.	Une gibecière,	gibier.

tout, et *theos*, dieu). — Celui de Paris, bâti sous Louis XV par l'architecte Soufflot, fut d'abord destiné à former l'église Sainte-Geneviève; lors de la révolution de 1789, on le consacra à recevoir les restes des grands hommes de la patrie : Mirabeau est le premier dont le corps y fut déposé. Rendu au culte, sous la Restauration, sa destination fut encore changée en 1830; enfin depuis quelques années, le Panthéon est redevenu Sainte-Geneviève. Les magnifiques peintures qui ornent l'intérieur du dôme sont dues au célèbre peintre Gros. Les caveaux du Panthéon renferment les cénotaphes de Voltaire et de J.-J. Rousseau; le fronton, dû au ciseau de David d'Angers, porte la célèbre inscription : *Aux grands hommes la patrie reconnaissante.*

(1) Palais ainsi appelé parce qu'il a été bâti sur l'emplacement où l'on faisait autrefois des *tuiles*; commencé en 1560 par les ordres de Catherine de Médicis, achevé par Louis XIV, ce palais n'a guère été la résidence des souverains que depuis Louis XV.

(2) *Kremlin* ou *Kreml*, mot slavon, dérivé de *Krem*, caillou, signifie forteresse. Chez les Slaves, toute enceinte murée est un Kreml. Aussi plusieurs villes de Russie ont-elles leur *Kremlin*; mais le plus important et le plus connu est celui de Moscou, où résida Napoléon après la prise de cette ville, en 1812.

(3) Deuxième résidence royale (Berlin est la première), Postdam ou Potsdam est le Versailles de la Prusse. Dans ses environs se trouve le célèbre *Sans-Souci*, maison de plaisance bâtie par Frédéric II.

(4) Colline de Rome, remarquable par le magnifique palais des papes auquel sont attenants des jardins superbes, la célèbre bibliothèque dite *du Vatican*, et la basilique de Saint-Pierre. Le Vatican renferme les œuvres des peintres les plus célèbres de l'école italienne.

(5) Société savante, organisée à Paris par Richelieu; elle se compose de cinq académies : l'*Académie française*, celle des *Inscriptions et Belles-Lettres*, des *Sciences*, des *Beaux-Arts*, des *Sciences morales et politiques*.

(6) Le *soufre* nous vient de Naples, ville près de laquelle se trouve la célèbre *solfatare* de Pouzzoles, emplacement d'un ancien volcan, d'où s'exhalent des vapeurs sulfureuses qui déposent le soufre dans les fissures qui leur donnent passage.

Un parterre,	fleurs.	Une oseraie,	osiers.
Un potager,	légumes.	Une châtaigne-	châtaigniers.
Un verger,	arbres fruitiers.	raie,	
Une saulaie,	saules.	Une chênaie,	chênes.

CENT VINGT-ET-UNIÈME LEÇON.
De la composition et de la décomposition des mots.

Entrevue,	entre vue.
Entremêler,	entre mêler.
Contredire,	contre dire.
Contrevenir,	contre venir.
Contrevent,	contre vent.
Longtemps,	long temps.
Extravaguer,	extra vaguer. (EXTRA, *hors;* VAGUER, *errer*.)
Extraordinaire,	extra ordinaire.
Sainfoin,	sain foin.
Maudire,	mau dire. (Pour *mal dire*.)
Malgré,	mal gré. (*Contre* le *gré*.)
Malaise,	mal aise.
Malheureux,	mal heureux.
Bienheureux,	bien heureux.
Bienfaisant,	bien faisant.
Bienfait,	bien fait.
Bonjour,	bon jour.
Bonsoir,	bon soir.
Bonbon,	bon bon. (On devrait pouvoir dire aussi *bisbon,* comme on dit *joujou* et *bijou*.)
Monseigneur,	mon seigneur.
Mademoiselle,	ma demoiselle.
Mesdames,	mes dames.
Parsemer,	par semer.
Partout,	par tout.
Pourquoi,	pour quoi.
Surprendre,	sur prendre.
Surhumain,	sur humain. (*Sur* signifie *qui est au-dessus de*.....)
Surface,	sur face.
Surtout (adv.)	sur tout. (*Surtout,* substantif, désigne un vêtement fort large que l'on met par-dessus tous les autres habits.)
Vaurien,	vau rien. (Pour *vaut* (1) *rien*.)
Maintenant,	main tenant. (Litt. *pendant qu'on y tient la main*.)
Adieu,	à Dieu.
Voici,	voi ci. (Pour *vois ici*.)
Voilà,	voi là. (Pour *vois là*.)
Cependant,	pendant ce. (Ce mot est ordinairement mis pour *toutefois, néanmoins, pourtant,* et a rarement sa signification littérale. Fénelon, La Fontaine, etc., en offrent quelques exemples (2).

---

(1) Il arrive souvent qu'en se combinant, les mots perdent la finale et jusqu'à la pénultième qu'ils avaient à l'état simple, la contraction ayant rendu ces lettres inutiles à la prononciation ou nuisibles à l'harmonie.

(2) . . . . Raton avec sa patte
Tire un marron, puis deux, et puis trois en escroque;
Et *cependant* Bertrand les croque. (LA FONTAINE.)

Quelquefois,	quelque fois.
Sangsue,	sang sue. (Qui *suce* le *sang*.)
Soucoupe,	sou coupe. (Pour *sous coupe*.)
Sourire,	sou rire. (*Au-dessous du rire*, moindre que le rire.)
Portecrayon,	porte crayon.
Portefeuille.	porte feuille.
Portemanteau.	porte manteau.
Vinaigre,	vin aigre.
Toujours,	tou jours. (Litt. *tous* les *jours*.)
Toussaint (*la*),	Tous saint (La fête de *tous* les *saints*.)
Plafond,	pla fond. (*Plat fond*.)
Aussitôt,	aussi tôt.
Verjus,	ver jus. (*Vert jus*.)
Ververt (1),	vert vert. (Doublement *vert;* même construction que bonbon et joujou.)
Ouest (2),	ou est. (*Où est*.)
Archiduc,	archi duc.
Archipatelin,	archi patelin.
Archidiacre,	archi diacre.
Archifou,	archi fou.
Prédire,	pré dire. (*Dire* à l'avance.)
Préjuger,	pré juger. (*Juger* à l'avance.)
Préfix,	pré fix. (Qui est *fixé* d'avance.)
Maintenir,	main tenir. (S'emploie souvent au figuré dans le sens de *protéger*.)
Manuscrit,	manu scrit. (*Écrit de la main*.)
Biscuit,	bis cuit.
Bissac,	bis sac. (Du latin *bis saccus*, deux fois sac.)
Biscornu,	bis cornu.
Trident,	tri dent. (Fourche à *trois dents*. Le TRIDENT de Neptune.)
Tricorne,	tri corne.
Tricolore,	tri colore. (*Trois couleurs*, du latin *color*.)
Trisaïeul,	tris aïeul. (*Aïeul* au *troisième* degré.)
Trisannuel,	tris annuel.
Méditerranée,	médi terranée. (Qui est au *milieu* des *terres*.)
Milieu,	mi lieu.
Nonpareil,	non pareil.
Antichambre,	anti chambre. (Qui précède, qui est *avant* la chambre.)
Villefranche,	ville franche (3).

(1) Titre d'un poème badin de Gresset, dont le héros est un perroquet des Visitandines de Nevers, nommé *Vert-Vert*.

(2) *Est* signifie qui *est*, qui subsiste par lui-même. C'est le *ego sum qui sum* de l'Écriture. (*Je suis celui qui suis*, dit l'Éternel à Moïse.) Partant de ce point, certains étymologistes ont considéré l'opposite *ouest* comme une proposition interrogative, servant à exprimer la surprise d'un observateur qui cesse tout à coup d'apercevoir le soleil, au moment où il se couche.

Cette étymologie nous a paru très-ingénieuse, et c'est à ce titre seul que nous l'avons rapportée, sans l'adopter, puisque nos meilleurs étymologistes font dériver *ouest* du teuton *west*; *Wisigoths* signifiant, en effet, les *Goths de l'Ouest*.

(3) C'est-à-dire exempte d'impôts. Immunité que l'on accordait quelquefois aux villes qui avaient été ravagées, ou qui étaient nouvellement réunies au royaume de France.

Villeneuve,	ville neuve.
Neufchâteau,	neuf château.
Noirmoutier (1),	noir moutier. (*Moutier, moustier*, vieux mot qui avait la signification de *monastère*.)
Angleterre,	Angle terre. (*Terre* des peuples appelés *Angles*.)

CENT VINGT-DEUXIÈME LEÇON.

Exercice sur les particules *in, im, ir, il, dé, dés, des, dis, mé, més, mal.*

L'élève indiquera :

Cinq composés formés du simple et du privatif in :
Inappliqué, incertain, incommode, incomplet, infructueux.

Cinq composés commençant par im *suivi de* m :
Immobile, immodéré, immoral, immortel, immeuble.

Cinq composés commençant par im *suivi de* p :
Impatient, impartial, impénétrable, impopulaire, impossible.

Cinq composés commençant par ir :
Irréfléchi, irréligieux, irréparable, irréprochable, irrésolu.

Cinq composés commençant par il :
Illégitime, illimité, illisible, illicite, illogique.

Cinq composés commençant par dé :
Débrider, décamper, déceler, dégrader, délier.

Cinq composés commençant par dés .
Désagréable, désapprouver, déshabiller, déshabituer, déshonnête.

Cinq composés commençant par des :
Dessaler, desseller, desserrer, desservir, dessouder.

Cinq composés commençant par dis :
Discontinuer, discourtois, disgrâce, disparaître, dissemblable

Cinq composés commençant par mé :
Méconnaître, mécréant, médire, méfier (se), mépriser.

Cinq composés commençant par més :
Mésaise, mésaventure, mésestimer, mésintelligence, mésinterpréter.

Cinq composés commençant par mal :
Maladroit, malentendu, malhonnête, malpropre, malsain.

CENT VINGT-TROISIÈME LEÇON.

Exercice étymologique.

Vir, l'homme,	virilité, viril, virilement, virago.
Agricola, le laboureur,	agriculture, agriculteur, agricole, agronome, agraire, agreste.

---

(1) Cette appellation date des excursions des Normands, hordes barbares qui mettaient tout à *feu* et à sang dans les lieux où elles passaient; ainsi l'île de *Noirmoutier* doit son nom aux murs *noircis* d'un *monastère*.

Nauta, le matelot,	nautonnier, nautique, natation, natatoire, aéronaute.
Aqua, l'eau,	aquatique, aqueux, aquosité.
Bellum, la guerre,	belliqueux, belligérant, Bellóne (1).
Hortus, le jardin.	horticulteur, horticulture.
Sylva, la forêt,	sylvain (2), sylviculture.
Labor, le travail,	laborieux, laborieusement, laboratoire.
Pater, le père,	paternité, paternel, paternellement, paterne (3), patrie.
Celer, prompt,	célérité, accélérer, accélération.
Equus, le cheval,	équitation, écurie, écuyer, équipage, équiper, équipement, équestre.
Terrere, épouvanter,	terreur, terrible, terriblement, terrifier, terroriste, terrorisme.
Ignis, le feu,	ignition, igné.
Culpa, la faute,	coupable, culpabilité, disculper, inculper.
Navis, le vaisseau,	navire, navigation, navigateur, navigable, naviguer, naval.
Far, le blé,	farine, farineux.
Rus, la campagne,	rural, rustique, rustiquement, rustre, rustaud.
Domus, la maison,	domicile, domicilié, domiciliaire, domestique, domesticité, domaine.
Viscus, la glu,	viscosité, visqueux.
Sopor, le sommeil,	soporifique, soporifère.
Ascendere, monter,	ascension, ascendant, ascensionnel.
Vulnus, la blessure,	vulnérable, invulnérable, vulnéraire.
Pecunia, l'argent,	pécune, pécuniaire.
Oculus, l'œil,	oculiste, oculaire, oculairement.
Servus, l'esclave.	serf, servage, servir, serviteur, servitude, servile, servilisme, servilité, etc.
Canis, le chien,	canin, canine, caniche.
Lapis, la pierre,	lapider, lapidation, lapidaire.
Orare, prier,	oraison, orémus, oratoire.
Stare, s'arrêter,	station, stationner, stabilité, stable, stationnaire, etc., etc.
Credere, croire,	crédule, crédulité.
Cupere, désirer,	cupide, cupidité.
Loqui, parler,	loquace, loquacité.
Comedere, manger,	comestible.
Schola, la classe,	scolaire, scolastique, école, écolier.
Lex, legis, la loi,	législateur, législatif, légiste, légal, légalité, légaliser, légalement, etc.
Magnus, grand,	magnanime, magnanimité, magnificence, magnifique, magnats (*grands de Pologne*), Charlemagne (*Charles-le-Grand*).

---

(1) Déesse de la guerre, sœur ou femme de Mars, et son égale en puissance. Elle avait un temple à Rome, où les sénateurs recevaient les ambassadeurs et les généraux. A la porte du temple, était une colonne contre laquelle le héraut lançait une pique lorsqu'on déclarait la guerre.

(2) Dieu des forêts, divinité particulière au Latium.

(3) Vieux mot qui ne s'emploie qu'en badinant. Voltaire s'en est servi d'une manière heureuse : *Il les relève d'un œil paterne* (paternel.

Caput, capitis, la tête,	capital, capitale, capiteux (*qui porte à la* TÊTE), Capet (1), capitaine, décapiter, Capitole (2), capitolin, capitoul (3), capuchon, capucin, etc.
Bruma, l'hiver,	brume, brumeux, brumaire.
Populus, le peuple,	population, populeux, populaire.
Funus, funeris, un convoi.	funérailles, funéraire, funèbre, funeste.

CENT VINGT-QUATRIÈME LEÇON.

Exercice sur le dialecte provençal et le dialecte picard.

Douleur,	douloureux, douloureusement.
Langueur,	langoureux, langoureusement.
Vigueur,	vigoureux, vigoureusement.
Rigueur,	rigoureux, rigoureusement.
Saveur,	savoureux, savoureusement, savourer.
Labeur,	labour, labourer, laboureur, labourage, labourable.
Pasteur,	pastoureau, pastourelle.
Preuve,	prouver.
Epreuve,	éprouver, éprouvette.
Aveu,	avouer, avouable.
Meule,	moudre, moulin.
Meule,	mouvoir, mouvement.
Jeu,	jouer, joueur, joujou, bijou, etc.
Jeunesse,	jouvenceau, jouvencelle, Jouvence (*fontaine de*).
Gueule,	goulu, goulot, goulée (4).
Preux,	prouesse.
Bœuf,	bouvier, bouvillon.
OEuvre,	ouvrier, manouvrier, ouvrage, ouvré.
Vœu,	vouer, dévouer, dévoûment.
Nœud,	noueux, nouer, dénouer, renouer, dénoûment.
Cœur,	courage, courageux, courageusement (5), encourager.
Neuf,	nouveau, nouveauté, nouvellement, renouveler.
Il peut,	pouvoir.
Il veut,	vouloir.

---

(1) Ce surnom du premier de nos rois de la troisième race lui fut donné, soit parce qu'il avait une grosse tête, soit parce qu'il l'avait bonne.

(2) Forteresse de l'ancienne Rome, ainsi nommée, disent les historiens, parce qu'en la construisant, on trouva dans les fondations une *tête* d'homme fraîchement coupée, ce qui persuada aux Romains que leur ville serait un jour la *capitale* de l'univers.

(3) Nom que portaient avant 1789 les premiers officiers municipaux de la ville de Toulouse, ainsi nommés du *Capitole,* lieu où se tenaient leurs réunions.

(4) *Goulée,* grosse bouchée :

Ce maudit animal vient prendre sa *goulée*
Soir et matin... et des piéges se rit.

La Fontaine.

(5) Ces mots signifient littéralement *agir* avec *cœur*.

CENT VINGT-CINQUIÈME LEÇON.

Exercice sur la syncope.

Croûte,	croustiller, croustille, croustillant.
Château,	castel.
Forêt,	forestier.
Arrêter,	arrestation.
Prêter (serment)	prestation.
Bête,	bestiaux, bestial, bestialité, bestialement, bestiaire (1).
Vêtement,	veste, vestiaire, travestir, travestissement.
Fête,	festin, festival, festoyer, festiner, feston.
Tête,	teston (2), testonner (3).
Bâton,	bastonnade, bastonner (*ce dernier terme a vieilli;* BATONNER *est plus usité*).
Pâtre,	pasteur, pastoureau, pastorale (*subst.*), pastoral (*adj.*), pastoralement.
Pâte,	pastille. (*Ces deux mots ont en latin, et partant en français, le même radical.*)
Pâques,	pascal (*adj.*).
Plâtre,	plastique.
Protêt,	protester, protestation, protestant, etc.
Maraîcher,	marais.
Fraîcheur,	frais.
Prêt (adj.),	prestesse, preste, prestement, prestidigitateur, prestidigitation (4).
Hôpital,	hospice, hospitalité, hospitalier.
Côte,	costal, accoster.
Epître,	épistolaire.
Prêtre,	presbytère, presbytérien, prestimonie (5), prestolet.
Goûter,	déguster, dégustation, dégustateur.
Apreté,	aspérité (6).
Pâmer,	spasme, spasmodique.

---

(1) Les Romains appelaient ainsi les gladiateurs qu'ils obligeaient à combattre dans le cirque contre les bêtes féroces.

(2) *Teston*, ancienne monnaie d'argent marquée de la *tête* de Louis XII.

(3) *Testonner*, vieux mot qui signifie orner, friser la *tête* :

Ces deux veuves en badinant,
En riant, en lui faisant fête,
L'allaient quelquefois *testonnant*,
C'est-à-dire ajustant sa tête.
LA FONTAINE.

(4) Art de l'escamoteur.

(5) Vieux et inusité. On nommait ainsi autrefois le revenu affecté par un fondateur à l'entretien d'un prêtre, sans qu'il y ait érection en titre de bénéfice.

(6) On dit indistinctement *âpreté* et *aspérité* de caractère; d'âme, de mœurs, etc.

CHAPITRE DIXIÈME.
DE L'ADVERBE.

CENT VINGT-SIXIÈME LEÇON.
Analyse des adverbes.

Bien,	adv. mod. *as vécu.*
Beaucoup,	adv. mod. *as vécu.*
Très,	adv. mod. *éveillé.*
Très,	adv. mod. *industrieux.*
A demi,	locut. adv. mod. *sauvage.*
Trop,	adv. mod. *léger.*
Ordinairement,	adv. mod. *va.*
Si,	adv. mod. *pointus.*
Si,	adv. mod. *prompts.*
Fort,	adv. mod. *vite.*
Vite,	adv. mod. *grimpe.*
Très,	adv. mod. *lisse.*
Toujours,	adv. mod. *assez.*
Assez,	adv. mod. *tôt.*
Tôt,	adv. mod. *vient.*
Que,	adv. mod. *belle.*
Que,	adv. mod. *brillante.*
Pompeusement,	adv. mod. *est parée.*
Plus,	adv. mod. *sûr.*
Bien,	adv. mod. *vaut.*
Tout,	adv. mod. *heureux.*
Tout,	adv. mod. *aise.*
Plus,	adv. mod. *fort.*
Toujours,	adv. mod. *meilleure.*
Toute,	adv. mod. *blanche.*
Plus,	adv. mod. *vite.*
Vite,	adv. mod. *se publie.*
Très,	adv. mod. *sobrement.*
Sobrement,	adv. mod. *parler.*
Tant,	adv. mod. *va.*
A la fin,	locut. adv. mod. *se casse.*
Fort,	adv. mod. *tranquillement.*
Tranquillement,	adv. mod. *regardons.*
Ne... point,	locut. adv. mod. *frappent.*
Toujours,	adv. mod. *essaye.*
Peut-être,	locut. adv. mod. *réussiras.*
Mieux,	adv. mod. *vaut.*
Ne,	adv. mod. *saches.*
Mal,	adv. mod. *savoir.*
Tout,	adv. mod. *court.*
Court,	adv. mod. *m'arrêtai.*
Si,	adv. mod. *grosses.*
Ne,	adv. mod. *paraissent.*
Si,	adv. mod. *petites.*

DE L'ADVERBE.

Très,	adv. mod. *éloignées.*
Enfin,	adv. mod. *se mit.*
Plus,	adv. mod. *haut.*
Haut,	adv. mod. *grimpa.*

CENT VINGT-SEPTIÈME LEÇON.

Analyse des adverbes.

Tard,	adv. mod. *vient.*
Peu,	adv. mod. *dure.*
Plus,	adv. mod. *longtemps.*
Longtemps,	adv. mod. *vivraient.*
Plus,	adv. mod. *sobres.*
Mutuellement,	adv. mod. *aidons.*
Plus,	adv. mod. *légère.*
Sans cesse,	locut. adv. mod. *grondent;*
Plus,	adv. mod. *mal.*
Mal,	adv. mod. *sont servis.*
Tout,	adv. mod. *opposée.*
Vite,	adv. mod. *oublie.*
Toujours,	adv. mod. *se souvient.*
Si,	adv. mod. *lentement.*
Lentement,	adv. mod. *va.*
Bientôt,	adv. mod. *atteint.*
Bien,	adv. mod. *tracassée.*
A demi,	locut. adv. mod. *est pansée.*
Tard,	adv. mod. *êtes venu.*
Aujourd'hui,	adv. mod. *êtes venu.*
Plus tôt (1),	locut. adv. mod. *venez.*
Demain,	adv. mod. *venez.*
Aussitôt,	adv. mod. *se dissipa.*
Bien,	adv. mod. *nés.*
Que,	adv. mod. *chère.*
Tôt ou tard,	locut. adv. mod. *atteint.*
Si,	adv. mod. *bien.*
Bien,	adv. mod. *racontait.*
Beaucoup,	adv. mod. *a vu.*
Beaucoup,	adv. mod. *avoir retenu.*
Souvent,	adv. mod. *se disaient.*
Toujours,	adv. mod. *s'aimeraient.*
Sans cesse,	locut. adv. mod. *revenait.*
Le plus,	locut. adv. mod. *cher.*
Cher,	adv. mod. *coûtent.*
Souvent,	adv. mod. *sont.*
Le moins,	locut. adv. mod. *ont.*
Peu,	adv. mod. *parler.*
Beaucoup,	adv. mod. *écouter.*
Trop,	adv. mod. *tôt.*
Tôt,	adv. mod. *moissonnée.*

(1) On peut analyser *plus tôt* en deux mots : dans ce cas, *tôt* modifie le verbe, et *plus* modifie *tôt*.

8

Souvent,	adv. mod. *a besoin.*
Plus,	adv. mod. *petit.*
Trop,	adv. mod. *embrasse.*
Mal,	adv. mod. *étreint.*
Tout,	adv. mod. *tristes.*
Moins,	adv. mod. *illustre.*
Tout,	adv. mod. *aussi.*
Aussi,	adv. mod. *bonne.*
Tout,	adv. mod. *aussi.*
Aussi,	adv. mod. *ancienne.*
Ne,	adv. mod. *pouvait.*
Si,	adv. mod. *indiscrètement.*
Indiscrètement,	adv. mod. *eût parlé.*
Toujours,	adv. mod. *se croit.*
Plus,	adv. mod. *sage.*

CENT VINGT-HUITIÈME LEÇON.

Décomposition de l'adverbe.

Habituellement.	D'habitude.
Affectueusement.	Avec affection.
Publiquement.	En public.
Gaîment.	Avec gaîté.
Attentivement.	Avec attention.
Confidentiellement.	En confidence.
Pleinement.	Avec plénitude.
Justement (1).	Avec justice.
Gloutonnement.	Avec gloutonnerie.
Secrètement.	En secret.
Poliment.	Avec politesse.
Aveuglément.	En aveugle.
Fermement.	Avec fermeté.
Réciproquement.	Avec réciprocité.
Impunément.	Avec impunité.
Opiniâtrément.	Avec opiniâtreté.
Excessivement.	Avec excès.
Lentement.	Avec lenteur.
Confusément.	Avec confusion.
Gentiment.	Avec gentillesse.
Précisément.	Avec précision.
Furieusement.	Avec furie.
Royalement.	En roi.
Habilement.	Avec habileté.
Intérieurement.	A l'intérieur.
Obscurément.	Avec obscurité.
Subtilement.	Avec subtilité.
Aisément.	Avec aisance.
Somptueusement.	Avec somptuosité.
Ingénument.	Avec ingénuité.

(1) Ce mot signifie aussi *précisément : Vous entrez justement dans ma manière de voir, de penser,* etc.

DE L'ADVERBE

Promptement.	Avec promptitude.
Magnifiquement.	Avec magnificence.
Discrètement.	Avec discrétion.
Mollement.	Avec mollesse.
Certainement.	Avec certitude.
Follement.	Avec folie.
Commodément.	Avec commodité.
Vivement.	Avec vivacité.
Vitement.	Avec vitesse.
Franchement.	Avec franchise.
Profondément.	Avec profondeur.
Diffusément.	Avec diffusion.
Douloureusement.	Avec douleur.
Abondamment.	En abondance.
Héroïquement.	Avec héroïsme *ou* en héros.
Elégamment.	Avec élégance.
Solennellement.	Avec solennité.
Soigneusement.	Avec soin.
Violemment.	Avec violence.
Annuellement.	Par année.
Activement.	Avec activité.
Instamment.	Avec instance.
Hardiment.	Avec hardiesse.
Ardemment.	Avec ardeur.
Impétueusement.	Avec impétuosité.
Solidairement.	Avec solidarité.
Solidement.	Avec solidité.
Sévèrement.	Avec sévérité.
Modérément.	Avec modération.
Immodérément.	Sans modération.
Rigoureusement.	Avec rigueur.
Personnellement.	En personne.
Mûrement.	Avec maturité.

CENT VINGT-NEUVIÈME LEÇON.

Décomposition de l'adverbe.

Sans pitié.	Impitoyablement.
Avec piété.	Pieusement.
Avec générosité.	Généreusement.
Avec prudence.	Prudemment.
En triomphe.	Triomphalement.
De préférence.	Préférablement.
Avec honneur.	Honorablement.
Avec honnêteté.	Honnêtement.
Avec patience.	Patiemment.
Avec modestie.	Modestement.
Avec langueur.	Langoureusement.
Avec valeur.	Valeureusement.
Avec vaillance.	Vaillamment.
Avec constance.	Constamment.
Avec facilité.	Facilement.

Avec étourderie.	Étourdiment.
Avec douceur.	Doucement.
Avec vigueur.	Vigoureusement.
Avec pesanteur.	Pesamment.
Avec audace.	Audacieusement.
En silence.	Silencieusement.
Avec raison.	Raisonnablement.
Avec amitié.	Amicalement.
Avec cordialité.	Cordialement.
Avec honte.	Honteusement.
Avec bravoure.	Bravement.
Avec peine.	Péniblement.
Avec attention.	Attentivement.
Avec bruit.	Bruyamment.
Avec éloquence.	Éloquemment.
Avec dignité.	Dignement.
Avec civilité.	Civilement.
En paix.	Paisiblement.
Avec humanité.	Humainement.
Avec emphase.	Emphatiquement.
Avec cruauté.	Cruellement.
Avec minutie.	Minutieusement.
Par instinct.	Instinctivement.
Avec régularité.	Régulièrement.
Avec pompe.	Pompeusement.
Avec simplicité.	Simplement.
Avec violence.	Violemment.
Sans comparaison.	Incomparablement.
Avec certitude.	Certainement.
Par accident.	Accidentellement.
Avec fruit.	Fructueusement.
Avec mystère.	Mystérieusement.
Avec décence.	Décemment.
Avec profondeur.	Profondément.
Avec clarté.	Clairement.
Avec amertume.	Amèrement.
Avec évidence.	Évidemment.
Avec résolution.	Résolûment.
En artiste.	Artistement.
Avec diligence.	Diligemment.
Avec fixité.	Fixement.
À pied.	Pédestrement.

CENT TRENTIÈME LEÇON.

Décomposition de l'adverbe.

Léonidas combattit *avec courage* et mourut *avec gloire* aux Thermopyles. L'âne boit et mange *avec sobriété*. Quand on a été insulté *en public*, il faut une réparation publique. Le chien demeure attaché à son maître *avec fidélité* (1). Combien d'hommes parlent *avec plus de bruit*

---

(1) De deux compléments de même longueur, l'un indirect, l'autre circonstanciel, celui-là se place le premier.

que *de raison!* Une chaleur brûlante dévore *à l'intérieur* ceux qui sont attaqués de la peste. Comme l'éléphant est grave et modéré *par nature*, on peut lire dans ses yeux, dont les mouvements se succèdent *avec lenteur*, l'ordre et la suite de ses affections intérieures. Le zèbre est vêtu *avec* plus *d'élégance* que tous les autres quadrupèdes; des bandes noires et blanches environnent *avec régularité* toutes les parties de son corps. Certain renard vit au haut d'une treille des raisins mûrs *en apparence*. Nous parvînmes en un endroit où les vagues, comprimées *avec force*, se heurtaient *avec violence* les unes contre les autres. Rends les armes, disait *avec orgueil* Xerxès à Léonidas. — Viens les prendre, répondit le Spartiate *avec fierté* (1). Un jeune homme ne saurait parler de lui *avec trop de modestie*. Le temps marche *avec rapidité*. Sophronyme recherchait *avec curiosité* tous les secrets de la nature. Une mère croit *avec facilité* ce qu'on lui dit en faveur de son fils. Le perroquet discourait toute la journée avec la vieille radoteuse, qui ne parlait pas *avec plus de sens* que lui. Il y a de jeunes arbres qui croissent *par année* d'une vingtaine de pieds. Fénelon, archevêque de Cambrai, confessait *avec assiduité* et *sans distinction*, dans sa métropole, toutes les personnes qui s'adressaient à lui (2). Le corps de Joseph fut conservé *avec piété* par les enfants d'Israël, esclaves en Egypte. Jamais le duc d'Enghien ne reposa *avec* plus *de tranquillité* que la veille de la bataille de Rocroy (3). La tête et le cou du paon se renversent en arrière *avec grâce* et *avec noblesse*. Il ne faut pas confondre les verbes pronominaux *par essence* avec les verbes pronominaux *par accident*. Ses cheveux blonds étaient noués *avec négligence* derrière sa tête; quelques-uns échappés flottaient *avec grâce* sur son cou au gré du vent. Épaminondas fut frappé *à mort* à la bataille de Mantinée (4). Puisque nous sommes persuadés que Dieu voit tout, nous ne devrions pécher ni *en secret* ni *en public*. Les femmes parlent *avec* plus *d'aisance* et *avec* plus *d'agrément* que les hommes.

CENT TRENTE-ET-UNIÈME LEÇON.

Décomposition de l'adverbe.

La terre est emportée *rapidement* autour du soleil (5). L'honnête homme est celui qui remplit tous ses devoirs *régulièrement* et *ponc-*

---

(1) Voir page 152, note 2.
(2) Archevêque de Cambrai et l'un des hommes dont le caractère honore le plus l'humanité. Son principal ouvrage est le *Télémaque*, ingénieuse fiction où sont tracés les devoirs d'un roi. Louis XIV, croyant y voir une satire de son règne, disgracia l'auteur, qui mourut dans son diocèse de Cambrai, en 1715, à soixante-quatre ans.
(3) Deux mille ans auparavant, Alexandre avait donné l'exemple de cette héroïque tranquillité. La veille de la bataille d'Arbelle, victoire qui le rendit maître de l'Asie, il dormit toute la nuit d'un si profond sommeil, que Parménion, l'un de ses généraux, fut obligé de le réveiller le matin de la bataille.
(4) Épaminondas, célèbre général thébain, après avoir chassé de Thèbes les Lacédémoniens, qui s'en étaient emparés par trahison, gagna sur eux les fameuses batailles de Leuctres et de Mantinée. Blessé mortellement dans ce dernier combat, il répondit à ceux qui le plaignaient de mourir sans postérité : Je laisse après moi deux filles immortelles qui perpétueront mon nom, Leuctres et Mantinée.
(5) La terre, décrivant en un an ou 365 jours l'écliptique, qui comprend

tuéllement. L'Amérique du Nord fournit *abondamment* des fourrures de castors et de loutres (1). Les chevaux sauvages (2) bondissent *librement* dans les contrées de l'Amérique espagnole. Le chameau marche plus *gravement* que *vitement*. Tous les animaux qui aiment la chair, et qui ont de la force et des armes, chassent *naturellement* et *instinctivement*. Les chats sauvages grimpent on ne peut plus *facilement* sur les arbres. Quand une armée est en campagne, les officiers aident aux soldats, et tous *indistinctement* manient la pioche et la cognée. Les loups mangent *gloutonnement*. Il faut habituer les enfants à écrire *soigneusement*, *proprement* et *vitement*. La nécessité apprend à souffrir les adversités *patiemment* et *résolûment*. César parlait *éloquemment*. Nous devons user *modérément* des biens que la fortune nous procure. On ne peut pas dire que l'avare travaille *fructueusement*. L'éléphant aime *passionnément* les parfums de toute espèce, et surtout les fleurs odorantes; il les choisit, les cueille *soigneusement* une à une; il en fait des bouquets, et, après en avoir savouré l'odeur, il les porte à sa bouche et semble les goûter *délicieusement*. Denys-le-Tyran demanda *instamment* à Damon et à Pythias de partager leur amitié. Un riche laboureur dit *secrètement* à ses enfants qu'il avait caché un trésor dans son champ. Les oisillons, las de l'entendre, se mirent à jaser *confusément*. Il m'aborde *amicalement*. Qui juge *précipitamment* juge *ordinairement* mal. On réussit *généralement* quand on se comporte *prudemment*.

CENT TRENTE-DEUXIÈME LEÇON.

Devoir lexicologique sur l'adverbe.

Il vaut *mieux* souffrir le mal que de le faire. L'aigle regarde *fixement* le soleil. Quoique la justice ne se vende pas, il en coûte *beaucoup* pour l'obtenir. Un bienfait reproché tient *toujours* lieu d'offense. L'or est *si* malléable (3), qu'on peut dorer une statue équestre avec une pièce de vingt francs. *Naguère* un seigneur était maître absolu sur ses terres.

---

360 degrés, parcourt chaque jour un arc de son orbite de 1 degré environ, ce qui lui donne, dans sa marche annuelle, une vitesse d'à peu près 2,600,000 kilomètres par jour, ou de 30 kilomètres par seconde. Son mouvement de rotation diurne, qui est nul aux pôles, est, à l'équateur, de 40,000 kilomètres par jour, ou d'environ un demi-kilomètre par seconde.

(1) Mammifères carnassiers qui, avec le putois, la belette et la fouine, forment la famille des martres. Ces animaux sont essentiellement aquatiques et très-bons nageurs. Leur fourrure, assez grossière, est employée en chapellerie pour faire des casquettes.

(2) Notre cheval domestique est originaire de la Tartarie; il est à remarquer que l'Amérique, où le cheval était totalement inconnu avant la découverte de Christophe Colomb, est aujourd'hui la seule partie du monde où il existe à l'état sauvage; on l'y rencontre maintenant, dans les vastes forêts du Canada, en troupes de plus de dix mille individus : ceux-ci proviennent de chevaux espagnols échappés à leurs maîtres depuis la découverte du Nouveau-Monde.

(3) Malléable (du latin *malleus*, marteau) indique la propriété qu'ont certains métaux de s'étendre sous le laminoir, ou par le choc du marteau, en feuilles et en fils d'une extrême ténuité. L'or est le plus malléable et le plus ductile de tous les métaux : on peut le réduire en feuilles d'un neuf cent millième de mètre d'épaisseur; deux grammes suffisent pour couvrir un fil d'argent de 200 myriamètres.

Plus les coffres du défunt sont pleins, *moins* les héritiers versent de larmes. La tortue marche *lentement:* Il y a un proverbe qui dit : *Trop* parler nuit. Le navigateur La Pérouse périt *misérablement.* N'entreprends rien sans y avoir d'abord *mûrement* réfléchi. Vite et bien ne marchent pas *ensemble.* Les jeunes gens doivent *peu* parler et *beaucoup* écouter. J'aime la rose, mais la violette me plaît *davantage.* De Paris à Lyon, on compte *environ* cent lieues. Le bonheur du méchant ne dure pas *longtemps. Plutôt* souffrir que mourir. Un bon cheval bronche *quelquefois* (1). Je n'aime pas *plus* celui qui égratigne que celui qui mord.

CHAPITRE ONZIÈME.

DE LA PRÉPOSITION.

CENT TRENTE-TROISIÈME LEÇON.

Analyse de la préposition.

Ire PARTIE.

A,	préposition, unit (2) *disait* à *disciples.*
A,	prép. unit *venir* à *moi.*
En,	prép. unit *s'engourdir* à *hiver.*
Sans,	prép. unit *se défendre* à *combattre.*
Sans,	prép. unit *blesser* à *attaquer.*
De,	prép. unit *biens* à *fortune.*
De,	prép. unit *qualités* à *esprit.*
Avec,	prép. unit *travail* à *zèle.*
De,	prép. unit *père* à *abondance.*
De,	prép. unit *père* à *joie.*
A travers,	locut. prép. unit *passâmes* à *écueils.*
En,	prép. unit *vais* à *Italie.*
Par,	prép. unit *passerai* à *Suisse.*
Pour,	prép. unit *luit* à *monde.*
Après,	prép. unit *vient* à *hiver.*
Par,	prép. unit *supplée* à *trompe.*
A,	prép. unit *supplée* à *petitesse.*
De,	prép. unit *petitesse* à *cou.*
A,	prép. unit *préfèrent* à *étude.*
Au-dessus de,	locut. prép. unit *se place* à *monde.*
Contre,	prép. unit *lutter* à *fortune.*
Sur,	prép. unit *tomba* à *terre.*
Pendant,	prép. unit *tomba* à *jour.*
Sous,	prép. unit *couvrir* à *paroles.*
De,	prép. unit *joie* à *cœur.*
Malgré,	prép. unit *éclatait* à *elle.*
Sur,	prép. unit *éclatait* à *visage.*

(1) C'est-à-dire, le plus habile peut se tromper.
(2) *Unit* doit s'entendre pour *marque le rapport qu'il y a entre.* Nous préférons cette formule parce qu'elle est plus brève.

IIᵉ PARTIE.

A,	prép. unit *agréable* à *Dieu*.
De,	prép. unit *délivre* à *maux*.
Par,	prép. unit *est fécondée* à *soleil*.
Selon,	prép. unit *seront jugés* à *œuvres*.
En,	prép. unit *prend* à *Suisse*.
Par,	prép. unit *passe* à *Lyon*.
Dans,	prép. unit *se jette* à *Méditerranée*.
Par,	prép. unit *se jette* à *embouchures*.
Après,	prép. unit *écrivit* à *bataille*.
De,	prép. unit *bataille* à *Pavie*.
A,	prép. unit *écrivit* à *mère*.
Fors,	prép. unit *est perdu* à *honneur*.
A bout de,	locut. prép. unit *vient* à *tout*.
Autour de,	locut. prép. unit *est emportée* à *soleil*.
Avec,	prép. unit *est emportée* à *rapidité*.
Sur,	prép. unit *tourne* à *elle-même*.
De,	prép. unit *droit* à *aînesse*.
A,	prép. unit *céda* à *Jacob*.
Moyennant,	prép. unit *céda* à *plat*.
De,	prép. unit *plat* à *lentilles*.
Avec,	prép. unit *augmentent* à *richesses*.
Avant,	prép. unit *ont été inventés* à *lunettes*.
Pendant,	prép. unit *couvre* à *mois*.
De,	prép. unit *mois* à *année*.
Au-devant de,	prép. unit *courez* à *danger*.
Pour,	prép. unit *se battaient* à *âne*.
En,	prép. unit *augmente* à *partageant*.
Avec,	prép. unit *partageant* à *ami*.

CENT TRENTE-QUATRIÈME LEÇON.

Devoir lexicologique sur la préposition.

On va de Paris *à* Versailles *en* une demi-heure. Il y a une grande différence *entre* promettre et tenir. Jacob (1) s'endormit la tête appuyée *sur* une pierre. La prière *de* l'homme vertueux monte *vers* Dieu. Dieu n'a rien fait *sans* motif. Napoléon a fait trembler l'Europe *pendant* quinze ans. Tout périt *dans* les eaux du déluge, *excepté* Noé et sa famille. L'honnête homme parle et agit *selon* sa conscience. Soyez poli *envers* tout le monde. L'or est renfermé *dans* le sein de la terre. Les plus beaux génies s'affaiblissent *avec* l'âge. Naître, souffrir et mourir : *voilà* notre histoire en trois mots. Les deux ennemis s'avancèrent *avec* fureur l'un *contre* l'autre. Les anges défendirent *à* Loth de regarder

---

(1) Lorsqu'il vit en songe l'échelle mystérieuse, qui, d'un bout s'appuyait sur la terre, et de l'autre touchait au ciel. Cette échelle figure la providence de Dieu, le soin avec lequel il veille sur ses serviteurs qui sont, comme était alors Jacob, dans l'affliction et l'abandon. Les anges commis à la garde de ceux qui souffrent montent pour présenter à Dieu leurs gémissements et leurs prières, et ils descendent pour leur rapporter ses consolations et son secours.

derrière lui. Bien des siècles se sont écoulés *depuis* la création du monde. Le paresseux travaille *malgré* lui. Jupiter s'irrite *contre* Apollon, le chasse du ciel, et le précipite *sur* la terre (1).

CHAPITRE DOUZIÈME.

DE LA CONJONCTION.

CENT TRENTE-CINQUIÈME LEÇON.

NOTA. Nous avons donné le tableau des principaux adverbes, des principales prépositions et des principales conjonctions, pour nous conformer à l'usage établi, mais sans y attacher la moindre importance : nous regretterions même que l'élève se donnât la peine de les apprendre par cœur; car il ne manquerait pas, dans l'analyse, de retrancher du rang d'adverbe, de préposition, de conjonction, tout mot qu'il ne retrouverait pas dans sa mémoire; et les listes que nous avons données ne sont, ne pouvaient être que très-incomplètes. Avons-nous, en effet, énuméré tous les noms, tous les adjectifs, tous les verbes? C'est que les individus qui composent ces espèces ont entre eux des analogies, ont des propriétés communes, qui les assujettissent tous à une définition générale, au moyen de laquelle il est toujours facile à la réflexion de les classer et de les reconnaître.

Il en est ainsi des adverbes, des prépositions et des conjonctions. Ce sont, en quelque sorte, les enfants d'une même famille; ils ont une physionomie qui leur est commune; et une fois que l'on a bien saisi la fonction, il n'y a plus de confusion, plus d'erreur possible. La définition, si elle est sentie, raisonnée, devient pour l'élève une pierre de touche infaillible.

Ajoutons qu'il est d'autant plus essentiel de ne s'en rapporter qu'à la signification, que beaucoup de mots invariables changent de nature, et partant, d'appellation, sans néanmoins changer d'orthographe; par exemple : *comme, ainsi, que, si,* etc., qui sont tantôt conjonctions, tantôt adverbes, suivant l'idée qu'ils expriment.

Les trois remarques qui suivent sont indispensables pour la connaissance complète de la conjonction; nous les recommandons à l'attention des élèves.

PREMIÈRE REMARQUE. Il est très-important de ne pas confondre la *préposition* avec la *conjonction*.

La *préposition* unit des mots entre lesquels il n'existe aucune similitude obligée; par exemple :

Un *adjectif* à un *nom* : *Digne* DE *louanges*.

Un *adjectif* à un *verbe* : *Facile* A *vaincre*.

Un mot *complément* à un mot *complété* : *La crainte* DE *Dieu est le commencement de la sagesse*.

Un *verbe* à un *complément indirect* ou à un *complément circonstanciel* : *Le renne court* SUR *la neige* AVEC *rapidité*.

---

(1) Furieux de la mort de son fils Esculape, que Jupiter avait foudroyé sur la plainte de Pluton, parce que, non content de guérir les malades, il ressuscitait les morts, Apollon tua les Cyclopes, qui avaient forgé la foudre dont Jupiter s'était servi. Cette vengeance le fit chasser du ciel; durant son exil, il garda les troupeaux du roi Admète, ce qui le fit honorer comme dieu des bergers, et bâtit avec Neptune les murailles de Troie.

La *conjonction,* au contraire, sert à lier des parties de même nature : c'est-à-dire :

Deux *propositions* : *Je pense,* donc *j'existe.*
Deux *sujets* : *Le printemps* et *l'automne sont agréables.*
Deux *attributs* : *La soie naturelle est blanche* ou *jaune.*
Deux *compléments* : *Dieu créa le ciel* et *la terre. L'indiscret nuit aux autres* et *à lui-même.*
Deux *modificatifs* : *On peut difficilement travailler vite* et *bien. La vertu triomphe tôt* ou *tard.*

Deuxième remarque. On rencontre souvent des phrases elliptiques, dans lesquelles on ne peut indiquer le rôle de la conjonction qu'en rétablissant la partie sous-entendue. Ex. :

Le chien sauvage est aussi féroce que *le loup.*
Sa tête branlait comme *les feuilles.*
Le sage ne craint que *Dieu seul.*
Que *Votre Majesté ne se mette pas en colère.*
Quand *pourrai-je m'asseoir au foyer paternel?*

En faisant disparaître l'ellipse, on obtient :

Le chien sauvage est aussi féroce que *le loup est féroce.*
Sa tête branlait comme *les feuilles branlent.*
Le sage ne craint rien, sinon que, excepté que *il craint Dieu.*
Je souhaite, je désire que *Votre Majesté ne se mette pas en colère*
Je demande quand *je pourrai m'asseoir au foyer paternel.*

Au moyen de cette nouvelle construction, les deux parties semblables sont mises en évidence, et l'on distingue sans peine la fonction des conjonctions ainsi qu'il suit :

Que unit le verbe *être* au verbe *être* (1)
Comme unit le verbe *branlait* au verbe *branlent.*
Que unit le verbe *craindre* au verbe *craindre.*
Que unit le verbe *désirer* sous-entendu au verbe *se mettre.*
Quand unit le verbe *demander* sous-entendu au verbe *pouvoir.*

Troisième remarque. Il se présente des cas où certaines conjonctions, *lorsque, puisque, quand, quoique, si, aussitôt que, tandis que, attendu que, pourvu que,* etc., se trouvent placées au commencement d'une phrase :

Si *tu aimes le miel, ne crains pas les abeilles.*
Pourvu qu'*il amasse des richesses, l'avare est content.*

Il y a nécessairement inversion. En ramenant ces phrases à la construction directe, la fonction des conjonctions *si, pourvu que,* n'offre aucune difficulté :

Ne crains pas les abeilles, si *tu aimes le miel.*
L'avare est content, pourvu qu'*il amasse des richesses.*

Analyse de la conjonction.

Ire PARTIE.

Ni,	conjonct. unit le verbe *boire* au verbe *manger.*
Et,	conj. unit *arbres* à *plantes.*
Quand,	conj. unit *fut touché* à *vit.*
Et,	conj. unit *jeunesse* à *douceur.*
Afin que,	locut. conj. unit *lisait* à *gouvernât.*
Pendant que,	locut. conj. unit *donnait* à *était troublé.*

---

(1) Il serait plus grammatical, sans doute, de dire que la conjonction joint ensemble les deux propositions : *le chien est féroce, le loup est féroce;* mais ce procédé serait trop long, et nous préférons ne parler que du verbe quand deux propositions sont en présence.

DE LA CONJONCTION.

Si,	conj. unit *refuse* à *surcharge.*
Aussitôt que,	locut. conj. unit *ouvre* à *est né.*
Ni,	conj. unit *mépriser* à *rebuter.*
Parce que,	locut. conj. unit *vivent* à *sont.*
Et,	conj. unit *simples* à *modérés.*
Que,	conj. unit *vaille* à *vaut* sous-entendu :... *que votre silence ne vaut.*
Ou,	conj. unit *dites* à *taisez-vous.*
Et,	conj. unit *gouverne* à *voit.*
Car,	conj. unit *est* à *conduit.*
Et,	conj. unit *fleurs* à *insectes.*
Et,	conj. unit *naissent* à *meurent.*
Si,	conj. unit *voulez* à *éprouvez.*
Quand,	conj. unit *se multiplient* à *se dépravent.*
Et,	conj. unit *gros* à *gras.*
Dès que,	locut. conj. unit *remuez* à *aura fait.*

IIe PARTIE.

Que,	conj. unit *doute* à *soi.*
Avant que,	locut. conj. unit *était* à *eût parlé.*
Que,	conj. unit *s'enfla* à *creva.*
Mais,	conj. unit *frappe* à *écoute.*
Tandis que,	locut. conj. unit *donne* à *abandonne.*
Ou,	conj. unit *grossièreté* à *malice.*
Si,	conj. unit *serait* à *existait.*
Et,	conj. unit *beau* à *utile.*
Pourvu que,	locut. conj. unit *deviendra* à *prête.*
Quand,	conj. unit *achèverons* à *pourrons.*
Comme,	conj. unit *sommes plongés* à *sont plongés* sous-entendu :... *comme les poissons sont plongés dans l'eau.*
Que,	conj. unit *est* à *est* sous-entendu :... *que le fer n'est rare.*
Mais,	conj. unit *est* à *est.*
Que,	conj. unit *est* à *est* sous-entendu :... *que l'or n'est précieux.*
Si,	conj. unit *as vécu* à *crains.*
Quand,	conj. unit *vaut* à *est.*
Et,	conj. unit *lourd* à *pesant.*
Comme,	conj. unit *est* à *sont* sous-entendu :... *comme tous les autres corps sont lourds.*
Si,	conj. unit *pourra* à *écoutes.*

CENT TRENTE-SIXIÈME LEÇON.

Devoir lexicologique sur la conjonction.

Dieu créa le ciel *et* la terre. On ne croit plus un enfant *quand* il a menti. Ce jeune homme parle bien, *mais* il parle trop. Les anciens s'imaginaient *que* la terre était plate. Les voleurs de grands chemins demandent aux voyageurs la bourse *ou* la vie. L'homme vertueux est heureux; *or* Socrate était vertueux : *donc* Socrate était heureux. *Quoique* naturel aux pays chauds, le chameau craint les climats où la chaleur est excessive. Il ne faut être *ni* trop avare *ni* trop prodigue. Le sot se croit toujours plus fin *que* les autres. Vous étiez absent; c'est *pourquoi* l'on vous a oublié. Je vous récompenserai *si* je suis content de vous. Je vous récompenserai *quand* je serai content de vous. Je vous récompense, *quoique* je ne sois pas très-content de vous. Je vous récompense; *cependant* je ne suis pas encore très-content de vous.

CENT TRENTE-SEPTIÈME LEÇON.
Devoir de récapitulation.

Deux pigeons se fuyaient et se poursuivaient *alternativement*. N'ai-je pas quatre pieds *comme* les autres? mon portrait jusqu'ici ne m'a rien reproché; *pour* mon frère l'ours, on ne l'a qu'ébauché. On dirige les buffles (1) *avec* un anneau qu'on leur passe dans le nez. Là, tout est beau, *car* tout est vrai. Joseph appela *vers* lui son père et ses frères. *Ordinairement* la fortune ne favorise pas les honnêtes gens. Cette leçon vaut bien un fromage *indubitablement, assurément, certainement,* etc. Nous avons tué un sanglier qui pesait 150 kilogrammes, *sans* la hure (2). La guerre a ses faveurs *comme* ses disgrâces. Tout périt dans le naufrage, *excepté* quelques passagers. La panthère se plaît *généralement* dans les forêts touffues, et fréquente *habituellement* les bords boisés des fleuves. Faites cela, je vous prie, *pour* moi. Dieu a créé tout *pour* l'homme. *Comme* la flamme, l'admiration diminue *quand* elle cesse d'augmenter. L'avare amasse *incessamment* (3) de nouvelles richesses. Nous portons *en* nous-mêmes des principes naturels de droiture et de justice. Quoi! l'aigle, qui ose regarder fixement le soleil, se marierait avec le hibou, qui ne saurait seulement ouvrir les yeux *quand* il est jour! Jésus dit à ses disciples : « Allez, et enseignez les nations; je serai toujours *avec* vous. » La jolie figure de l'écureuil est encore rehaussée, parée par une belle queue en forme de panache, qu'il élève *sur* sa tête, et *sous* laquelle il se met à l'ombre. Nous entendîmes un grand bruit, puis le silence se rétablit *subitement*. Petit poisson deviendra grand, *si* Dieu lui prête vie (4). Les déserts de l'Arabie-Pétrée pré-

---

(1) Espèce de bœufs sauvages, mais plus gros et plus courts que le bœuf ordinaire, et d'un naturel farouche. Le buffle est originaire de l'Inde, mais il vit aujourd'hui en Italie. Son cuir spongieux résiste parfaitement aux armes tranchantes; aussi sert-il à fabriquer des cuirasses, des ceinturons, des gants et toute espèce de *bufflèterie*. Le lait de la femelle sert à faire le fromage de *Parmesan*. (On prétend que ce nom lui fut donné en France, parce qu'on en vit pour la première fois à Paris, dans un repas qu'y donnait la duchesse de Parme).

(2) C'est-à-dire, sans la *tête*. Ce mot se dit de la tête de quelques animaux, tels que le sanglier, le saumon, le brochet, surtout lorsqu'elle est coupée.

(3) *Incessamment* a ici sa signification étymologique. C'est ainsi que La Fontaine a dit :

Voyez-vous à nos pieds fouir *incessamment*
Cette maudite laie?

(4) La Fontaine, *Le petit Poisson et le Pêcheur* :

Petit poisson deviendra grand,
Pourvu que Dieu lui prête vie.

On trouve dans les *mystères* joués au moyen-âge un proverbe qui exprime

sentent à l'homme un abîme d'immensité qu'il tenterait *vainement* de parcourir. Un prince n'est grand que s'il est juste. Le cygne a l'air de chercher à recueillir des suffrages, à captiver les regards; et il les captive *effectivement*. *Alors*, au fond des forêts, le loup l'emporte et puis le mange.

CHAPITRE TREIZIÈME.

DE L'INTERJECTION.

CENT TRENTE-HUITIÈME LEÇON.

Devoir lexicologique sur l'interjection.

Ah! que je suis aise de vous revoir!
Chut! taisez-vous, votre père dort.
Holà! y a-t-il quelqu'un?

   A ces mots, on cria *haro* sur le baudet (1).

Alerte! Voici les ennemis!
Las! le malheureux, il s'est laissé tomber!
Diantre! quel appétit vous avez ce matin!
Aïe! je me suis blessé.

   Quand verrai-je, *ô* Sion, relever tes remparts?

Toute l'assemblée émerveillée s'écria : *Bravo!*
Pouah! que cela sent mauvais!
Fi! le vilain, comme il ment!
Peste! quel festin pour un cénobite!

   Hé! bonjour, monsieur du Corbeau!

Courage! batelier, encore quelques efforts et vous arriverez.

   Vous chantiez! j'en suis fort aise;
   Hé bien! dansez maintenant.

J'ai entendu *pouf!* c'était un matelas qui tombait.
Je n'ai confié qu'à vous ce secret important; surtout, *motus!*
Crac! la branche se rompt, et *pouf!* voilà le marmot par terre.
Ventre saint-gris! (2) disait Henri IV, qui s'en prend à mon peuple, s'en prend à moi.

---

la même idée : « Si Dieu défend (protège) la fleur des pois, la purée viendra en saison. »

(1) La Fontaine, *Les Animaux malades de la peste* — *Haro*, cri, était le mot consacré anciennement en Normandie, lorsque, attaqué ou violemment lésé dans ses biens, on voulait mettre arrêt sur une personne ou sur une chose et la mener ou la transporter devant le juge. L'adversaire était tenu de suivre immédiatement celui qui criait *haro* sur lui. Ce mot est évidemment contracté de *Ah! Raoul, Rollon*, ou *Rol*, premier duc de Normandie, célèbre par la sévérité de sa justice et la sagesse de ses lois.

(2) Juron favori de Henri IV.

Louis XIV avait promis une prime de trois mille francs à celui qui composerait les plus beaux vers sur la vie du Grand Condé. Voici le quatrain d'un poète gascon :

> Pour célébrer tant dé vertus,
> Tant dé hauts faits et tant dé gloire,
> Mille écus, *sandis!* mille écus,
> Cé n'est pas un sou par victoire.

CHAPITRE QUATORZIÈME.

DES HOMONYMES.

Les *homonymes* sont *homographes* quand ils ont une écriture uniforme; tel est le mot *son*, qui sert à exprimer tout à la fois le bruit d'un corps sonore, la partie grossière du blé moulu, et qui est en outre adjectif possessif.

Les *homonymes*, et surtout les *homonymes homographes*, pouvant gêner l'expression et devenir dans beaucoup de cas une cause d'équivoques, sont des défauts dans une langue. Il est facile en effet de concevoir les inconvénients que peut produire, pour l'énonciation claire et libre de la pensée, l'emploi de termes ayant même son, même orthographe, et représentant des idées différentes. Si l'on dit, par exemple : LOUER *un domestique, nettoyer la* CAISSE, *donner un* SOUFFLET *à quelqu'un, partir avec la* MALLE, BIÈRE *froide*, etc., etc., dans ces phrases et dans toutes celles qui leur ressemblent, on doute, on hésite, l'esprit est en suspens, et la lecture en devient presque laborieuse (1).

Ces mots sont assez nombreux dans notre langue, et c'est là un grave inconvénient, car nous sommes de l'avis de Rivarol : TOUT CE QUI N'EST PAS CLAIR N'EST PAS FRANÇAIS.

NOTA. Nous avons développé le mot *air*, afin qu'il puisse servir de modèle aux élèves. Voici comment on devra procéder : le maître divise le tableau noir en trois colonnes, puis il écrit en tête de la première colonne de gauche l'homonyme sur lequel les élèves doivent s'exercer. Soit l'homonyme *air* : un élève désigné écrit en regard, à la deuxième colonne, le mot ou les mots explicatifs; puis, passant à la troisième colonne, il fait entrer l'homonyme dans une petite phrase de son invention. Il en résulte déjà ceci :

| Air. | Atmosphère. — Apparence. | Nous sommes plongés dans l'*air* comme, etc. |

On continue de la sorte pour les autres homonymes (*ère, erre, haire, hère*) et pour ceux de tous les mots qui composent le devoir.

Ainsi ces devoirs doivent se faire oralement. Cependant, comme il est difficile à des enfants de douze ans d'improviser des phrases, quelque courtes et quelque simples qu'elles soient, le maître pourra s'en tenir aux exercices des deux premières colonnes. Quant au travail des phrases, on le fera ensuite à tête reposée, par écrit; à la rigueur, cette dernière partie peut être supprimée tout-à-fait.

---

(1) « De quelle *langue* voulez-vous vous servir avec moi? dit le docteur Pancrace à Sganarelle : De la *langue* que j'ai dans ma bouche, répond Sganarelle; où l'on voit que par *langue*, l'un entend *langage, idiome*; et l'autre entend, comme il le dit, la langue que nous avons dans la bouche. »

DUMARSAIS.

Un jeune enfant, rencontrant au milieu de la rue le prêtre qui lui enseignait

CENT TRENTE-NEUVIÈME LEÇON.

Devoir sur les homonymes.

Alène,	instrument.	Balai,	pour nettoyer.
Haleine,	souffle de la respiration.	Ballet,	danse particulière.
		Bête,	animal privé de raison ; adjectif.
Amande,	fruit.		
Amende,	peine pécuniaire.	Bette,	plante potagère.
Ancre,	de navire.	Bon,	adjectif et nom.
Encre,	pour écrire.	Bond,	action de bondir.
Antre,	caverne.	Caen,	ville.
Entre,	préposition.	Camp,	d'une armée.
Entre, s, nt	verbe.	Kan,	chef tartare.
		Quand,	conjonction.
Appas,	agréments extérieurs.	Quant (à),	préposition.
Appât,	pâture.	Qu'en,	pour que en.
Are,	mesure de superficie.	Cahot,	saut d'une voiture.
Arrhes,	gages.	Chaos,	confusion.
Art,	talent, habileté.		
Hart,	corde.	Cane,	femelle du canard.
		Canne,	jonc, bâton léger.
Auspices,	augures.	Cannes,	petite ville d'Italie.
Hospice,	maison de charité.		
		Ceint,	verbe ceindre.
Autel,	... d'une église.	Cinq,	nom de nombre.
Hôtel,	auberge ; maison somptueuse.	Sain,	de bonne constitution
		Saint,	pur.
		Sein,	partie externe de la poitrine.
Auteur,	écrivain.		
Hauteur,	élévation.	Seing,	signature.
Avant,	préposition.	C'en,	pour ce en.
Avent,	... de Noël.	Cens,	redevance.
		Cent,	adjectif numéral.
		Sang,	liqueur rouge qui circule dans les veines.
Bah,	interjection.		
Bas,	chaussure ; adjectif.	S'en,	pour se en.
Bat, s,	verbe.	Sens,	facultés.
Bât,	signe de l'esclavage.	Sent, s,	verbe sentir.

le catéchisme, passa près de lui sans le saluer. Celui-ci, assez surpris, l'arrête, et lui reproche avec douceur ce manque de politesse ; mais l'enfant, sans se déconcerter, lui réplique vivement : « Ne nous avez-vous pas dit ce matin, monsieur le curé, *hors* l'ÉGLISE *pas de* SALUT ? »

CENT QUARANTIÈME LEÇON.

Devoir lexicologique sur les homonymes.

L'empereur Charles-Quint abandonna la cuirasse pour la *haire* : il se fit moine (1). Une famille vertueuse est un vaisseau tenu pendant la tempête par deux *ancres* : les mœurs et la religion. Ulysse trouva un asile dangereux dans l'*antre* du cyclope Polyphème (2). La danse appelée *ballet* n'est plus en usage que sur nos théâtres. Le lard et la noix sont les *appâts* qui servent à prendre les souris. Les Romains n'entreprenaient jamais une guerre sans avoir consulté les *auspices* (3). Il ne faut pas confondre les *arrhes* (4) avec le denier-à-Dieu. Qu'importe à l'âne de changer de maître, s'il doit toujours porter le *bât*? Il faut appeler méchant celui qui n'est *bon* que pour lui. Un service qui se fait trop attendre est gâté *quand* il arrive. On est engagé dès qu'on a apposé son *seing* au bas d'un acte. Dieu tira tout du *chaos*. Le témoignage des *sens* est trompeur. On appelle *aire* le nid des grands oiseaux de proie. Ce cordonnier travaille à perdre *haleine*. On n'entendait que la douce *haleine* des zéphyrs qui se jouaient au milieu des arbres. Combien d'écrivains déshonorent leur plume en mêlant du poison dans leur *encre* (5)! Il n'y a point de plaisir sans quelque peine : quiconque veut manger l'*amande*, doit d'abord casser le noyau. On promenait autrefois les condamnés nu-pieds et la *hart* (6) au col. On met à l'*amende* ceux qui

---

(1) Voir page 26, note 1.

(2) Lorsque la tempête jeta sur les côtes de Sicile Ulysse et son équipage, Polyphème les enferma dans sa caverne pour les dévorer ; mais Ulysse, ayant réussi à l'enivrer, lui creva son œil unique avec un pieu et s'enfuit, lui et ses compagnons.

(3) Les *auspices* étaient des présages qui se tiraient en général du vol, du chant des oiseaux, et de la manière dont ils mangeaient. Les Romains attachaient beaucoup d'importance aux *auspices*. Les *augures*, prêtres chargés de ce soin, formaient un collège qui joue un grand rôle dans toute l'histoire romaine, car, d'après une loi de Romulus, rien d'important ne se faisait qu'on n'eût pris leur avis. La foi dans ces superstitieuses prédictions fut de bonne heure ébranlée. On connaît la conduite impie de Claudius Pulcher qui, mécontent de leurs présages, fit jeter à la mer les poulets sacrés, ordonnant de les faire boire, puisqu'ils ne voulaient pas manger. Cicéron disait qu'il ne comprenait pas que deux augures puisent se rencontrer et se regarder sans rire. Aussi Annibal avait-il raison de se moquer du roi Prusias, qui prenait plus de soin de consulter les entrailles d'une génisse que ses plus habiles capitaines. Nous rions aujourd'hui de ces croyances absurdes de nos pères, sans considérer que, plus tard, nos enfants riront à leur tour de nos propres préjugés.

(4) On appelle *arrhes* l'argent donné pour garantir l'exécution d'un marché verbal, et que perd l'acquéreur, s'il rompt le marché. Autrefois ce mot s'employait dans le sens de gage : *Les bienfaits sont des arrhes pour le ciel*. — Le *denier-à-Dieu* se payait, dans l'origine, sur tous les marchés et engagements; c'était une contribution qui devait être employée à quelque acte pieux, surtout au soulagement des pauvres. Aujourd'hui on entend par ce mot les arrhes qu'il est d'usage de donner au concierge d'une maison qu'on loue, ainsi qu'au domestique qu'on veut arrêter à son service.

(5) En répandant dans leurs écrits des dogmes pernicieux, des maximes dangereuses. « Ce poison, préparé par des mains habiles, infecte tous les jours les mœurs publiques. » (Massillon.)

(6) Corde avec laquelle on suspendait à la potence le criminel condamné à être pendu ou étranglé ; et, par suite, la potence elle-même.

Il devait au bout de dix ans
Mettre son âne sur les bancs;

contreviennent aux ordonnances de police. L'*are*, mesure de superficie qui a remplacé la perche, vaut cent mètres carrés. Un *hospice* est une maison destinée à recevoir plus particulièrement les vieillards et les infirmes. Sous le gouvernement actuel, tous les citoyens sont électeurs, le *cens* électoral ayant été aboli. La patrie est une bonne mère qui ouvre son *sein* à tous ses enfants. Donner à l'esprit le pas sur le bon *sens*, c'est préférer le luxe au nécessaire. On dit proverbialement : Bon *sang* ne peut mentir.

CENT QUARANTE-ET-UNIÈME LEÇON.

Devoir orthographique sur les homonymes.

Cep,	pied de vigne.	*Compte,*	calcul.
Ces,	adjectif démonstratif.	*Comte,*	dignité.
C'est,	pour *ce est.*	*Conte,*	historiette.
Sept,	adjectif numéral.		
Ses,	adjectif possessif.		
S'est,	pour *se est.*	*Cor,*	instrument à vent ; durillon.
		Corps,	... de l'homme.
Cerf,	quadrupède.	*Cors,*	corne du bois du cerf.
Serf,	esclave.		
Serre,	lieu couvert; pied des oiseaux de proie; verbe serrer.	*Cygne,*	oiseau aquatique.
Sert,	verbe servir.	*Signe,*	indice.
		Danse,	mouvement cadencé du corps.
Chaîne,	lien.		
Chêne,	arbre.	*Dense,*	épais.
Champ,	terre.	*Date,*	époque.
Chant,	musique.	*Datte,*	fruit du dattier.
Chaud,	adjectif.		
Chaux,	pierre calcaire.	*Davantage,*	adverbe de quantité.
		D'avantage,	préposition et subst.
Chœur,	terme de musique ; partie d'une église.	*Dégoûter,*	causer du dégoût.
Cœur,	partie du corps.	*Dégoutter,*	tomber goutte à goutte.
Cire,	substance molle, jaunâtre.	*Dessein,*	projet.
Sire,	Seigneur.	*Dessin,*	peinture

Sinon il consentait d'être en place publique
Guindé la *hart* au col, étranglé court et net,
Ayant au dos sa rhétorique
Et les oreilles d'un baudet.

(*Le Charlatan.* — La Fontaine.)

Echo,	son renvoyé.	*Faim,*	besoin de manger.
Ecot,	quote-part.	*Feint,*	verbe feindre.
		Fin,	terme, but; adjectif.
Enter,	greffer.		
Hanter,	fréquenter.	*Faîte,*	comble.
Exaucer,	accorder.	*Fête,*	cérémonie.
Exhausser,	élever.		

CENT QUARANTE-DEUXIÈME LEÇON.

Devoir lexicologique sur les homonymes.

Les plus grandes *chaînes* de montagnes se trouvent en Asie et en Amérique (1). La biche est la femelle du *cerf*. Remarquez que, dans une église, le *chœur* est toujours tourné du côté du soleil levant (2). Noé planta le premier *cep* de vigne. Le bois de *chêne* est dur parce qu'il met longtemps à croître. Un pique-nique (3) est un repas où chaque convive paye son *écot*. Voici un proverbe français : Dis-moi qui tu *hantes*, je te dirai qui tu es. Il meurt moins de personnes de *faim* que d'intempérance. L'ambitieux, qui cherche toujours à monter plus haut, doit être bien à plaindre quand il est arrivé au *faîte* des honneurs et de la fortune. L'*écho* (4) est produit par la répercussion du son. Il

---

(1) En Asie, les pics de l'*Himalaya*, dont le plus élevé a 8,588 mètres; en Amérique, le *Nevado de Sorata* (6,483) et le *Chimborazo* (6,530), montagnes du Pérou. La plus haute en Europe, le mont *Blanc*, n'a que 4,810 mètres.

(2) Parce que c'est de là que nous vient la lumière, qui figure celle de la Foi et de l'Évangile.

(3) Sous le règne de Charles VI, Henri V, roi d'Angleterre, alors maître d'une grande partie de la France, mit en circulation une petite monnaie de billon, appelée *nique*, valant deux deniers tournois. De là vient, dit-on, le mot *pique-nique*, repas où chacun *pique* au plat pour sa *nique* (écot).

(4) Cette répétition distincte du son se fait entendre lorsqu'il tombe sur la surface d'un corps qui a la propriété de le renvoyer et de ne point l'éteindre en l'absorbant. Mais l'écho n'a lieu que lorsque la réflexion s'opère à une distance de dix-sept mètres au moins; autrement les deux sons se confondent. Comme un son réfléchi peut se réfléchir de nouveau, en rencontrant de nouveaux obstacles dans sa direction, il existe des échos doubles, triples, quadruples, etc. On les appelle échos multiples. Parmi les échos célèbres, on cite celui de Woodstock, qui répète le son vingt fois, et celui du château de Simonetta, près de Milan, qui le répète quarante fois. Lorsqu'on tire une pièce de canon dans un pays de montagnes, le bruit, répété par les collines, au fond des vallées, par les rochers, et même par les nuages, et renvoyé d'échos en échos, peut se répéter jusqu'à cent fois avec de singulières alternatives de silences et de répétitions fréquentes, d'augmentation et d'affaiblissement; enfin, c'est par les échos produits par les nuages et par le sol qu'est dû en grande partie le bruit du tonnerre et ses variations si belles et si majestueuses.

En poésie, on a nommé vers en *échos* un genre de versification où la dernière syllabe du vers est répétée en forme d'écho, comme dans ces vers d'une chanson dirigée contre les financiers du siècle dernier :

Et l'on voit des commis
Mis
Comme des princes,
Qui sont venus
Nus
De leurs provinces.

ne faut pas confondre l'esclavage avec le servage (1), les esclaves avec les *serfs*. Les bons *comptes* font les bons amis. Le son du *cor* a rassemblé les chiens, qui se sont lancés à la poursuite d'un cerf dix *cors* (2). Buffon appelle le *cygne* le roi des oiseaux d'eau. Les corps les plus *denses* (3) sont ceux qui contiennent le plus de matière sous le moins de volume. L'avare ne *serre* pas son argent, il le cache. L'Afrique produit en abondance des figues et des *dattes* excellentes. Heureux celui qui ne *sert* point et qui n'est point servi (4). Dans la hiérarchie nobiliaire, la dignité de *comte* vient avant la baronnie et après le marquisat.

CENT QUARANTE-TROISIÈME LEÇON.

Devoir orthographique sur les homonymes.

Foi,	croyance.	Gaz,	corps inflammable.
Foie,	partie du corps.	Gaze,	étoffe claire.
Fois,	une *fois*, deux *fois*.		
Foix,	ville.		
Fouet,	instrument de correction.	Geai,	oiseau.
		Jais,	minéral noir.
		Jet,	... d'eau; bourgeon.
Fond,	partie basse; verbe fondre.	Haute,	adjectif.
Fonds,	sol; somme d'argent.	Hôte,	qui loge, qui est logé.
Font,	verbe faire.	Hotte,	panier d'osier.
Fonts,	les *fonts* baptismaux.	Ote, s, nt,	verbe ôter.

(1) L'*esclave* est celui ou celle qui a perdu sa liberté par conquête, naissance, achat ou aliénation volontaire. L'*esclavage*, fruit de l'oppression du faible par le fort, remonte aux premiers temps du genre humain; on a pu dire qu'il était *le fondement de la société antique.* Il y avait des esclaves chez les Hébreux; chez les Grecs et chez les Romains, le nombre des esclaves excédait le plus souvent le chiffre de la population libre; les esclaves des Lacédémoniens sont connus sous le nom d'*Ilotes* (habitants d'Hélos). D'après la loi romaine, l'esclave était une chose, non une personne; le maître avait droit de vie et de mort sur les esclaves, aussi se révoltèrent-ils fréquemment, et les Romains eurent à soutenir contre eux, à plusieurs époques, des guerres redoutables. La guerre des esclaves, sous Spartacus, mit Rome à deux doigts de sa perte. Le christianisme a fait peu à peu disparaître l'esclavage. Cependant, au moyen âge, il subsistait encore sous le nom de *servage*. Aujourd'hui la traite des noirs est réputée un trafic infâme chez tous les peuples. C'est à la nation anglaise que revient l'honneur de cette abolition.

Le *serf* voit sa personne ou ses biens assujettis à des lois contraires à la liberté naturelle ou à la propriété. Il y a encore des serfs en Pologne et en Russie.

(2) Cerf qui est dans sa septième année.

(3) On appelle *dense* un corps épais, compacte, dont les parties sont serrées; qui contient beaucoup de matière en peu de volume. La *densité* est le rapport de la masse d'un corps à son volume; de deux corps à volume égal, le plus dense est le plus lourd. Ainsi l'eau est plus dense que l'air, et l'or plus dense que l'argent. Le platine est le plus dense de tous les métaux.

(4) J.-J. Rousseau a dit dans le même sens : « Soyons nos valets si nous voulons être nos maîtres. »

Lieu,	endroit.	Mur,	ouvrage de maçonnerie.
Lieue,	mesure itinéraire.	Mûr,	adjectif.
		Mûre,	fruit du mûrier.
Main,	partie du corps.		
Maint,	adjectif.		
Mein,	rivière.		
		Oui,	affirmation.
		Ouï,	verbe ouïr.
Maire,	fonctionnaire public.	Ouïe,	sens.
Mer,	grande étendue d'eau salée.	Ouïes,	les... des poissons.
Mère,	terme de parenté.		
		Pain,	farine pétrie et cuite.
Mal,	mauvais, dangereux.	Peint, s,	verbe peindre.
Mâle,	opposite de femelle.	Pin,	arbre résineux.
Malle,	coffret de bois.		
Mante,	vêtement.	Palais,	maison ; partie de la bouche.
Mantes,	ville.		
Mente, s, nt	verbe mentir.	Palet,	jouet.
Menthe,	plante odoriférante.		
Maux,	pluriel de mal.	Pan,	...d'habit, de muraille.
Meaux,	ville.	Pan,	dieu de la Fable.
Mot,	parole.	Paon,	oiseau.
		Pend, s,	verbe pendre.
Martyr,	celui qui souffre.		
Martyre,	tourment que l'on endure.	Panser,	soigner.
		Penser,	réfléchir.
Maure ou	nom de peuple.		
More.		Paume,	jeu; dedans de la main.
Mord, s,	verbe mordre.	Pomme,	fruit à pepins.
Mors,	frein.		
Mort,	fin de la vie.		

CENT QUARANTE-QUATRIÈME LEÇON.

Devoir lexicologique sur les homonymes.

Les chiffonniers jettent leur butin dans une *hotte* qu'ils portent derrière le dos. La Fable nous représente les damnés tournant sous le *fouet* des Furies (1) vengeresses. Les *mots* sont les signes de nos idées. Les vieux chevaux prennent rarement le *mors* aux dents. Sous les rois de la première race, les *maires* du palais exerçaient l'autorité souveraine. Je n'aime pas plus celui qui égratigne que celui qui *mord*. Le sang des *martyrs* a fécondé notre sublime religion. Les premiers chrétiens souffraient le *martyre* avec résignation, en songeant à la croix du divin Maître. Le *jais* est un minéral très-noir; c'est pourquoi l'on dit :

---

(1) Voir page 26, note 5.

Noir comme du jais. La première page de cette grande épopée qu'on appelle la Révolution française, a été écrite par Mirabeau (1) au jeu de *Paume* de Versailles. Le *paon* est le symbole de l'orgueilleux. L'homme ne vit pas seulement de *pain*, mais de toute parole qui sort de la bouche de Dieu. A quoi peut servir le don de la parole à ceux qui sont privés de *l'ouïe?* Quand Henri IV (2) eut conquis le trône, il s'appliqua à *panser* et à guérir les *maux* qu'avait causés la guerre civile. Le renne des Lapons se nourrit de *pommes* de *pin* et de sapin qu'il trouve sous la neige.

CENT QUARANTE-CINQUIÈME LEÇON.

Devoir lexicologique sur les homonymes.

Plan,	surface; dessin, etc.	*Raie,*	trait; poisson.
Plant,	tige.	*Rais,*	rayon de roue.
		Ré,	note de musique.
Poing,	main fermée.	*Rets,*	filets.
Point,	petite marque.	*Retz,*	cardinal de Retz.
		Rez,	tout contre.
Pou,	vermine.		
Pouls,	battement des artères.	*Raisonner,*	user de sa raison.
		Résonner,	retentir.
Puis,	ensuite.		
Puits,	trou profond.	*Sale,*	malpropre.
Le Puy,	ville.	*Salle,*	appartement.

---

(1) Louis XVI tenta d'abord de dissoudre l'*Assemblée nationale*, et fit fermer la salle où elle se réunissait à Versailles; mais les députés, s'étant rendus au *Jeu de Paume*, jurèrent de ne se séparer qu'après avoir donné une constitution à la France, et Mirabeau, le 23 juin 1789, répondit à l'envoyé du roi, M. de Dreux-Brézé, qui les sommait de se retirer : « Allez dire à votre maître que nous sommes ici par la volonté du peuple, et que nous n'en sortirons que par la force des baïonnettes. »

(2) Fils d'Antoine de Bourbon, et descendant de Robert, comte de Clermont, sixième fils de saint Louis, Henri IV était l'héritier légitime de la couronne de France, à l'extinction de la famille de Valois. Elevé dans la religion réformée, la *Ligue* ne voulut pas le reconnaître. Forcé de disputer sa couronne, ce bon prince prit à regret les armes contre une partie de son peuple. Malgré son courage et ses succès, la guerre eût duré peut-être longtemps s'il n'eût abjuré le calvinisme. *Paris*, qui, suivant son expression pittoresque, *valait bien une messe*, lui ouvrit alors ses portes, et les chefs de la Ligue se soumirent les uns après les autres. La postérité l'a surnommé le *bon Henri*, et Voltaire a dit de lui avec raison dans sa *Henriade* :

Il fut de ses sujets le vainqueur et le père.

Sauvez les Français! criait-il à ses soldats poursuivant les fuyards après la bataille d'*Ivry*. Pendant le siége de Paris, deux paysans allaient être mis à mort pour avoir apporté du pain aux assiégés. Ces malheureux, se jetant aux pieds du roi, lui représentèrent qu'ils n'ont que ce moyen pour gagner leur vie : « Allez en paix, leur dit Henri, en leur donnant tout l'argent qu'il avait sur lui, le Béarnais n'est pas riche, s'il en avait davantage, il vous le donnerait. »

Henri IV voulait que chaque paysan de son royaume pût mettre *la poule au pot le dimanche*. Aussi a-t-on dit de lui qu'il était *le seul roi dont le peuple ait gardé la mémoire*.

Saule,	arbre.	Taon,	grosse mouche.
Sol,	terre.	Thon,	poisson.
Sole,	poisson plat.	Ton,	adj. poss.; manières.
		Tond, s;	verbe tondre.

Serein,	clair, calme, doux.	Tribu,	peuplade.
Serin,	oiseau.	Tribut,	imposition.

Souffre,	verbe souffrir.	Troie,	ancienne ville d'Asie.
Soufre,	substantif; verbe.	Trois,	nombre.
		Troyes,	ville de France.

Statue,	figure en pied, de marbre, etc.	Van,	grand instr. d'osier.
		Vend, s,	verbe vendre.
Statut,	loi, règlement.	Vent,	air en mouvement.

Tain,	feuille d'étain.	Ver,	insecte.
Teins, t,	verbe teindre.	Verre,	corps transparent.
Teint,	coloris.	Vers,	poésie; préposition.
Tins, t,	verbe tenir.	Vert,	adjectif.
Thym,	arbuste.		

		Vice,	opposé de vertu.
		Vis,	... de serrure.
Tan,	écorce de chêne en poudre.	Visse, s, nt,	verbe visser; voir.
Tant,	adverbe.	Voie,	chemin.
Temps,	durée.	Vois, t, ent,	verbe voir.
Tend, s,	verbe tendre.	Voix,	son vocal; suffrage.

CENT QUARANTE-SIXIÈME LEÇON.

Devoir lexicologique sur les homonymes.

On nomme *rais* cette partie de la roue qui joint la jante au moyeu. La vie du méchant est un *plan* incliné qui aboutit à un abîme. Le visage est *serein* quand le cœur est en paix. Chaque année le vigneron remplace les vieux ceps par de jeunes *plants*. Les poètes ont logé la Vérité au fond d'un *puits* (1). Milon (2), le fameux athlète, assommait, dit-on, un bœuf d'un coup de *poing*. Un *sol* bien cultivé peut rendre cinquante pour un. Rien ne sert de courir; il faut partir à *point*. C'est le *soufre* dont on enduit l'extrémité des allumettes, qui les rend si facilement inflammables. C'est avec le cœur qu'on entend la *voix* de la nature. L'hiver, les orangers ne peuvent pas rester en plein *vent* dans nos climats; on les enferme dans des *serres* chaudes. La mort peut n'être qu'apparente alors que le *pouls* et le cœur ont tout-à-fait cessé de bat-

(1) C'est pour exprimer la difficulté de découvrir la Vérité, qu'on lui donne un puits pour demeure.

(2) Célèbre athlète grec, d'une force et d'une stature prodigieuses. Il portait, dit-on, un bœuf sur ses épaules, et le tuait d'un coup de poing. Ayant voulu, dans un âge avancé, fendre avec ses mains, au milieu d'une forêt, un vieil arbre déjà entr'ouvert, les deux parties du tronc se resserrèrent et le retinrent. Il fut, dans cette position, dévoré par les loups.

tre (1). La vie est comme une *salle* de spectacle : on entre, on regarde et l'on sort. Je voudrais que l'on brisât toutes les *statues* des conquérants qui n'ont pas été civilisateurs, et que, de leurs débris, on en érigeât une aux bienfaiteurs inconnus de l'humanité. Ne vous endormez pas sur votre réputation ; la calomnie, comme l'araignée, *tend* ses filets dans les ténèbres. La mort est un *tribut* qu'il faut payer tôt ou tard à la nature. Le baromètre indique les changements de *temps* (2). Dieu vous rendra au centuple le *verre* d'eau que vous aurez donné en son nom (3). Il ne faut pas confondre le vanneur, qui manie le *van*, avec le vannier, qui le fabrique. Le siége de *Troie* (4), qui coûta dix ans au courage, ne coûta qu'un jour à la perfidie. Les prophètes avaient annoncé que le Christ naîtrait de la *tribu* de Juda.

CENT QUARANTE-SEPTIÈME LEÇON.

Devoir orthographique sur les homonymes.

Août,	8ᵉ mois de l'année.	*Maître,*	qui a des domestiques.
Houe,	instrument d'agriculture.	*Mètre,*	unité fondment. des nouvelles mesures.
Houx,	arbrisseau touj. vert.	*Mettre,*	verbe.
Ou,	conjonction.		
Où,	adverbe, pronom.		
		Chair,	partie molle du corps des animaux.
Au,	article.	*Chaire,*	tribune.
Aulx,	légume.	*Cher,*	aimé; qui coûte beaucoup.
Eau,	substance liquide.		
Haut,	adjectif.	*Chère,*	faire bonne *chère*.
Os,	partie la plus dure du corps.		
O, ho, oh,	interjections.	*Raine,*	espèce de grenouille.
		Reine,	fémin. de *roi*.
Coin,	angle; lieu retiré; pièce de fer.	*Rênes,*	guides.
		Renne,	quadrupède.
Coing,	fruit du cognassier.	*Rennes,*	ville de France.

(1) On nomme *léthargie* cet assoupissement contre nature, si semblable à la mort, que plus d'une fois des êtres vivants ont été inhumés. Cet état, dont il est difficile, mais non impossible de tirer les malades, peut durer plusieurs mois. Les accidents auxquels l'état léthargique a donné lieu doivent nous prémunir contre les inhumations précipitées. On connaît la fin tragique de l'auteur de *Manon Lescaut*. Frappé d'un coup de sang dans la forêt de Chantilly, on le crut mort, et un chirurgien commença son autopsie ; l'abbé Prévost vivait encore. Éveillé par les coups du scalpel, il jeta un cri terrible, mais la première incision l'avait blessé mortellement.

(2) L'air *humide* étant plus léger que l'air *sec*, le mercure s'élève dans le tube du baromètre quand il fait beau, et baisse lorsque le temps est pluvieux.

(3) Comme le maréchal de Luxembourg était sur le point de rendre le dernier soupir, ses amis, croyant qu'il ne les entendait plus, s'entretenaient près de lui des victoires célèbres qu'il avait remportées. « Ah! leur dit ce grand homme, que je les donnerais volontiers à cette heure pour un verre d'eau offert aux pauvres en l'honneur de Jésus-Christ ! »

(4) Les Grecs, fatigués et épuisés par dix ans de combats, feignirent de se retirer, et laissèrent sur le rivage un énorme cheval de bois, dans les flancs duquel s'étaient cachés leurs plus fameux guerriers. Les Troyens,

Laid,	adjectif.	Porc,	pourceau.
Laie,	femelle du sanglier.	Pores,	ouvertures de la peau.
Lait,	liqueur blanche.	Port,	lieu d'abri.
Lé,	largeur d'une étoffe.		
Legs,	donation.		
Les,	article, pronom.	Canaux,	pluriel de *canal*.
		Canot,	petit bateau.
Coq,	mâle de la poule.	Saut,	action de sauter.
Coque,	enveloppe de l'œuf.	Sceau,	grand cachet.
		Sceaux,	bourg.
Cou,	partie du corps.	Seau,	vaisseau pour puiser de l'eau.
Coup,	choc.		
Coût,	prix d'un objet.	Sot,	dépourvu d'esprit.
Cène,	repas commun.	Pair,	haut dignitaire.
Saine,	adjectif.	Paire,	couple.
Scène,	partie d'un théâtre.	Perd, s,	verbe.
Seine,	fleuve.	Père,	masculin de *mère*.
Mai,	5ᵉ mois de l'année.	Dais,	espèce de ciel de lit.
Mais,	conjonction.	Dé,	.. à jouer, à coudre.
Mes,	adjectif possessif.	Des,	article.
Met,	verbe.	Dès (que),	locution conjonctive.
Mets,	nourriture.	Dey,	nom du chef de l'anc. gouvern. d'Alger.
Pau,	ville du Béarn.		
Peau,	enveloppe de l'animal	Bal,	assembl. où l'on danse
Pô,	fleuve d'Italie.	Balle,	jouet, boule de plomb; gros paquet.
Pot,	ustensile de cuisine.		
		Bâle,	ville de Suisse.
Poids,	pesanteur.		
Pois,	légume.	Tante,	sœur du père ou de la mère.
Poix,	matière résineuse.		
Pouah,	exclamation de dégoût	Tente,	pavillon.

CENT QUARANTE-HUITIÈME LEÇON.

Devoir lexicologique sur les homonymes.

Dieu a suspendu au-dessus de l'homme un *dais* magnifique parsemé d'étoiles. Un coup d'éventail coûta une couronne au *dey* d'Alger (1). Nos

---

croyant que ce colosse avait été élevé pour l'accomplissement d'un vœu, l'introduisirent dans leurs murs; mais, pendant la nuit, les Grecs, quittant leur retraite, ouvrirent à leurs compagnons les portes de la ville, et livrèrent Troie aux flammes et au pillage. *Cheval de Troie* s'est dit, depuis, de toutes sortes d'embûches.

(1) Hussein-Pacha, dernier dey d'Alger, régnait depuis dix ans, lorsqu'il s'attira la colère de la France par une insulte grossière. Irrité de voir sans résultat des réclamations qu'il adressait depuis longtemps au gouvernement français, il frappa un jour notre consul d'un coup de son chasse-mouches au visage. N'ayant voulu accorder aucune satisfaction, il vit bientôt paraître

grosses poules, appelées poules russes, pondent des œufs dont la *coque* est toute jaune. On fait avec le *coing* une sorte de confiture appelée cotignac. La *laie* montre beaucoup d'attachement pour ses marcassins. Un bon livre est un *legs* que l'auteur fait au genre humain. Le monde est une *scène* où tous les acteurs sont sifflés ; le sage reste au parterre ou se cache dans les coulisses. On donne le nom de *Cène* au dernier repas que Jésus-Christ fit avec ses disciples. Les gastronomes n'aiment pas le carême, qui est l'ennemi de la bonne *chère*. Les hommes ne se sont pas toujours nourris de la *chair* des animaux ; il fut un temps où ils se contentaient des fruits de la terre. Mirabeau est le prince de la tribune, et Bossuet celui de la *chaire*. Souvent on paye *cher* le soir les folies du matin. Je plains l'homme accablé du *poids* de son loisir. La *poix* est une substance résineuse que l'on obtient des pins en pratiquant sur leur tronc de larges incisions. L'usage fréquent des bains assouplit les muscles, ouvre les *pores*, et, par conséquent, facilite la transpiration du corps. Le *renne* est pour les Lapons un animal domestique fort utile. Le char de l'Etat chancelle si les *rênes* sont tenues par des mains débiles. Dieu a apposé son *sceau* inimitable sur tout ce qui est sorti de ses mains. Puisque la vie est un voyage, nous devrions dresser des *tentes* au lieu de bâtir des maisons. Une haie toute composée de *houx* est une excellente clôture. La *houe* du cultivateur vaut mieux que l'épée du soldat. Un loup n'avait que les *os* et la peau, tant les chiens faisaient bonne garde. L'exercice assaisonne les *mets*. *Mai* est le mois des fleurs. Soyons nos valets si nous voulons être nos *maîtres*. Ne vendez pas la *peau* de l'ours avant de l'avoir tué (1). Celui qui troque l'honneur contre un trésor *perd* au change. Il n'y a personne qui n'entre tout neuf dans la vie, et les sottises des *pères* sont perdues pour les enfants. Un Suisse auquel on vantait les richesses du roi de France demandait naïvement s'il avait bien vingt *paires* de bœufs sur les montagnes.

CENT QUARANTE-NEUVIÈME LEÇON.

Application aux homonymes.

Le serpent mord le sein *qui l'a* réchauffé (2).
L'argent corrompt tout ce *qu'il* touche.
L'hirondelle *boit* en volant.
Julien *boit* et mange bien.
Un enfant *naît* les yeux ouverts.
Lorsqu'on veut se servir de la panthère pour la chasse, il faut beaucoup de peine pour *la dresser*.
Je vous envoie cette jeune levrette : veuillez *la dresser*, puis me *l'adresser* chez moi pour l'ouverture de la chasse.

---

devant Alger une flotte formidable, commandée par le général Bourmont. Les troupes, débarquées le 14 juin 1830, le forcèrent de capituler le lendemain. On lui permit de se retirer avec une partie de ses trésors ; il se rendit d'abord à Naples, puis à Livourne, vint un instant à Paris, et mourut à Alexandrie en 1838.

(1) Il ne faut pas disposer d'une chose avant de la posséder ; et, figurément, on ne doit pas se flatter trop tôt d'un succès incertain.

(2) Image de l'ingrat qui tourne contre son bienfaiteur les services qu'il en

Saint-Louis se fit respecter des Sarrasins, *qui l'avaient* fait prisonnier (1).

Alexandre se fit aimer des peuples *qu'il avait* vaincus.

Bocchoris ne songeait qu'à suivre les conseils flatteurs des jeunes insensés *qui l'environnaient*, pendant qu'il écoutait avec mépris les sages conseils des vieillards *qui l'avaient élevé*.

C'est *surtout* quand on est condamné injustement à mourir qu'il faut du courage.

La bonté de Dieu s'étend *sur tout* ce qui respire.

Un grand homme appartient moins au siècle *qui l'a* vu naître qu'à celui *qui l'a* formé.

CENT CINQUANTIÈME LEÇON.

Application aux homonymes.

On *n'est* jamais laid quand on *a* une belle âme.
On *est* toujours laid quand on *n'a* pas une belle âme.
On *entendait* la douce haleine des zéphyrs qui se jouaient dans les rameaux des arbres.
On *n'entendait* plus que la douce haleine des zéphyrs qui se jouaient dans les rameaux des arbres.
On *accorde* tout à la douceur; on *n'accorde* rien à la violence.
On *n'appréhende* rien quand on *a* fait son devoir.
Lorsqu'on *n'a* pas ce que l'on *aime*, il faut aimer ce que l'on *a*.
Quand on *a* tout perdu, quand on *n'a* plus d'espoir, la vie est un véritable supplice (2).
Le chant de la fauvette à tête noire tient un peu de celui du rossignol, et l'on *en* jouit plus longtemps.
Le ciel était serein; on *n'y* voyait que quelques petits nuages cuivrés.
Le ciel nous favorise en *n'exauçant* pas tous nos vœux.
Midas s'imagina que Bacchus l'avait favorisé en *exauçant* le souhait imprudent qu'il avait formé (3).
On *n'est* pas heureux tant qu'on *aspire* à l'être davantage.
On *est* heureux dès qu'on *n'aspire* plus à l'être davantage.
On *a* souvent besoin d'un plus petit que soi.
On *n'a* pas toujours les succès qu'on *espérait*.
Les meilleures choses finissent par devenir insupportables, si l'on *n'en* use avec modération.

---

a reçus. Louis XIV disait, lorsqu'il nommait à une place, qu'il faisait quatre-vingt-dix-neuf mécontents et un ingrat.

(1) Louis IX, pendant sa captivité, se fit tellement admirer par sa patience et sa grandeur d'âme, que les Sarrasins disaient de lui qu'ils n'avaient jamais rencontré *un si fier chrétien*, et qu'après la mort du Sultan Noureddin, ils l'invitèrent à régner sur eux.

(2) Quand on a tout perdu, quand on n'a plus d'espoir,
    La vie est un opprobre et la mort un devoir.
    (*Mérope.*)

La religion, la morale défendent le suicide. Il en était de même chez les païens, et, dans leur enfer, il y avait des places destinées à ceux qui s'étaient donné la mort.

(3) Voir notre Cours de Style, narration 23.

Le jeu offre toujours un nouvel attrait, si l'on *en* use avec modération.

Le *désir* de ce qu'on *n'a* pas détruit la jouissance de ce qu'on *a*.

On *n'est* grand qu'autant que l'on *est* juste.

On *n'est* bon marin que si l'on *est* quelque peu astronome.

Oh! qu'on *est* malheureux quand on *est* placé au-dessus du reste des hommes! Souvent on *n'aperçoit* pas la vérité par ses propres yeux; on *est* environné de gens qui l'empêchent d'arriver jusqu'à celui qui commande; chacun *est* intéressé à le tromper; chacun *n'est* occupé qu'à cacher son ambition sous une apparence de zèle. On *assure* que l'on *aime* le roi, et l'on *n'aime* que les richesses qu'on *en* reçoit.

CENT CINQUANTE-ET-UNIÈME LEÇON.

Devoir de récapitulation sur les homonymes, à dicter aux élèves.

Je *vins* chez toi le *vingt* de ce mois, mais en *vain*, pour goûter ton *vin*.

Tous les hommes ont dans la tête des cordes fausses, et ils ne *raisonnent* plus lorsqu'elles *résonnent*.

Les poules *couvent* dans le *couvent*.

Nous *portions* des *portions*.

Les *tribus* d'Israël ont payé plus d'un *tribut* aux Philistins.

Il m'eût plus plu qu'il plût plus tôt.

Ton thé t'a-t-il ôté ta toux?

Didon dîna, dit-on, du dos d'un dodu dindon.

Ciel! si ceci se sait, ses soins sont sans succès.

Un bon curé de campagne, qui recevait la visite de son archevêque, lui disait: « Venez voir, monseigneur, le beau maître d'*autel* que j'ai fait placer dans mon église. — Volontiers, monsieur, répondit Son Eminence; allons admirer votre beau *maître-autel*; quant à votre *maître-d'hôtel*, nous jugerons de son talent quand nous serons à table. »

Le *Kan* est à *Caen* dans son *camp*; *quand* viendra-t-il? *qu'en* dites-vous? *quant* à moi, je n'en sais rien.

Un mot suffit à La Bruyère (1), pour peindre le goulu: « On voit, dit-il, le jus et les sauces lui *dégoutter* du menton et de la barbe. » Cette image de la malpropreté devrait nous *dégoûter* pour toujours de la gourmandise.

    Tandis que Don Quichotte exerçait sa vaillance,
    Sancho *Pança* pensait à bien *panser* sa *panse*.

Aucun *auteur* dans ses écrits ne s'élèvera à la *hauteur* des Molière et des La Fontaine (2).

---

(1) Profond observateur et moraliste célèbre du dix-septième siècle, est connu surtout par ses *Caractères*, ouvrage imité de Théophraste, mais dans lequel il s'élève bien au-dessus de son modèle.

(2) Ces deux écrivains sont incontestablement les deux hommes les plus re-

Pendant les troubles qui agitèrent le règne de Henri III, un chef de ligueurs, s'apercevant qu'on n'avait pas encore tendu la chaîne destinée à intercepter le passage sur un pont, s'écria : « Qu'attend-on donc tant, et que ne la tend-on ? »

CHAPITRE QUINZIÈME.
REMARQUES PARTICULIÈRES SUR LES DIFFÉRENTES ESPÈCES DE MOTS.

DU NOM.
DU GENRE.

Noms sur le genre desquels on se trompe quelquefois :

SONT MASCULINS :		SONT FÉMININS :
Amadou.	Hospice.	Dinde.
Argent.	Hyménée.	Ébène.
Autel.	Incendie.	Enfant (*petite fille*).
Automne.	Indice.	Horloge.
Centime.	Isthme.	Image.
Éclair.	Ivoire.	Nacre.
Éloge.	Légume.	Noix.
Enfant (*petit garçon*).	Midi (*précis*).	Oasis (3).
Épiderme.	Obélisque.	Ouïe.
Évangile.	Omnibus (2).	Outre (4).
Éventail.	Orage.	Paroi.
Exemple.	Organe.	Patère.
Hémisphère (1).	Ouvrage.	Sentinelle.
Hôpital.	Platine.	Ténèbres (*épaisses*).

---

marquables et surtout les plus inimitables, qu'ait produits le siècle de Louis XIV. L'Académie française, qui n'avait pas admis Molière au nombre de ses membres, parce qu'il était comédien, fit placer plus tard, dans la salle de ses séances, le buste de ce grand homme, avec ce vers de Saurin pour inscription :

Rien ne manque à sa gloire, il manquait à la nôtre.

(1) Moitié d'une sphère ou d'un corps sphéroïde. En astronomie, l'équateur partage la terre en deux *hémisphères*, l'hémisphère *boréal* (Nord) et l'hémisphère *austral* (Sud); le méridien la partage en deux autres hémisphères, dans le sens de l'Est à l'Ouest : hémisphère *oriental* et hémisphère *occidental*.

(2) *Omnibus* (mot latin qui veut dire *pour tous*) est le nom de grandes voitures publiques, où chacun peut monter, moyennant une modique rétribution. Elles parurent pour la première fois à Paris en 1828. La première idée de ces voitures de transport en commun appartient à Pascal.

(3) Semées çà et là au milieu des déserts brûlants de l'Afrique et de l'Asie, les *oasis*, semblables à des îles de verdure, sont, dans ces régions frappées de mort, les seuls endroits qui offrent de l'eau et de la végétation. Ce nom se donne figurément à tout lieu où l'on se repose après une violente agitation ou après de longs malheurs.

(4) Peau de bouc pour contenir des liquides, en usage dans les pays mon-

REMARQUES PARTICULIÈRES.

Tous les corrélatifs en italique sont au masculin dans le livre de l'élève.

Un *bel* exemple d'écriture anglaise. Epiderme *épais* et *caleux*. Paroi *intérieure*. Un éloge *pompeux*. Outre *pleine* de vent. Des centimes *additionnels*. Organe *principal*. Omnibus *complet*. Voilà de l'argent *blanc*, de l'argent *neuf*, de bien *bel* argent. Une ouïe *fine* est *une bonne* sentinelle. *Un* automne *pluvieux* est *malsain*. Savez-vous de combien le liard l'emporte sur *le* centime? Les enfants de chœur sont restés agenouillés devant *le grand* autel depuis *le premier* évangile jusqu'*au dernier*. Une *petite* oasis au milieu d'un vaste désert est l'image *vraie* de la vie : courtes joies, longues douleurs. *Un violent* incendie a dévoré *le grand* hôpital de la ville ainsi que l'hospice *voisin*. Des éclairs *lointains* sont *un* indice d'*un prochain* orage. Ces patères *dorées* sont *un* ouvrage *parfait*. Cette horloge est *un* obélisque de *la* plus *belle* ébène, où l'ivoire et *la* nacre sont *incrustés*. Nous nous mîmes à table à midi *précis*, et nous déjeûnâmes de noix *vertes*, d'*une* dinde *truffée* et de *délicieux* légumes.

Substantifs des deux genres.

Tous les mots en italique sont au masculin dans le livre de l'élève.

L'aigle *noir* est *le* plus *beau* et *le* plus *fier* de *tous* les aigles. Le coq gaulois a fait place aux aigles *impériales*. Un *bel* orgue vaut à *lui seul* un orchestre. Les mille voix des orgues *harmonieuses* font mes plus *chères* délices. L'orpheline est *une* enfant *intéressante*. Le rossignol élève ses concerts dans le bocage témoin de ses *premières* amours. Les hymnes les plus *harmonieux* sont *ceux* des poètes grecs. Il y a dans l'Eglise latine des hymnes *nombreuses* d'une musique charmante (1). Personne n'est plus *heureux* que ma mère quand j'obtiens des succès Un grand nombre de personnes pensent que les changements de lune amènent des changements de temps : *elles* se trompent. On peut manger *une* couple de pigeons à son déjeûner. *Un* couple de pigeons suffit pour peupler une volière. Y a-t-il quelque chose de plus *touchant* que l'histoire de Joseph vendu par ses frères?

Genre du substantif *gens*.

Tous les mots en italique sont au masculin dans le livre de l'élève

Heureux les gens qui ont bien vécu. *Heureuses* sont les *vieilles* gens qui ont bien vécu. En racontant leurs prouesses d'autrefois, les *vieilles* gens sont *ennuyeux*. *Quels* pauvres gens que les avares ! A *quelles* gens parliez-vous donc là? Le roi avait accepté l'hospitalité des *premières bonnes* gens qu'il avait *rencontrés*. *Quelles vilaines* gens vous avez *choisis* pour votre société ! *Tous* ces braves gens vous regrettent. Les *vrais* honnêtes gens sont *ceux* qui connaissent leurs défauts et qui les avouent; les *faux* honnêtes gens sont *ceux* qui les dissimulent aux autres et à *eux*-mêmes.

---
tagneux, où circulent difficilement des tonneaux. C'est dans des *outres* que les anciens conservaient leur vin.

(1) Celles de Claude Santeuil, poète latin moderne (dix-septième siècle). Quelques-unes des plus belles remontent aux premiers temps du christianisme : tels sont le *Te Deum*, dû à saint Ambroise, et le *Dies iræ*, attribué à Thomas de Célano, minorite du treizième siècle.

DU NOMBRE.

Tous les mots en italique sont au singulier dans le livre de l'élève.

La gloire des *aïeux* ne remplace pas la noblesse du cœur. Mes deux *aïeuls* ont vécu quatre-vingts ans. Les *cieux* annoncent la gloire de Dieu. Les *ciels* de ces tableaux sont trop chargés. Les maisons modernes ont rarement des *œils-de-bœuf*. Une soupe trop maigre n'a point d'*yeux*. Les deux *Racine* n'étaient pas égaux en talents (1). L'histoire compte plus de *Tibères* que de *Trajans*. Les *Socrate*, les *Newton*, étaient des hommes profondément religieux. Au temps de la Ligue, éclata la guerre des trois *Henri* (2). Si l'antiquité a eu ses *Alexandre* et ses *César*, la France a eu ses *Charlemagne* et ses *Napoléon*. Trois *huit* de suite font huit cent quatre-vingt-huit. Il y a de l'abus à multiplier les *alinéas*. Il y a des *Requiem*, des *Stabat* et des *Te Deum* célèbres. Certains élèves sont stimulés par des *pensums*, d'autres par des *exeats*. Plusieurs *peu* font un *beaucoup*. Sur la scène, Arlequin a le privilége des *lazzis*. Ces *opéras* ont obtenu les *bravos* du parterre. Les enfants étourdissent souvent avec leurs *pourquoi*.

Des noms composés.

Tous les noms composés sont au singulier dans le livre de l'élève.

La Religion et la Justice sont les deux *arcs-boutants* de la société. On appelle *ponts-neufs* des pointes rimées. Quand ils sont irrités, les *boules-dogues* et les *chiens-loups* sont terribles. Les *choux-navets* et les *choux-fleurs* sont de la famille des crucifères. Un esprit faible a peur des *loups-garous* et des *feux-follets* (3). Les *chats-huants* et les *chauves-souris* sont des oiseaux hideux. Les *chefs-lieux* d'arrondissement sont administrés par des *sous-préfets*. Les *arcs-en-ciel* (4) sont produits

---

(1) Jean Racine, l'un des plus grands poètes tragiques de la France ; Louis Racine, son fils, qui, sans avoir le génie de son père, a laissé parmi ses œuvres des *odes sacrées* d'une grande beauté.

(2) Cette guerre tire son nom des chefs des trois partis belligérants : Henri III, roi de France ; Henri, roi de Navarre, et Henri, duc de Guise, chef des ligueurs.

(3) Le peuple des campagnes appelait autrefois *loup-garou* un esprit malin très-dangereux, ou un sorcier qui, travesti en loup, courait les champs pendant la nuit. Sa peau était à l'épreuve de la balle, à moins que la balle n'eût été bénie dans la chapelle de Saint-Hubert, que le tireur ne portât sur lui du trèfle à quatre feuilles, etc. Cette superstition n'a point entièrement disparu ; on en trouve encore aujourd'hui des vestiges chez les paysans de la Bretagne, de l'Auvergne et du Limousin. Elle était tellement accréditée au moyen âge, que des malheureux, accusés de ce genre de sorcellerie, ont été condamnés au feu par les tribunaux.

Les *feux follets* sont des flammes légères et fugitives, produites par les émanations du gaz hydrogène phosphoré, qui s'élèvent des endroits marécageux, des lieux tels que les cimetières, où des matières animales se décomposent et s'enflamment à une petite distance du point d'où elles se dégagent. L'ignorance des véritables causes qui produisent ces flammes légères a donné lieu à toutes sortes de frayeurs superstitieuses. On croyait, dans les campagnes, que les feux-follets des cimetières étaient des âmes de trépassés, momentanément sorties de leur tombe. Maintenant que la théorie des gaz est parfaitement expliquée, que l'on connaît la cause de leur formation et de leur incandescence, l'erreur n'est plus permise, et le préjugé doit s'évanouir comme s'évaporent les feux-follets eux-mêmes.

(4) *L'arc-en-ciel*, le plus beau des phénomènes météorologiques qui se rapportent à la lumière, annonce tout simplement que le soleil, étant sur l'horizon à une hauteur convenable, darde ses rayons sur un nuage opposé qui

par la réfraction des rayons solaires. Nos ménagères font d'excellents *pots-au-feu*. Les *vers-à-soie* nous viennent de la Chine. Les *oiseaux-mouches* sont les *chefs-d'œuvre* de la nature. Je me soucie peu des *ouï-dire* et des *qu'en-dira-t-on*. L'argent et la bonne mine sont d'excellents *passe-partout*.

Tous les noms composés sont au singulier dans le livre de l'élève.

Les deux *Fêtes-Dieu* se sont célébrées avec grande pompe. Les *après-midi* nous paraissent plus longues que les matinées. Les ponts de bateaux n'ont point de *garde-fous*. Les tremblements de terre sont les *avant-coureurs* des éruptions volcaniques. Les *gardes-champêtres* n'ont point accepté de *pour-boire*. Les gens qui travaillent au rabais sont des *gâte-métier*. Nos élèves ont exposé plusieurs *trompe-l'œil* d'un effet charmant. Les rois délivraient autrefois des *blanc-seings* (1). L'usage des lampes et des bougies a supprimé bien des *porte-mouchettes*. Les *perce-neige* sont des fleurs, dont la tige perce la neige. C'est à la religion que l'on doit la création des *hôtels-Dieu* et des *Quinze-Vingts* (2). Après une ablution, on se sert *d'essuie-mains*. Les soucis sont de tristes *réveille-matin*. Les *appuis-main* sont nécessaires aux peintres même les plus exercés. Que de *coq-à-l'âne* les sots débitent dans leurs *tête-à-tête*!

Du nombre des noms précédés d'une préposition.

Tous les noms en italique sont au singulier dans le livre de l'élève.

Ire PARTIE. — Un sac de *pommes*, d'*orge*, de *haricots*. Boulet de *canon*; fonderie de *canons*. Cours de *langue allemande*; cours de *thèmes allemands*. Chapeau de *paille*; bonnet à *rubans*. Brosse à *tête*, à *cheveux*. Cornet à *pistons*; fusil à *piston*. Bêtes à *cornes*; bêtes à *laine*. Instrument à *cordes*; instrument à *vent*. Tas de *pierres*, de *sable*. Morceau de *sucre*; monceau de *ruines*. Eau de *mer*; eau de *roses*. Gerbe de *blé*, de *fleurs*. Botte de *foin*, d'*asperges*. Bouquet de *violettes*; bouquet de *myrte*. Jeu de *cartes*, de *billard*. Compagnon d'*enfance*, d'*armes*. Chaîne de *montre*; chaîne de *montagnes*. Marchand de *poisson*, de *sangsues*. Combat à *coups* de *poings*. Couvert de *sang*, d'*ulcères*. Accablé de *fatigue*, d'*années*. Se munir d'*argent*, de *provisions*. Manquer de *pain*, de *vêtements*.

---

se résout en pluie. Lorsque nous l'apercevons, il nous indique que nous tournons le dos au soleil, et que nous sommes placés entre cet astre et le nuage. Dans la Bible, l'arc-en-ciel était le gage de réconciliation donné par Dieu à Noé après le déluge. Les païens y voyaient la trace laissée par Iris, messagère des dieux. Newton est le premier qui ait donné la théorie exacte des causes de ce phénomène.

(1) Un *blanc-seing* est un papier ou parchemin signé que l'on confie à quelqu'un pour le remplir à sa volonté. Duplessis-Mornay n'eut jamais qu'un blanc-seing de Henri IV, pour toute autorisation dans les nombreuses négociations qu'il remplit si dignement au nom du roi son maître.

(2) On entend par *hôtel-Dieu* (maison de Dieu), l'hôpital principal de plusieurs villes. Le célèbre Hôtel-Dieu de Paris a été fondé, dit-on, en 660, par saint Landry. — *Quinze-Vingts* (c'est-à-dire quinze fois vingt ou trois cents), est le nom de l'hôpital fondé à Paris par saint Louis, en 1254, pour trois cents gentilshommes qu'il avait ramenés de la Terre-Sainte, et à qui, dit-on, les Sarrasins avaient crevé les yeux. Aujourd'hui l'hôpital des *Quinze-Vingts* renferme six cents aveugles; pour y être admis, il faut être dans un état de cécité absolue et d'indigence constatée.

II· PARTIE. — On confit beaucoup plus de fruits à *pepins* que de fruits à *noyau*. En Russie, les maîtres d'*escrime* sont plus considérés que les maîtres de *langues*. Un parallélogramme à *angles droits* se nomme rectangle. Le contrebandier italien nous est représenté avec un chapeau à *larges bords*, surmonté d'une aigrette de *plumes*. Ma sœur a reçu pour *étrennes* une boîte de *dragées* et des cornets de *pralines*. Les coupables se sont jetés *aux pieds* du juge pour obtenir leur grâce. Saint Louis suivait *pieds nus* l'étendard de la croix. On aime à se représenter ce bon roi rendant la justice *au pied* du chêne de Vincennes (1). Les hommes à *imagination* sont souvent des hommes à *préjugés*. La Fable parle d'une femme transformée en *araignée*, et de pâtres transformés en *grenouilles* (2). Deux hectolitres d'*olives* produisent environ vingt litres d'*huile*. En hiver, les chevreuils vivent de *genêt* et de *ronces*. Sur l'étal des bouchers, on voit toujours plusieurs sortes de *bœuf*, de *veau*, de *mouton*. Un écrivain satirique a dit : L'Académie est un corps où l'on reçoit des gens de *robe*, des gens d'*épée*, des gens de *finance*, des gens de *cour*, des gens d'*église*, et même des gens de *lettres*.

DE L'ARTICLE.

Emploi de l'article.

Dans le livre de l'élève, les mots en italique sont remplacés par un tiret.

Nous avons passé nos vacances à *des* promenades sur l'eau, *des* parties dans les bois, *des* déjeûners sur l'herbe ; c'étaient, je vous assure, *de* charmantes promenades, *de* délicieuses parties, *de* succulents déjeûners. La France produit *de* bons vins ; l'Angleterre fabrique *d'*excellente bière. J'aime mieux *des* exemples bien choisis que *de* savantes théories. Sachons préférer *des* censeurs éclairés à *de* complaisants amis. On voit beaucoup *de* pauvres hommes qui ne sont pas pour cela *des* hommes pauvres. L'indulgence *des* grands-papas, l'étourderie *des* jeunes gens et la sotte vanité *des* petits-maîtres sont proverbiales. Nous n'avouons *de* petits défauts que pour persuader que nous n'en avons pas *de* plus grands.

Dans le livre de l'élève, LE PLUS, LE MIEUX, LE MOINS *sont au masculin singulier.*

Souvent les arts *les plus* utiles sont *les moins* considérés. C'est après leur mort que les grands hommes sont *le plus* considérés. De toutes les planètes, la lune est *la plus* rapprochée de la terre. Les plus fortes marées ont lieu lorsque la lune est *le plus* rapprochée de la terre. C'est

---

(1) Saint Louis aimait à rendre lui-même la justice à son peuple. Souvent, en été, il tenait ses audiences au bois de Vincennes ; là, assis au pied d'un chêne, il écoutait les plaintes et les réclamations ; chacun pouvait l'approcher et se faire entendre. Rien n'était plus propre à affaiblir l'injuste autorité des seigneurs ; c'était un droit d'appel aux *justices royales*, établi en faveur du peuple.

(2) Arachné, jeune femme de Colophon, travaillait la broderie avec une telle perfection, qu'elle osa défier Minerve, qui était venue la voir. Elle l'emporta ; la déesse, dans son dépit de se voir vaincue par une mortelle, frappa de sa navette la tête d'Arachné ; celle-ci se pendit de désespoir et fut changée en araignée. — Un jour Latone, aimée de Jupiter et persécutée par Junon, passait près d'un étang ; dévorée de soif, elle demanda de l'eau à des bergers, qui lui en refusèrent en la raillant amèrement. Latone irritée les fit changer en grenouilles par Jupiter.

en été que les eaux sont *le plus* basses. Le goujon aime à nager dans les eaux *les plus* basses. Ceux qui pleurent moins que les autres ne sont pas toujours *les moins* affligés. Les premiers froids sont *les plus* sensibles. C'est vers deux heures du matin que les grandes villes sont *le plus* tranquilles.

Devoir sur la répétition des déterminatifs.

Le livre des Proverbes de Salomon est rempli *de* belles et utiles maximes. Qui ne sait par cœur *la* touchante et belle fable des *Deux Pigeons*? Aujourd'hui *l'*ancien et *le* Nouveau-Monde sont enveloppés d'un immense réseau de chemins de fer. Buffon a déployé toutes les ressources de *son* fécond et brillant génie dans la description du cheval, *ce* noble et utile compagnon de l'homme. Le prédicateur n'a été éloquent qu'à *son* premier et *à son* troisième sermon. Les richesses ne prouvent qu'*une fausse* et trompeuse félicité.

DE L'ADJECTIF.

Adjectifs qualificatifs.

Tous les mots en italique sont au masculin singulier dans le livre de l'élève.

Les pèlerins voyageaient *nu*-jambes et *nu*-tête; il n'y a plus aujourd'hui que les mendiants qui marchent pieds *nus*. Les *demi*-mesures dans les occasions critiques sont aussi funestes que les *demi*-remèdes dans les grands maux. A deux heures et *demie*, la statue du héros, haute de six pieds et *demi*, était placée sur sa base et elle apparaissait toute *nue* aux yeux de la foule. Cette pendule sonne les *demies* quand elle devrait sonner les heures. Tout *chers* que sont les perdreaux, venez; nous en immolerons une *demi*-douzaine à notre appétit, en buvant à *feu* notre rancune. La *feue* reine d'Espagne a légué aux pauvres douze millions et *demi* de réaux (1). Cette demoiselle chante *haut* et *fort*, et ne prononce pas *net*. Les ennemis se sont arrêtés *court* et ont mis les armes *bas*, au lieu de vendre *cher* leur vie. *Feu* ma grand'mère répétait souvent : A malin, malin et *demi*. On rapporte ce mot d'un tyran : Les cadavres de mes ennemis sentent toujours *bon* (2). Les légumes, qui étaient d'abord bon marché, sont *devenus* tout à coup très-*chers*. Mademoiselle, tenez-vous *droit*. L'avarice *exceptée*, toutes les passions s'éteignent avec l'âge. Sont ovipares : tous les oiseaux, *excepté* la chauve-souris; tous les poissons, *excepté* la baleine; tous les reptiles, *excepté* la vipère.

Adjectifs qualificatifs.

Dans le livre de l'élève, tous les mots en italique sont au singulier.

Au retour de la Palestine, saint Louis fonda l'hospice des Quinze-Vingts pour trois *cents* gentilshommes aveugles. Le Gange parcourt *un* espace de quinze *cents milles*. Le cours de la Seine n'est que de deux *cents* lieues. Les Français triomphèrent à Marengo l'an *mil* huit *cent*.

---

(1) Petite monnaie d'Espagne.
(2) Vitellius, compagnon de débauches de Néron, et nommé empereur romain à la mort de Galba, prononça ces horribles paroles, en visitant le champ de bataille de Bédriac, où ses lieutenants avaient été vainqueurs : *Le corps d'un ennemi mort sent toujours bon*. A peine était-il établi sur le trône, que Vespasien, proclamé empereur à sa place, le fit livrer au peuple de Rome, qui le mit en pièces.

Socrate mourut l'an quatre cent, c'est-à-dire quatre cents ans avant la naissance de J.-C. C'est en mil quatre-vingt-quinze qu'eut lieu la première croisade. Selon le calcul d'un historien, l'armée de Xerxès était de cinq millions deux cent quatre-vingt-trois mille deux cents hommes, et sa flotte comptait plus de treize cents voiles (1). Un niais, ayant entendu dire que le corbeau vivait plus de deux cents ans, en acheta un pour en faire l'épreuve. Six milles d'angleterre valent à peu près deux lieues et demie de poste.

Devoir sur le mot MÊME.

Les mêmes causes produisent les mêmes effets. Les méchants mêmes respectent la vertu. Les coupables, pour échapper à leurs remords, se sont livrés eux-mêmes à la justice. Dieu pénètre même nos plus secrètes pensées. La glace a enchaîné le cours des ruisseaux et des torrents même. Le christianisme nous a révélé des principes inconnus même aux Platon et aux Aristote. Les étourdis commettent cent fois les mêmes erreurs. L'ombre qui passe, les feuilles mêmes qui tombent, épouvantent le coupable. Ces bijoux sont les mêmes dont j'ai hérité de mon aïeule. Un bon appétit s'accommode de tous les mets, même des moins assaisonnés. Les oiseaux mêmes chantent la gloire de Dieu.

Devoir sur le mot TOUT.

Les heures se suivent, mais toutes ne se ressemblent pas. Toute vérité n'est pas bonne à dire. Tout intimidées qu'étaient ces jeunes filles, elles ont répondu à toutes les questions qu'on leur a adressées. Une femme tout éplorée s'est jetée aux genoux de la princesse et lui a confié toutes ses douleurs. Toute pauvre qu'est cette famille, elle soulage bien des misères. Une lionne toute furieuse s'élance dans l'amphithéâtre et respecte les martyrs; la populace tout indignée, toute frémissante, demande les bourreaux. Le petit montagnard avait les mains toutes rouges de froid, les yeux tout humides de larmes, la poitrine toute gonflée de soupirs. La seconde partie de la vie se passe quelquefois tout entière à regretter la première. La fortune rend les hommes tout autres. Demandez-moi toute autre chose. Ce que vous demandez là est une tout autre chose. Certaines gens sont malheureux, qui mériteraient une tout autre condition. En arithmétique, la méthode par l'unité est préférable à toute autre. L'éducation toute différente que nous avons reçue m'a inspiré de tout autres sentiments que les vôtres. La vertu est le souverain bien : toute autre richesse est illusoire.

Devoir sur le mot QUELQUE.

Un élève étourdi s'attire toujours quelques réprimandes. Il ne suffit pas pour réussir d'avoir quelques bonnes qualités, il faut y joindre quelque savoir-faire. Quelque pures que soient les intentions, l'envie les incrimine toujours. Quels que soient vos talents naturels, le travail seul peut les féconder. Quelles que soient nos illusions, le temps les détruit. Quels que fussent leur sang-froid et leur fermeté, quelques tyrans avaient peur des astrologues (2). Si vous prêchez la vertu, donnez-en quelques exemples. Quelque malheureux que soient les accidents qui nous arrivent, il n'en est aucun dont nous ne puissions tirer quelque profit.

---

(1) Xerxès, avec cette multitude d'hommes, avait cru accabler la Grèce; mais il vit sa flotte anéantie par Thémistocle à Salamine, et les restes de cette armée formidable furent défaits par Pausanias à la bataille de Platée.
(2) Voir page 73*, note 2.

Quelle que soit la violence de nos penchants, de *quelques* séductions que nous soyons entourés, *quelque* fréquentes même que soient nos fautes et nos rechutes, nous triompherons du mal si nous avons *quelque* persévérance.

DU PRONOM.

Pronoms personnels.

Dans le livre de l'élève, les mots LE, LA, LES, *sont remplacés par un tiret.*

Ceux qui sont amis de tout le monde ne *le* sont de personne. Madame, êtes-vous mère? — Je *le* suis. Êtes-vous la mère de cet enfant? — Je ne *la* suis pas. Vos frères sont-ils décorés? — Ils ne *le* sont pas. Cette jeune fille désire se faire religieuse; on ne veut pas qu'elle *le* soit. Plusieurs villes ont été capitales, et ne *le* sont plus aujourd'hui. Les Tyriens étaient marchands, les Carthaginois *l'*ont été comme eux. Êtes-vous la portière de cette maison? — Je *la* suis. On disait les travaux terminés; il paraît qu'ils ne *le* sont pas encore.

Devoir sur l'emploi de LUI, ELLE, EUX, ELLES, EN, Y.

Mon devoir est bien fait, j'*y* ai consacré tous mes soins. Quand un élève a des dispositions heureuses, le maître *lui* consacre tous ses soins. La force est brutale, l'homme ne doit pas *en* abuser. Plus j'étudie les sciences, plus j'*y* découvre de difficultés. L'éloquence est un don de la nature, mais l'art *y* ajoute de la perfection.

Devoir sur la place des pronoms compléments.

Quand vous sortirez, dites-*le*-moi. Le travail est la source du bonheur; livrez-*vous-y* avec ardeur. Cette fable est jolie; récitez-*la-nous*. Or çà, lui dit le sire, que sens-tu? dis-*le*-moi.

Dans le livre de l'élève, les pronoms en italique sont remplacés par un tiret.

Quiconque rapporte tout à *soi* n'a pas beaucoup d'amis. Quiconque hait le travail n'a assez ni de *soi* ni des autres. Les occasions font connaître un homme aux autres et encore plus à *lui-même*. Dans une ruche d'abeilles aucune ne travaille pour *soi*. Personne n'est mécontent de *soi* ni satisfait des autres. L'Anglais emporte partout sa patrie avec *lui*.

Pronoms démonstratifs.

Devoir sur l'emploi des pronoms démonstratifs CELUI-CI, CELUI-LÀ.

Le peintre et le poète ont beaucoup de rapport ensemble : *celui-ci* peint pour les oreilles, *celui-là* peint pour les yeux. C'est surtout à l'état de domesticité que le chien et le chat montrent la différence de leur caractère : *celui-là* s'attache à son maître, *celui-ci* ne s'attache qu'à la maison. Rien ne ressemble plus à un perroquet qu'un élève inattentif : *celui-là* parle, *celui-ci* récite sans comprendre.

Pronoms relatifs.

Devoir sur l'emploi des pronoms relatifs.

C'est Racine qui a introduit dans notre langue poétique cette richesse et cette élégance de style *auxquelles* elle doit tout son lustre.

Les moutons, à la dépouille *desquels* nous devons nos vêtements, servent encore à notre nourriture. Les divines promesses *dans lesquelles* j'ai toujours eu foi, m'ont consolé de bien des misères.

Ce n'est point de vous *qu'il* s'agit; c'est de votre famille *que* je veux vous entretenir; c'est à elle *que* je consacrerai ma lettre entière. La gloire était l'unique but de Charles XII : c'est là *que* tendaient tous ses efforts. Ce n'est point dans la richesse *que* réside le vrai bonheur : c'est à la vertu seule *que* l'on doit une tranquillité inaltérable.

Quand un homme se distingue par son génie, on s'inquiète peu de la famille *dont* il descend. Les fameux défilés *d'où* l'armée romaine ne put s'échapper s'appelaient Fourches-Caudines (1). La source *d'où* s'échappent les plus grands fleuves est à peine remarquée. Après la mort, l'âme retourne à Dieu *dont* elle est descendue. Le pauvre exilé regrette toujours la patrie *d'où* il a été banni. La plupart des carrières *d'où* l'on tire le marbre blanc sont situées en Italie.

Pronoms indéfinis.

Tous les mots en italique sont au masculin singulier dans le livre de l'élève.

Quand on est *gracieuse* comme vous l'êtes, madame, on est toujours *jolie*. Il n'y a rien de si rare qu'une amitié constante ; aujourd'hui on est *associés* et *amis*, demain on est *rivaux* et *ennemis*. Fille d'un grand artiste, on aime les arts, il est vrai, mais on n'est par pour cela *peintre* ou *musicienne*.

Nous étions au collége cinq élèves qui nous aimions beaucoup *les uns les autres*. Quand deux hommes disputent sur des riens, on peut les tenir pour battus *l'un et l'autre*. Voilà de vrais amis qui se sont toujours soutenus *l'un l'autre*, et qui se sont toujours rendu *l'un à l'autre* les plus grands services. Il arrive souvent que deux ennemis s'estiment *l'un l'autre* en dépit de l'inimitié qui les anime *l'un contre l'autre*. En se fréquentant assidûment, ces deux jeunes gens se sont nui *l'un à l'autre*. Mes enfants, aimez-vous *les uns les autres;* rendez-vous service *les uns aux autres;* ne parlez jamais mal *les uns des autres*.

DU VERBE.

Accord du verbe.

Devoir sur l'accord du verbe avec le sujet.

L'homme n'est qu'un roseau, le plus faible de la nature ; une goutte d'eau, une vapeur *suffit* pour le tuer. La corruption, l'infection *attire* les vautours au lieu de les repousser. L'ennui, le chagrin, un travail trop assidu *abrégent* la vie. La vertu, ainsi que le savoir, *a* du prix. Votre intérêt, votre gloire, votre honneur l'*exige*. Ni la douceur ni la force n'*ébranlent* un sot entêté. L'éléphant, comme le castor, *aime* la société de ses semblables. Le chagrin ou la misère *peut* pousser à une fatale

---

(1) Cette expression vient de *Caudium*, ville aux environs de laquelle se trouve le défilé où l'armée romaine, cernée par les Samnites, fut obligée de passer sous le joug, 321 ans avant Jésus-Christ. De là l'expression de *passer sous les fourches*, en parlant d'un général forcé de subir une capitulation honteuse.

REMARQUES PARTICULIÈRES.

résolution. La force de l'âme, comme celle du corps, *est* le fruit de la tempérance. Ni Paul ni Julien ne *remplissent* de rôle dans cette pièce. Ni Paul ni Julien ne *remplit* le rôle principal dans cette pièce. La tête, ainsi que le cou de l'autruche, *est garnie* de duvet. La succession des jours et des nuits, le changement des saisons *prouvent* que c'est le soleil ou la terre qui *tourne*.

Accord du verbe précédé d'un collectif.

Devoir sur l'accord du verbe précédé d'un collectif.

Le nombre prodigieux de végétaux que Dieu a fait naître nous *présente* un spectacle fort agréable. Aux jours de fête, la foule des chrétiens se *presse* dans les temples. Le jour de l'Assomption, une foule de jeunes filles vêtues de blanc *suivent* la bannière de la Vierge. Une troupe de jeunes faons *sortit* tout à coup de la forêt. Assez de gens *méprisent* les richesses, mais peu *savent* y renoncer. Peu d'hommes *ont* de l'esprit sans le savoir; beaucoup en *font* quand ils n'en *ont* pas; la plupart *sont* jaloux de celui des autres. En été, une quantité d'insectes *dévorent* nos moissons. Peu d'hommes *résistent* à la corruption; le grand nombre *suit* le torrent. Une infinité de familles entre les tropiques se *nourrissent* des fruits du bananier; un grand nombre d'autres ne *vivent* que de poisson cru.

Emploi de *c'est, ce sont*.

C'est l'intempérance et l'oisiveté qui perdent les hommes. Nous croyons que tout change quand *c'est* nous qui changeons. *Ce sont* les ingrats qui font les égoïstes. Ce que l'on admire surtout chez le savant, *c'est* sa modestie et sa vertu.

Compléments du verbe.

Devoir sur les compléments du verbe et de l'adjectif.

Il faut *aimer* ses supérieurs et *leur obéir*. Il *a entendu* le sermon et il *en a profité*. Il *allait* chaque jour à la ville et il *en revenait*. Abstiens-toi des biens d'autrui et ne *les convoite* jamais. Charles-Quint, avec quatre-vingt mille hommes, *assiégea* la ville de Metz et ne put *s'en emparer* (1). Charles et Édouard sont *entrés* au collége et *en sont sortis* la même année. J'*observe* les beaux exemples de l'histoire et j'*en profite*. Les livres *dont* je me *sers* sont en mauvais état. La mort est un créancier qui n'*épargne* personne et ne *fait grâce* à personne. Les enfants *étudient* les sciences naturelles et *s'y appliquent* sans effort. L'afféterie *gâte* les dons de la nature et n'*y ajoute* rien. Les plaisirs qu'on se *rappelle* le mieux sont ceux *dont* on a *joui* dans son enfance. Nous devons *aimer* nos semblables et *leur porter* secours. Dieu *a réglé* le mouvement

---

(1) Les Trois-Évêchés (Metz, Toul et Verdun), après avoir appartenu aux empereurs d'Allemagne, venaient de passer sous la domination française, en 1552; Charles-Quint tenta vainement de reprendre Metz en 1553; le duc de Guise, l'un des plus grands capitaines qu'ait eus la France, se distingua à cette occasion par sa belle défense, et soutint victorieusement le siège. On cite, à ce sujet, ce mot de Charles-Quint : « Je vois que la Fortune ressemble aux autres femmes; elle abandonne les vieillards pour accorder ses faveurs aux jeunes gens. » Le duc de Guise avait alors trente-trois ans.

des cieux et *y préside*. Le chien est *sensible* aux caresses de son maître et *s'en* montre *reconnaissant*. Biron était *infidèle* à son roi et *s'en* disait l'*ami*. Que d'hommes ne sont ni *dignes* des places qu'ils postulent, ni *propres* à les remplir! Paris a l'habitude de *ridiculiser* la province et de *s'en moquer*. Il y a du danger à *monter* dans une voiture et à *en descendre* avant qu'elle soit arrêtée.

Règles sur l'emploi des temps.

Thalès (1) est le premier qui ait enseigné que l'âme *est* immortelle. Tous les peuples ont cru qu'il y *a* un Dieu. Quintilien (2) a dit que la conscience *vaut* mille témoins. Un écrivain (3) a dit que l'homme *est* une intelligence servie par des organes. Les anciens croyaient que le sang n'*avait* qu'un mouvement très-lent du cœur vers les extrémités du corps.

Nous *avons travaillé* aujourd'hui aux devoirs que le professeur nous *a donnés* hier. Craignant que l'hiver ne fût rigoureux cette année, je *suis venu* le passer en Italie. Je me *suis levé* à la pointe du jour et je *suis venu* me promener dans les bois, où je vous rencontre heureusement. Je ne *rencontrai* pas l'an passé à la campagne les distractions que j'y *ai trouvées* cette année.

Il faut que tu *acquières* de l'instruction. Il faut que vous *fuyiez* la flatterie. Ma mère craint que je ne *coure* trop et que je ne *sois* malade. Fais aux autres ce que tu voudrais qu'on te *fît*. Cicéron (4) méritait qu'on lui *décernât* le titre de Sauveur de la patrie. Un empereur souhaitait que le peuple romain n'*eût* qu'une seule tête (5). Socrate demandait aux dieux que sa petite maison *fût* pleine de vrais amis. Lorsque nous parions, l'équité veut que nous ne *pariions* pas à coup sûr. Chez les anciens, les juges ordonnaient qu'on *fouettât* le parricide (6) jusqu'au sang, qu'on le *mît* dans un sac et qu'on le *jetât* à la mer. Les enfants voudraient que l'instruction leur *vînt* sans peine. Quand vous voudrez quelque chose, dites : Je désirerais que cela *fût*, mais non : Je veux que cela *soit*. Henri IV voulait que chaque paysan de son royaume *mît* la poule au pot le dimanche. L'avare voudrait que tout l'or de la Californie lui *appartînt*. Quelqu'un disait à Socrate, en versant des pleurs : Vous mourrez donc innocent? — Aimeriez-vous mieux que je *mourusse* coupable?

---

(1) Thalès, célèbre philosophe, l'un des sept sages de la Grèce, reconnut aussi un Être suprême; il disait que tout est plein de Dieu. On lui attribue la fameuse maxime : *Connais-toi toi-même*, vulgarisée par Socrate.

(2) Quintilien, le premier des rhéteurs, est appelé à juste titre le *restaurateur des lettres latines*; car l'époque à laquelle il composa son livre immortel sur l'*Education de l'orateur*, était celle de l'entière corruption de l'éloquence. Il la fit revivre; ses jugements littéraires sont regardés comme les oracles du goût.

« La conscience, dit M. de Ségur dans le même sens, est un juge placé dans l'intérieur de notre être. »

(3) M. de Bonald.

(4) Cicéron, le plus célèbre des orateurs romains, après avoir découvert et fait échouer la conspiration de Catilina, fut proclamé par le sénat *le Père de la patrie*. L'abandon d'Octave le livra à la vengeance de Marc-Antoine, qui le fit égorger. Telle fut la fin de cet homme illustre, qui a tout embrassé dans ses immortels écrits.

(5) Pour l'abattre plus facilement.

(6) Solon, législateur des Athéniens, n'avait point fait de loi contre le parricide, parce qu'il ne croyait pas ce crime possible.

DE L'ADVERBE.

Devoir sur l'emploi de l'adverbe.

Un auteur (1) s'est imaginé d'écrire en quarante-trois journées un voyage *autour* de sa chambre. *Avant* d'écrire, apprenez à penser. Que le soleil ne se couche point *sur* votre colère. *Avant* le déluge, les hommes vivaient jusqu'à neuf *cents* ans. L'hypocrite a du miel *sur* les lèvres, et du fiel *dans* le cœur. Les Français ont été *plus tôt* civilisés que les autres peuples de l'Europe. Le Français est le rival *plutôt* que l'ennemi de l'Anglais. L'enfant s'attache *plutôt* aux bagatelles qu'aux choses sérieuses. Le paresseux se lève rarement *plus tôt* que le soleil. Achille n'eut pas *plus tôt* paru, que les Troyens prirent la fuite. Celui qui ne se possède pas dans le danger est *plutôt* fougueux que brave. Pygmalion ne couchait jamais deux nuits *de suite* dans la même chambre. Partez *tout de suite*, et revenez promptement.

DE LA PRÉPOSITION.

Devoir sur l'emploi de la préposition.

Nous ne voyons les choses qu'*à travers* nos préjugés. Nous marchâmes longtemps *à travers* une forêt sombre. La mouche ne peut passer *au travers* d'une toile d'araignée. La vérité se distingue à peine *à travers* les voiles du mensonge. Un bon citoyen est toujours *prêt à* sacrifier sa vie pour son pays. Le juste est toujours *prêt à* mourir. Quand vous êtes *près de* mal faire, songez que Dieu vous voit. Quand on a bien commencé, on est *près d'*avoir fini. Le plaisir, l'intérêt, le devoir : *voilà* les trois mobiles des actions humaines. *Voici* les trois puissances de notre âme : la sensibilité, l'intelligence, la volonté. Accepter une vie malheureuse *plutôt* que de s'y soustraire lâchement : *voilà* la vraie vertu.

DE LA CONJONCTION.

Devoir sur l'emploi de la conjonction.

Si les pourquoi étaient plus rares, il n'y aurait pas tant de *parce que*. Il ne faut pas juger un homme *par ce qu'*il ignore, mais *par ce qu'*il sait. Pépin a été surnommé le Bref, *parce qu'*il avait une petite taille. *Par ce que* les Romains ont exécuté de travaux, on peut juger de leur activité (2). Ce jeune homme ne répond aux bontés de sa famille que *par ce qu'*il y a de plus désespérant au monde, l'indifférence. *Quoiqu'*il aime l'argent, il n'en fait pas son Dieu. Les méchants ne sont pas heureux *quoiqu'*ils prospèrent quelquefois. *Quoi que* vous puissiez alléguer, il est facile de comprendre, *par ce que* l'on voit tous les jours, que le mauvais exemple est pernicieux. *Quand* on est orgueilleux, on se prépare des humiliations. Ne prêtez point à la médisance ; *quant* à la calomnie, méprisez-la. *Quand* deux originaux discutent, ils ne se rencontrent jamais en *quoi que* ce puisse être. Les *quant-à-moi* sont fort prétentieux. La lune n'est guère que le quart de notre planète ; *quant* au soleil, il est treize *cent trente mille* fois plus gros que la terre.

---

(1) Xavier de Maistre, auteur de petits ouvrages charmants.

(2) Les Romains ont laissé dans les Gaules des traces gigantesques de leur conquête : on cite, entre autres, les arènes de Nîmes, le pont du Gard, les Thermes de Julien, à Paris, et une foule de routes et d'aqueducs.

Devoir sur l'emploi de l'accent circonflexe.

Caligula souhaitait que le peuple romain n'*eût* qu'une seule tête. Les Romains ne voulaient pas d'une victoire qui *coûtât* trop de sang. Quelle est la bataille qui *coûta* 80,000 hommes aux Romains? On peut dire, en parlant d'Henri IV, que jamais la France n'*eut* un si bon roi. Le héron *crut* mieux faire d'attendre qu'il *eût* un peu plus d'appétit. Alexandre *eût* conquis l'univers, si la mort ne l'*eût* arrêté. Alexandre rentra à Babylone quand il *eut* vaincu Porus. Un riche se plaignait que la Providence n'*eût* pas fait vendre le dormir au marché. Télémaque ne pouvait croire qu'il *eût* parlé si indiscrètement. Quand Télémaque *eut* cessé de parler, chacun l'*applaudit*. Il fallait qu'il *eût* beaucoup d'éloquence, pour que tout le monde l'*applaudît*. Dès que la Judée *fut* soumise aux Romains, le Sauveur *parut*. Dieu *voulut* que la Judée *fût* soumise aux Romains, avant que le Sauveur *parût*.

DE LA PONCTUATION.

Devoir sur la ponctuation.

Il faut étudier constamment, méthodiquement, avec goût, avec application. Je suis Joseph, votre frère. L'imagination et le jugement ne sont pas toujours d'accord. La fourmi, symbole de l'activité, se nourrit en hiver des provisions de l'été; la cigale, symbole de l'oisiveté, meurt alors de froid et de faim. Saint Jean répétait sans cesse à ses disciples: Mes enfants, aimez-vous les uns les autres. Je crains Dieu, cher Abner, et n'ai point d'autre crainte. Ni l'or ni la grandeur ne nous rendent heureux. Le pain ne sera pas cher : la récolte a été très-abondante. Les méchants se craignent, se détestent, se fuient. Jacquart (1), ouvrier lyonnais, a inventé les métiers à tisser. Seigneur, quel mortel est digne d'entrer dans ta gloire adorable! Le loup dit au chien : Vous ne courez donc pas où vous voulez? Heureux ceux qui s'amusent en s'instruisant! César écrivit au sénat : Je suis venu, j'ai vu, j'ai vaincu. L'homme vertueux ne ment jamais ; l'idée seule du mensonge l'épouvante. Quel magnifique spectacle que le lever du soleil! On est rarement content de sa mémoire; on l'est toujours de son esprit.

---

(1) Ingénieux mécanicien de Lyon, Jacquart a révolutionné l'industrie du tissage. Il est parvenu, au moyen du métier qui porte son nom, à exécuter, d'une manière entièrement mécanique, les dessins les plus riches et les plus variés sur toutes les étoffes. Le *métier à la Jacquart* donna longtemps la supériorité à l'industrie lyonnaise; aujourd'hui il est employé dans toutes les villes manufacturières de l'Europe. Cet homme célèbre et modeste est mort en 1834; la ville de Lyon reconnaissante lui a élevé une statue.

SUPPLÉMENT

A LA CONJUGAISON DES VERBES.

Parmi les verbes irréguliers, les suivants : *Acquérir, bouillir, cueillir, tressaillir, s'asseoir, mouvoir, prévaloir, coudre, moudre, vaincre,* sont ceux dont la conjugaison offre le plus de difficultés ; c'est moins la règle qui les grave dans la mémoire que l'habitude de la lecture et du bon langage. C'est en parlant de ces verbes que Condillac disait : « Je ne conseille à personne de les *étudier;* c'est de l'usage qu'il faut les apprendre. » Il est donc essentiel que le maître y revienne souvent et qu'il en fasse l'objet de conjugaisons orales et écrites.

ACQUÉRIR.

Indicatif présent	J'acquiers, tu acquiers, il acquiert, nous acquérons, vous acquérez, ils acquièrent.
Imparfait	J'acquérais, tu acquérais, il acquérait, nous acquérions, vous acquériez, ils acquéraient.
Passé défini	J'acquis, nous acquîmes.
Futur simple	J'acquerrai, nous acquerrons.
Conditionnel présent	J'acquerrais, nous acquerrions.
Impératif	Acquiers, acquérons, acquérez.
Subjonctif présent	Que j'acquière, que tu acquières, qu'il acquière, que nous acquérions, que vous acquériez, qu'ils acquièrent.
Imparfait	Que j'acquisse, que nous acquissions.
Mode Infinitif	Acquérir, acquérant, acquis.

BOUILLIR.

Indicatif présent	Je bous, tu bous, il bout, nous bouillons, vous bouillez, ils bouillent.
Imparfait	Je bouillais, nous bouillions.
Passé défini	Je bouillis, nous bouillîmes.
Futur simple	Je bouillirai, nous bouillirons.
Conditionnel présent	Je bouillirais, nous bouillirions.
Impératif	Bous, bouillons, bouillez.
Subjonctif présent	Que je bouille, que tu bouilles, qu'il bouille, que nous bouillions, que vous bouilliez, qu'ils bouillent.
Imparfait	Que je bouillisse, que nous bouillissions.
Mode Infinitif	Bouillir, bouillant, bouilli.

CUEILLIR.

Indicatif présent	Je cueille, nous cueillons.
Imparfait	Je cueillais, nous cueillions.
Passé défini	Je cueillis, nous cueillîmes.
Futur simple	Je cueillerai, nous cueillerons.
Conditionnel présent	Je cueillerais, nous cueillerions.
Impératif	Cueille, cueillons, cueillez.
Subjonctif présent	Que je cueille, que nous cueillions.
Imparfait	Que je cueillisse, que nous cueillissions.
Mode Infinitif	Cueillir, cueillant, cueilli.

TRESSAILLIR.

Indicatif présent	Je tressaille, nous tressaillons.
Imparfait	Je tressaillais, nous tressaillions.
Passé défini	Je tressaillis, nous tressaillîmes.
Futur simple	Je tressaillirai, nous tressaillirons.
Conditionnel présent	Je tressaillirais, nous tressaillirions.
Impératif	Tressaille, tressaillons, tressaillez.
Subjonctif présent	Que je tressaille, que nous tressaillions.
Imparfait	Que je tressaillisse, que nous tressaillissions.
Mode Infinitif	Tressaillir, tressaillant, tressailli.

S'ASSEOIR.

Indicatif présent	Je m'assieds, tu t'assieds, il s'assied, nous nous asseyons, vous vous asseyez, ils s'asseyent.
Imparfait	Je m'asseyais, nous nous asseyions.
Passé défini	Je m'assis, nous nous assîmes.
Futur simple	Je m'assiérai, nous nous assiérons.
Conditionnel présent	Je m'assiérais, nous nous assiérions.
Impératif	Assieds-toi, asseyons-nous, asseyez-vous.
Subjonctif présent	Que je m'asseye, que nous nous asseyions.
Imparfait	Que je m'assisse, que nous nous assissions.
Mode Infinitif	S'asseoir, s'asseyant, assis.

ON DIT AUSSI, MAIS PLUS RAREMENT :

Indicatif présent	Je m'assois, nous nous assoyons.
Imparfait	Je m'assoyais, nous nous assoyions.
Futur simple	Je m'assoirai, je m'asseyerai; nous nous assoirons, nous nous asseyerons.
Conditionnel présent	Je m'assoirais, je m'asseyerais; nous nous assoirions, nous nous asseyerions.
Impératif	Assois-toi, assoyons-nous, assoyez-vous.
Subjonctif présent	Que je m'assoie, que nous nous assoyions.
Participe présent	S'assoyant.

MOUVOIR.

Indicatif présent	Je meus, tu meus, il meut, nous mouvons, vous mouvez, ils meuvent.
Imparfait	Je mouvais, nous mouvions.
Passé défini	Je mus, nous mûmes.
Futur simple	Je mouvrai, nous mouvrons.
Conditionnel présent	Je mouvrais, nous mouvrions.
Impératif	Meus, mouvons, mouvez.

SUPPLÉMENT.

Subjonctif présent....	Que je meuve, que nous mouvions.
Imparfait...............	Que je musse, que nous mussions.
Mode Infinitif..........	Mouvoir, mouvant, mû.

PRÉVALOIR.

Indicatif présent......	Je prévaux, nous prévalons.
Imparfait...............	Je prévalais, nous prévalions.
Passé défini............	Je prévalus, nous prévalûmes.
Futur simple............	Je prévaudrai, nous prévaudrons.
Conditionnel présent.	Je prévaudrais, nous prévaudrions.
Impératif...............	Prévaux, prévalons, prévalez.
Subjonctif présent....	Que je prévale, que tu prévales, qu'il prévale, que nous prévalions, que vous prévaliez, qu'ils prévalent.
Imparfait...............	Que je prévalusse, que nous prévalussions.
Mode Infinitif..........	Prévaloir, prévalant, prévalu.

COUDRE.

Indicatif présent......	Je couds, nous cousons.
Imparfait...............	Je cousais, nous cousions.
Passé défini............	Je cousis, nous cousîmes.
Futur simple............	Je coudrai, nous coudrons.
Conditionnel présent.	Je coudrais, nous coudrions.
Impératif...............	Couds, cousons, cousez.
Subjonctif présent....	Que je couse, que nous cousions.
Imparfait...............	Que je cousisse, que nous cousissions.
Mode Infinitif..........	Coudre, cousant, cousu.

MOUDRE.

Indicatif présent......	Je mouds, tu mouds, il moud, nous moulons, vous moulez, ils moulent.
Imparfait...............	Je moulais, nous moulions.
Passé défini............	Je moulus, nous moulûmes.
Futur simple............	Je moudrai, nous moudrons.
Conditionnel présent.	Je moudrais, nous moudrions.
Impératif...............	Mouds, moulons, moulez.
Subjonctif présent....	Que je moule, que nous moulions.
Imparfait...............	Que je moulusse, que nous moulussions.
Mode Infinitif..........	Moudre, moulant, moulu.

VAINCRE.

Indicatif présent......	Je vaincs, tu vaincs, il vainc, nous vainquons, vous vainquez, ils vainquent.
Imparfait...............	Je vainquais, nous vainquions.
Passé défini............	Je vainquis, nous vainquîmes.
Futur simple............	Je vaincrai, nous vaincrons.
Conditionnel présent.	Je vaincrais, nous vaincrions.
Impératif...............	Vaincs, vainquons, vainquez.
Subjonctif présent....	Que je vainque, que nous vainquions.
Imparfait...............	Que je vainquisse, que nous vainquissions.
Mode Infinitif..........	Vaincre, vainquant, vaincu.

FIN.

TABLE DES MATIÈRES.

	Pages.
CHAPITRE PREMIER. — Du nom.	1
Exercices orthographiques sur le nom.	12
CHAPITRE II. — De l'article.	19
Exercices sur l'article.	19
Emploi de l'apostrophe.	21
CHAPITRE III. — De l'adjectif.	22
Exercices sur les adjectifs démonstratifs.	22
Exercices sur les adjectifs possessifs.	23
Distinction entre l'adjectif possessif *ses* et l'adjectif démonstratif *ces*.	24
Exercices sur les adjectifs numéraux.	25
Exercices sur les adjectifs indéfinis.	27
Exercices sur la formation du féminin dans les adjectifs.	28
Exercices sur la formation du pluriel dans les adjectifs.	32
Exercices sur l'accord de l'adjectif.	38
Exercices sur la couleur, la forme, la saveur et la nature des corps.	53
Exercices sur les qualités morales des individus.	58
Exercices sur les qualités physiques des individus.	59
CHAPITRE IV. — Du pronom.	59
Distinction entre le pronom personnel *se* et le pronom démonstratif *ce*.	65
Exercices sur les pronoms possessifs.	66
Exercices sur les pronoms relatifs.	67
Exercices sur les pronoms indéfinis.	68

TABLE DES MATIÈRES.

	Pages.
CHAPITRE V. — Du genre	68
CHAPITRE VI. — Du verbe	76
Du sujet	76
Du complément direct	80
Du complément indirect	85
Exercices orthographiques sur les verbes réguliers de la première conjugaison	90
Exercices orthographiques sur les remarques particulières de la première conjugaison	92
Exercices orthographiques sur les verbes réguliers de la deuxième conjugaison	94
Exercices orthographiques sur les remarques particulières de la deuxième conjugaison	96
Exercices orthographiques sur les verbes de la troisième conjugaison	99
Exercices orthographiques sur les verbes de la quatrième conjugaison	102
Exercices orthographiques sur les remarques de la quatrième conjugaison	104
Classification des verbes	111
Verbes actifs et verbes passifs	112
Verbes interrogatifs	118
Exercices pratiques sur la concordance des temps	119
CHAPITRE VII. — Du participe	127
Exercices sur le participe présent et l'adjectif verbal	127
Participe passé employé sans auxiliaire	128
Participe passé accompagné de l'auxiliaire *être*	129
Participe passé accompagné de l'auxiliaire *avoir*	130
Participe passé des verbes pronominaux	132
Participe passé suivi d'un infinitif	133
Participe passé précédé de *le peu*	134
CHAPITRE VIII. — Du nombre	137
Les deux Grillons et les deux Papillons	141
Le Chat	141
Les Hérons	142
Le Renard	142
Les deux Enfants et les deux Serins	143
L'Égoïste	143
Les deux Perroquets	144
La Chèvre	144
Les Écureuils	145

TABLE DES MATIÈRES.

Pages.
La Carpe et les Carpillons. 145
Les Oiseaux-Mouches. 146

CHAPITRE IX. — DE LA DÉRIVATION. 146

Exercices sur les consonnes finales. 147
Primitifs et dérivés. 149
Verbes composés d'un radical et d'une préfixe. 153
Étymologie des mots. 154
Diminutifs. 158
Composition et décomposition des mots. 162
Exercices sur les particules, *in, im, ir, dé, dès, dis, mé, més, mal*. . . 164
Étymologie latine. 164
Exercices sur le dialecte provençal et le dialecte picard. 166
Exercices sur la syncope. 167

CHAPITRE X. — DE L'ADVERBE. 168

CHAPITRE XI. — DE LA PRÉPOSITION. 175

CHAPITRE XII. — DE LA CONJONCTION. 177

CHAPITRE XIII. — DE L'INTERJECTION. 181

CHAPITRE XIV. — DES HOMONYMES. 182

CHAPITRE XV. — SYNTAXE DES DIFFÉRENTES ESPÈCES DE MOTS. . . . 196

Substantifs des deux genres. 197
Genre du substantif *gens*. 197
Nombre des substantifs, *aïeul, ciel, œil*. 198
Pluriel des noms propres. 198
Pluriel des noms tirés des langues étrangères. 198
Pluriel des noms composés. 198
Nombre des noms précédés d'une préposition. 199
Emploi de l'article. 200
Répétition de l'article. 201
   Nu, demi, feu, etc. 201
   Vingt, cent, mille. 201
   Même. 202
   Tout. 202
   Quelque. 202
Emploi de *le, la, les*. 203
Emploi de *en, y*. 203
Emploi de *soi, lui*. 203
   Celui-ci, celui-là. 203

TABLE DES MATIÈRES.

	Pages.
A qui, auquel, à laquelle, etc.	203
D'où, dont.	204
Genre et nombre du pronom *on*.	204
L'un, l'autre; l'un et l'autre, etc.	204
Accord du verbe avec son sujet.	204
Accord du verbe précédé d'un collectif.	205
Emploi de *c'est, ce sont.*	205
Syntaxe des compléments.	205
Emploi des temps.	206
Emploi de certains adverbes : *alentour, autour; auparavant, avant; dans, dedans; hors, dehors; sur, dessus; sous, dessous; plutôt, plus tôt; de suite, tout de suite.*	206
Emploi de certaines prépositions : *Au travers, à travers ; près de, prêt à; voici, voilà.*	207
Emploi de certaines conjonctions : *Parce que, par ce que; quoique, quoi que; quand, quant.*	207
Exercices sur l'emploi de l'accent circonflexe.	207
De la ponctuation.	208
Supplément à la conjugaison des verbes.	209

FIN DE LA TABLE.

OUVRAGES CLASSIQUES DE M. PIERRE LAROUSSE

MÉTHODE LEXICOLOGIQUE DE LECTURE, 31 vignettes par M. MIGNON.
— *Livre de l'Élève*. . . . . » 25 c.
MÊME OUVRAGE, en 32 tableaux. . . . . 1 fr. »

PETITE GRAMMAIRE LEXICOLOGIQUE DU PREMIER AGE. — *Livre de l'Élève*. » 60 c.
— *Livre du Maître*. . . . . 1 fr. »

GRAMMAIRE COMPLÈTE SYNTAXIQUE ET LITTÉRAIRE, cours de 2ᵉ année; 1 vol. in-12 de près de 400 pages. — Prix, cartonné. 1 fr. 50 c.

GRAMMAIRE SUPÉRIEURE, cours de 3ᵉ année, formant le résumé et le complément de toutes les études grammaticales. Très-fort volume in-12. — Prix, cartonné. . . . . 3 fr. »

NOUVEAUX EXERCICES ORTHOGRAPHIQUES, SYNTAXIQUES ET LEXICOLOGIQUES sur ces deux ouvrages, disposés par numéros, et pouvant s'appliquer à une grammaire française quelconque. — *Livre de l'Élève*. . . . . 1 fr. 50 c.
— *Livre du Maître*. . . . . 2 fr. »

GRAMMAIRE LITTÉRAIRE, explications suivies d'exercices sur les phrases, les allusions, les pensées heureuses empruntées à nos meilleurs écrivains, et qui font aujourd'hui partie du domaine public de notre littérature, à laquelle elles servent en quelque sorte de condiment.
— *Livre de l'Élève*. . . . . 2 fr. »
— *Livre du Maître*. . . . . 3 fr. »

A B C DU STYLE ET DE LA COMPOSITION, 152 petits Exercices en texte suivi, sur la synonymie et la propriété des mots, pour amener insensiblement les élèves à rendre leurs pensées et à faire une narration française. — *Livre de l'Élève*, 5ᵉ édit. . . . . » 75 c.
— *Livre du Maître*. . . . . 1 fr. »

MIETTES LEXICOLOGIQUES, 100 Exercices pratiques sur les rapports et la propriété des mots. 2ᵉ édit. — *Livre de l'Élève*. . . . » 75 c.
— *Livre du Maître*. . . . . 1 fr. »

Ce nouvel ouvrage de l'auteur de la *Lexicologie* accoutumera les élèves à employer le mot propre en toute circonstance, à ne pas se contenter d'un équivalent qui leur offrirait un ordre d'idées analogue, à unir l'élégance à une scrupuleuse exactitude dans les expressions; en un mot, à écrire. Il s'adresse aux intelligences de 8 à 12 ans.

DICTIONNAIRE DE LA LANGUE FRANÇAISE, 29ᵉ édition, renfermant :
1º la nomenclature complète des mots les plus usités de la langue française; 2º des notes étymologiques, littéraires, scientifiques; 3º un dictionnaire des locutions et phrases latines francisées; 4º un dictionnaire des noms historiques, géographiques et mythologiques. Quatre dictionnaires en un seul. Beau volume de 900 pages. — Prix : cartonné, 2 fr. 50 c.; jolie reliure anglaise, 3 fr. 50 c.; demi-reliure en chagrin, 4 fr.

MÊME DICTIONNAIRE SANS LA PARTIE HISTORIQUE. — Prix, cartonné. . . . . 2 fr. 25 c.

PETIT DICTIONNAIRE ORTHOGRAPHIQUE, renfermant tous les mots de la langue française et tous les noms propres — historiques et géographiques; suivi de Notions utiles sur les sciences, les lettres et les arts, par J. LARCHER. — Prix, cartonné. . . . . 75 c.

PARIS. — IMPRIMERIE PIERRE LAROUSSE, RUE NOTRE-DAME-DES-CHAMPS, 49.

www.ingramcontent.com/pod-product-compliance
Lightning Source LLC
Chambersburg PA
CBHW051903160426
43198CB00012B/1728